Reisepraktisches
Geschichte

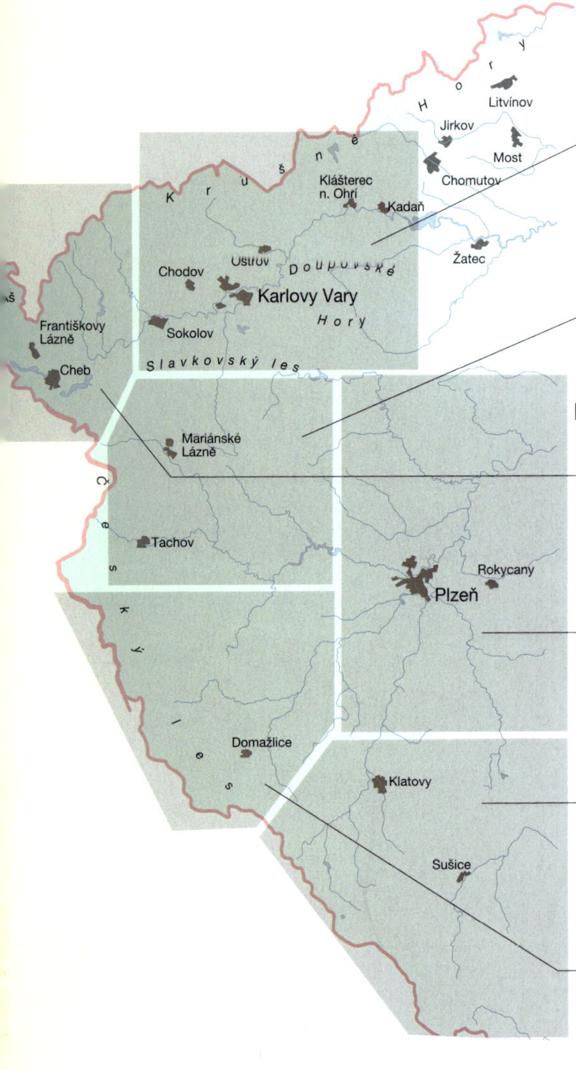

Hory
Litvínov
Jirkov
Most
Chomutov
Krušné
Klášterec n. Ohří
Kadaň
Žatec
Ostrov
Doupovské Hory
Chodov
Karlovy Vary
Sokolov
Františkovy Lázně
Cheb
Slavkovský les
Mariánské Lázně
Tachov
Český les
Rokycany
Plzeň
Domažlice
Klatovy
Sušice

Karlovy Vary (Karlsbad) und Umgebung

Mariánské Lázně (Marienbad) und Umgebung

Františkovy Lázně (Franzensbad) und Umgebung

Plzeň (Pilsen) und Umgebung

Klatovy (Klattau) und Umgebung

Domažlice (Taus) und Umgebung

Praha (Prag)

Text und Recherche:	Michael Bussmann und Gabriele Tröger
Lektorat:	Angela Nitsche, Dagmar Tränkle
Redaktion und Layout:	Sebastian Sabors
Fotos:	Michael Bussmann
Titelfotos:	oben: Kadaň
	unten: Märchenschloss in Žinkovy
Umschlaggestaltung:	Karl Serwotka
Karten:	Gábor Sztrecska, Susanne Handtmann, Joachim Bode

Danksagung

Ein besonderer Dank für die wertvollen Tipps gilt den Lesern: Wolfgang Bruch (Schwarzenbach/Saale), Nina-Marie Rose (Göttingen), Erika Hobe (Bonn), Sylvia Brodbeck und Volker Kempf (Braunschweig), Josef Veitenhansl (München), Dieter Schweltner (Dresden), Ruthild Kleiß (Würzburg), Diethmar Thuma, Reimer Grimm (Alfeld), Ute Grübl (Estenfeld), Inge Frank (Forchheim), Daniela G. Chierchia, Hella Wißmann (Gütersloh), Hermann Kupfer, Judith Weibrecht (Fürth), Jürgen Peter Esders (Berlin), Marie Leutgeb, Rudolf Halbritter (Altenfeld), Willi Berg (Haar) und Peter von Kalckstein (Frankfurt).

Die in diesem Reisebuch enthaltenen Informationen wurden von den Autoren nach bestem Wissen erstellt und von ihnen und dem Verlag mit größtmöglicher Sorgfalt überprüft. Dennoch sind, wie wir im Sinne des Produkthaftungsrechts betonen müssen, inhaltliche Fehler nicht mit letzter Gewissheit auszuschließen. Daher erfolgen die Angaben ohne jegliche Verpflichtung oder Garantie der Autoren bzw. des Verlags. Beide übernehmen keinerlei Verantwortung bzw. Haftung für mögliche Unstimmigkeiten. Wir bitten um Verständnis und sind jederzeit für Anregungen und Verbesserungsvorschläge dankbar.

ISBN 3-89953-417-7

Aktuelle Infos zu unseren Titeln, Hintergrundgeschichten zu unseren Reisezielen sowie brandneue Tipps erhalten Sie in unserem regelmäßig erscheinenden Newsletter, den Sie im Internet unter **www.michael-mueller-verlag.de** kostenlos abonnieren können.

3. komplett überarbeitete und aktualisierte Auflage 2008

Westböhmen & Bäderdreieck

Michael Bussmann
Gabriele Tröger

INHALT

Zeichenerklärung für die Karten und Pläne

Grünanlage	Flughafen/-platz	Information
Aussicht	Bushaltestelle	Botschaft
Campingplatz	Taxistandplatz	Post
Anlegestelle	Autovermietung	Bank/Wechselstube
Turm	Fahrradvermietung	Ärztliche Versorgung
Kirche	Parkplatz	Heilquelle
Synagoge	Metrostation	Waschsalon
Museum	Straßenbahnhaltestelle	Toilette
Sehenswürdigkeit		

Was haben Sie entdeckt?

Haben Sie ein romantisches Hotel gefunden, eine urige Pivnice oder einen schönen Wanderweg?

Wenn Sie Tipps, Anregungen oder Verbesserungsvorschläge zum Buch haben, lassen Sie es uns bitte wissen. Auch für Kritik sind wir dankbar.

Michael Bussmann & Gabriele Tröger

Stichwort „Westböhmen"

c/o Michael Müller Verlag GmbH

Gerberei 19

91054 Erlangen

E-Mail: bussmann,troeger@michael-mueller-verlag.de

Auf dem Lande

Westböhmen erleben …

Kein Jahrhundert ist es her, da zählten die westböhmischen Kurorte Karlsbad, Marienbad und Franzensbad zu den beliebtesten Schauplätzen der europäischen Hautevolee. Kaiser und Könige, Dichter und Denker, Reiche und Schöne zog es in die mondänen Bäder. Man kam weniger irgendwelcher Leiden wegen, mehr um zu sehen und gesehen zu werden. Doch während der kommunistischen Abgeschiedenheit hinter dem Eisernen Vorhang fiel das Bäderdreieck in einen Dornröschenschlaf und geriet in Vergessenheit. Heute erwacht es von neuem. Insbesondere Deutsche, Holländer und Russen entdecken die Schönheit der traditionsreichen Kurbäder wieder. Es locken die Quellen, und es locken die niedrigen Preise.

Westböhmen auf das Bäderdreieck zu reduzieren, ist aber falsch. Die Region zwischen Erzgebirge und Böhmerwald, zwischen Cheb und Pilsen, zwischen slawischer Welt und deutschsprachigen Ländern ist überaus abwechslungsreich: mittelalterliche Städte, unzählige Schlösser und Burgen, berauschende Landschaften – ideal zum Wandern und Radfahren – und erstklassige Biere machen einen Aufenthalt kurzweilig. Das wusste schon der gute alte Goethe, der Westböhmen – rechnet man all seine Reisen zusammen – mehrere Jahre durchstreifte.

Aber so viele schöne Ecken Westböhmen auch zu bieten hat, so manche höhnen noch immer jeglicher Postkartenidylle. Abseits der auf Hochglanz restaurierten Kurbäder und der touristisch erschlossenen Vorzeigeorte verschwindet in vielen Dörfern und Städten erst peu à peu die Tristesse aus sozialistischer Zeit. Für dieje-

Mit 2 PS durch Karlsbad

nigen, die auch vor dieser Realität nicht die Augen verschließen, ist Westböhmen auf jeden Fall eine Reise wert; eine Reise, die in Kombination mit einem Ausflug nach Prag zu einem unvergesslichen Erlebnis werden kann.

… mit Schnabeltasse und Moorpackung

Die böhmischen Bäder haben gegen jedes Leiden ein Quellwässerchen parat, erfolgreich werden balneotherapeutische Behandlungen, Rehabilitationsprogramme, Schönheitsoperationen und dergleichen durchgeführt. Als Königin der Bäder gilt Karlsbad, der berühmteste und eleganteste Kurort. Mehr Flair aber besitzt Marienbad – inmitten einer sanftgrünen Quellenlandschaft versammelt sich eine wahre Pracht an pastellfarbenen Bauten aus der Belle Époque. Beide Orte sind nicht nur Heilzentren, sondern locken zusehends auch Städtereisende an. Franzensbad hingegen, der kleinste Kurort der drei großen, ist das Musterbeispiel eines Heilbads im klassischen Sinn und ideal für Ruhebedürftige, denen der Pfefferminztee zur Abendgestaltung genügt.

… mit Rucksack oder Muskelkater

Weite Wälder, weite Felder – viele Gegenden sind dünn besiedelt und bäuerlich strukturiert. Zum Radfahren und Wandern laden vor allem der Kaiserwald, das Erzgebirge und der Böhmerwald ein. Insbesondere Letzterer hat noch nichts von seinen verwunschenen Reizen verloren, die Adalbert Stifter (1805–1868) in vielen literarischen Werken verewigte. Da die Tschechen selbst mit Begeisterung per pedes oder Rad ihre Heimat erkunden, sind die Wege bestens markiert. Und wer Westböhmen auf dem Wasser kennen lernen will – die wildromantischen Flussläufe sind ein Paradies für Kanuten. Im Winter bieten die Mittelgebirge übrigens gute Langlaufmöglichkeiten, auch Abfahrten sind möglich.

… mit Hopfen und Malz

Am Bier führt in Westböhmen kein Weg vorbei, schließlich kommt der Welt bester Gerstensaft aus diesen Landen. In rustikalen, verrauchten *pivnices* schmeckt er besonders gut. Schulter an Schulter sitzt man hier und erfährt spätestens beim dritten Glas die Lebensgeschichte seines Nebenmanns. Das tschechische Grundnahrungsmittel Nr. 1 enthält übrigens weniger Alkohol als deutsches Bier – den bekannten Krug zu viel trinkt man dennoch. Wer nicht nur wissen will, wie das Bier ins Glas, sondern auch, wie es ins Fass kommt, kann sich bei Führungen in den Brauereien Pilsner Urquell und Chodovar schlau machen. Erstere sei Freunden herb-bitterer Pilsner empfohlen, Letztere Fans mild-würziger Biere. Die Chodovar-Brauerei bietet seit neuestem zudem heilsame Bierbäder an.

Ein Blick in die neue Kolonnade in Marienbad

… mit Aschenbrödel und Schlossgeistern

Kein Wunder, dass die Tschechoslowakei für ihre Märchen- und Kinderfilme mit Zwergen, Burgfräuleins, Rittern und Gespenstern so berühmt war – wo sonst findet man so viele Kulissen dazu? Kaum ein Hügel ohne Burgruine, kaum eine Stadt ohne Schloss und kaum ein altes Gemäuer, über das es keine gruselige Legende zu erzählen gäbe. Schlösser- und Burgenfreaks könnten ganze Jahre in Westböhmen verbringen, wären viele Anlagen nicht verfallen, in Privatbesitz oder zweckentfremdet. Einen Ausflug auf jeden Fall wert sind die Wasserburg Švihov, die Burg Rabí, das Empireschloss Kynžvart, das Renaissanceschloss von Horšovský Týn sowie das Kloster Kladruby.

… mit Dörfern und Städtchen wie aus dem Bilderbuch

Westböhmen besitzt nicht nur bizarre Burgruinen und prächtige Schlösser, sondern auch ein paar überaus malerische Ortschaften abseits der großen Bäder. Die bezauberndsten sind Loket, Rabštejn nad Střelou und Bečov nad Teplou – Gesamtkunstwerke koboldhafter Romantik. In der ehemaligen Reichsstadt Cheb, in Domažlice, Klatovy und Kadaň begeistern zudem pittoreske Marktplätze mit herrlich restaurierten Bürgerhäusern. Sitzen Sie nicht selbst am Steuer, machen Sie aber bei der Anfahrt zuweilen besser die Augen zu – nicht selten säumen uniforme Plattenbaugürtel die traumhaften Altstadtkerne.

… mit Prag als Zugabe

Von allen Kurorten ist die Moldaustadt nicht weiter als 190 km entfernt und bequem mit Auto, Bus oder Zug erreichbar. Das historische Zentrum Prags präsentiert sich als einzigartiges Freilichtmuseum, nicht umsonst ist es Weltkulturerbe. Gotik, Barock, Jugendstil, Kubismus – die architektonische Vielfalt auf engem Raum ist überwältigend: mehr als 2000 historische Gebäude auf einer Fläche von 800 ha. Für das etwas magere Kulturangebot in den Kurorten entschädigt die tschechische Hauptstadt mit unzähligen Galerien und Museen, allen voran der Veletržní palác, traditionsreichen Opernhäusern und prunkvollen Konzertsälen.

Tschechien-Daten

Geographie: Mit 78.866 km^2 ist Tschechien nur wenig größer als Bayern. Der höchste Punkt Tschechiens liegt 1602 m über dem Meer, der niedrigste 115 m.

Bevölkerung: Von den ca. 10,3 Mio. Einwohnern sind 81,2 % Böhmen, 13,7 % Mähren und 3,1 % Slowaken. Hinzu kommen eine Minderheit von Polen (0,6 %), Deutschen (0,3 %) und Roma (0,3 %). Die Bevölkerungsdichte beträgt 130 Einwohner je km^2. Am dünnsten besiedelt ist Westböhmen. In Prag wohnen rund 1,2 Mio. Menschen, das sind etwa 12 % aller Einwohner des Landes. Die Lebenserwartung der tschechischen Männer beträgt 72,6 Jahre, die der Frauen 79 Jahre; in Prag liegt sie etwas höher.

Sprache: Landes- und Amtssprache ist Tschechisch, eine Minderheit spricht Slowakisch.

Religion: Tschechien ist das am stärksten säkularisierte Land des ehemaligen Ostblocks. Nach der letzten Volkszählung 2001 bekannten sich nur 30 % der Bevölkerung zum christlichen Glauben (v. a. zum katholischen Bekenntnis).

Wirtschaft: Die Wirtschaft des Landes boomt mit jährlichen Wachstumsraten von bis zu 6 %. Die Arbeitslosenquote ist in Tschechien regional extrem unterschiedlich, mancherorts sucht man händeringend Personal, andernorts ist ein Fünftel der Bevölkerung ohne Arbeit. Im Schnitt liegt die Arbeitslosenquote bei ca. 6,7 %, in Prag herrscht mit rund 3 % nahezu Vollbeschäftigung. Das Bruttoinlandsprodukt je Einwohner wird für 2008 auf 13.000 € geschätzt (zum Vergleich 2004 noch 8500 €). Zum BIP trägt die Industrie 39,3 % bei, 57,3 % der Dienstleistungssektor und nur 3,4 % die Landwirtschaft. Das durchschnittliche Monatsbruttoeinkommen lag Anfang 2008 bei rund 780 €, der durchschnittliche Stundenlohn (real) bei 4 €. Die Löhne steigen jährlich je nach Branche um 3–10 %. Ein Rentner musste sich mit durchschnittlich 340 € im Monat zufriedengeben. Die Inflationsrate schwankte in den letzten Jahren zwischen 1 % und 4 %. Die bedeutendsten Handelspartner sind die EU-Staaten, unter diesen steht Deutschland an erster Stelle. Rund ein Viertel der tschechischen Wirtschaft befindet sich auch in deutscher Hand.

Politisches System: Die Česká Republika ist eine parlamentarische Demokratie. Das Parlament besteht aus zwei Kammern, dem Abgeordnetenhaus (200 Mitglieder nach dem Verhältniswahlrecht auf 4 Jahre gewählt) und dem Senat (alle zwei Jahre wird ein Drittel der 81 Mitglieder für 6 Jahre per Mehrheitswahl bestimmt). Beide Kammern wählen gemeinsam das Staatsoberhaupt (seit 2003 Václav Klaus), dem max. 2 Amtsperioden à 5 Jahre erlaubt sind. Das Staatsoberhaupt besitzt ein aufschiebendes Vetorecht und ernennt den Ministerpräsidenten (seit September 2006 Mirek Topolánek, ODS), der vom Abgeordnetenhaus gewählt wird. Seit den letzten Wahlen 2006 sind darin folgende Parteien vertreten: Občanská demokratická strana/ODS (Demokratische Bürgerpartei, 81 Sitze), Česká strana sociálně demokratická/ČSSD (Sozialdemokraten, 74 Sitze), Komunistická strana Čech a Moravy/KSČM (Altkommunisten, 26 Sitze), KDU-ČSL (Christdemokraten, 13 Sitze) und die Strana zelených/SZ (Grüne, 6 Sitze).

Westböhmen – wo man Straßen oft für sich alleine hat

Anreise und unterwegs

Welche Papiere Sie für eine Reise nach Tschechien mit sich führen müssen, erfahren Sie im Kapitel „Reisedokumente" (→ S. 33). Damit Sie die richtige Währung parat haben, lesen Sie das Kapitel „Geld und Geldwechsel" (→ S. 26). Und wie viele Zigaretten Sie bei der Ausreise aus Tschechien dabeihaben dürfen, steht im Kapitel „Zollbestimmungen" (→ S. 37).

Das Reisen innerhalb Westböhmens gestaltet sich mit dem eigenen Fahrzeug selbstverständlich am unkompliziertesten. Aber auch mit öffentlichen Verkehrsmitteln, egal ob Bus oder Bahn, gelangt man spielend und preiswert überall hin.

Mit dem Auto oder Motorrad

In Tschechien werden jährlich über 20.000 Kraftfahrzeuge als gestohlen gemeldet, die meisten davon mit ausländischen Kennzeichen. Die besseren Marken werden ins Ausland transferiert, ältere Modelle im Land ausgeschlachtet. Man vermutet, dass jedes sechste Fahrzeug auf tschechischen Straßen gestohlen ist oder mit gestohlenen Teilen ausgestattet ist. Infolgedessen haben viele international operierende Autoverleiher in ihren Verträgen Klauseln fixiert, die Fahrten nach Tschechien ausdrücklich verbieten. Panik müssen Sie deswegen aber nicht haben (ohnehin nicht, wenn Sie gut versichert sind oder eine sichtbare Wegfahrsperre dabeihaben). Viele Hotels und Pensionen verfügen über bewachte oder abschließbare Parkplätze. Zudem kassieren und kontrollieren Parkwächter auf vielen Parkplätzen in Städten und vor Sehenswürdigkeiten. Dennoch: Lassen Sie niemals Wertsachen im Fahrzeug liegen!

Ein erheblich gravierenderes Problem als der Fahrzeugdiebstahl stellt die Raserei auf den Straßen dar, die erschreckende Auswirkungen auf die Unfallstatistik hat: Die Zahl der Verkehrstoten auf eine Million Einwohner ist in Tschechien fast doppelt so hoch wie in Deutschland – kleine hölzerne Kreuze am Straßenrand sind allgegenwärtig.

Hilfreich für Fahrten durch die böhmische Prärie ist gutes Kartenmaterial, da an vielen kleineren Kreuzungen lediglich die nächstgelegenen Ortschaften ohne zusätzliche Richtungsangabe zur nächstgrößeren Stadt ausgeschildert sind. Mit grobem Kartenmaterial ist man dann schnell verloren. Detaillierte Karten bekommen Sie in Tschechien überall sehr preiswert (→ Wissenswertes von A bis Z/Literatur, S. 31). Falls Sie über ein Navigationsgerät verfügen, achten Sie darauf, dass Ihr Kartenmaterial auf dem aktuellsten Stand ist.

Autobahngebühren: Für tschechische Autobahnen und Schnellstraßen benötigen Sie eine **Vignette**. Diese ist an den Grenzübergängen und an vielen Tankstellen erhältlich. Sie bekommen sie zudem in allen tschechischen Postämtern. Für Kfz bis 3,5 t kostet der Aufkleber für 1 Kalenderjahr umgerechnet 33 €, für 30 Tage (ab Stempelloch) 11 € und für 7 Tage (ab Stempelloch) 7,50 €. Für Fahrzeuge bis 12,5 t betragen die Gebühren 260 € bzw. 65 € und 24 €.

Parken: Auf zentralen Parkplätzen ohne Parkwächter gibt es i. d. R. Parkscheinautomaten (funktionieren wie daheim). Gebührenfreie Parkabschnitte sind durch das Schild *Bez Poplatku* gekennzeichnet. Gelbe Linien am Straßenrand bedeuten Parkverbot. *Zakazzastaveni* bedeutet Halteverbot. *Pro Drzitele Povoleni* steht für Anwohnerparken. Zu Straßenbahnschienen muss Ihr Fahrzeug mindestens 3,5 m Abstand haben. Parken Sie nie auf Brücken, vor oder nach Bahnübergängen, Tunnels oder Unterführungen. Falschparker müssen mit Krallen und Bußgeldern bis zu 150 € rechnen.

Tanken: Viele Tankstellen haben rund um die Uhr geöffnet. Achten Sie auf die Oktanzahl: Bleifrei Natural (95 Oktan), Bleifrei Super Plus (98 Oktan), Diesel heißt *Nafta*. Falls die Preise für Kraftstoff nicht anziehen, tanken Sie in Tschechien ca. 20–30 % billiger als zu Hause.

Pannenhilfe: Leistet der Automobilclub **UAMK ČR,** ✆ 1230. Die Mitarbeiter am Telefon sprechen Deutsch. Auch der **ADAC** hat eine Vertretung in Prag, zu erreichen unter ✆ 261104351.

Unfall: Bei Schäden ab 700 € muss die Polizei gerufen werden (Notruf ✆ 112 o. 158). Am Unfallort nichts verändern!

Bußgelder: Zahlt man am besten sofort – billiger als der bürokratische Weg. Bestehen Sie **unbedingt** auf einer Quittung, ansonsten wandert die (dann meist überzogene) Strafe in die privaten Taschen der Polizisten – leider keine Seltenheit!

Mietwagen: → Wissenswertes von A bis Z/Mietwagen, S. 31.

Besondere Verkehrshinweise

Alkohol: Es gelten 0,0 Promille. Bei Zuwiderhandlung droht der Führerscheinentzug!

Höchstgeschwindigkeit: Für Pkws innerorts 50 km/h, außerorts 90 km/h und auf Autobahnen und Schnellstraßen 130 km/h. Fahrzeuge über 3,5 t und Gespanne dürfen außerorts nie schneller als 80 km/h fahren. Vor Bahnübergängen gilt ein Tempolimit von 30 km/h.

Kinder: Bis 12 Jahre und kleiner als 1,50 m dürfen sie nur im Kindersitz mitreisen.

Licht: Pkws und Motorräder müssen das ganze Jahr über auch tagsüber mit Licht fahren, andernfalls drohen 1000 Kč (ca. 37 €) Strafe. Zudem müssen Sie ein Set an Ersatzbirnen mit sich führen. Wer sie vergessen hat, bezahlt 300 Kč (ca. 11 €).

Straßenbahnen: Abbiegende Straßenbahnen haben grundsätzlich Vorfahrt.

Telefonieren im Auto: Nur mit Freisprechanlage.

Entfernungen

Prag – München	365 km	Karlsbad – Prag	129 km
Prag – Frankfurt	531 km	Karlsbad – Marienbad	63 km
Prag – Hamburg	631 km	Karlsbad – Franzensbad	44 km
Prag – Berlin	348 km	Karlsbad – Domažlice	139 km
Prag – Zürich	670 km	Karlsbad – Klatovy	123 km
Prag – Wien	309 km	Karlsbad – Pilsen	81 km

Mit dem Flugzeug

Es gibt aus dem deutschsprachigen Raum bislang keine Flüge nach Westböhmen, auch nicht über Prag. Vom Flughafen Prags (Infos dazu → S. 191) besteht jedoch eine direkte Busverbindung nach Karlsbad (→ Karlovy Vary/Verbindungen, S. 48). Zu allen anderen Zielen in Westböhmen gelangt man von Prags Busbahnhof Florenc oder den Prager Zugbahnhöfen per Bus oder Bahn (→ Prag/Verbindungen, S. 191). Egal, ob Sie von Deutschland, Österreich oder aus der Schweiz nach Prag fliegen wollen – je nach Saison und Sondertarif müssen Sie bei den meisten Airlines mit Preisen zwischen 100 und 350 € für einen Hin- und Rückflug rechnen. Sie können natürlich auch viel mehr bezahlen (z. B. in der Business Class), aber auch viel weniger, z. B. mit Low-Cost-Airlines wie Germanwings von Köln/Bonn, EasyJet von Dortmund und Genf oder SkyEurope von Wien. Wer bei Letzteren Glück hat, bekommt ein OW-Ticket schon ab rund 20 €. Zum Festpreis von 69 € (Stand Nov. 2007) bietet zudem Czech Airlines über die Webseite www.click4sky.com OW-Flüge innerhalb Europas inkl. aller Gebühren an.

Airlines im Internet

Austrian Airlines: www.aua.com; *Czech Airlines:* www.czech-airlines.com u. www.click4sky.com; *EasyJet:* www.easyjet.com; *Flybaboo:* www.flybaboo .com; *Germanwings:* www.germanwings.com; *Condor (Thomas Cook):* www. condor.de; *SkyEurope:* www2.skyeurope.com; *Lufthansa:* www.lufthansa.com; *Swiss:* www.swiss.com

Mit der Bahn

Eine gemütliche Anreisevariante und eine zuverlässige Reisevariante vor Ort. Das ausgedehnte Schienennetz bringt Sie in nahezu jedes Eck Westböhmens. Zugfahren ist preiswert, eine einfache Fahrt von Cheb nach Prag (ca. 190 km) kostet rund 10 €. Es gibt SuperCity- (SC), EuroCity- (EC) und InterCity-Züge (IC), für die ein Zuschlag erhoben wird. Des Weiteren verkehren Express- (EX), Schnell- (R) und Eilzüge (SP), allerdings ohne ihren Namen gerecht zu werden.

Die meisten wichtigen Symbole und Zeichen auf den Fahrplänen sind die Gleichen wie in Deutschland, so gibt z. B. ein Fahrradsymbol an, dass Sie ein Fahrrad mitnehmen können. Auf kleinen Nebenstrecken sollten Sie sich jedoch noch mit folgenden Zeichen vertraut machen: Eine mit X markierte Haltestelle steht dafür, dass der Zug nur auf Verlangen hält, d. h. Reisende, die zusteigen wollen, müssen dies dem Lokomotivführer signalisieren (also winken, wenn der Zug kommt), und Reisende, die aussteigen wollen, teilen es dem Schaffner mit. Ein Halbmond mit Rundung nach links bedeutet, dass der Zug nur zum Aussteigen hält, mit Rundung nach rechts das Gegenteil. Die wichtigsten Zugverbindungen sind im Reiseteil unter den jeweiligen Ortschaften aufgeführt.

Information im Internet: Unter www.bahn.de, www.sbb.ch, www.oebb.at oder www.cdrail.cz.

Preisbeispiele für die Anreise: Der Normaltarif für eine einfache Fahrt ins Reisegebiet (z. B. Karlsbad, Marienbad oder Cheb) liegt je nach Verbindung von Stuttgart bei ca. 50–60 €, von Hamburg bei ca. 100–130 €, von Wien bei ca. 50–55 €, von Zürich bei ca. 145–160 sfr.

Hinweis: Das **Schöne-Wochenende-Ticket** der DB gilt übrigens auch in den grenznahen Gebieten Tschechiens. Dazu und über diverse Sondertarife und Ermäßigungen informieren die Bahngesellschaften.

> Wer mit öffentlichen Transportmitteln (egal ob Bus oder Bahn) Westböhmen erkunden will, erfährt unter **www.jiznirady.idnes.cz** (auch in deutscher Sprache) die schnellste und günstigste Verbindung. Wer auch noch wissen möchte, **welches Bier an welchem Bahnhof** ausgeschenkt wird, kann sich unter www.agnld.uni-potsdam.de/~kai/BAB/BAB.html informieren.

Mit dem Bus

Was die Anreise anbelangt, die preisgünstigere Alternative zur Bahn. Allerdings ist die Fahrt aufgrund der vielen Stopps in den Städten unterwegs oft langwieriger und mühseliger. Busverbindungen gibt es von vielen deutschen, österreichischen und Schweizer Städten nach Prag. Je nachdem, von wo man anreist, halten die Busse auch in Pilsen. Wohin man innerhalb Westböhmens nicht mit dem Zug gelangt, kommt man auf jeden Fall mit dem Bus, das Netz ist sehr gut ausgebaut. Die Preise liegen gar oft unter den Bahnpreisen. Die wichtigsten Busverbindungen sind im Reiseteil unter den jeweiligen Ortschaften aufgeführt.

Information und Fährpläne der **Studentagency-Busse** unter www.studentagency.cz, der **Eurolines-Busse** unter www.touring.de, www.eurolines.at, www.alsa-eggmann.ch und www.bei.cz.

Preisbeispiele nach Prag: Von Stuttgart ca. 100 €, von Hamburg ca. 110 €, von Wien ca. 40 €, von Bern ca. 160 sfr (jeweils hin/zurück).

Spätsommerliche Ausblicke

> **Reiseveranstaltertipp „Begegnung mit Böhmen":** Der Tschechienspezialist bietet Rad-, Wander-, Literatur-, Eltern & Kind- sowie Kulturreisen in kleinen Gruppen an. Ausgezeichnet mit der „Goldenen Palme" von *Geo Saison*. Dechbettener Str. 74 b, 93049 Regensburg, ✆ 0941/26080, www.boehmen-reisen.de.

Essen und Trinken

In Tschechien trinkt man bekanntlich nicht zum Essen, sondern isst zum Trinken. So ist für viele Tschechen nicht in erster Linie die Qualität der Küche der ausschlaggebende Punkt, sondern die des gezapften Bieres.

Und das, was man zum Bier genießt, ist in der Regel deftig, fleischig, kloßig und soßig. Falls Sie als Kurgast kommen, werden Sie Probleme haben, Ihre Diätvorschriften mit der schweren, kalorienreichen Kost Westböhmens in Einklang zu bringen. Die Völlerei nach der Trinkkur beschrieb schon der österreichische Literat Paul Morgan (1886–1938) in dem Roman *Stiefkind der Grazien:* „Die Marien-, Karls- und Franzensbader Gaststätten haben für jeden etwas Weihevolles, Andachtheischendes. Der Duft ihrer Braten, der Hauch ihrer Gemüse und das Aroma ihrer Mehlspeisen lassen die Schwärmerei von Arabiens Wohlgerüchen unbegreiflich erscheinen. Liebevoll betreut dich der Kellner, seine Augen leuchten, wenn er dir von der Knusprigkeit des Tafelspitz erzählt und von der Würze der Schnittlauchsauce." Ganz so ist es leider nicht mehr. Dafür haben vier Jahrzehnte Sozialismus gesorgt, wo eine nationale Einheitsküche gefördert und Köchen jegliche Kreativität untersagt wurde, um die Gleichstellung der Restaurants zu gewährleisten. In den Kurbädern aber bemüht man sich, an die glanzvolle alte Zeit wieder anzuknüpfen.

Oblatenbäckerei in Marienbad

Wo isst man?

Günstig und gut, aber alles andere als in stilvoller Atmosphäre isst man in einer *pivnice, hospoda* bzw. *hostinec.* Erstere ist eine Bierstube, die anderen zwei sind eine Mischung aus Bierstube und Restaurant. Hauptgerichte (insbesondere Schnitzel und Braten mit Kloß) werden dort ab ca. 2,50 € serviert, zudem kommen auch kalte Speisen auf den Tisch. Eine größere Auswahl an Gerichten bieten *restauraces.* Diese gibt es in der einfach-rustikalen Version mit speckigen Tischdecken genauso wie in der gepflegt-gediegenen mit Kronleuchtern und Kellnern im Frack – Letztere findet man insbesondere in den Kurbädern und in Prag. In der Preisklasse von 5 € und mehr für ein Hauptgericht isst man meist recht gut. In den Mittelklasserestaurants Westböhmens geht es dabei insgesamt freundlicher und ehrlicher zu als im touristischen Zentrum Prags.

Entenbraten, ein böhmischer Klassiker

Wann isst man?

Die Hauptmahlzeit nehmen die Tschechen mittags ein. In den meisten *restauraces* werden dann preiswerte Tagesgerichte angeboten. Am Abend wird früh gegessen. In Dorfkneipen macht die Küche oft schon gegen 20.30 Uhr zu, ansonsten ist um 22 oder 23 Uhr Zapfenstreich. Lediglich in den Trendrestaurants der größeren Städte wird bis spät in die Nacht serviert.

Was isst man?

Karlsbad, Pilsen oder Prag bieten eine große gastronomische Vielfalt, dort sorgt auch der Konkurrenzdruck meist für gute Qualität. Auf dem Land hingegen haben sich die Speisekarten vielerorts seit Jahrzehnten nicht verändert. Serviert wird noch immer die nationale Einheitsküche, in der Abwechslung rar ist. Auf knackige Salate, frische Kräuter oder regionale Spezialitäten muss man weitestgehend verzichten.

Vepřová pečeně (Schweinebraten) nennt sich das Leibgericht der Tschechen, gefolgt von *svíčková na smetaně* (Lendenbraten mit Sahnesoße) und *guláš.* Auch das Schnitzel *(vepřový řízek)* fehlt auf keiner Karte. In besseren *restauraces* wird zudem noch Wild und Fisch serviert. Fisch ist vor allem im Böhmerwald sehr beliebt, wo sich in den Teichen und Flüsschen Karpfen, Hechte und Forellen nur so tummeln. Empfehlenswerte Vorspeisen sind sämige, herzhafte Kraut-, Kartoffel- oder Linsensuppen.

Wichtigste **Beilage** und quasi der Schwamm zum Aufsaugen der Bratentunke sind Klöße, die in verschiedenen Variationen auftauchen: als *houskové knedlíky* (in Scheiben geschnittene Mehlklöße), *bramborové knedlíky* (Kartoffelklöße) und – seltener – *špekové knedlíky* (Speckklöße). Berühmt ist Westböhmen auch für seine Süßspeisen. Fragen Sie nach *lívance* (Liwanzen, mit Pflaumenmus bestrichene Hefeplätzchen) oder *buchty* (Buchteln, mit Pflaumenmus oder Mohn gefüllte Mehlspeise). Schleckermäuler sollten zudem Obstknödel *(ovocné knedlíky)* oder gefüllte Pfannkuchen *(palačinky)* kosten. Den zwickenden Magen beruhigt hinterher ein Becherovka, der tschechische Nationalschnaps und Karlsbads „13. Quelle" (→ S. 58).

In vielen Bierstuben gibt es nur **kalte Speisen** wie z. B. *utopenci* (Ertrunkene), das sind dicke Fleischwürste in Essig und Zwiebeln. Oder *pivní sýr*, ein Quarkkäse, der mit Zwiebeln, warmem Senf und Bier vermischt aufs Brot gestrichen wird. Äußerst lecker ist *nakládaný hermelín*, kein zähes Wiesel, sondern der tschechische Camembert, in Öl, Gewürzen und Knoblauch mariniert. Unter *topinka* versteht man ein mit Knoblauch bestrichenes und mit unterschiedlichen Zutaten belegtes Röstbrot. Empfehlenswert sind die Brotzeitteller mit jeder Menge Wurst und Käse.

Die Preisangaben im Reiseteil des Buches beziehen sich lediglich auf die Hauptgerichte (abgekürzt mit Hg.). Beilagen müssen, von den Tagesgerichten abgesehen, meist extra bestellt werden. Die Grammangaben vor Fleisch- und Fischgerichten sind Relikte aus sozialistischer Zeit. Als Trinkgeld gibt man etwa 10 %, in touristischen Lokalen wird dieses oft automatisch berechnet. Dort sollte man stets Rechnung und Wechselgeld überprüfen! Einen Servicezuschlag bezahlen i. d. R. nur Ausländer!

Was isst man als Vegetarier?

Vegetarier haben es schwer in einem Land, dessen durchschnittlicher Fleischkonsum zu den höchsten der Welt zählt. Verhungern brauchen aber auch sie nicht. *Knedlíky s vejce* (gebratenes Knödel mit Ei), *smažený sýr* (warmer panierter Käse) oder *šopský salát* (Gurken-Tomaten-Salat mit geriebenem Schafskäse) werden nahezu überall angeboten. In manchen Restaurants findet man auch unter der Überschrift *bezmasa* („Ohne Fleisch") ein paar Gerichte. Aber Achtung: Darunter fallen manchmal auch Speisen, deren Hauptbestandteil nicht aus Fleisch besteht, so z. B. ein Omelett mit Schinken oder Bratkartoffeln mit Speck. Eine gute Alternative für Vegetarier sind Pizzerien.

Was isst man auf die Schnelle?

Fastfood auf Tschechisch ist z. B. *párek v rohlíku* (tschechischer Hotdog) oder eine dicke *klobása* (gegrillte Wurst) mit Brot und Senf: ein fettig-spritzendes Bisserlebnis, das die Handcreme ersetzt. Ebenso schwer verdaulich ist *langoš*, ein mit Ketchup, Käse und Knoblauch belegter Teig aus der Fritteuse. Beliebt sind sog. *chlebíčky*, kunstvoll arrangierte und reich mit Schinken, Edamer, Mayonnaise und Ei belegte Baguettescheiben. Sie gibt es auch noch in anderen Variationen. Diese „Brötchen fürs Volk" sollten allerdings am besten vormittags genossen werden – ab 3 Uhr nachmittags beginnen sie langsam zu versteinern. Wer sie kosten will, muss nach einem *lahůdky* (einem tschechischen Delikatessengeschäft) Ausschau halten.

Und was isst der teuflische Maler von der Prager Karlsbrücke?

Was trinkt man dazu?

Na klar, **Bier,** gehört doch tschechisches Bier zu den besten Bieren der Welt! 160 Liter Bier pro Kopf und Jahr konsumieren die Tschechen im Durchschnitt – Kinder und Abstinenzler eingerechnet. Die Kommunisten nannten es einst gar „Brot der Bevölkerung".

Die bekanntesten westböhmischen Biere sind *Plzeňský prazdroj* (Pilsner Urquell) und *Chodovar* aus dem Örtchen Chodová Planá bei Marienbad. In beiden Brauereien sind Besichtigungen möglich. Populär sind zudem *Budvar, Krušovice, Velkopopovický kozel* und *Gambrinus*. Letztere zwei sind all jenen zu empfehlen, die es nicht so bitter-herb mögen. Prags größte Brauerei ist *Staropramen*, der Stadt berühmteste Kleinbrauerei nennt sich *U Fleků*.

Allgemein unterscheidet man zwischen hellem *(světlé)* und dunklem Bier *(tmavé bzw. černé)*, eine Art Malzbier für Erwachsene. Beide lassen sich auch mischen. Was herauskommt, heißt *řezané*, „Geschnittenes". Tschechisches Bier wird nicht nach seinem Alkoholgehalt, sondern nach den Platograden unterschieden, d. h. dem Anteil löslicher Stoffe in der Würze vor dem Gärungsprozess. Faustregel zum Ausrechnen des Alkoholgehaltes: Stammwürze geteilt durch drei. Meist wird 10- oder 12-gradiges Bier ausgeschenkt, das mit etwa 3,5–4,5 % Alkohol deutlich schwächer ist als deutsches Bier. Um zu wissen, ob Sie ein gut oder schlecht gezapftes *pivo* vor sich stehen haben, legen Sie eine 50-Heller-Münze auf die Schaumkrone. Bleibt sie oben liegen – Glückwunsch. Geht sie unter, trinken Sie's trotzdem.

Am besten schmeckt das Bier in einer typischen *pivnice* (Bierstube), die aus nichts anderem besteht als aus ein paar einfachen langen Holztischen, einer Schanktheke, ein bisschen Kitsch an den Wänden und einem derben Kellner. Frischluft ist darin ein Fremdwort, dicke Rauchschwaden vernebeln den Raum. In Anzug und Krawatte ist man ebenso willkommen wie im verschmierten Overall aus der Werkstatt. Denn Trinken ist in Tschechien eine demokratische Angelegenheit, und vor dem Zapfhahn einer *pivnice* sind alle Menschen gleich. Das Bier wird i. d. R. so lange unaufgefordert auf den Tisch gestellt, bis man zahlt oder umfällt. Die Preise für einen halben Liter schwanken je nach Niveau der Gaststätte zwischen 0,50 und 2,50 €.

Aber auch **Wein** kann man zum Essen trinken. Bei einer landesweiten Umfrage hielten die Tschechen noch 2004 ihre eigenen Weine nach den französischen für die besten (!) der Welt. Auf Tetra-Pack-Niveau mag das auch stimmen, zumal man mehr bemüht ist, Masse statt Klasse zu produzieren. Dennoch: Es gibt auch sehr gute Weine. Vor Flaschenweinen unter 5 € Ladenpreis muss man aber warnen. Die größten Weinanbaugebiete findet man in Mähren, angebaut werden insbesondere Grüner Veltiner *(Veltlínské Zelené)*, Müller-Thurgau, Weißer Burgunder *(Rulandské bílé)*, Welschriesling *(Ryzlink vlašský)*, Chardonnay und Sauvignon, Saint Laurent *(Svatovavřinecké)*, Blaufränkischer *(Frankovka)*, Blauer Portugieser *(Modrý Portugal)*, Zweigeltrebe und Spätburgunder *(Rulandské modré)*.

Den **Kaffee** nach dem Essen trinken die Tschechen i. d. R. schwarz. Sehr beliebt ist noch immer der *Turecká* (türkischer Kaffee) – ein hoffnungsvoller Name für ein eigentlich ziemlich widerliches, gallebitteres Getränk. Wer sich die schwarzen Krümel zwischen den Zähnen ersparen will, kann auf *Vídeňská káva* (Wiener Kaffee mit dicker Sahnehaube), *presso* (ein verlängerter Espresso) oder Cappuccino zurückgreifen. Alle anderen Getränke sind, sofern man kein Billigimitat bestellt, wie daheim. Ein Genuss sind übrigens die tschechischen **Mineralwässer.**

Übernachten

Zwischen mondän und marod – das Angebot an Übernachtungsmöglichkeiten in Westböhmen ist vielseitig. Vom Jugendstilpalast mit jeglichem Komfort über das Parkhotel in Plattenbauversion bis zur spartanischen Holzhütte ohne Dusche können Sie alles buchen. Und der Blick in die Zukunft ist vielversprechend, denn auf dem Übernachtungssektor wird viel getan, jedes Jahr entstehen neue Häuser oder alte erstrahlen in neuem Glanz.

Hotels und Pensionen

Gehobene Hotels und Pensionen, die westeuropäischen Komfort offerieren und mittlerweile westeuropäische Preise verlangen, finden Sie in den Kurorten und in Prag unter anderem in wunderschönen klassizistischen Bauten oder Palästchen im Zuckerbäckerstil. Auf dem Land hingegen sind stilvolle Hotels oder Pensionen auch fast 20 Jahre nach der Samtenen Revolution noch Mangelware. Zum Glück tut sich hier aber mittlerweile einiges. Auch ansprechende Mittelklassehotels muss man vielerorts noch suchen. Selbst wenn sie in alten Prunkbauten untergebracht sind, verblasst deren Fassadenherrlichkeit oft schon in der Eingangshalle. Der Restaurie-

Urlaub auf Balkonien

rungs- und Sanierungsboom der letzten Jahre beschränkte sich häufig nur auf einen neuen Anstrich. Eine zeitgemäße Ausstattung der Zimmer wurde oft nur sehr geschmacklos vorgenommen. Nicht selten erwarten einen furnierte Möbel aus vorrevolutionärer Zeit, wellige Teppichböden (teils sogar an den Wänden!), ein Bad mit Linoleumboden oder zerbrochenen Kacheln und eine unberechenbare Heizung, die entweder gar nicht funktioniert oder so, dass man auch bei minus 15 °C bei offenem Fenster schlafen muss. Im Buch sind solche Hotels nur dann aufgeführt, wenn es an Alternativen mangelt. Preiswerte Zimmer oder Bungalows vermieten vielerorts auch Campingplätze (s. u.).

Während der tschechischen Ferienzeit von Anfang Juli bis Mitte August empfiehlt sich – v. a. bei einfacheren Unterkünften – eine Reservierung.

Bei der Entscheidung für ein Hotel sollte man die Sterneanzahl mit Vorsicht genießen: Auch graue Plattenbauhotels können über einen Lift oder ein Telefon in ihren Zimmern verfügen und haben so ein paar Sterne mehr. Besichtigen Sie ein Zimmer, bevor Sie einchecken! Schon von außen lässt sich ein Hotel grob einschätzen, indem man auf die Fenster blickt – wer neue Fenster hat, hat meist auch neue Möbel in den Zimmern. Buchen Sie keine Voll- oder Halbpension – das kann eine kulinarisch überaus eintönige Angelegenheit werden. In Acht nehmen sollte man sich vor den mit roten Herzchen geschmückten „Pensionen" an den grenzüberschreitenden Hauptverkehrswegen – es sind Kleinstbordelle auf unterstem Niveau. Viele Kurhotels können nur in Verbindung mit einer Kur gebucht werden. Einige vermieten jedoch auch an Nichtkurgäste, sofern Kapazitäten frei sind. Eine sehr gute Wahl treffen Sie mit den im Buch durch gelbe Kästen hervorgehobenen Unterkünften.

Für ein DZ inkl. Frühstück in einem renovierten Mittelklassehaus sollte man – je nach Ort – mit 40–90 € rechnen, in einem First-Class-Hotel kosten DZ bis zu 300 €. Die Preisspanne bei Pensionen und einfachen Hotels bewegt sich zwischen 22 und 55 € für ein DZ.

Spartipp: Über Čedok (www.cedok.de, www.cedok.at, www.cedok.ch) können Sie so manche der im Buch aufgeführten Hotels 20–60 % billiger buchen. Auch unter www.hrs.de gibt es so manches Schnäppchen in den Kurbädern oder in Prag. Für die Suche nach Hotels im Internet sind des Weiteren folgende Seiten hilfreich: www.travelguide.cz, www.hotelnet.cz, www.czechhotels.cz, www.hotel.cz, www.travel.cz, speziell für Prag zudem www.stopcity.cz und www.pragunterkunft.de.

Hostels und Jugendherbergen

Unterkünfte, in denen sich die internationale Backpackerszene trifft und die fröhliche Party am Abend wichtiger ist als die Dusche im Zimmer, existieren – von einem kleinen Hostel in Loket und einem „Hostel" genannten Aparthotel in Karlsbad einmal abgesehen – lediglich in Prag. Bei den meisten Jugendherbergen *(domov mládeže)* Westböhmens handelt es sich um sterile Schüler- und Studentenwohnheime, in denen während der Sommerferien Zimmer an Touristen vermietet werden. Viele dieser Wohnheime sind in tristen Plattenbauten untergebracht. Die Preise sind niedrig (ab 8–10 € p. P.), das Niveau lässt sich mit dem eines einfachen Hotels vergleichen. Das Gros der Zwei- und Dreibettzimmer besitzt ein privates Bad, der Schlafsack kann zu Hause bleiben. Zimmer in Jugendherbergen vermitteln i. d. R. die örtlichen Touristeninformationen.

Die im Buch angegebenen Preise für Unterkünfte beziehen sich auf die **Hauptsaison** (HS). In Westböhmen, insbesondere in den Kurorten, dauert diese von Anfang Mai bis Ende September, in den Wintersportorten von Weihnachten bis Mitte März und in Prag von Mitte März bis Ende Juni und von Anfang August bis Ende Oktober. Achtung: In Prag verlangen viele Hotels um Silvester einen Topsaisonzuschlag von 30–100 % auf den Hochsaisonpreis. Preisangaben für Doppelzimmer (DZ) gelten immer für zwei Personen und beinhalten, wenn nicht anders angegeben, Frühstück. Da die Preise ständigen Änderungen unterworfen sind, sind sie als Anhaltspunkte zu verstehen. In der **Nebensaison** (NS) spart man gegenüber der Hauptsaison in vielen Häusern bis zu 50 %.

Apartments und Ferienwohnungen

Eine interessante Alternative für Familien oder Gruppen. Die Ausstattung vieler Apartments und Ferienwohnungen ist im Vergleich zu Pensionen oder einfachen Hotels oft erheblich komfortabler – rustikale Einrichtungen überwiegen. Ein Apartment für zwei Personen kostet je nach Standort und Ausstattung 30–100 €.

Privatzimmer

Schilder mit „Zimmer frei" sieht man häufig an Stadträndern. Privatzimmer waren vor allem Anfang der 90er Jahre, als die heranrollenden Touristenmassen die Kapazitäten der Hotels bei weitem überstiegen, der Renner. Mittlerweile gibt es fast überall genug Betten, dass man nicht gezwungenermaßen auf sie zurückgreifen muss. Nicht jedermanns Sache ist es schließlich, eingezwängt zwischen Aquarium und Einbauschrank sein Nachtlager zu beziehen und Klo und Bad mit der Familie zu teilen. Vielen Vermietern geht es leider auch mehr darum, den schnellen Euro zu machen, als den Gästen einen angenehmen Aufenthalt zu bescheren. So sind die Zimmer nicht selten mit dem gesammelten Wohnschrott aus einem halben Jahrhundert Sozialismus vollgestellt. Dennoch hat man bei einem Privatquartier, die beste Möglichkeit, Einblicke ins tschechisches Alltagsleben zu bekommen. Tschechische Wohnungen sind i. d. R. sehr sauber, Schuhe werden an der Wohnungstüre ausgezogen. Übernachten kann man hier bereits ab 8 € pro Person.

Camping

Die Tschechen campen leidenschaftlich gerne, und so finden Sie im gesamten Reisegebiet unzählige Campingplätze, lediglich im Erzgebirge ist die Auswahl bescheiden. Das Gros der Campingplätze liegt an Stauseen, Teichen oder Flüssen, für Badefreuden ist also meist gesorgt. Die schönsten und aufgrund ihrer Lage interessantesten Plätze sind im Buch bei den jeweiligen Orten verzeichnet. Nur wenige Plätze sind ganzjährig geöffnet, viele haben nur von Mitte Mai bis Ende September geöffnet (genaue Daten bei den aufgeführten Plätzen im Reiseteil). Hochsaison herrscht zur tschechischen Ferienzeit, davor und danach ist nicht selten tote Hose. Zwei Personen mit Auto und Zelt (was i. d. R. auch dem Preis für zwei Personen im Wohnmobil entspricht) zahlen pro Nacht je nach Ausstattung des Platzes 6–19 €. Die teureren sind meist komfortable Anlagen mit guten Sanitäreinrichtungen, Restaurant, Küche, Geschäften, Stromanschluss und vielen, vielen Holländern. Nicht selten sind sie auch in holländischer Hand, was auf den Hinweisschildern am Zusatz „NL" zu erkennen ist. Tschechen bevorzugen einfachere, provisorische Plätze, oft handelt es sich dabei um Wiesen, mit denen sich die Bauern im Sommer ein Zubrot verdienen. Die Würstelbude mit Bierausschank fehlt aber auch hier nicht. Jedoch sind die sanitären Anlagen auf solchen Plätzen meist bescheiden, zuweilen teilen sich 100 Camper eine Toilette und eine Dusche. Dafür entschädigen Lagerfeuer und lustige Partys mit Klampfenmusik bis spät in die Nacht.

Die meisten größeren Campingplätze vermieten *chatas*. Diese Holzhütten liegen im Niveau irgendwo zwischen gut ausgestatteten Ferienhäuschen mit eigenem Bad und Küche und spartanischen Pritschenunterkünften im Hasenstallformat. Für die Hauptreisezeit ist eine Reservierung empfehlenswert. Übernachten kann man hier schon ab 6 € pro Person.

Weitere **Informationen** zu Campingmöglichkeiten in Tschechien finden Sie unter www.camp.cz, auch gibt es Campingkarten (→ Literatur, S. 31), auf denen das Gros der Plätze verzeichnet ist.

Wissenswertes von A bis Z

Ärztliche Versorgung

Für eine ärztliche Behandlung in Kliniken und Praxen, die dem staatlichen Versicherungssystem angeschlossen sind, benötigen Sie die Europäische Krankenversicherungskarte (EHIC). Darüber hinaus empfiehlt sich der Abschluss einer privaten Auslandskrankenversicherung, die einen Krankenrücktransport mit einschließt. Eine solche wird von diversen Versicherungen angeboten, Formulare dazu liegen z. B. in Banken aus. Der Preis dafür bewegt sich zwischen 10 und 20 € für ein Jahr.

Apotheke heißt übrigens *Lékárna*. Medikamente sind in Tschechien deutlich billiger als im deutschsprachigen Raum.

> Die Anschriften der nächstgelegenen Krankenhäuser *(nemocnice)* finden Sie unter der Rubrik „Adressen" bei allen Kurbädern und größeren Städten. Bei Prag sind die von der deutschen Botschaft empfohlenen Krankenhäuser und Ärzte aufgeführt (→ S. 193).

Behinderte

Tschechien ist – mit Ausnahme der Kurbäder – kein behindertenfreundliches Reiseziel, was Infrastruktur und Einrichtungen angeht. Organisierte Reisen nach Böhmen bzw. Prag bieten folgende beide Agenturen an:

Reiseagentur für Behindertenreisen Carsten Müller, Straße 6/116, 13059 Berlin, ✆ 030/9244035, www.behindertenreisen-cm.de.

mare nostrum, Am Schnarrenberg 12, 70376 Stuttgart, ✆ 0711/2858200, www.mare-nostrum.de.

Casinos und Spielotheken

In den tschechischen Casinos versuchen vornehmlich Touristen und die im Land lebenden Vietnamesen ihr Glück. Die schönsten findet man in den Kurorten und in

Prag. Ein offizieller Dresscode besteht für die meisten Casinos nicht, erwartet wird dennoch feinere Kleidung als der Jogginganzug. Gespielt werden Roulette, Black Jack, Bakkarat usw. Eintritt wird i. d. R. nicht erhoben, jedoch müssen Sie sich ausweisen und registrieren lassen. Die Casinos für den armen Mann nennen sich **Herna Bars** – schummrige, verräucherte Höhlen voller Spielautomaten und einarmiger Banditen. Sie haben meist rund um die Uhr geöffnet und ziehen ein recht bizarres Publikum an: Arbeiter zum Frühstücksbier, Penner zum Aufwärmen und Banker zum Kaffee.

Diplomatische Vertretungen

Botschaften der Tschechischen Republik: Wilhelmstr. 44, 10117 **Berlin,** ✆ 030/226380, www.czech-embassy.de.
Penzinger Str. 11–13, 1140 **Wien,** ✆ 01/899580, www.mvz.cz/vienna.
Muristr. 53 (Eingang Burgernzielweg), 3000 **Bern** 16, ✆ 031/350-4070, www.mvz.cz/bern.
Ausländische Botschaften in Prag: Botschaft der Bundesrepublik Deutschland, Vlašska 19, Malá Strana, ✆ 257113111, www.deutsche-botschaft.cz. Ⓢ 12, 22, 23 Malostranské náměstí.
Botschaft der Republik Österreich, Viktora Huga 10, Smíchov, ✆ 257090511, www.austria.cz. Ⓢ 6, 9, 12, 58 Arbesovo náměstí.
Botschaft der Schweiz, Pevnostní 7, Střešovice, ✆ 220400611, vertretung@pra.rep.ad min ch Ⓢ 1, 2, 8, 18 Vozovna Střešovice.

Souvenirs aus Westböhmen

Einkaufen

Die drei mit Abstand beliebtesten Mitbringsel aus Tschechien sind Karlsbader Oblaten, Becherovka und Zigaretten. Letztere sind um einiges billiger als zu Hause, dürfen von Österreichern und Schweizern aber nur begrenzt ins Heimatland eingeführt werden (→ Zollbestimmungen, S. 37). Gern gekauft werden ferner *Bohemia*-Sekt (gut, gehört zu Henkell), feingeschliffenes Kristall aus dem Böhmerwald, Klöppelarbeiten aus dem Erzgebirge, Moser-Glas aus Karlsbad (→ S. 62), bunte Keramik aus dem Chodenland, Holzspielzeug und Gartenzwerge in allen Größen. Nach Kleidung schaut man sich am besten in Prag um. Hochwertige Ware – egal ob Designerhose, Digitalkamera oder Brillanten – ist i. d. R. jedoch teurer als im Heimatland. Wer in Sachen ČSSR-Devotionalien unterwegs ist, sollte sein Glück in einem Trödelladen *(bazar zastavarna)* versuchen. Empfehlenswerte Geschäfte finden Sie im Reiseteil des Buches unter der Rubrik „Einkaufen".

TAX-FREE-Einkauf: Schweizer Staatsbürger, die in Geschäften und Boutiquen mit einem TAX-FREE-Symbol am Schaufenster einkaufen, können sich bei der Ausreise an sog. „Cash Refund Offices" (an mehreren Grenzübergängen und internationalen Flughäfen) die Mehrwertsteuer von 19 % zurückerstatten lassen. Der Rechnungsbetrag muss jedoch mehr als 2500 Kč betragen. Dafür bedarf es eines vollständig ausgefüllten Tax-free-Schecks vom Verkäufer, der bei der Ausreise vom tschechischen Zoll abgestempelt werden muss.

Elektrizität

Die elektrische Spannung beträgt 230 V. Wenn Ihre Geräte einen schmalen Eurostecker haben, brauchen Sie keinen Adapter. Sind die Stecker jedoch runde Schukostecker, so benötigen Sie einen Adapter für Südosteuropa!

Feiertage

1. Januar: Neujahr

Ostern: Lediglich Ostermontag ist ein Feiertag, am Karfreitag wird gearbeitet.

1. Mai: Tag der Arbeit

8. Mai: Tag der Befreiung Prags vom Faschismus 1945

5. Juli: Tag der Slawenapostel Kyrill und Method

6. Juli: Gedenktag für Jan Hus

28. September: Todestag des Hl. Wenzels (Landespatron)

28. Oktober: Gründungstag der ersten Tschechoslowakischen Republik (1918)

17. November: Gedenktag an die Novemberdemonstration von 1989

24.–26. Dezember: Weihnachten

Geld und Geldwechsel

Der Euro wird voraussichtlich nicht vor 2012/13 eingeführt. Bis dahin ist die Tschechische Krone *(koruna česká)*, abgekürzt Kč, gesetzliches Zahlungsmittel. Im Umlauf sind Banknoten zu 20, 50, 100, 200, 500, 1000, 2000 und 5000 Kč und Münzen zu 1, 2, 5, 10, 20 und 50 Kč. Eine Krone ist bislang noch in 100 Heller *(halířů)* unterteilt, die 10- und 20-Heller-Münzen wurden jedoch bereits abgeschafft, das Aus für die 50-Heller-Münzen soll September 2008 folgen.

> 1 € entsprach im März 2008 ca. 25,04 Kč, 1 sfr ca. 16,15 Kč.

Geldwechsel: Wechselstuben findet man in den Kurorten, im Zentrum Prags und allen touristischen Orten an jeder Ecke. Die Kursunterschiede sind insgesamt gering, auch wenn es auf den ersten Blick nicht so aussieht. Dort, wo mit besseren Kursen geworben wird, gelten diese nur für Wechselbeträge über 1000 oder 2000 € oder es fallen höhere Gebühren an. „No commission" bezieht sich in 99 % aller Fälle nur auf den Rückumtausch von Kronen. Dennoch lohnt ein Vergleich! I. d. R. bieten die Banken bessere Kurse.

Geldautomaten: Gibt es ebenfalls überall. Das Abheben mit der Maestro-Karte ist nicht nur der bequemste Weg, sondern zugleich auch der günstigste, sofern man höhere Beträge zieht (max. 13.000 Kč). Trotz fälliger Gebühren ist dann der Kurs im Endeffekt meist besser als beim Barumtausch. Dabei ist es egal, bei welcher Bank Sie vor Ort abheben. Gebühren werden i. d. R. auch fällig, wenn Sie bei einer Filiale Ihres deutschen Kreditinstituts in Prag abheben.

Bei Verlust der Kredit- oder Maestro-Karte wählen Deutsche die Servicenummer 0049-116116. Abhängig vom Ausstellungsland der Karte gelten zudem folgende

Sperrnummern: Für **American Express:** ✆ 0049-69-97971000 (D/A), ✆ 0041-446-596 333 (CH). **Diners Club:** ✆ 0049-69-661660 (D), ✆ 0041-1-8354444 (CH), ✆ 0043-1-501350 (A). **Visa:** ✆ 001-4105819994 (D/CH, Sperrdienst über die USA), ✆ 0043-1-71111-770 (A). **Master/Eurocard:** ✆ 0049-69-79331910 (D), ✆ 0043-1-717014500 (A), ✆ 0800218235 (CH). **Maestro-Karte:** ✆ 0049-1805021021 (D), ✆ 0043-1-20488 00 (A), ✆ 0041-800800488 (Credit Suisse), ✆ 0041-800811000 (UBS), 0041-4427122 30 (für alle Schweizer Maestro-Karten außerhalb der Schalterzeiten).

Kreditkarten: Werden in allen besseren Restaurants, Hotels und Geschäften akzeptiert.

Reiseschecks: Der sicherste Weg, doch leider ist der Kurs für Reiseschecks in Tschechien sehr schlecht.

Schwarztausch: Praktizieren nur noch Ewiggestrige. Bloß nicht!

Die im Buch angegebenen Preise können sich von denen, die Sie vor Ort erfahren, erheblich unterscheiden. Das hat zum einen mit den stetig steigenden Preisen im Land zu tun (allein die Tariferhöhungen in Prags öffentlichem Nahverkehr betrugen zum Jahreswechsel 2007/2008 im Schnitt 30 %!), zum anderen mit extremen Wechselkursschwankungen (2007 legte die Tschechische Krone gegenüber dem Euro um rund 10 % zu). Sofern uns geplante Preiserhöhungen bekannt waren, sind diese berücksichtigt, andernfalls entsprechen die Preise der Recherche von 2007.

Hausnummern

In allen größeren Städten Tschechiens hat jedes Haus zwei Nummern. Die weiße Nummer auf blauem Hintergrund ist die eigentliche Hausnummer, wie man sie bei uns kennt. Die Zahl auf rotem Hintergrund ist die Nummer, unter der das Haus im Grundbuch eingetragen ist. So bezeichnet sie zugleich die Reihenfolge, in der die Häuser in der jeweiligen Stadt bzw. deren Stadtteilen gebaut wurden.

Haustiere

In vielen Hotels sind Haustiere gestattet, die meisten verlangen dafür einen Aufpreis. In öffentlichen Verkehrsmitteln benötigen Sie für Ihren Hund einen Maulkorb. Für die Einreise mit Haustieren → Reisedokumente, S. 33.

Information

Die **Tschechische Zentrale für Tourismus** (www.czechtourism.com, auch in Deutsch) unterhält im In- und Ausland mehrere Fremdenverkehrsämter, die auf Wunsch – Anruf oder Postkarte genügt – vielfältiges Informationsmaterial verschicken.

Tschechische Zentrale für Tourismus, Friedrichstr. 206, 10969 **Berlin,** ✆ 030/2044770, info1-de@czechtourism.com.
Lerchenfeldstr. 20, 80538 **München,** ✆ 089/54885914, info2-de@czechtourism.com.

Herrengasse 17, 1010 **Wien,** ✆ 01/5332193, info-at@czechtourism.com.
Am Schanzengraben 11 (vertreten durch Čedok), 8002 **Zürich,** ✆ 01/2873344, info-ch@czechtourism.com.

Auskünfte vor Ort erhalten Sie bei den Touristeninformationen. Deren Adressen sind im Reiseteil bei den jeweiligen Städten unter der Überschrift „Information" angegeben.

Internet

Sofern vorhanden bzw. mit Gewinn zu nutzen, sind die Internetadressen diverser Einrichtungen wie Hotels oder Fluggesellschaften im Buch angegeben. Die offiziellen Seiten der Städte und Kurbäder Westböhmens finden Sie im Reiseteil unter der Überschrift „Information". Weitere interessante Seiten sind:

www.tschechien-online.org: Nachrichten, Hintergrundinformationen und ein kommentierter Veranstaltungskalender – alles in Deutsch.

www.radio.cz: Das tschechische Pendant zur Deutschen Welle – aktuelle Nachrichten und sämtliche deutschsprachige Radiobeiträge zum Nachlesen und -hören.

www.czech.cz: Die offizielle Seite der Tschechischen Republik, auch in deutscher Sprache.

www.ticketpro.cz: Hier erfahren Sie, welche kulturellen Veranstaltungen während Ihres Besuches über die Bühnen gehen und können dafür auch gleich Tickets kaufen.

www.expats.cz: Englischsprachige Seite für in Prag lebende Ausländer (Wohnungen, Jobs, Veranstaltungen etc.).

Für die **Hotelsuche** im Internet (→ S. 22).

Wer während seines Tschechienaufenthaltes im Netz surfen oder E-Mails verschicken will, kann dies in diversen Internetcafés tun. Deren Zahl nimmt jedoch ab, da mehr und mehr Tschechen über einen privaten Internetzugang verfügen. Je schicker das Café, desto teurer der Ausflug in den Cyberspace, eine halbe Stunde kostet 1–2,50 €. Auch verfügen die meisten Touristeninformationen über eine Internetecke. Zudem bieten viele Hotels und Pensionen einen Internetanschluss. Aktuelle Informationen zu diesem Reiseführer, die nicht mehr berücksichtigt werden konnten, finden Sie auf den Westböhmenseiten des Michael-Müller-Verlags unter **www.michael-mueller-verlag.de.**

Klima

Das Wetter Tschechiens wird zum einen vom ozeanischen Klima Westeuropas beeinflusst, zum anderen vom kontinentalen Klima, das von Polen und Russland

Heuernte

Reisepraktisches

kommt. D. h., wenn es in Deutschland regnet, kann in Prag die Sonne scheinen – was es häufig auch tut. Aber auch das Gegenteil kann der Fall sein.

Durchschnittswerte			
	mittlere Höchsttemperatur °C	mittlere Tiefsttemperatur °C	Regentage	Sonnen stunden tägl.
Januar	0	−5	6	2
Februar	1	−4	6	3
März	7	−1	6	4
April	12	3	7	6
Mai	18	8	9	7
Juni	21	11	9	8
Juli	23	13	10	8
August	22	13	9	7
September	18	9	6	6
Oktober	12	5	7	4
November	5	1	5	2
Dezember	1	−3	6	2

Kriminalität

In puncto Umsatzeinbußen durch Ladendiebstahl ist Tschechien europaweit Spitzenreiter. Und was die Korruption im Land angeht, präsentiert man sich im europäischen Ranking auch nicht schlecht: Egal ob Baugenehmigung, TÜV-Plakette oder Studienplatz – alles nur eine Frage des Preises. Wer aber als Tourist durch Tschechien reist, hat wenig zu befürchten, sofern man bewachte Parkplätze wählt und in Prags überfüllten U- und Straßenbahnen auf seine Wertsachen Acht gibt.

Kuren & Wellness

Ein außergewöhnlicher Reichtum an Naturheilquellen, Quellgas, Heilschlamm sowie unterschiedlichsten Mineralwässern und dazu eine jahrhundertealte Kurtradition haben dem Bäderdreieck den Ruf eines Kurparadieses eingetragen. Das Gros der behandelnden Ärzte spricht hervorragend Deutsch. Damit eine Kur auch Wirkung zeigt, ist ein mindestens zweiwöchiger Kuraufenthalt empfehlenswert. Arztbefunde können von zu Hause mitgebracht werden, werden aber auch vor Ort erstellt. Manche Krankenkassen bewilligen Kuraufenthalte im Bäderdreieck und verfügen dort über Vertragshotels, andere schießen keinen müden Cent zu – erkundigen Sie sich diesbezüglich detailliert bei Ihrer Krankenkasse. Mehr und mehr setzt man in den Kurorten auch auf diverse Beauty- und Wellnessangebote; das Niveau liegt jedoch in vielen Häusern noch unter dem von zuhause.

● *Preise* Die Unterschiede sind enorm. Wer sich in der NS mit einer einfachen Kurpension mit Etagenbad zufrieden gibt, kann 14 Tage lang bereits ab 500 € kuren. Kuraufenthalte in einem Vier-Sterne-Haus hingegen können 2500 € für den gleichen Zeitraum betragen. Eine ambulante Kurbehandlung kostet 20 € aufwärts.

● *Kursaison* Die Kurhäuser sind ganzjährig geöffnet. Die HS dauert von Anfang Mai bis Ende September.

● *Information* Umfangreiches Informationsmaterial schicken die Kurverwaltungen gerne zu. Deren Adressen finden Sie unter dem Stichwort „Kuren" bei den verschiedenen Kurorten.

Literatur

Zu den großen deutschsprachigen Autoren aus Böhmen und Mähren gehören u. a. Adalbert Stifter (1805–1868, der Böhmerwalderzähler schlechthin), Karl Kraus (1874–1936, berühmt u. a. durch die *Die letzten Tage der Menschheit*), Egon Erwin Kisch (1885–1948, der „rasende Reporter"), Franz Kafka (1883–1924, → S. 231), Max Brod (1884–1968, u. a. auch Herausgeber von Kafkas Werk), Franz Werfel (1890–1945, berühmt u. a. durch *Die vierzig Tage des Musa Dagh*), Rainer Maria Rilke (1875–1926, berühmt u. a. durch *Die Aufzeichnungen des Malte Laurids Brigge*) und – etwas weniger bekannt – Johannes Urzidil (1896–1970), von dem u. a. die kunsthistorische Studie *Goethe in Böhmen* stammt. Im Reiseteil werden Sie diesen Autoren immer wieder begegnen. Im Folgenden weitere Vorschläge für empfehlenswerte und weiterführende Literatur zu Westböhmen, Tschechien und Prag – banaler, dafür sicher auch unterhaltsamer als Goethes *Marienbader Elegie* …

- *Zu Land und Leuten* **Jiří Burgerstein: Tschechien.** Beck, München 1998. Der Tipp für alle, die mehr über die Tschechen und Tschechien erfahren wollen, und das unverblümt, informativ und unterhaltsam. Absolut empfehlenswert, wenn auch etwas veraltet.
- *Zu Böhmen* Der Verlag Nakladatelství Českého Lesa gibt eine Reihe **Historisch-touristischer Führer** in Tschechisch und Deutsch zu den meisten Landkreisen und Regionen im Reisegebiet heraus. Keine Kapelle und kein Brunnenloch wird ausgelassen. Sehr informativ. Vor Ort überall erhältlich.

Hugo Rokyta: Die böhmischen Länder. Böhmen. Vitalis-Buchverlag, Prag 1997. Hier werden Burgen und Schlösser der Gegend nicht architektonisch beleuchtet, sondern mit den Persönlichkeiten in Verbindung gebracht, die darin einst lebten oder zu Besuch weilten.

Paul Kruntorad: Kafka, das Schloss und die Schuhfabrik. Tschechische Kostbarkeiten. Picus: Wien 2004. Der 1935 in Budweis geborene und seit 1951 in Wien lebende Publizist zeichnet ein unterhaltsames und kritisches Bild des modernen Tschechien.

Catherine Sauvat: Damals in Marienbad … Die schönsten Heilbäder Europas. Knesebeck Verlag, München 2000. Wissenswertes und Kurioses aus dem internationalen Bäderleben, unterstützt von atmosphärischen Fotos.

Václav Maidl: Aus dem Böhmerwald. K. Stutz Verlag, Passau 2002. Deutschsprachige Autoren erzählen.

Graham Greene vermutete einst, dass man in der Tschechoslowakei die Schriftsteller bezahlt, damit sie nicht schreiben. Im Exil jedoch konnten viele Autoren solchen und anderen Demütigungen entgehen. Zu den Ausgewanderten gehören die zwei heute international bekanntesten tschechischen Schriftsteller Milan Kundera (geb. 1929, lebt in Frankreich) und Josef Škvorecký (geb. 1925, lebt in Kanada). Einer von denen, die in der Heimat blieben, war Bohumil Hrabal (1914–1997). Restriktionen und Zensur konnte er meist umgehen, indem er aus dem Alltag der einfachen Menschen berichtete. Wer die Autoren noch nicht kennt, könnte beispielsweise Hrabals *Ich habe den englischen König bedient*, Kunderas *Die unerträgliche Leichtigkeit des Seins* (erst 2006 in tschechischer Sprache erschienen) oder Škvoreckýs *Feiglinge* als Reiselektüre in den Koffer packen.

Die populärsten Vertreter der postsozialistischen Literaturszene sind Michal Viewegh und Jáchym Topol. Vieweghs leicht lesbare Romane *Blendende Jahre für Hunde* und *Die Liebe eines Vaters* wurden bereits ins Deutsche übersetzt. Topol stieg vom zwangspsychiatrisierten Undergrounddichter zum Kultautor auf. Empfehlenswert sind sein verfilmter, ecstasylastiger Großstadtroman *Engel Exit* und der Roman *Nachtarbeit*. Mit letzterem Werk verlässt Topol erstmals die Szeneliteratur und behandelt ein neues Thema: den Prager Frühling.

• *Zu Prag* **Peter Demetz: Prag in Schwarz und Gold.** Piper, München 2000. Die „Welt" schrieb dazu: „Ein Glanzstück lebendiger Geschichtsschreibung". Dem ist nichts mehr hinzuzufügen. Wessen Wissensdurst davon nicht befriedigt wird, findet im Anhang eine weiterführende Bibliographie.
Michael Frank: Nepomuken, die auf Brücken spucken. Prager Hintergedanken. Picus, Wien 1999. Unterhaltsame, persönliche Anekdoten aus der tschechischen Hauptstadt vom ehemaligen SZ-Korrespondenten in Prag.
• *Tschechische Belletristik* → Kasten. Außerdem: **Miloš Urban:** Die Rache der Baumeister. Rowohlt, Berlin 2003. Ein tsche-

chischer Bestseller; ein spannender zeitgenössischer Roman, angesiedelt im alten Zentrum Prags mit vielen Morden zwischen längeren Passagen zur Geschichte des Kirchenbaus.
Václav Havel, Dramatiker und Bürgerrechtler, Vertreter der einstigen Dissidentenliteratur und erster Präsident der Tschechischen Republik. Havel verarbeitete in seinem literarischen Werk u. a. Elemente des absurden Theaters (z. B. in *Das Gartenfest*). Interessant sind zudem die *Briefe an Olga*, die er in den späten 1970ern aus dem Gefängnis an seine damalige Frau schrieb. Havels Werk ist in Deutschland im Rowohlt Verlag erschienen.

Die Tschechische Bibliothek besteht aus 33 Bänden (jeder kann auch einzeln gekauft werden) und umfasst Autoren wie Božena Němcová (→ S. 114), Jaroslav Hašek (→ S. 230), Jan Neruda (→ S. 228), Bohumil Hrabal (→ Kasten) und viele mehr aus 600 Jahren tschechischer Literaturgeschichte. Zwischen 1999 und 2007 bei Deutsche Verlags-Anstalt (www.randomhouse.de/dva) erschienen.

• *Karten* Land-, Rad- und Wanderkarten sowie Stadtpläne sind vor Ort erheblich billiger als in Deutschland, Österreich oder der Schweiz. Ein paar Empfehlungen:
Straßenkarte: Autoatlas Česka Republika 1:200.000 aus dem Verlag Geodézie ČS. Für alle, die es besonders detailliert wollen. Tschechien auf fast 100 Seiten, dazu Pläne der wichtigsten tschechischen Städte.
Campingkarte: Kempy České republiky 1:500.000 aus dem Verlag Geodézie ČS. Fast alle offiziellen Campingplätze samt Ausstattungskriterien und Adressen – leider nicht immer ganz zuverlässig.
Radwanderkarten: Empfehlenswerte Radfahrkarten gibt der Verlag SHOCart im Maßstab 1:75.000 heraus mit sämtlichen Radwegen jeder Region und Tourenvorschlägen

samt Höhenprofil. Vor Ort überall erhältlich. Pilsen und Umgebung Nr. 20, Bäderdreieck Nr. 8, Karlsbad und Erzgebirge Nr. 121, Tschechischer Wald, Domažlice und Klatovy West Nr. 134, Klatovy und Umgebung Ost Nr. 135, Böhmerwald (West) Nr. 155.
Wanderkarten: Detaillierte Wanderkarten zu jeder Region gibt es ebenfalls von **SHO-Cart** im Maßstab 1.100.000.
Stadtpläne Prag: GeoClub Praha 1:16.000 oder Žaket Praha 1:23.000, beide billig und gut.
• *Wanderführer* Von **Petr David** und **Vladimír Soukop** sind im S & D Verlag Prag deutschsprachige Wanderführer zu **Marienbad samt Kaiserwald**, zum **Böhmerwald** und zum **Egerland** erschienen – bei den Touristeninformationen vor Ort erhältlich.

Mietwagen

Autoverleiher gibt es in Westböhmen nur in den größeren Städten, sie sind im Reiseteil unter „Adressen" vermerkt. Zudem vermitteln diverse Hotels und Reisebüros Fahrzeuge der meist in Prag ansässigen international operierenden Gesellschaften (→S. 194). Die preiswertesten Fahrzeuge bekommt man für 50–80 € pro Tag inkl. Diebstahlversicherung. Ohne Kreditkarte geht i. d. R. nichts, z. T. wird sogar eine zweite Kreditkarte als Sicherheit verlangt.

Öffnungszeiten

Es gibt kein Ladenschlussgesetz, an das der Einzelhandel gebunden ist, die Öffnungszeiten sind von Geschäft zu Geschäft unterschiedlich. Im touristischen Zentrum Prags haben die Geschäfte tägl. von etwa 9–20 Uhr oder noch länger geöffnet. Auf dem Land kann man mit Öffnungszeiten von 9–18 Uhr am Werktag und (nicht immer) 9–12 Uhr am Samstag rechnen. Über Mittag haben viele Läden geschlossen. Banken haben i. d. R. Mo–Fr bis etwa 16.30 Uhr geöffnet, Postämter Mo–Fr bis 19 Uhr, die größeren auch samstags bis 12 Uhr. Das Gros aller Museen hat montags geschlossen.

Ortsnamen

Viele Städte und Dörfer Westböhmens waren bis 1945 rein deutschsprachig besiedelt oder die deutschsprachige Bevölkerung stellte die überwältigende Mehrheit. Daher hatten einst nahezu alle Ortschaften im Reisegebiet auch einen deutschen Namen. Städte wie Karlsbad, Marienbad und Franzensbad sind noch heute weltweit unter ihren deutschen Namen bekannter als unter ihren tschechischen – auch die örtlichen Stellen wissen dies und werben dementsprechend. In den Überschriften und im Index erfahren Sie sowohl den alten deutschen (in Klammern) als auch den heutigen tschechischen Ortsnamen.

Polizei

Die Polizei besitzt keinen allzu guten Ruf, und wer mit ihr mal zu tun hat, weiß warum. Grundsätzlich unterscheidet man zwischen der dem Innenministerium unterstellten Staatspolizei *(Policie České Republiky)* und der von den Gemeinden unterhaltenen Stadtpolizei *(Městská Policie)*. Letztere stellt Ihnen bei Diebstählen jeglicher Art routiniert und gelangweilt ein Protokoll aus. Eine Fremdenpolizei, die sich um touristische Belange kümmert, gibt es nicht.

Den **polizeilichen Notruf** erreichen Sie unter ✆ 112, 158 (Staatspolizei) und 156 (Stadtpolizei).

Post

Egal, ob die Grüße nach Österreich, die Schweiz oder Deutschland gehen, das **Porto** ist einheitlich. Es lag 2007 bei umgerechnet 0,45 € (11 Kč) für Postkarten und für Briefe bis 20 g. Damit Sie in größeren Postämtern wissen, an welchen Schalter Sie müssen, achten Sie auf folgende Schilder: *známky* für Briefmarken, *telefonní karty* für Telefonkarten und *balíky* für Pakete. Briefmarken verkaufen neben der Post auch viele Kioske. Bis die Karte bei der Oma an der Küchenwand hängt, vergehen 2 bis 5 Tage.

Prostitution

Prostitution ist in Tschechien weder verboten noch erlaubt, und da Prostitution in Tschechien oft Straßenstrich bedeutet, ist sie unübersehbar. Eine katastrophale Entwicklung machte das westböhmische Grenzgebiet nach 1989 durch. Tausende von Prostituierten aus ganz Osteuropa pilgerten so nahe wie möglich an die EU-Grenze und schufen so den größten Straßenstrich Europas. Zudem blühte die Kinderprostitution. Mittlerweile hat sich die Situation entspannt und das Gros der Prostituierten (heute vorrangig Roma-Frauen, Asylbewerberinnen und Ukrainerinnen) wurde in die außerhalb der Stadtzentren gelegenen Nightclubs verbannt. Ihre Dienste nehmen vorrangig Tagesausflügler aus dem nahen Bayern oder Sachsen in Anspruch – 90 % der Fahrzeuge vor den Etablissements haben deutsche Kennzeichen. Aus Sicherheitsgründen rät die tschechische Polizei zum Bordellbesuch – auf dem Straßenstrich werden Freier häufig ausgeraubt.

Reisedokumente

Auch wenn die deutsch-tschechische sowie die österreichisch-tschechische Grenze ohne Grenzkontrollen passierbar sind, müssen Deutsche, Österreicher und Schweizer Reisedokumente mit sich führen: entweder Reisepass oder Personalausweis bzw. die Identitätskarte. Kinder unter 15 Jahren können, sofern sie in Be-

Prager Marathon

gleitung ihrer Eltern reisen, im Reisepass eines Elternteils eingetragen sein. Andernfalls benötigen sie unabhängig vom Alter einen Kinderausweis mit Foto. Grundsätzlich gilt, dass sämtliche Ausweisdokumente noch mindestens drei Monate gültig sein müssen.

Mit dem Fahrzeug: Selbstverständlich sind Führerschein und Fahrzeugschein, zudem die grüne Versicherungskarte. Ein Auslandsschutzbrief ist empfehlenswert. Ist man nicht mit dem eigenen Fahrzeug unterwegs, so bedarf es zudem einer beglaubigten Vollmacht des Fahrzeughalters.

Mit dem Haustier: Bei Reisen mit einem Tier (egal ob Hund oder Schlange) benöti-

gen Sie den EU-Heimtierausweis bzw. das Schweizer Pendant. Zur Kennzeichnung muss das Tier eine Chipmarkierung oder eine Tätowierung am Ohr haben. Welche Impfungen neben der Tollwutimpfung im Heimtierausweis bzw. in der Veterinärbescheinigung verzeichnet sein müssen, erfahren Sie bei Ihrem Tierarzt.

Sport und Freizeit

Tschechen sind sportverrückt und dazu überaus naturverbunden. Unvorstellbare Massen bevölkern in den warmen Monaten die Wanderwege und im Winter die Loipen und Skilifte der Mittelgebirge. Und wer nicht mindestens jedes zweite Wochenende selbst schwitzt, geht ins Fußball- oder Eisstadion und schaut anderen dabei zu.

Angeln: Fast eine halbe Million Tschechen frönen diesem Hobby. Die Teiche und Flüsse im Tschechischen Wald (Česky les) und im Nationalpark Šumava bieten die besten Möglichkeiten, einen dicken Fisch an Land zu ziehen. Forellen, Karpfen, Hechte, Zander und Welse gehören zu den am meisten gefangenen Arten. Informationen über Angellizenzen, Schonzeiten etc. entnimmt man den Regionalbroschüren des Tschechischen Anglerverbands *(Český rybářský svaz),* die auch in deutscher Sprache bei den örtlichen Touristeninformationen erhältlich sind. Deutschsprachige Informationen erhält man auch im Internet unter www.top.cz/crsplzen/deutsch.html.

Baden und Schwimmen: Alle Kurorte und größere Städte besitzen entweder Frei- oder Hallenbäder oder haben Stauseen oder Teiche mit Badestränden in ihrer Nähe. In Prag sollte man von einem Bad in der Moldau absehen, auch wenn es viele Prager selbst tun, denn die Wasserwerte stimmen bedenklich.

Sieben Fälle, sieben Fallen: Schwierigkeiten beim Tschechisch lernen

Peníze heißt Geld, *škoda* Schade, *popelník* ist der Aschenbecher und mit *Kozel* ist eine Biermarke gemeint. Nur selten klingen Wörter vertraut, haben sie wie beim *šnuptychl* („Schnupftüchl") deutsche oder wie beim *piškoty* (biscotti = Keks/Gebäck) italienische Paten. (Auch der umgekehrte Weg, nämlich dass Wörter aus dem Tschechischen in andere Sprachen entlehnt werden, ist eher die Ausnahme; vgl. aber *pistole, polka* oder *roboter.*)

Wer nie eine slawische Sprache gelernt hat, wird sich mit Tschechisch schwer tun. Das Kapitel Grammatik schlägt man am besten erst gar nicht auf. Sieben Fälle – sieben Fallen. Ein Graus. Mal taucht eine Endung auf, mal geht sie unter. Das erinnert an die Delfine auf See – vielleicht erklärt das, warum sich die Tschechen mit *ahoj* verabschieden. Hinzu kommt die Aussprache und die Tatsache, dass sich die Umgangssprache stark von der Schriftsprache unterscheidet.

Wo ein Haken drüber steht, steckt auch einer drin. Nahezu ein Ding der Unmöglichkeit ist das 'ř' – r und sch sollten dabei gleichzeitig über die Lippen kommen. Zum Stottern verdammen auch die Wörter, die ganz und gar ohne Vokale auskommen, z. B. *vlk* (Wolf). Zu einschüchternden Demonstrationszwecken kann man sogar ganze nichts sagende Sätze ohne Vokale konstruieren: *strč prst skrz krk,* d. h. „Stecke den Finger durch den Hals".

Zum Glück kann rund ein Viertel der Tschechen Deutsch, insbesondere ältere Menschen. Die Jugend – früher zum Russischlernen verpflichtet – übt sich heute fleißig in Englisch. Als Tourist in Böhmen sind Tschechischkenntnisse nicht dringend vonnöten. In vielen Geschäften, Restaurants oder Hotels, insbesondere in Prag und den Kurorten, wird perfektes Verkaufs- oder Speisekartendeutsch gesprochen. Zudem gibt's Erläuterungen auf vielen Hinweisschildern und Prospekten auch in deutscher und englischer Sprache. Um wenigstens die Namen der Sehenswürdigkeiten einigermaßen passabel vor sich hinstottern zu können, finden Sie am Ende des Buches Hilfen zur Aussprache und einen kleinen Grundwortschatz.

Golf: Über zehn Golfplätze gibt es im Reisegebiet, die schönsten rund um die Kurorte. Die Greenfees sind – trotz eines mancherorts erhobenen Ausländerzuschlags – erschwinglich. Die im Buch erwähnten Plätze befinden sich bei Karlsbad (→ S. 55),

Sokolov (→ S. 68), Franzensbad (→ S. 114), Marienbad (→ S. 93), Teplá (→ S. 100), Pilsen (→ S. 139), Mariánský Týnec (→ S. 153) und Nýrsko (→ S. 175).

Radfahren: Markierte Radwege gibt es in vielen Gegenden des Reisegebiets, die schönsten im Böhmerwald sowie rund um die Kurorte. Für wenig Geld sind überall detaillierte Radwanderkarten *(cykloturistická mapa)* erhältlich (→ Wissenswertes von A bis Z/Karten, S. 31). Zudem liegt bei den örtlichen Touristeninformationen häufig Infomaterial für Radwanderer bereit. Radverleiher sind, sofern vorhanden, im Reiseteil des Buches angegeben. Am besten aber bringt man sein eigenes Rad mit, oft werden nur Bikes in Kaufhausqualität verliehen.

Im Buch finden Sie unter vielen Ortschaften Tourenvorschläge. Diese sind lediglich als Anregungen gedacht. Aus Platzgründen ist es nicht möglich, exakte Routen zu beschreiben und zudem den unterschiedlichen konditionellen Anforderungen gerecht zu werden. Eine Vielzahl von Tourenmöglichkeiten erschließen sog. **Cyklobusse**, die sich auf die Mitnahme von Fahrrädern spezialisiert haben und Radtouren mit unterschiedlichen Start- und Zielpunkten ermöglichen. Auch in vielen Zügen kann das Rad mitgenommen werden. Zudem verleiht die Tschechische Bahn (České dráhy, kurz ČD, www.cd.cz) an den Bahnhöfen Pilsen und Konstantinovy Lázně Fahrräder (der Service soll ausgedehnt werden, Leihgebühr pro Tag 7,50 €, Kaution 37 €).

Wer jedoch ausgedehnte Radtouren durch Westböhmen plant, sollte bedenken, dass abgesehen von den Kurorten und den touristisch erschlossenen Vorzeigedörfern im Böhmerwald viele kleine Ortschaften keine Unterkunfts- oder Verpflegungsmöglichkeiten aufweisen. Grundsätzlich gilt: Mit die schönsten Routen verlaufen entlang der Flusstäler.

Reiten: Ausritte kann man von mehreren Ortschaften im Reisegebiet unternehmen. Adressen finden Sie u. a. unter Marienbad, Franzensbad, Domažlice, Sušice und Rabštejn nad Strelou.

Tennis: Der weiße Sport ist äußerst beliebt. Wie sollte es auch anders sein in einem Land, das Ivan Lendl und Martina Návratilová hervorgebracht hat? Tennis kann man in jedem größeren Ort spielen.

Verbotsschilder

Diverse Waldwege und Straßen im Grenzgebiet sind aus Gründen des Naturschutzes mit Verbotsschildern (mit der Aufschrift *„Vjezd zakázán"* oder *„Průjezd zakázán"*) für den Verkehr gesperrt. Zum Teil sind die Schilder jedoch noch Relikte aus der Zeit des Kalten Krieges. Auch wenn diese heute keinen Sinn mehr machen, ist für einen ordentlichen tschechischen Beamten die Durchfahrt so lange verboten, wie das Schild steht. I. d. R. gelten die pauschal ausgesprochenen Verbote nur für Kraftfahrzeuge, Radfahrer sind davon ausgenommen. Nachfragen ist aber immer besser als nachzahlen. Wo Sie als Wanderer oder Radfahrer Schilder am Weges- oder Straßenrand mit der Aufschrift *„Vstup zakázán"* („Betreten verboten") sehen, befolgen Sie diese zu Ihrer eigenen Sicherheit: Nicht alle einstigen Truppenübungsplätze im Grenzgebiet sind bislang von explosiven Munitionsresten geräumt worden.

Wandern: Zum Nationalsport wurde Wandern während der kommunistischen Ära (außerhalb des eigenen Landes konnte man ja nicht viel erkunden). Dementsprechend durchziehen das Land unzählige perfekt markierte Wanderwege. Rote

Markierungen kennzeichnen Kammwege und Fernwanderstrecken, blaue markieren Strecken von mittlerer Länge, grüne kurze Touren und gelbe kurze, verbindende Strecken. Naturlehrpfade sind weiß-grün markiert.

Wie beim Radfahren gilt: Die Tourenvorschläge im Buch sind nur als Anregungen gedacht, exakte Tourenbeschreibungen waren aus Platzgründen nicht möglich.

Wassersport: Kanu- und Kajakfahren ist sehr populär. Im Reisegebiet bieten sich dazu insbesondere der Flusslauf der Ohře bei Kyselka an, die Otava bei Rabí und die Berounka nördlich von Pilsen.

Wintersport: Alpiner Skisport ist im Erzgebirge und im Böhmerwald möglich, Langlauf zudem rund um das Bäderdreieck. Die Alpinskigebiete sind selbstverständlich nicht so anspruchsvoll wie in der Schweiz oder in Österreich, da die Gipfel auch nur Höhen von 1300 m erreichen, aber dafür auch nicht so teuer. Tageskarten gibt es ab 12 €, Leihausrüstungen ab 11 €.

Telefonieren

Das Telefonieren mit dem Mobiltelefon ist problemlos nahezu überall möglich. Wer keines hat oder Geld sparen will, telefoniert am einfachsten mit sog. **Prepaid-Karten** (z. B. von *Smartcall*, www.smartcall.cz, oder *Easycard*, www.easycard.cz) von öffentlichen Fernsprechern oder Festnetzanschlüssen. Die Karten gibt es in verschiedenen Stückelungen an Zeitungskiosken zu kaufen. Eine Minute kostet zwischen 0,08 und 0,50 €, je nach dem, wie viele Einheiten man kauft und ob man ins heimische Festnetz oder Mobilfunknetz telefoniert. Das Freizeichen ist ein kurzer Ton, gefolgt von einem langen.

Internationale Vorwahlnummern: Nach Deutschland ☎ 0049, nach Österreich ☎ 0043, in die Schweiz ☎ 0041. Danach wählt man die Ortsvorwahl, jedoch ohne die Null am Anfang, dann die Rufnummer.

Wer **nach Tschechien** telefonieren möchte, wählt ☎ 00420 und danach die Rufnummer. Es gibt keine Ortsvorwahl!

Telefonauskunft: National ☎ 1180 und international ☎ 1181. Da letztere Nummer mit deutschsprachigem Personal besetzt ist, das meist sehr hilfsbereit ist, kann man es hier als Ausländer auch versuchen, wenn man eine tschechische Nummer braucht.

Call-by-Call: Den günstigsten Anbieter von Deutschland nach Tschechien erfahren Sie z. B. unter www.billiger-telefonieren.de.

Notrufnummern
Polizei ☎ 158, 156 u. 112, Feuerwehr ☎ 150, Rettungsdienst ☎ 155

Toiletten

Sofern keine Symbole angebracht sind, sollten Damen auf die Bezeichnungen *Dámy* oder *Ženy* achten, Herren auf *Muži* oder *Páni*. Öffentliche Toiletten sind meist gebührenpflichtig oder die Klofrau erwartet ein Trinkgeld. Viele Kabinen kann man nicht abschließen!

Zeit

Es gilt wie in Deutschland, Österreich und der Schweiz die Mitteleuropäische Zeit (MEZ) inklusive Sommerzeit.

Zeitungen und Zeitschriften

Tagesaktuelle Zeitungen und Zeitschriften aus Deutschland bekommt man in den Kurorten und in Prag ohne Probleme. Hintergrundinformationen und Aktuelles zu Politik, Wirtschaft, Sport und Kultur bietet auch die deutschsprachige, stets donnerstags erscheinende „Prager Zeitung". Deren Beilage, das „Prager Tagblatt", informiert über kulturelle Veranstaltungen in der Moldaustadt. Ähnliches gilt für die umfangreichere englischsprachige Wochenzeitung „Prague Post", die mittwochs herauskommt.

Zollbestimmungen

Für Bürger der EU: Bei Reisen innerhalb der EU unterliegen Waren für den Eigenbedarf keinen Beschränkungen. Jedoch gibt es Richtmengen, bei deren Überschreitung die Zöllner den Eigenbedarf in Frage stellen (kritische Marke bei Wein z. B. 90 l). Die Obergrenze für Zigaretten beträgt im Reiseverkehr zwischen Deutschland und Tschechien 800 Stück. Wollen Sie hingegen **von Tschechien nach Österreich** Zigaretten mitnehmen, beträgt die Obergrenze vorerst noch 200 Stück. Wann zwischen Tschechien und Österreich ebenfalls die Obergrenze von 800 Zigaretten eingeführt wird, erfahren Sie unter www.bmf.gv.at.

Antiquitäten dürfen nur ausgeführt werden, sofern man eine Bescheinigung hat, dass sie nicht zum kulturellen Erbe des Landes gehören.

Für Schweizer: Eidgenossen haben die Möglichkeit, sich an der Grenze (z. B. am Prager Flughafen) die Mehrwertsteuer für die in Tschechien gekauften Produkte erstatten zu lassen (→ Tax-Free-Einkauf, S. 26). Auf der Rückreise dürfen für den privaten Gebrauch gekaufte Waren (wie z. B. Kleidung) bis zu einem Wert von 300 sfr zollfrei eingeführt werden. Ansonsten gelten für Schweizer für die zollfreie Ein- bzw. Ausfuhr folgende Richtmengen:
Tabak: 200 Zigaretten oder 100 Zigarillos oder 50 Zigarren oder 250 g Tabak.
Alkohol: 1 l Spirituosen oder Schaumwein oder 2 l Tafelwein.
Parfüm: 50 g Parfüm oder 0,25 l Eau de Toilette.

Was haben Sie entdeckt?

Haben Sie ein romantisches Hotel gefunden, eine urige Pivnice oder einen schönen Wanderweg?

Wenn Sie Tipps, Anregungen oder Verbesserungsvorschläge zum Buch haben, lassen Sie es uns bitte wissen. Auch für Kritik sind wir dankbar.

Michael Bussmann & Gabriele Tröger

Stichwort „Westböhmen"

c/o Michael Müller Verlag GmbH

Gerberei 19

91054 Erlangen

E-Mail: bussmann.troeger@michael-mueller-verlag.de

Marktplatz in Horšovský Týn

Geschichte

Von Böhmen und Tschechen – die Vorgeschichte: Vermutlich wurden die waldfreien Gebiete Böhmens in der Altsteinzeit (Paläolithikum) erstmals besiedelt. Im 5. Jh. v. Chr. drangen die *Bojer*, einer der bedeutendsten keltischen Stämme, nach Mitteleuropa vor. Noch vor Christi Geburt wichen sie dem germanischen Stamm der Markomannen, dem Land hinterließen die Bojer aber ihren Namen, auf Lateinisch *Boiohaemum*, Böhmen. Anfang des 6. Jh. stießen im Zuge der Völkerwanderung westslawische Stämme bis an die Moldau vor, der Mythologie zufolge auch einer mit einem Anführer namens *Čech*. Dessen Clan sollte ebenfalls namengebend für Land und Leute werden. Aber schon in der zweiten Hälfte des 6. Jh. wurden diese Stämme von den Awaren unterworfen, ein zu den Hunnen gehörendes, nomadisierendes Steppenvolk aus Zentralasien.

Von Karl dem Großen bis zum Großmährischen Reich – ab 796: Der Frankenkönig Karl der Große vertrieb die Awaren wieder. Die Fürstentümer Böhmens, Mährens und der Westslowakei fielen damit an das Fränkische Reich und mussten hohe Tributzahlungen leisten. Um sich diesen zu entziehen, schlossen sie sich gegen das Fränkische Reich zusammen (Jahrhunderte später prägten Historiker dafür den Begriff „Großmährisches Reich"). Die tschechischen Fürsten aus dem sagenumwobenen Geschlecht der Přemysliden (→ S. 253) nahmen dabei im gerade entstehenden Prag eine führende Rolle ein. Um auch religiös unabhängig zu werden (die Region gehörte zum fränkischen Bistum Regensburg), bat man Byzanz um Unterstützung. Missionare wurden gesandt, angeführt von den Brüdern Kyrill und Method, die das Evangelium nicht in Latein, sondern in der Landessprache verkündeten. Am 5. Juni 863 trafen die beiden „Apostel der Slawen" in Mähren ein (seit der Samtenen Revolution ist dieser Tag ein Feiertag in Tschechien).

Böhmen wird Teil des Römischen Reiches – ab 950: In jenem Jahr schickte der deutsche König und spätere Kaiser Otto der Große sein Heer nach Böhmen. Der Přemyslidenfürst Boleslav unterwarf sich ihm, womit Böhmen ein gleichgestelltes Mitglied im Römischen Reich wurde. Etwas mehr als ein Jahrhundert später folgte die Ernennung der ersten böhmischen Könige. Und wieder ein Jahrhundert später warben diese Siedler aus der ober- und niederdeutschen Nachbarschaft zur Entwicklung des Landes an. Soběslav II. räumte ihnen gar besondere Privilegien und Rechte ein. So wurden weite Gegenden Böhmens deutschsprachig, woran sich bis 1945 kaum etwas änderte.

Erste große Blüte unter Karl IV. – im 14. Jh.: Mit dem Tode Königs Václavs III. 1306 endete nach über drei Jahrhunderten die Přemysliden-Dynastie. Das Land erlebte daraufhin innerpolitische Wirren mit Rebellion und Anarchie, bis der böhmische Adel Johann von Luxemburg die Krone anbot. Goldene Zeiten führte dessen Sohn Karl IV. herbei, der als böhmischer König 1355 in Rom zum Kaiser des mittlerweile Heiligen Römischen Reiches gekrönt wurde. Prag stieg daraufhin zu einer der bedeutendsten Städte Europas auf (→ Prag/Geschichte, S. 189). Aber schon zwei Jahre nach Karls Tod, im Jahr 1380, brach die Pest aus, ein schwerer Schlag für das Reich. Und weitere sollten folgen, denen Karls Sohn Wenzel IV. nicht gewachsen war, der das politische Geschick seines Vaters nicht geerbt hatte, sondern vielmehr als fauler Trunkenbold in die Geschichte einging.

Im Zeichen der Hussiten – 15. Jh.: In Anlehnung an die Thesen des englischen Reformators Wyclif forderte Jan Hus (vermutlich 1370–1415) die Abkehr der Kirche von Besitz und weltlichem Machtstreben, was insbesondere bei der tschechischsprachigen Bevölkerung auf breite Zustimmung stieß. 1414 wurde er daraufhin zum Konzil nach Konstanz beordert. Man sicherte ihm freies Geleit zu. Doch um der Gefahr einer immerwährenden Spaltung der Kirche entgegenzuwirken, verbrannte man ihn auf dem Scheiterhaufen. In weiten Teilen Böhmens – mit Ausnahme streng katholischer Städte wie Eger (heute Cheb) oder Tachau (heute Tachov) – erreichte man mit seinem Tod genau das Gegenteil: Hus wurde zum Märtyrer. Die sozialen Spannungen verschärften sich. Es kam zu Unruhen und 1419 mit dem ersten Prager Fenstersturz (→ Kasten S. 246) zur Revolte. Für den Papst waren die Hussiten jedoch nichts anderes als Ketzer aus Böhmen, und so erließ er die Kreuzzugsbulle. Doch die Hussiten stellten Heere auf und triumphierten in der berühmten Schlacht auf dem Vítkov (Veitsberg) mit Jan Žižka als Anführer über das zahlenmäßig weit überlegene Kreuzfahrerheer. Krieg auf Krieg folgte, 16 lange Jahre, in denen auch Städte und Klöster in Westböhmen verwüstet wurden, dann war die Niederlage der Hussiten besiegelt. In der Folgezeit löste ein böhmischer König den anderen ab, darunter welche aus dem Geschlecht der Luxemburger und der polnischen Jagellonen. Sie alle aber waren zu schwache Persönlichkeiten für das Zeitalter religiöser Umwälzungen.

Böhmen unter den Habsburgern – ab 1526: In jenem Jahr begann mit Ferdinand I. die Habsburgerherrschaft über Böhmen. Mitte des 16. Jh. holte er die Jesuiten ins Land, die die Gegenreformation durchführen sollten. Am Ende der Regierungszeit von Ferdinand I. und unter seinem Nachfolger Rudolf II. leistete sich der katholische Adel und Klerus zahlreiche Paläste, entworfen von italienischen Baumeistern, die den Renaissancestil nach Böhmen gebracht hatten. Bezahlt hatten diese unter anderem etliche protestantische Adelige mit ihrem Leben und Vermögen.

1618 eskalierten die Spannungen zwischen Protestanten und Katholiken erneut in Prag. Es kam zum berühmten zweiten Prager Fenstersturz (→ Kasten S. 246), der den Dreißigjährigen Krieg zur Folge hatte. Die protestantischen böhmischen Stände verweigerten daraufhin den katholischen Habsburgern die Gefolgschaft. Ein Jahr später wählten sie den jungen, protestantischen Friedrich von der Pfalz zu ihrem neuen König. Als „Winterkönig" ging er in die Geschichte ein, was ungefähr der Zeitspanne seiner Regentschaft entsprach. Denn bereits 1620 setzte der Habsburger Ferdinand II. mit seinem kaiserlichen Heer in der siegreichen Schlacht am Weißen Berg (*Bílá hora*) bei Prag seine Thronrechte über Böhmen wieder durch. Die Strafe für die Aufständischen folgte auf dem Fuß: 27 Adelige wurden in Prag am Altstädter Ring in einem Schauprozess hingerichtet, andere spießte man am Altstädter Brückenturm auf – 10 Jahre lang blieben ihre Überreste dort hängen. Fast die gesamte protestantische Aristokratie und alle nichtkatholischen Geistlichen wurden verfolgt. Wer konnte, verließ das Land. Grund und Vermögen der Geflüchteten fielen loyalen katholischen Adelsfamilien zu.

Infolge des Dreißigjährigen Krieges wurde das Land verwüstet, die Bevölkerung um fast zwei Drittel dezimiert. Bis zum Westfälischen Friede 1648 marschierten das sächsische und das schwedische Heer plündernd durch Böhmen. Nach dem Krieg regierten die Habsburger Böhmen von Wien aus und ließen das Land durch hohe Steuern förmlich ausbluten. Alle Formen des Protestantismus wurden verboten, die Rekatholisierung flächendeckend durchgesetzt, Kirchen und Klöster barockisiert. Die Tschechen wurden zu Menschen zweiter Klasse, ihre Sprache zu einem verachteten Dialekt, der nur von Leibeigenen, Bauern, Handwerkern und Dienstboten gesprochen wurde. Hingegen bestand die Händlerschicht überwiegend aus Deutschen, und die deutsche Sprache, die Lingua franca des habsburgischen Zentralismus, wurde zur alleinigen Amtssprache erhoben.

Aufklärung und Industrialisierung – 18./19. Jh.: Während der österreichischen Erbfolgekriege, die auf den Tod Karls VI. 1740 folgten, wurde Böhmen vorübergehend von Bayern, Sachsen, Franzosen und Preußen belagert, die der Thronfolgerin Maria Theresia das Erbe streitig machen wollten. Ihr Sohn Joseph II. (1765–1790) reformierte das Habsburgerreich nach den Ideen der Aufklärung: Einführung der Schulpflicht, Glaubensfreiheit, Säkularisierung der Klöster usw. Aber weiterhin herrschte eine große Kluft zwischen dem, was „deutsch", und dem, was „tschechisch" war.

Wirtschaftlich jedoch entwickelte sich Böhmen zu einer Perle in der Krone der Habsburger und dank der Bildungsreform entstand zu Anfang des 19. Jh. ein kleines tschechisches, intellektuelles Bürgertum. Aus diesem ging u. a. die *Národní obrození* hervor, eine Bewegung, die zunächst die Gründung tschechisch-nationaler Vereinigungen in Kunst und Literatur zur Folge hatte. Diese fanden in Prag regen Zulauf, wo infolge der industriellen Revolution und des damit verbundenen Zuzugs an Tschechen das zahlenmäßige Verhältnis zwischen Deutschen und Tschechen zugunsten Letzterer kippte. Widerstand gegen die deutsche Dominanz begann sich zu regen. Und die Habsburger Monarchie, die keine Gleichberechtigung kannte, die Presse- und Versammlungsfreiheit verweigerte und deren Erhalt Polizeispitzel und eine Bürokratie garantierten, die für ganz Afrika gereicht hätte, brachte mehr und mehr junge böhmische Patrioten hervor, anti-deutsch eingestellt.

Die Spannungen eskalierten schließlich 1848. In Prag und in anderen Städten kam es zu schweren Protesten, weniger in Westböhmen, wo der Anteil der Tschechen vielerorts weniger als 1 % betrug. Um die Aufständischen zu besänftigen, erfolgte am

8. April 1848 per kaiserlichem Dekret die Gleichstellung der Sprachen – ein Schritt, der zu spät kam. Der Traum von einem tschechischen Staat war bereits geboren, Straßenschlachten waren die Folge. Doch die Hoffnungen auf eine Hauptstadt namens Praha fanden schon bald ihr Ende. Bereits am 17. Juni 1848 verschaffte sich das österreichische Militär mit schwerem Geschützfeuer wieder Respekt.

Nach der kurzen Erschütterung der Habsburgerherrschaft übte sich die alte Oberschicht deutsch-böhmischer Prägung wieder in Ignoranz und Überheblichkeit. Doch das Streben der Tschechen nach Souveränität und kultureller Emanzipation war nicht mehr umkehrbar.

Erster Weltkrieg, erste Republik: Während des 1. Weltkriegs sah eine Gruppe von Exilanten die Gelegenheit gekommen, bei den Entente-Mächten für eine unabhängige tschechoslowakische Republik zu werben. Eine Schlüsselrolle unter ihnen nahm Tomáš Garrigue Masaryk (1850–1937) ein. Und als die habsburgische Monarchie zerschlagen war, wurde die Republik Realität und Masaryk ihr erster Präsident.

Dorf bei Nýrsko

Der neue Staat (ČSR) hatte gute Karten, ca. 60 % der Industrieanlagen Österreich-Ungarns waren ihm in intaktem Zustand zugefallen – von heute auf morgen befand sich das Land an 10. Stelle unter den Industrienationen der Welt. Die Bevölkerung war bunt gemischt: 6,8 Mio. Tschechen, 3,1 Mio. Deutsche (über 80 % davon lebten in geschlossenen Siedlungsgebieten, insbesondere in West-, Nord- und Südböhmen, aber auch in Nord- und Südmähren), 1,9 Mio. Slowaken, 750.000 Ungarn, 460.000 Ukrainer, 180.000 Juden und 70.000 Polen. Um ethnischen und sozialen Spannungen vorzubeugen, wurde unter Masaryk eine der liberalsten Verfassungen jener Zeit verabschiedet. Dennoch, viele Deutsche, insbesondere in den grenznahen Gebieten Böhmens, wollten die Eingliederung in die ČSR nicht akzeptieren. Und als peu à peu Gesetze folgten, die an ihrem Besitz rüttelten und ihre Rechte einschränkten (Enteignung durch Agrarreform, Entlassung von über 30.000 deutschsprachigen Beamten, da diese der tschechischen Sprache nicht ausreichend mächtig waren, Schließung deutscher Schulen etc.) formierten sie sich als Sudetendeutsche (die Bezeichnung existierte zuvor noch nicht) und forderten die Selbstbestimmung. 1933 wurde die *Sudetendeutsche Heimatfront* gegründet, aus der später die *Sudetendeutsche Partei* hervorging. Ihr Führer war Konrad Henlein, der die Nähe zum Führer in Berlin suchte. Sehnsüchtig blickten viele Sudetendeutsche ins

Reich, wo die Nazis nach der Weltwirtschaftskrise für Aufschwung sorgten, während in der ČSR allein 500.000 Deutsche arbeitslos waren.

Braune Hosen – ab 1938: Am 29. September dieses Jahres unterzeichneten Hitler, Mussolini, Chamberlain und Daladier das Müncher Abkommen, das die Abtretung der Sudetendeutschen Gebiete ans Deutsche Reich regelte. Zwei Tage später marschierten deutsche Truppen ein. Doch die Nazis wollten mehr. Im März 1939 besetzten sie das restliche Staatsgebiet Tschechiens – die Slowakei war inzwischen auf deutschen Druck formal unabhängig geworden – und erklärten es zum sog. Reichsprotektorat Böhmen und Mähren. Wie andernorts auch festigten die Nazis ihre Herrschaft mit Unterdrückung und Terror, etwa 10.000 Tschechen nichtjüdischen Glaubens und 75.000 Juden wurden ermordet. Zu den größten Exzessen der Naziherrschaft kam es nach dem Attentat auf den stellvertretenden Reichsprotektor Reinhard Heydrich, als u. a. das Dorf Lidice nordwestlich von Prag dem Erdboden gleichgemacht und sämtliche männlichen Einwohner getötet wurden. Im April und Mai 1945 erfolgte die Befreiung des Landes. Im Westen durch die Amerikaner, im Osten durch die Russen. Später, im Kalten Krieg, leugneten übrigens die Kommunisten aus Propagandagründen die Befreiung Westböhmens durch die US-Armee und behaupteten, es wären russische Soldaten gewesen, aus taktischen Gründen jedoch als US-Soldaten verkleidet. Der bereits erwähnte Henlein beging in alliierter Haft Selbstmord, der letzte Reichsprotektor Frick wurde in Nürnberg zum Tode verurteilt.

Rote Socken – ab 1946: Kurz nach Kriegsende wurde die Tschechoslowakische Republik (ČSR) wiederhergestellt und Edvard Beneš ihr erster Präsident. Unter seiner Führung wurden 1945 auch jene von der Potsdamer Konferenz gebilligten Dekrete verabschiedet, die der deutschen Bevölkerung das Recht auf die tschechoslowakische Staatsangehörigkeit aberkannten und deren gewaltsame Abschiebung zur Folge hatten. Fast drei Millionen Deutsche waren davon betroffen. Nur rund 200.000 Deutsche durften bleiben, insbesondere jene, die für die Industrie und Wirtschaft „unersetzlich" waren. Bis heute belasten die Beneš-Dekrete das deutsch-tschechische Verhältnis. Die entvölkerten Gebiete versuchte man in den folgenden Jahren mit der Ansiedlung von Tschechen, Slowaken, Roma und Ukrainern wiederzubeleben.

Ein Jahr später erhielten die Kommunisten bei den Wahlen zur Nationalversammlung knapp 40 %, das beste Ergebnis, das eine kommunistische Partei je in einer freien Wahl erzielte. 1948 führten sie eine Regierungskrise herbei, riefen den Generalstreik aus und zwangen Beneš zum Rücktritt. Neuer Staatspräsident wurde Klement Gottwald, eine tschechische Ausgabe Stalins. Mit ihm kam eine neue Verfassung und die Entmündigung des Volkes. Es folgten die kommunistische Ideologisierung von Kultur und Wissenschaft, die Verstaatlichung von Industrie und Handel, die gewaltsame Kollektivierung der Landwirtschaft und Fünfjahresplan auf Fünfjahresplan. Etwa 2 Mio. Tschechen und Slowaken verließen ihr Land.

Die einseitige Förderung der Schwerindustrie, Korruption und Unfähigkeit der Regierenden führten das Land in die wirtschaftliche Krise. Wer das Regime kritisierte, wurde interniert oder zum Tod verurteilt. Einigen Quellen zufolge soll bis 1968 fast jeder fünfte männliche Erwachsene vorübergehend inhaftiert gewesen sein. Auf jeden Fall litt das Volk, und mit ihm auch überzeugte Kommunisten, die sich eingestehen mussten, dass es so nicht mehr weitergehen konnte. Aus den innerparteiliche Streitigkeiten zwischen den selbstgefälligen Genossen stalinistischer Prägung und Reformern gingen schließlich Letztere als Sieger hervor.

Prager Frühling – 1968: Im Januar 1968 wurde Alexander Dubček Erster Parteisekretär und damit neuer Staatschef. Die von ihm vorgestellten Liberalisierungs- und Demokratisierungsprogramme sollten zu einem „Sozialismus mit menschlichem Antlitz" führen, was viel über die vorherige Gestalt des Systems aussagt. Das Volk jubelte Dubček zu. Es herrschte Optimismus, der Prager Frühling verwandelte die Stadt und das Land.

Walter Ulbricht, dem Partei- und Staatschef der DDR, gingen die geplanten Reformen vor seiner Haustür zu weit. Und der kalte Krieger Leonid Breschnew sah sogleich die Außengrenzen des Warschauer Paktes in Gefahr und pochte auf die beschränkte Souveränität der zugehörigen Staaten (Breschnew-Doktrin). Als aller nichtmilitärische Druck auf die Prager Führung erfolglos blieb, marschierten Truppen des Warschauer Paktes am 21. August 1968 in der Tschechoslowakei ein, insgesamt 650.000 Mann unter sowjetischer Führung. Es kam zu lang an-

Wo die Wende spurlos vorübergegangen ist …

haltenden Protesten. Die Bilder gingen um die Welt: Tausende Prager auf den Straßen, in ihrer Mitte sowjetische Panzer. Sechs Studenten übergossen sich in aller Öffentlichkeit mit Benzin und zündeten sich an. Bevor der Eiserne Vorhang die Tschechoslowakei endgültig abriegelte, verließen mehr als 150.000 Menschen das Land.

Lange Winter – ab 1968/1969: Die Tristesse des sozialistischen Alltags wurde wiederhergestellt, aus dem großen Hoffnungsträger Dubček ein paar Jahre später ein kleiner Forstbeamter. Mit Hilfe eines gigantischen Sicherheitsapparates schaffte es die kommunistische Partei (KSČ) für Ruhe zu sorgen und den Lebensstandard sogar so weit zu verbessern, dass er im Ostblock nur noch von der DDR übertroffen wurde.

1976, in dem Jahr, in dem man Fußballeuropameister wurde, wurden die Musiker der Undergroundband „The Plastic People of the Universe" verhaftet. Liberale Intellektuelle setzen sich daraufhin für die Musiker ein. 1977 schlossen sie sich zur Charta 77 zusammen, aus der das Bürgerforum hervorging. Einer der geistigen Urheber war Václav Havel. Man forderte die Einhaltung der Menschenrechte und erlebte dafür das Gegenteil: Überwachung, Verfolgung und Gefängnis.

Samten fällt der Eiserne Vorhang – 1989: Gorbatschows Politik der Perestrojka läutete Ende der 80er Jahre das Aus für die greisen Funktionäre des gesamten Ostblocks ein. In Berlin war die Mauer bereits gefallen (9. November 1989), in Polen, Ungarn und Bulgarien hatte sich das Volk schon erhoben, als in Prag am 17. November 1989 über 50.000 Menschen auf die Straße zogen. Die Kommunisten hatten die Kundgebung genehmigt, da sie offiziell an die Novemberdemonstration von 1939 erinnern sollte. Damals waren Studenten gegen Hitlers Einmarsch auf die Straße gegangen. Der Protest aber, so zeigte sich schnell, galt der eigenen politischen Führung. Die Demonstration schlug man brutal nieder. Über 100 Teilnehmer wurden verhaftet, ca. 500 verletzt. Dieser Tag gilt heute als der Auftakt zur „Samtenen Revolution". Seit 2000 ist er ein Feiertag.

Es folgten Arbeitsniederlegung und Großdemonstrationen und noch bevor das Jahr zu Ende war, hatten die Kommunisten ihre Führungsrolle verloren. Das Volk forderte mit Plakaten „Havel auf die Burg", und so kam es. Um die Turbulenzen jener Zeit zu verdeutlichen, wird gerne die Geschichte von Jiří Dienstbier erzählt, der als Dissident im Gefängnis saß und danach für die Heizanlagen mehrerer Plattenbauten verantwortlich war. Seine Ernennung zum Außenminister kam so prompt, dass manche kalt duschen mussten, weil seine Stelle so schnell nicht wieder besetzt werden konnte.

1990 gab es schließlich nach langer Zeit wieder die ersten freien Wahlen, zu denen nicht nur jeder gehen durfte, sondern auch ging: Die Wahlbeteiligung lag bei 99 %. Havels Bürgerforum gewann. Demokratie war nun da, aber die Fragen der Zukunft blieben ungeklärt. Eine bewegte alle osteuropäischen Länder: Wie schafft man den Übergang von einer maroden Planwirtschaft zu einer freien Marktwirtschaft, wenn die Gesellschaft – wie Havel es ausdrückte – an einer „Postgefangenschaftspsychose" litt, der Unfähigkeit ihrer Mitglieder, selbst Entscheidungen zu treffen und zu handeln.

Die Trennung – 1993: Am 1. Januar 1993 erfolgte die Trennung der ČSFR (der Name existierte seit 1990) in die Tschechische und die Slowakische Republik. Und das Gros der ehemals 1,5 Mio. Mitglieder der Kommunistischen Partei hielt fortan das Fähnchen der Demokratie und des Kapitalismus in den Wind. Viele alte Parteimitglieder starteten eine neue Karriere in Politik und Wirtschaft, schafften es auf Ministerposten oder in die Vorstände internationaler Unternehmen wie *Škoda Auto* oder *HVB-Bank*. So wundert es auch nicht, dass bei der 1996 gegründeten Behörde, die die Verbrechen der Kommunisten dokumentieren und untersuchen soll, bislang wenig herauskam. Bei vielen einstigen Dissidenten herrscht deswegen bittere Enttäuschung. Freuen konnten sich hingegen viele Tschechen, die nach 1948 enteignet worden waren, unzählige Gebäude, Burgen, Schlösser, Klöster und Kirchen wurden ihren früheren Besitzern zurückgegeben.

Durch ein radikales Privatisierungsprogramm versuchte man, die Wirtschaft des Landes wieder auf Vordermann zu bringen. Eine große Zahl ausländischer Unternehmen investierte in den neuen Standort; deren Tochtergesellschaften sorgen heute für ca. 50 % der tschechischen Industrieproduktion und für 70 % der tschechischen Exporte. Die radikalen Veränderungen im Land wirken sich aber auch auf die Gesellschaft aus: Sorge bereitet dabei v. a. die wachsende Kluft zwischen Reformverlierern und Reformgewinnern, zwischen Arm und Reich – eine Entwicklung, unter der hauptsächlich ältere Menschen zu leiden haben.

EU-Beitritt – 1. Mai 2004: Seit dem EU-Beitritt Tschechiens überweist Brüssel jährlich rund 3,5 Mrd. Euro nach Prag. Damit werden überwiegend Projekte in den Bereichen Transport und Regionalentwicklung gefördert – das spiegelt sich v. a. in neuen Parkplätzen und Umleitungen wider. Nur für den Umweltschutz (das kleine Tschechien gehört zu den zehn größten Luftverschmutzern der Welt) hat man noch immer wenig übrig. Wie soll das aber auch anders sein bei einem Präsidenten, der das Kyoto-Protokoll zum Klimaschutz als „einen der größten Irrtümer der gegenwärtigen Menschheit" bezeichnet.

Beim Schlossbad

Karlovy Vary (Karlsbad)

„Karlsbad ist ein Brillant in einer Smaragdfassung" – so beschrieb Alexander von Humboldt das prunkvolle Kurzentrum mit seiner verschwenderischen Pracht an Bauten aus der Belle Epoque. Umgeben von grünen, waldreichen Höhen liegt es inmitten des romantischen Teplá-Tals.

Karlovy Vary ist noch heute auf der ganzen Welt unter dem deutschen Namen Karlsbad bekannt. Knapp 55.000 Einwohner zählt die Stadt und ca. 8000 Gästebetten. Sie liegt rund 340 m ü. d. M. Die Hügel drum herum erreichen Höhen von knapp 650 m. Von allen großen böhmischen Kurorten ist Karlsbad nicht nur der berühmteste, sondern auch der nobelste. Exklusive Designerboutiquen, Pelz- und Schmuckgeschäfte dominieren im Kurzentrum. Das Publikum zeigt sich im Vergleich auch gemischter und jünger; es beschränkt sich nicht in erster Linie auf deutsche Rentner.

Ein großer Anteil der Kurgäste kommt aus Russland, von Moskau gibt es Direktflüge nach Karlovy Vary. Die russischen Besucher fallen sofort ins Auge, die meisten sind in sportlicher Freizeitkleidung unterwegs, die Marke mit den drei Streifen sticht besonders hervor. Das war noch anders, als die russischen Zaren und der russische Adel anreiste. Aber auch Könige und Kaiser, indische Maharadschas und afrikanische Prinzen trugen sich in die Gästelisten Karlsbads ein, die an berühmten Persönlichkeiten wohl weltweit von keinem anderen Kurort übertroffen werden. Allein die Auflistung von Staatshäuptern und Staatsmännern würde Seiten einnehmen. Heute, nach einem halben Jahrhundert „Arbeiter- und Bauernkuren" knüpft Karlsbad – und darin unterscheidet sich der westböhmische Kurort von allen anderen – an alte Tage an und ist bereits wieder eine bevorzugte Kuradresse der Königshäuser.

Vitáme vas – Willkommen in Karlsbad!

Schon König Harald V. aus Norwegen oder Prinzessin Sayako, die Tochter des japanischen Kaisers, waren zu Besuch.

Aber nicht nur als Kurort hat Karlsbad einen Namen. Im Rampenlicht steht die Stadt auch stets in der ersten Julihälfte, wenn das Internationale Filmfestival über die Bühne geht. Zwar wird Karlsbad noch nicht in einem Atemzug mit Cannes, Venedig oder Berlin genannt, dennoch reisen Größen aus Hollywood an. Wer war nicht schon alles hier? Leonardo di Caprio, Whoopi Goldberg, Gregory Peck, Robert de Niro usw. Auch als Filmkulisse selbst lockt die Stadt übrigens Produktionsgesellschaften an, u. a. wurden hier Aufnahmen für den Film *Honoré de Balzac* mit Gerard Depardieu und Jeanne Moreau gedreht.

Geschichte: Damit die Geschichte der Kurstadt nicht mit nüchternen Jahreszahlen beginnt, hat man sich eine Gründungslegende einfallen lassen. Angeblich ging Karl IV. im 14. Jh. in der Gegend gerne auf Jagd. Einmal hatten seine Hunde die Fährte eines großen Hirschen aufgenommen. Um seinen Verfolgern zu entkommen, sprang der Hirsch von einem mächtigen Felsen und landete in heißem Quellwasser. Die Hunde sprangen hinterher und jaulten auf. So entdeckte Karl IV. die Quellen und gründete hier die nach ihm benannte Stadt.

In Wirklichkeit aber gab es hier schon vor den Zeiten Kaiser Karl IV. eine kleine Gemeinde, und die Quellen waren schon damals wohlbekannt. Unter Karl IV. lernte man sie jedoch als Heilquellen zu schätzen, und so verlieh der Kaiser im Jahre 1370 dem Ort zahlreiche Privilegien und Rechte. Bereits im 15. Jh. kamen die ersten Kurgäste aus verschiedenen europäischen Adelshäusern. Anfangs badete man in den Thermen, mit Trinkkuren begann man erst im 16. Jh. Im Jahre 1604 zählte man bereits exakt 102 Häuser in Karlsbad. Das weiß man aus einem Bericht, der verfasst wurde, weil ein gewaltiges Feuer 99 davon vernichtet hatte – lediglich drei blieben stehen. Auch von anderen Katastrophen berichtet die Stadtchronik, insbesondere von Überschwemmungen.

Anfang des 18. Jh. wurde Karlsbad schließlich weltberühmt; die ersten Kaiser und Zaren kamen zur Kur. In jenem Jahrhundert glaubte man übrigens auch, durch das Trinken von Karlsbader Wasser Armut heilen zu können. Bis zu 500 Becher pro Hungerleider wurden dagegen verschrieben. 1762 entstand das erste große Badehaus. 1812 schrieb Goethe in einem Brief an Wilhelm von Humboldt: „Weimar, Karlsbad und Rom sind die einzigen Orte, wo ich leben möchte". Wie in Marienbad (→ Kasten S. 96) fühlte sich der alte Goethe übrigens auch in Karlsbad zu jungen Damen hingezogen: Angeblich hatte er ein heimliches Techtelmechtel mit der 20-jährigen Marie Louise, der Gattin Napoleon Bonapartes. Goethe verbrachte insgesamt, zählt man die Tage seiner 13 Aufenthalte zusammen, fast zwei Jahre seines Lebens in Karlsbad.

In der zweiten Hälfte des 19. Jh. entstand das Gros der heute erhaltenen Kur- und Bürgerhäuser, und Karlsbad entwickelte sich zu einem einzigartigen weltoffenen Erholungsort, an dessen Quellen sich Menschen mit unterschiedlichsten Ansichten, Hautfarben und Religionen trafen – lediglich Geld und Macht waren ihnen gemein.

1870 erfolgte die Anbindung an das Eisenbahnnetz, worauf immer mehr Besucher kamen. Einer unter ihnen war übrigens Karl Marx mit seiner Tochter Eleanor. In das Gästebuch trug er sich als Charles Marx, Privatier aus London ein. Die habsburgerische Geheimpolizei überwachte ihn. Die Kommunisten setzten ihm später ein Denkmal an der Petra Velikého im Norden des Kurzentrums. Auch wurde in Karlsbad das einzige Marxmuseum in der ganzen kommunistischen Welt eröffnet; es existiert aber nicht mehr.

Zu Anfang des 20. Jh. verzeichnete man jährlich über 70.000 wohlhabende Kurgäste. Doch dann kamen die Weltkriege und dazwischen die Weltwirtschaftskrise – für den internationalen Nobelkurort eine Katastrophe. Als schließlich nach 1945 die Deutschen aus der Stadt vertrieben wurden, die die Mehrzahl der Einwohner gestellt hatten, war es mit dem Glanz Karlsbads vorbei. Die Kommunisten verstaatlichten das Kurwesen. Das Kurzentrum ließ man verfallen, dafür entstanden im Süden der Stadt große Plattenbausiedlungen. Seit der Samtenen Revolution sieht der Sachverhalt genau umgekehrt aus. Den Ortsrandsiedlungen schenkt man keine Beachtung, das Kurzentrum wurde und wird aufwändig restauriert. Die Investoren kommen größtenteils aus Russland, die Gelder dazu aus oft unbekannten Quellen. Die „neuen Herren von Karlsbad" sind vielen Ortsansässigen ein Dorn im Auge: Neu gebaute Wohnungen werden auf Plakatflächen zum Teil nur noch in kyrillischer Schrift angeboten, an tschechischen Kunden ist man gar nicht interessiert.

Die Zahl der Kurgäste von einst hat man heute wieder erreicht. Und da heute zudem erfolgreich Schönheitsoperationen durchgeführt werden, tummelt sich zuweilen auch die Highsociety darunter. Laut offizieller Statistik reisen übrigens Gäste aus rund 80 Ländern an. Im Durchschnitt verweilen sie 11 Tage.

Orientierung: Das Kurzentrum liegt im Süden Karlovy Varys und erstreckt sich entlang des gewundenen Teplá-Tals. Das Geschäftszentrum und die Bus- und Bahnhöfe liegen im Norden der Stadt. Die Grenze zwischen Geschäfts- und Kurviertel liegt in etwa auf Höhe der Hauptpost. Der Flusslauf der Ohře (Eger), in welche die Teplá fließt, grenzt gleichzeitig die nördlichen Plattenbausiedlungen vom Geschäfts- und Kurzentrum ab.

Karlovy Vary
Karte S. 52/53

Information/Parken/Verbindungen

- *Information* **Infocentrum města** (städtisches Informationsbüro) an der Lázeňská 1. Mo–Fr 9–19 Uhr, Sa/So 10–18 Uhr. ✆ 35322 4097, www.karlovyvary.cz. Eine weitere Tourist Information im Dolní nádraží (Unterer Bahnhof, zugleich Intercity-Busterminal), Mo–Fr 9–11.15 u. 11.45–17 Uhr, Sa/So 10–16 Uhr.
- *Parken* Verhältnismäßig sicher ist das Parkhaus des Hotels Thermal (1 €/Std., 7,20 €/Tag). Rund um die Uhr bewacht sind die Parkplätze des Grand Hotels Pupp (1 €/ Std.). Die meisten Unterkünfte verfügen zudem über eigene Parkplätze.

> **Hinweis:** Das Kurzentrum ist für Fahrzeuge gesperrt. Lediglich Hotelgäste dürfen zum Ent- bzw. Beladen am Tag der An- und Abreise zu ihrem Hotel vorfahren. Dafür bedarf es einer Hotelreservierung in schriftlicher Form.

- *Verbindungen* **Stadtbusse,** alle Linien treffen sich am innerstädtischen Busbahnhof Tržnice. Fahrkarten erhält man in vielen Geschäften oder Kiosken (0,35 €, mit Umsteigen 0,55 €, Gepäck zusätzliche 0,35 €). Eine nette Abwechslung verspricht eine Panoramarundfahrt mit Ⓑ 91, die am Divadelnínám. startet. Es existieren zwei Nachtbuslinien, die im Stundentakt fahren. Tageskarten zu 1,80 € oder Wochenkarten zu 5,40 € erhält man u. a. in den Tourist Informations. Dort bekommen Sie auch Busfahrpläne.

Standseilbahnen: Die Bergbahn vom Hotel Pupp zum Aussichtsturm Diana fährt tägl. von 9–19 Uhr (im Winter nur bis 17 Uhr) jede Viertelstd. Sie überwindet auf einer Länge von 453 m einen Höhenunterschied von 174 m. Einfache Fahrt 1,30 €.
Die Standseilbahn vom Divadelní náměstí hinauf zum Hotel Imperial verkehrt Mo–Sa von 5.30–21 Uhr, So von 6.45–21 Uhr ca. alle 20 Min., pro Fahrt 0,35 €.

Überlandbusse und Züge: Karlovy Vary besitzt zwei Bahnhöfe. Am oberen, dem Horní nádraží (zu erreichen mit Ⓑ 12 u. 13), fahren die Züge nach Prag (alle 2 Std.), Chomutov (11-mal tägl.) und Cheb (regelmäßig) ab. Am unteren, dem Dolní nádraží (zu erreichen mit Ⓑ 12), die Züge nach Marienbad (alle 2 Std.) und Potůčky/Johanngeorgenstadt (6-mal tägl.). Dort befindet sich auch das Intercity-Busterminal, von dem man in fast alle größeren Orte Westböhmens gelangt. Für Reisen nach Prag sollte man von Karlsbad dem erheblich schnelleren Bus den Vorzug geben.

Zum Flughafen: Bislang gibt es noch keine Flüge aus Deutschland, Österreich und der Schweiz nach Karlovy Vary. Sollte sich das einmal ändern, so gelangen Sie mit Ⓑ 8 zum Flughafen von Karlsbad. Ein Bus zum Airport von Prag fährt von 7–21 Uhr stündl., Abfahrt vom Busbahnhof.

Taxi: Zentraler Taxistandort am Divadelní náměstí. Nach Pilsen ca. 71 €, nach Marienbad ca. 46 €, zum Flughafen Karlsbad ca. 14 €.

Pferdekutschen: Stehen an der Zahradní gegenüber der Hauptpost und am Divadelní náměstí bereit. Der Preis ist Verhandlungssache, mehr als 30 € für 30 Min. sollten Sie aber nicht bezahlen.

Adressen (→ Karte S. 52/53)

- *Ärztliche Versorgung* Krankenhaus an der Bezručova 19. ✆ 353115111 oder 359015111.
- *Autoverleih* Zum Beispiel bei **Czechocar** im Hotel Kolonáda an der I. P. Pavlova. Škoda ab 57 €/Tag, Opel Vectra 107 €/Tag. ✆ 3532 32099, www.czechocar.cz.
- *Polizei* An der I. P. Pavlova 24. ✆ 156.
- *Post* **Hauptpost** an der T. G. Masaryka 1.
- *Reinigung* **Rychločistima Rak,** in der Krále Jiřího 35. Mo–Fr 9–18 Uhr, Sa 9–12 Uhr. Abgerechnet wird nach Stück.

Einkaufen (→ Karte S. 52/53)

An Karlsbader Oblaten, Becherovka und Moser-Glas führt so gut wie kein Weg vorbei. Letzteres brauchen Sie übrigens nicht unbedingt im Fabrikverkauf erstehen, die Preise in den Geschäften im Zentrum sind im Prinzip die gleichen. Eine Reihe von eleganten Designerläden (*Escada, Bogner* & Co.) befindet sich im Kurzentrum.

• *Geschäfte* **Vinotheque Le Bouchon (34)**, edler Laden ganz im Zeichen guter französischer Weine. Degustationen. Zudem Accessoires wie Dekanter, Gläser, Korkenzieher etc. Nová Louka 19.

Music instruments Roko (15), kleine, bis unter die Decke vollgestopfte Musikalienhandlung. Tipp für all diejenigen, die auf der Suche nach günstigen Geigen, Gitarren oder Schlagstöcken sind. Im Garten wird schräge Kunst ausgestellt. Na vylídce 17.

Kolonáda (3), die obligatorischen Karlsbader Oblaten, warm oder kalt, offen oder verpackt. Café angegliedert. I. P. Pavlova 15.

Botanicus (37), ein kleines duftendes Paradies. Handgemachte Seifen, Öle, Tee, Gewürze und Kräutermischungen. Liebevoll dekoriert. Mariánskolázeňská 15.

• *Shoppingcenter/Supermärkte* Große Einkaufszentren und Supermärkte (das größte ist das **Fontana** mit einem riesigen TESCO und etlichen Bekleidungsgeschäften) liegen an der Ausfallstraße nach Eger oder sind von dort ausgeschildert (auch zu erreichen mit Ⓑ 2). Im Stadtzentrum selbst gibt es nur das **Atrium (12)**, ein kleines, eher billig wirkendes Shoppingcenter auf 3 Etagen mit ca. 30 Läden. Von der Bluse über die Unterhose bis zum neuen Haarschnitt ist hier alles zu bekommen. I. P. Pavlova.

• *Märkte* Ein kleiner, in erster Linie von Vietnamesen betriebener **Obst- und Gemüsemarkt** findet werktags zwischen dem Stadtbusbahnhof Tržnice und dem Unteren Bahnhof statt.

Souvenirstände mit Schnabeltassen, Bierkrügen, Stickereiarbeiten usw. gibt es parallel zum Flusslauf der Teplá am Nábřeží Jana Palacha.

• *Zeitungen/Zeitschriften* In deutscher Sprache an den meisten Kiosken im Kurzentrum. Wer nicht lange suchen will, geht zu **Noviny (26)** in der Vřídelní 51.

Karlovy Vary Karte S. 52/53

Essen & Trinken/Nachtleben (→ Karte S. 52/53)

Im Kurzentrum reihen sich zig Restaurants von ähnlichem Niveau und mit nahezu identischen Speisekarten und (hohen!) Preisen aneinander. Tschechen werden Sie hier nur als Bedienungen erleben. Dafür haben fast alle Lokale Tische im Freien mit Blick auf den Fluss. Wer billig und authentisch essen will, geht am besten ins nördlich des Kurzentrums gelegene quirlige Geschäftsviertel − in der Fußgängerzone Zeyerova z. B. befindet sich eine ganze Reihe ordentlicher Terrassenlokale. Ansonsten treffen Sie mit den folgenden Restaurants eine gute Wahl:

• *Restaurants* **Poštovní dvůr (41)**, gediegenes Restaurant in historischem Gemäuer, mit Brunnen und offenem Kamin! Serviert werden französisch-böhmische Spezialitäten (Wild, Froschschenkel, aber auch Ente oder Gulasch). Riesige Sommerterrasse mit Grill und Blas- oder Country-Musik an Samstagabenden. Für tschechische Verhältnisse gesalzene Preise: Hg. 11–36 €. Südlich des Kurzentrums an der Slovenská 2, ☎ 353224119.

Krásná Královna (33), Restaurant des gleichnamigen Hotels. Exzellente Fischadresse − was es frisch gibt, liegt in der Vitrine aus: Langusten, Hummer, Steinbutt, Scholle usw. Sehr beliebt bei Russen, die hier Kaviar schaufeln. Nicht billig. Terrasse. Stará Louka 48, ☎ 353852611.

Embassy (35), dem gleichnamigen Hotel angegliedert. Edel-vornehmes, mehrfach ausgezeichnetes Restaurant mit zuvorkommendem Service, den schon Klaus Maria Brandauer, Gerard Depardieu oder Václav Havel genossen. Gemütliches Ambiente mit Kachelofen. Hummersuppe, Fasanenbrüstchen oder Chateaubriand. Auf der Karte werden die Lebensmittellieferanten angegeben. Hg. 6,50–14 € und damit für das Gebotene günstig. Reservierung empfohlen. Nová Louka 21, ☎ 353221161.

Promenáda (28), ebenfalls ein Hotelrestaurant und ebenfalls bekannt für seine gute Küche. Gediegenes Interieur (leider Teppichboden!), erlesene Speisekarte. Probieren Sie eines der diversen Gerichte mit Gänsestopfleber. Gute Weinkarte. Hg. 14–18 €. Tržiště 31, ☎ 353225648.

Zámecký vrch (20), liebevoll eingerichtetes Restaurant mit gemütlichen Sitzecken und Bauernmalereien an der Wand. Ausgefallene Fleisch- und Fischvariationen, für Vegetarier gibt's u. a. gegrillte Auberginen in Olivenöl. Hg. 6,40–14,30 €. Zámecký vrch 14, ☎ 353221321.

U Švejka (29), urig-rustikales Restaurant, dessen schwere böhmische Kost Leser loben. Beschallung mit Volksmusik. Hg. 5,40–10 €, teures Bier! Außenbestuhlung. Etwas zurückversetzt von der Stará Louka (Hnr. 10), eine Švejk-Puppe weist den Weg, ✆ 353232276.

Malé Versailles (27), das Ausflugsrestaurant zehrt noch heute von seinem Ruf, einst Johann Wolfgang von Goethe als Stammgast gehabt zu haben. Schöne im Grünen gelegene Sommerterrasse, einfaches Interieur, dazu ein strohblumenlastiger „Saloon" mit Countryabenden am Wochenende. Fleischlastige Karte, viel Kurzgebratenes, Hg. 4,60–12 €. Křižíkova 420, ✆ 353228097.

Bulvár (6), sehr beliebtes Restaurant in einem Backsteinkeller. Gemütlich. Für das Inventar scheint man alle Trödler der Stadt aufgekauft zu haben. Vornehmlich junges Publikum. Ellenlange Speisekarte mit internationaler Küche zwischen Lendenbraten und Paella. Hg. 4–12 €. Bělehradská 9, ✆ 353 585199.

Galerka (22), einladendes, großräumiges Lokal mit hellblauen Wänden und Grill in der Mitte. Greifen Sie zu russischen Fleischtaschen mit Sauerrahm, Hirschmedaillons oder Riesengebirgssuppe mit Dill – die Karte birgt so manche Überraschung. Hg. 3,60–11 €. Netter Garten. Na vyhlídce 50, ✆ 774128464 (mobil).

Pizzeria Venezia (10), der Besitzer ist Italiener und weist auch stolz darauf hin. Leicht plüschiges Inneres mit hohen rosafarbenen Wänden. Außenterrasse mit Blick aufs Hotel Thermal. Kleine Pizzaauswahl, dazu Pasta, Risotto, Fisch und Fleisch. Hg. 3,50–11 €. Von Lesern empfohlen. Zahradní 43, ✆ 353 229721.

Velkopopovická pivnice (30), rustikaler Gasthof mit Wagenrädern und getrocknetem Knoblauch an der Wand. Herzhafte urböhmische Küche: panierter Käse, Lendenbraten, Palatschinken usw. Hg. 2,90–10 €. Fest in tschechischer Hand. Petřín 10, ✆ 353352007.

● *Außerhalb* **Restaurant Nostalgie,** untergebracht im Schloss des ca. 4 km südwestlich von Karlsbad gelegenen Örtchens Doubí (Ⓑ 6 ab dem innerstädtischen Busbahnhof). Gediegen, aber ohne jeden Hang zum Biederen. Ideal für ein romantisches Abendessen. Und wer sich nichts mehr Liebes zu sagen hat, genießt einfach die Gänseleberpastete mit Calvados und danach das Wildschweinsteak mit getrockneten Tomaten … Schöne Terrasse. Hg. 5,30–13 €. ✆ 353339191.

Hospoda U Šimla, freundlich-rustikales Lokal direkt an der Pferderennbahn im Stadtteil Dvory (Ⓑ 1 fährt daran vorbei). *Die* Steak-Adresse der Stadt. Es gibt die Fleischlappen in zig Varianten, u. a. mit Zwiebeln oder Weißwein-Kapern-Sauce. Terrasse. Závodní 1, ✆ 353592112.

● *Cafés* **Café Elefant (31),** Kurgäste schwören drauf – nicht zuletzt der Tortenvitrine wegen. Große Spiegel, gediegen-kitschiges Mobiliar. Stets gut besucht, und das schon seit Goethes Zeiten: Der große Dichter feierte hier seinen 37. Geburtstag. Stará Louka 30.

Garáž (2), Café und Cocktailbar. Modernrustikal eingerichtet. Beliebt bei jungen Karlsbadern und bei Touristen. Ab 17 Uhr. I. P.Pavlova.

Café Pupp (38), → S. 59.

ZigZag Café Bar (5), tagsüber ein trendiges Café mit ebensolchem Publikum – fast Großstadtflair! Abends oft DJ-Partys (House, Black Music). Dr. Davida Bechera 24.

● *Clubs* **Rotes Berlin (7),** Club und Kneipe im Zeichen des vorrevolutionären Ostberlins. Das Coolste, was der Kurort zu bieten hat. Die dominierende Farbe kann man sich vorstellen. Billard, über dem ein goldener Engel schwebt, Kicker und ein Saal für fast tägliche Konzerte oder DJ-Abende. Musik zwischen Hip-Hop, Elektroavantgarde und Crossover. Mo–Fr 12–2 Uhr, Sa/So ab 15 Uhr, Eintritt bei Events ca. 4,50 €. Jaltská 7.

Imperial (39), der Music-Club im Komplex des gleichnamigen Hotels (→ Übernachten) bietet jeden Sa Disco, ansonsten regelmäßig Konzerte zwischen Funk, Jazz und Blues. Eintritt ca. 3,50 €. Libušina 18.

Divadlo Husovka (36), alternativer Jazzclub in einer ehemaligen Schule. Meist nur zu Konzerten und Veranstaltungen geöffnet, auf Plakate achten. Junges Publikum, Restaurant. Husovo nám. 2.

California Club (24), Dorfdisco östlich des Kurzentrums. Musik und Aktionen querbeet, von der „Erotic-Show" bis zur „Saturday Night Fever-Party". Eintritt 1,10 €. Biergarten und Tattoo-Studio. Mo Ruhetag. Tyršova 2.

● *Casinos* Es gibt mehrere. Zu empfehlen ist der noble **Pupp Casino Club,** dem gleichnamigen Hotel angegliedert. Roulette und Black Jack. Mindesteinsatz 3,60 €. Angemessene Kleidung wird erbeten. Tägl. 20–4 Uhr.

Übernachten (→ Karte S. 52/53)

Die meisten Luxushotels – jährlich werden es mehr – und gehobeneren Pensionen befinden sich im Kurzentrum. Für Karlsbad noch verhältnismäßig günstig wohnt man in den vielen Privatpensionen auf dem Hügel östlich des Kurzentrums, vornehmlich in den Straßen Tyršova und Fügnerova. Die Kurtaxe, die im Übernachtungspreis oft nicht enthalten ist, beträgt 1,10 € pro Person und Tag.

• *Hotels* ****–***** **Pupp (38),** das Grand Hotel Pupp ist das traditionsreichste und luxuriöseste Haus der Stadt, jeder weitere Kommentar erübrigt sich. Wer auf einen Stern verzichten kann, quartiert sich im angegliederten Parkhotel Pupp ein. DZ im Grand Hotel 270 €, im Parkhotel 220 €. Mirové nám. 2, ✆ 353109111, ✈ 353224032, www.pupp.cz.

***** **Savoy Westend (19),** im ruhigen Villenviertel Westend. 2005 eröffnet. Besteht aus dem prunkvollen Haupthaus und 4 Villen in der Nachbarschaft. Viel Blattgold, Goldbrokat und Marmor. 128 edel ausgestattete Zimmer, weitläufige Bäderabteilung. Vornehmlich russische Gäste. Die Küche kam in einem SZ-Artikel jedoch nicht gut weg: „Fragwürdige Allerwelts-Haute-Cuisine mit zweitklassigen Grundzutaten." EZ je nach Kategorie 120–420 €, DZ 170–590 €, Parken inkl. Petra Velikého 16, ✆ 359018888, ✈ 359018 860, www.savoywestend.cz.

**** **Imperial (39),** protziges, 1912 erbautes Nobelkurhotel mit Schlosscharakter hoch über der Stadt. Über 200 geräumige Zimmer. Wenn Sie am Empfang oder beim Frühstück nicht auf Russisch begrüßt werden wollen, ziehen Sie keinen Trainingsanzug an. Große Kurabteilung, Tennisplätze, Golfübungsplatz etc. EZ ab 101 €, DZ ab 182 €. Libušina 18, ✆ 353206113, ✈ 353203151, www. imperial.kv.cz.

**** **Venus (13),** gepflegtes Kurhotel. 53 freundliche, modern eingerichtete Zimmer in guter Lage. Im Preis enthalten sind neben dem Frühstücksbüfett ein Begrüßungsgetränk, Leihbademantel, freier Zugang zum Pool und Whirlpool. EZ 127 €, DZ 137 €, Suite 205 €. Sadová 8, ✆ 353433411, www.hotel venus.cz.

**** **Krásná Královna (33),** gepflegtes, komfortables Kurhotel. Beste Lage. Großzügige Zimmer mit Parkettböden, klassischem Mobiliar und geräumigen Bädern. Beautysalon. EZ 92 €, DZ 114 €. Stará Louka 48, ✆ 3535 852611, ✈ 353852612, www.krasnakralovna.cz.

*** **Petr (16),** direkt im Zentrum. Das Hotel besteht aus einem neuen und einem alten Teil. Die beiden Zimmer im liebevoll restaurierten Fachwerkgebäude zählen zum Schönsten, was Karlsbad zu bieten hat. Die restlichen 16 Zimmer im neuen Teil sind nichts Besonderes. DZ ab 82 €. Vřídelní 13, ✆ 353169402, www.hotelpetr.com.

*** **Jizera (8),** untere Mittelklasse im Geschäftsviertel und damit abseits des großen Touristenstroms. Zimmer mit Laminatböden und modernem Mobiliar, leider aber ohne einen Funken Charme. EZ 32 €, DZ 57 €. Krále Jiřího 40, ✆ 353235577, ✈ 353235578, www.hotel-karlovy-vary.com.

Karlsbader Zentrum

Golf Resort Karlovy Vary,
Valeč, Andělská Hora, Prag

Pražská

Pražská

Sanatorium Richmond

Slovenská

Teplá

U Imperialu

U Imperialu

Morawská

Zichova

Libušina

Nebozízek

41

Freilicht-kino

Slovenská

Hotel Imperial

39

Kunst-galerie

Slovenská

Stezka

Goethova

Vyšehradská

P

Unterirdische Standseilbahn

Lázně I

40

Goethe-denkmal

Hirsch-quelle

Slovenská

Stadt-theater

Skroupova

Divadelní nám.

Louka

Nová

Stará

34

35

Husovo nám.

36

37

Mariánskolázeňská

WC

Divadelní

32

U Imperialu

33

Městské Museum

M

P

489 m
Petrova Výšina

38

Grandhotel Pupp

Tennis

Station Jelení skok

Standseilbahn

556 m
Aussichtsturm Diana

Slovenská

Marienbad, Bečov nad Teplou, Pilsen,
Březová, Astoria Golf Club Cihelny

Karlsbad

120 m

** Kavalerie (4), kleines Hotel im Herzen des Geschäftsviertels. 16 Zimmer auf unterschiedlichem Niveau zwischen freundlichkomfortabel und lieblos-einfach, für das Gebotene jedoch faire Preise. Holzverkleidetes Café mit Sommerterrasse im EG. DZ 44–56 €. T. G. Masaryka 43, ✆ 353229613, 📠 35 3236171, www.kavalerie.cz.

● *Pensionen* **Amadeus (11)**, am Hang über der Stadt. 16 individuell eingerichtete Zimmer und ein Apartment – größtenteils etwas bieder, z. T. jedoch mit Stuck oder schwarzweißen Fußbodenkacheln im Stil der 30er Jahre. Manche bieten herrliche Panoramablicke. Freundliche, deutschsprachige Inhaberin. EZ 53 €, DZ 60 €. Ondřejská 37, ✆ 3532 35334, 📠 353353336, www.pensionamadeus.cz.

Villa Rosa (14), in einem ockerfarbenen Schlösschen hoch über der Stadt. 9 Zimmer und Apartments mit rustikalen, schweren Eichenmöbeln. Das ist nicht jedermanns Sache, sicher aber ist die traumhafte Aussicht auf das Kurzentrum von einigen Zimmern (teilweise mit Balkon!). Sehr gepflegt und sauber, dazu freundlicher Service. Rauchverbot in den Zimmern. Eigene Parkplätze (5 €/Tag). EZ 43 €, DZ 60 bzw. 75 € (mit tollen Panoramablicken), Apartment 85 €. Na vyhlídce 22, ✆ 353239121, 📠 353239120, www.villarosa.cz.

Villa Basileia (40), am Fluss im Süden des Kurzentrums. 6 individuell eingerichtete Zimmer mit persönlicher Note und ein Apartment mit Hotelkomfort. Im Winter lockt der Whirlpool, im Sommer kann man die Füße in das kleine Becken im hübschen Garten hängen. Grillabende. Eigene Parkplätze. Das Personal hat seine Launen. DZ 63 €, Apartment für 2 Pers. 80 €. Mariánskolázeňská 4, ✆ 3532 24132, 📠 353227804, www.villabasileia.cz.

Romania (9), schönes altes Stadthaus im Norden der Kurzone. Etwas düsterer Eingangsbereich. 31 Standardzimmer mit Teppichboden, TV, Du/WC, manche mit schönem Blick. Parkplätze in der Nähe. EZ 30 €, DZ ab 50 €. Zahradní 49, ✆ 353222822, 📠 3532 22501, www.romania.cz.

Diamant (23), im Osten von Karlsbad. Gepflegte Zimmer mit Teppichboden und Bad, jedoch ohne besondere Note. Dafür freundlicher Service, Weinstube für die Gäste und eigene Parkplätze. EZ 35 €, DZ 46 €. Tyršova 4, ✆ 353227060, 📠 353229067, www.pension-diamant.cz.

Family (21), 4 Zimmer mit Bad in einem romantischen Häuschen am Waldrand. Nicht ganz so romantisch die etwas altbackenen Zimmer, dafür sehr sauber und z. T. mit Parkettboden. Eigene Parkplätze, nette Inhaber. Östlich des Zentrums. DZ 35 €. Tyršova 11, ✆/📠 353225834, www.pension-family.cz.

M privat (17), Pension mit nur 4 Zimmern, geräumig und sehr sauber. 2 Zimmer teilen sich Bad und Toilette. Zuvorkommender Service. Nicht von der etwas tristen Fassade ab-

Pause am Karlsbader Theater

schrecken lassen! DZ 36 €, kein Frühstück. Na vyhlídce 28, ℡ 353222854.

● *Apartments* *** **Ontario (18)**, Aparthotel in einem historischen Stadthaus. 12 geräumige, blau-gelb gehaltene Suiten mit Kochgelegenheit. Klassisch-moderne Ausstattung, z. T. Balkone und schöne Ausblicke. Sehr gepflegt. Teilweise nur englischsprachiges Personal. Bewachter Parkplatz kostenlos. Für 2 Pers. 102 €, für 1 Pers. 86 €. Zámecký vrch 20, ℡ 353222091, ℻ 353223343, www.hotelontario.cz.

● *Jugendherbergen/Hostels*
Domov mládeže (1), abseits des Zentrums im Vorort Drahovice. Das Schülerinternat hält stets einige konventionelle Zimmer für Touristen frei, z. T. mit Kühlschrank, TV und eigenem Bad. Gute Busverbindungen (auch nachts). DZ mit Bad 25 €, ohne Bad 15 €, kein Frühstück. Lidická 38, Ⓑ 10, 15 Národní, ℡ 353241111, ℻ 353228676.

Hostel Quest (32), eher simples Aparthotel denn Hostel. 8 unspektakuläre Apartments mit Bad, Küche und 2–10 Betten, ideal für Familien. Schicke Bar, in der auch das Frühstück (Büfett) serviert wird. Terrasse mit gelegentlichen Grillabenden. Sehr ambitioniertes, junges Personal. Für 2 Pers. 42 €, ein Bett im 10er-Apartment 15 €. Moravská 42, ℡/℻ 353820030, www.hostel-karlovy-vary.cz.

● *Camping* Die zentrumsnahen Plätze können wir nicht empfehlen. Besser einen der beiden außerhalb gelegenen Plätze ansteuern:

Autokemp Sasanka, gepflegter Platz ca. 6 km nördlich von Karlsbad im Dorf Sadov. Recht schattenlose Wiese mit jungen Bäumen und Holzhütten drum herum. Moderne, saubere Sanitäranlagen, Schnellrestaurant. Gute Busverbindungen nach Karlsbad. April–Okt. 2 Pers. mit Zelt u. Auto 12 €. Sadov 7, ℡ 353590130.

Na Špici, → Kyselka, S. 72.

*S*PORT *& F*REIZEIT/*K*UR *& K*ULTUR

● *Ausflüge* Tagesausflüge (ab ca. 15 €) per Bus nach Marienbad, Franzensbad, Loket, Prag usw. werden im Kurzentrum überall angeboten. Es ist ratsam, explizit nach organisierten Touren mit deutschsprachiger Führung zu fragen, da sich das Publikum vornehmlich aus russischen Pauschaltouristen rekrutiert.

● *Baden* Zum Hotel Thermal gehört ein hoch über der Stadt gelegenes **Freibad** (bazén), das u. a. mit warmem Quellwasser gefüllt wird. Für 2 €/Std. können auch Nichthotelgäste darin baden.
Rund um die Stadt findet man auch mehrere Badeseen. Der nächstgelegene, aber nicht der schönste und zudem mehr Teich als See, nennt sich **Rolava**. Er liegt im Norden der Stadt und ist mit Ⓑ 12 (Mlýnská) zu erreichen.
Der **Velký Rybník** beim gleichnamigen Dorf rund 6 km nördlich von Karlsbad hat ein Restaurant mit nettem Biergarten zu bieten, leider aber keine besonders guten Liegeflächen (Bus bis zu 9-mal tägl. von und nach Karlovy Vary).
Empfehlenswerter und gemütlicher ist der südlich des Dorfs **Děpoltovice** gelegene kleine Badesee, dessen Ufer jedoch gelegentlich überlaufen sind. Den See finden Sie, wenn Sie von Karlsbad kommend noch vor Děpoltovice der Beschilderung zum Hotel Riviera folgen, dann der Beschilderung „Koupaliště" für „Freibad". Ein Bus fährt

mehrmals tägl. von Karlovy Vary ins Dorf, dann allerdings noch ca. 25 Min. zu Fuß.
Für Baden in Kurbädern → Sehenswertes/Kurbäder.

● *Golf* **Golf Resort Karlovy Vary**, ca. 6 km südöstlich von Karlsbad an der Straße nach Prag. Einer der besten und schönsten Plätze des Landes. Alter Baumbestand, es gibt ihn immerhin seit 1904. 18 Loch, 72 Par. Greenfee 39–64 €. ℡ 353331001, www.golfresort.cz.
Astoria Golf Resorts Cihelny, 18-Loch-Platz (70 Par) 15 km südwestlich von Karlsbad (von der Straße nach Bečov nad Teplou ausgeschildert). Mit Hotel. Greenfee 18–36 €. ℡ 353972281, www.astoria-golf.cz.
Golf & Racing Club, inmitten der Pferderennbahn im Vorort Dvory, 2005 eröffnet. 18 Loch mit 9 Tees. 68 Par. Hier kann man auch ohne Handicap spielen. Greenfee 11–22 €. ℡ 353592163, www.racingclub.cz.
Für einen weiteren Platz in der Umgebung → Sokolov, S. 68.

● *Kanuverleih* Leihkanus für Fahrten auf der Eger können über die Tourist Information gebucht werden. Im Preis inbegriffen sind neben dem Kanu (2–3 Pers.) Schwimmwesten, Paddel, Landkarte und der Transport. Verschiedene Routen zwischen 9 km (2–2 ½ Std.) und 33 km (7–9 Std.) möglich. Gestartet wird i. d. R. in Loket. Je nach Tour 21–35 € für Kanu und Transport. Infos auch unter ℡ 606902310 (mobil), www.putzer.cz.

• *Kino* Bedeutendstes Kino in Karlsbad, der Stadt der Filmfestspiele, ist das **Panasonic** an der Vítězná 50 (nördlich des Kurzentrums). Beliebt ist zudem das **Čas** an der T. G. Masaryka 3. Im schönen **Freilichtkino** (Letní kino) am südlichen Ortsrand beim Restaurant Poštovní dvůr werden leider seit Jahren keine Filme mehr gezeigt.

• *Kuren* Behandelt werden insbesondere Leber-, Gallen-, Magen- und Darmerkrankungen, aber auch Störungen des Bewegungsapparates sowie des Stoffwechsels. Erfolgreich werden zudem Mundspülungen gegen Parodontose durchgeführt. Wer eine Kur machen will, kann sich über die städtische Tourist Information Infomaterial zuschicken lassen.

• *Tennis* Mehrere Outdoor- und 2 Indoor-Plätze ca. 2 km südlich des Zentrums beim **Gejzírpark** an der Straße nach Březová. Slovenská 5A, ℡ 353222662.

• *Pferderennen* Die Veranstaltungen finden in den Sommermonaten in unregelmäßigen Abständen auf der Rennbahn (Závodiště) im Vorort Dvory statt (zu erreichen mit Ⓑ 1 Závodiště). Höhepunkt ist (leider nicht jedes Jahr) das Rennen zum Treffen der europäischen Adeligen Ende April.

• *Radverleih* Über die Tourist Information. 11 €/Tag.

• *Veranstaltungen* Anfang Februar wird die **Ballsaison** im Grand Hotel Pupp eingeleitet, die bis April andauert. Höhepunkt ist der **Ball der Adeligen** Ende April (→ Sehenswertes/Grand Hotel Pupp). Stets am 1. Maisamstag findet die festliche **Eröffnung der Kursaison** statt. Der **Karlovarský Pohár**, ein internationaler Kunstflugwettbewerb, geht Ende Mai über die Bühne. Mitte Juni folgt mit dem **Kanoe Mattoni** die größte Kanusportveranstaltung Tschechiens. Die erste Julihälfte steht seit Jahrzehnten ganz im Zeichen der **Internationalen Filmfestspiele.** Von den hier gezeigten rund 250 internationalen Filmen haben i. d. R. ca. 200 Weltpremiere. Mitte/Ende Aug. findet der **City Triathlon**

Karlovy Vary statt. Ende Aug. folgt das **Fresh Film Fest,** ein internationales Studenten-Filmfestival. Der Sept. beginnt mit dem **Karlsbader Folklorefestival,** bei dem Gesangs- und Tanzgruppen aus ganz Europa mitwirken. Das traditionelle Musikfestival **Dvořáks Karlsbader Herbst** erinnert alljährlich im September an den Aufenthalt des berühmten Komponisten im Kurort. **Tourfilm,** ein drittes Filmfestival Anfang Oktober, beschäftigt sich mit dem Thema „Reisen". Zudem heizt stets Anfang Okt. ein fünftägiges **Jazzfest** ein. Anfang Nov. gibt es einen **Internationalen Gesangswettbewerb,** in der Weihnachtszeit regelmäßige **Festkonzerte** im Grand Hotel Pupp.

• *Wandern/Radfahren* Es gibt unzählige gut markierte Spazier- und Wanderwege rund um Karlovy Vary (Gesamtlänge ca. 130 km). Aufgrund der hügeligen Landschaft muss man jedoch bei den meisten Wegen mit anstrengenden Aufstiegen rechnen. Gemütliche Naturen fahren deshalb mit der Standseilbahn zum Aussichtsturm und **Ausflugsrestaurant Diana** und starten von dort. Wer will, kann auch auf halber Strecke aussteigen und von dort zur **Petrova výšina (Petershöhe)** spazieren; angeblich hat Peter der Große aufgrund einer verlorenen Wette auf einem ungesattelten Pferd hierher reiten müssen. Von der Petershöhe führt ein Weg weiter zum **Ausflugscafé Jelení skok (Hirschensprung),** das nahe jenem legendären Ort liegt, von dem einst Hirsch und Hunde in die heißen Quellen gesprungen sein sollen (→ Geschichte). Ein weiteres schönes Ausflugsziel ist die **Goethewarte (Goethova vyhlídka)** östlich der Teplá, die man über den **Gogolweg (Gogolova pěšina)** erreicht. Von dem dortigen Aussichtsturm – 180 Stufen sind es hinauf – genießt man eine herrliche Weitsicht.

Weitere Ausflugs- und (Rad-)Wanderziele → Karlovy Vary/Umgebung.

Ein Tipp für Radfahrer: Von Mitte Mai–Ende Sept. besteht an Wochenenden und Feiertagen die Möglichkeit, auf sog. **Cyklobusse** aufzusteigen. Das sind Busse, die Fahrräder mitnehmen und auf diese Weise Radtouren ermöglichen, deren Start- und Zielpunkte nicht identisch sind. Vier Linien stehen zur Auswahl. Angesteuert werden u. a. Boží Dar, Nové Hamry, Marienbad, Bečov nad Teplou, Loket und Cheb. Genaue Fahrpläne und Preise erhalten Sie bei den Touristeninformationen sowie unter www.autobusy-kv.cz.

Sehenswertes

Das gesamte **Kurzentrum** mit seinen überwiegend eklektizistischen Bauten ist eine Augenweide. Das offenbart sich einem, sobald man dem 1976 gebauten Hotel Thermal, einem 16-stöckigen Betonklotz am nördlichen Rand des Kurgebiets, den Rücken zugewandt hat. Die prächtigste aller Straßen ist die **Stará Louka (Alte Wiese),** eine belebte Promenadenstraße mit zahlreichen Geschäften. Le Corbusier sah in den Bauten „eine Reihe von Torten, alle vom gleichen Stil und der gleichen Eleganz". Einen wesentlichen Anteil am heutigen Erscheinungsbild der Stadt hatte übrigens das Architekturbüro *Helmer & Fellner* aus Wien. Zu über 20 Bauten Karlsbads lieferte es in den 80er und 90er Jahren des 19. Jh. die Entwürfe, darunter für das Theater, die Markt- und die Parkkolonnade, das ehemalige Kaiserbad usw.

▸ **Kolonnaden und Quellen:** In Karlovy Vary und Umgebung gibt es mehr als 80 Quellen. Im Gegensatz zu Marien- oder Franzensbad fördert das Gros der Quellen heißes Wasser zutage (auf Deutsch heißt *vary* „kochend"). Ihre Ergiebigkeit schätzt man täglich auf mehrere Millionen Liter. In den verschiedenen Mineralquellen werden bis zu 18 gelöste Mineralsalze in unterschiedlicher Konzentration nachgewiesen. Diese Mineralsalze zeichnen auch für die Heilwirkung des Wassers, insbesondere bei Verdauungsproblemen verantwortlich. Für Heilzwecke genutzt werden in der Regel jedoch nur 12 alkalische Glaubersalzthermen mit Temperaturen zwischen 39 und 73 °C. Die Quellwasser, die zudem einen unterschiedlichen Gehalt an Kohlensäure aufweisen, verwendet man für Bäder, sie werden aber auch getrunken. Obligatorisch ist dann ein Kurbecher – eine Schnabeltasse –, damit man beim Spazieren nichts verschüttet. Für Anfänger gibt es gewöhnliche Plastikbecher zu kaufen. Es wird empfohlen, vor einer Trinkkur einen Arzt zu konsultieren. Egal, was im Befund steht, mehr als 5–7 Becher täglich sollte man nicht zu sich nehmen. Früher trank man mehr: Friedrich Schiller, der Karlsbad 1791 besuchte, kippte noch 18 Becher pro Tag hinunter. Heute genießt man die Quellwässerchen Schluck für Schluck wie einen guten Rotwein. Die lokale Infobroschüre beschreibt die Trinkkur gar als eine „kleine Feierlichkeit" und warnt zugleich: „Es ist nicht möglich, mit dem Mineralwasser die umstehenden Pflanzen zu gießen." (!)

Die Quellen im Zentrum sind allesamt gefasst. Um dem Versiegen vorzubeugen, müssen sie wegen der krustenbildenden Eigenschaft des Wassers immer wieder nachgebohrt werden. Über den Quellen wurden Pavillons und Kolonnaden errichtet, die bedeutendsten von Nord nach Süd im Überblick:

Am Rande des Dvořákparks (Dvořákovy sady) plätschert in der *Parkkolonnade* (Sadová kolonáda), einer gusseisernen Jugendstilkolonnade, die *Schlangenquelle* (Hadí pramen, 30 °C). Im danebenstehenden Militärkurhaus kann man die *Parkquelle* (Sadový pramen, 38,5 °C) kosten.

Beim Bau des Bades III (Lázně III) stieß man auf die *Freiheitsquelle* (Pramen svoboda, 61,4 °C), die in einem angrenzenden hölzernen Pavillon, einer Gartenlaube ähnlich, zutage tritt. Unmittelbar darauf folgt die klassizistische Mühlbrunnenkolonnade, eine 130 m lange Säulenhalle im korinthischen Stil aus der zweiten Hälfte des 19. Jh. Die 12 Plastiken auf dem Dach stellen die 12 Monate dar. Hier kann man das Wasser aus gleich fünf verschiedenen Quellen kosten: das der *Felsenquelle* (Skalní pramen, 44,8 °C), der *Libusaquelle* (Pramen Libuša, 62 °C), der *Fürst-Wenzel-Quelle* (Pramen kníže Václava I., 65 °C), der *Nymphenquelle,* auch *Rosenquelle* genannt (Pramen Rusalka, 60 °C), und des *Mühlbrunnens* (Mlýnský pramen, 56 °C).

Becherovka – die 13. Quelle

Becherovka ist der berühmteste Likör des Landes und wird in Karlsbad auch liebevoll die „13. Quelle" genannt. Denn wie den Mineralquellen vor Ort schreibt man auch dem Kräuterlikör eine heilende Wirkung zu, v. a. aber regt er die Verdauung an. Getrunken wird er in Tschechien aber nicht nur als Digestif, sondern auch als Aperitif und ohnehin zu jeder passenden Gelegenheit. Erfunden hat den Magenlikör ein Engländer namens Dr. Frobrig. Im Jahre 1805 besuchte er Karlsbad und mietete sich im Haus des Apothekers Josef Becher ein. Tagsüber trank er sich an den 12 Quellen der Stadt gesund und abends experimentierte er mit aromatischen Kräutern und Ölen in Bechers Apotheke. Zwei Jahre später verkaufte Becher Frobrigs Mischung unter der Bezeichnung *Carlsbad English Bitter*, später dann als *Original Karlsbader Becherbitter*. Das Elixier stieß auf große Beliebtheit und fand reißenden Absatz, und die Erfolgsgeschichte des Familienunternehmens nahm ihren Lauf. Jahr für Jahr wurden neue Eichenfässer angeschafft. Bereits Anfang des 20. Jh. wurden mehr als 50.000 l im Jahr produziert. Versuche, den Becherovka zu kopieren, gab es unzählige, der *Underberg* ist einer davon. Jedoch wird die Rezeptur streng gehütet und kein anderes Tröpfchen kann – so die hiesige Meinung – dem Original die Stange reichen. Mit der Vertreibung der Deutschen nach dem 2. Weltkrieg wurde auch die Familie Becher des Landes verwiesen und das Unternehmen verstaatlicht. Während der Zeit des Sozialismus konnte sich der Becherovka als eines der wenigen angesehenen Markenprodukte der Tschechoslowakei behaupten. Nach der Samtenen Revolution überführte man das Unternehmen in eine Aktiengesellschaft, an welcher Pernod-Ricard größter Anteilseigner wurde. Die Produktionsmenge beträgt heute ca. 6,5 Mio. l pro Jahr. In rund 30 Länder wird der Likör exportiert, selbst die Taiwanesen schätzen seine heilenden Kräfte. Über die Geschichte und die Produktion des Likörs informiert das Jan-Becher-Museum (Jan Becher Muzeum). Ganz nebenbei: Für wen der Becherovka pur wie Hustensaft schmeckt, der sollte ihn mal mit Tonic probieren. Das Getränk nennt sich dann „Beton".

Jan-Becher-Museum in der T. G. Masaryka 57. Unter ☎ 359578177 erfahren Sie, wann deutschsprachige Führungen durch das Museum und den Betrieb stattfinden (Dauer ca. 1 Std., pro Person 3,60 €). Neben dem Museum gibt es auch einen Laden, in dem die gesamte Produktpalette des Unternehmens angeboten wird. Die Preise unterscheiden sich jedoch kaum von denen in gewöhnlichen Geschäften.

Geht man geradeaus weiter, vorbei am Museum zum Goldenen Schlüssel (s. u.), passiert man die mit Schnitzereien verzierte *Marktbrunnkolonnade* (Tržní kolonáda). Darin sprudeln die *Kaiser-Karl-IV.-Quelle* (Pramen Karla IV., 42,6 °C), der *Marktbrunnen* (Tržní pramen, 59,6 °C) und die *Untere Schlossbrunnquelle* (55,7 °C). Der Platz davor war übrigens einst der Marktplatz (Tržiště). Oberhalb von ihm entspringen im neuen modernen *Schlossbad* (Zámecké lázně) der *Untere Schlossbrunnen II* (Dolní zámecký pramen II, 62,3 °C) und der *Obere Schlossbrunnen* (Horní zámecký pramen, 53,4 °C).

Schräg gegenüber liegt die Sprudelkolonnade (Vřidelní kolonáda), ein unschöner Komplex aus Glas und Beton. Der sog. Sprudel (Vřídlo, 73,4 °C) ist die älteste und heißeste Quelle der Stadt. Einem Geysir ähnlich stößt die Quelle in einem gewaltigen,

In der Mühlbrunnenkolonnade

hohen Strahl (bis zu 12 m) unter einer gläsernen Rotunde annähernd 2000 l Wasser in der Minute aus. Kosten kann man das Wasser, aus welchem übrigens auch das Karlsbader Sprudelsalz gewonnen wird, in der angrenzenden Kolonnade in unterschiedlichen Temperaturen. In den „Untergrund" des Sprudels organisiert das städtische Informationsbüro (→ Information) für Gruppen ab fünf Personen Führungen (pro Person 1,60 €, erm. 0,70 €).

Erst 1998 entdeckte man in der Nähe des Sanatoriums Richmond die Stephaniequelle (Pramen Štěpánka, 15,3 °C), die heute als die einzige kalte Quelle genutzt wird.

Öffnungszeiten Das Gros der Kolonnaden und Quellen ist während der Kursaison frei zugänglich. Die **Vřídelní-Kolonnade,** in der man den Sprudel kosten kann, ist tägl. von 6–19 Uhr geöffnet.

▶ **Městské divadlo (Stadttheater):** Das Theater am Divadelní náměstí 2, in welchem schon Gustav Mahler dirigierte, entstand in den Jahren 1884–1886. Sehenswert ist der Zuschauersaal und dort insbesondere der Bühnenvorhang – aber nur in Verbindung mit einem Theaterbesuch zu bewundern. Der berühmteste Vertreter der Wiener Sezession, Gustav Klimt, arbeitet ebenfalls am Vorhang mit und porträtierte sich selbst darauf als Flötenspieler (rechts unten).

Kartenvorverkauf Tägl. 14–17.30 Uhr. ☎ 353224302, www.divadlokarlovyvary.cz.

▶ **Grand Hotel Pupp:** Es ist das berühmteste Hotel Karlsbads (→ Übernachten) und liegt im Süden der Stadt am Mírove náměstí. Ende des 19. Jh. galt es als eines der nobelsten Häuser der Welt. Es war die bevorzugte Adresse des Adels, ein Ort um sich zu zeigen und gesehen zu werden. Mittlerweile knüpft das Grand Hotel Pupp wieder an die Tage der Belle Époque an: Zum Frühjahrsball im April trifft sich hier der europäische Hochadel. Den Rest des Jahres wohnt darin die russische Mafia, so sagen zumindest böse Zungen. Der Name des Hotels geht übrigens auf den Zuckerbäcker

Karlsbad: Früher wie heute bei Russen beliebt

Pupp zurück, der durch Heirat zu Reichtum gekommen war und das Hotel im Jahre 1775 erwarb. Damals wurde es noch „Böhmischer Saal" genannt. Hineinschauen sollte man auf jeden Fall einmal, und sei es auch nur auf einen Kaffee. Die Kuchen dazu werden noch immer nach Pupps Originalrezepten gebacken. Ganz nebenbei, das luxuriöseste Zimmer ist die Präsidentensuite (Nr. 355). Für stolze 1300 € wohnt man darin auf weit mehr als 100 m².

▸ **Sanatorium Imperial:** War das Grand Hotel Pupp das Refugium des Adels, so wählte die Hochfinanz das Sanatorium Imperial (→ Übernachten) hoch auf einem Hügel über der Stadt. Damit die Gäste den mühsamen Aufstieg vom Kurzentrum nicht zu Fuß bewerkstelligen mussten, baute man eine unterirdische Standseilbahn, die noch heute in Betrieb ist (→ Verbindungen). 2003 ließ der russische Konzern *Sariin* das Hotel für mehrere Millionen Kronen modernisieren und schenkte ihm damit wieder einen pompösen Glanz.

▸ **Sanatorium Richmond:** Schon der Weg zum palastartigen Nobelquartier am südlichen Ende Karlsbads ist einen Spaziergang wert. Rund um das Hotel erstreckt sich ein Park mit einem kleinen zen-buddhistischen Steingarten, den der japanische Gartenarchitekt Kanji Nomura 1998 anlegte.

▸ **Goethova stezka (Goetheweg):** Im Süden Karlsbads beginnt hinter dem Grand Hotel Pupp der Goetheweg, der durch einen schmalen Stadtparkstreifen entlang der Teplá zur Kunstgalerie (s. u.) führt. An Felsen rechts des Weges sieht man Tafeln – das Ganze erinnert fast an einen Wallfahrtsort –, die Kurgäste aus Dankbarkeit über ihre Genesung anbringen ließen. Auch kommt man an einem Goethedenkmal vorbei, worauf folgende Worte des großen Dichters zu lesen sind: „Was ich dort gelebt, genossen, was mir all dorther entsprossen, welche Freude, welche Kenntnis, Wär' ein allzu lang Geständnis! Mög' es jeden so erfreuen. Die Erfahrenen die Neuen!"

Weiter südlich im Teplá-Bogen findet man weitere Denkmäler, u. a. für Schiller und Smetana.

▸ **Galerie umění (Kunstgalerie):** Die Galerie umění ist von den rund 15 Kunstgalerien der Stadt die bedeutendste, größte und interessanteste. Im Erdgeschoss werden oft recht spannende Wechselausstellungen präsentiert. Im Obergeschoss ist die Dauerausstellung „Tschechische Kunst des 20. Jh." untergebracht, in der Hauptsache Gemälde. Man begegnet dort u. a. Werken von Josef Čapek (1887–1945), Emil Filla (1882–1953) und Antonín Procházka (1882–1945).
Adresse/Öffnungszeiten Goethova stezka 6. Tägl. (außer Mo) 9.30–12 u. 13–17 Uhr. Eintritt 0,70 €, erm. die Hälfte.

▸ **Kurbäder:** Es gibt insgesamt sechs zentrale Bäder. Nicht ausschließlich Kurgästen vorbehalten ist das *Schlossbad* (Zámecké lázně) schräg gegenüber der Sprudelkolonnade (Vřídelní kolonáda). Es besitzt ein herrliches großes Thermalwasserbassin, ein Bad darin ist ein Genuss. Ebenfalls für jedermann zugänglich ist *Bad V* (Lázně V), das ehemalige *Elisabethbad*. Vor dem Prunkbau im historisierenden Stil aus dem Jahr 1906 erstreckt sich der kleine Smetanapark mit nettem Sommercafé. Ohne ärztliche Untersuchung können hier Sprudel-, Perl- und Wirbelbad sowie verschiedene Massagen genossen werden.

Das einst prächtigste und pompöseste Bad ist *Bad I* (Lázně I), das ehemalige *Kaiserbad* im Stil der französischen Renaissance ganz im Süden der Stadt. 1895 wurde es feierlich eröffnet, heute steht es leer und wartet auf seine Restaurierung.

• *Öffnungszeiten* Bad V, Mo–Fr 7–15 Uhr, Sa 7–12 Uhr. Sprudel- oder Perlbad 13 €, Massagen ebenfalls ab 13 €. Nach ärztlicher Eingangsuntersuchung (34 €) können Sie auch Moor-, Jod-, Kohlensäurebäder (jeweils 14 €) u. v. m. genießen.
Schlossbad, Mo–Fr 7.30–19.30 Uhr, Sa/So 8.30–19.30 Uhr. Wer für 19–29 € (je nach Saison) „Relax plus" bucht, darf 1 Std. lang zwischen dem Thermomineralbecken, dem japanischen Akupressurbassin sowie der Massage- und Zirkulationsdusche hin und her springen. Für mehr Geld darf man selbstverständlich länger bleiben und bekommt auch noch zusätzliche Anwendungen wie „Schottische Spritzen", Unterwassermassage, Ohrenakupunktur, etc.

▸ **Kirchen:** Von allen Kirchen Karlsbads sind lediglich zwei sehens- und besuchenswert, zumal die anderen auch meist verschlossen sind. Oberhalb der Sprudelkolonnade liegt die katholische, zweitürmige *Kirche Maria Magdalena* (Kostel sv. Máří Magdaleny). Sie ist ein barockes Meisterwerk Kilian Ignaz Dientzenhofers

Die russisch-orthodoxe Kirche – ein Traum in Blau und Gold

(→ Kasten S. 149), der sie im Auftrag des Kreuzherrenorden in der ersten Hälfte des 18. Jh. entwarf. Für Gruppen ab fünf Personen organisiert das städtische Informationsbüro (→ Information) Führungen durch die Krypta (pro Person 1,60 €, erm. 0,70 €).

An der Krále Jiřího bezaubert die blau-weiße *russisch-orthodoxe Kirche Peter und Paul* (Kostel sv. Petra a Pavla) mit ihren vergoldeten Zwiebeltürmen. Sie entstand Ende des 19. Jh. im historisierend-byzantinischen Stil, der ihr etwas Märchenhaftes verleiht. Angeblich ist sie eine Nachahmung der Kirche von Ostankino. Gebaut wurde sie für den russischen Adel, der damals einen hohen Anteil der Kurgäste stellte.

Öffnungszeiten **Kirche Maria Magdalena,** tägl. 9–18 Uhr, **Kirche Peter und Paul,** ebenfalls tägl. 9–18 Uhr.

▸ **Museen:** Im historischen Kurzentrum liegen zwei der vier Museen Karlsbads. Das *Städtische Museum* (Karlovarské Muzeum) widmet sich der Geschichte des Kurorts und der Natur der Gegend. Es beherbergt zudem Modelle von Loket (→ S. 64) und Karlsbad, die die Ortschaften in der Zeit um 1650 zeigen, als nahezu alle Bauten noch Fachwerkhäuser waren. Das *Museum zum Goldenen Schlüssel* (Muzeum Zlatý klíč) zeigt im Obergeschoss Karlsbadimpressionen des Krefelder Malers Wilhelm Gause (1853–1916), das Erdgeschoss ist wechselnden Ausstellungen vorbehalten. Allzu spannend ist aber keines der beiden Museen. Des Weiteren gibt es das *Jan-Becher-Museum* (Jan Becher Muzeum → S. 58) und das *Moser-Museum* (Moser Muzeum → Kasten).

• *Adressen/Öffnungszeiten* **Städtisches Museum,** Nová Louka 23, Mi–So 9–12 u. 13–17 Uhr. Eintritt 1,10 €, erm. die Hälfte.

Museum zum Goldenen Schlüssel, Lázeňská 3. Ebenfalls Mi–So 9–12 u. 13–17 Uhr. Eintritt 0,70 €, erm. die Hälfte.

Moser – geblasen und geschliffen

Was eine Rolex unter den Uhren ist oder ein Rolls unter den Automobilen, das ist Moser unter den Gläsern: teurer Glanz. Von der holländischen Königin bis zum einstigen Schah von Persien – ihren Champagner trinken oder tranken sie aus Moser-Gläsern. In ihnen spiegeln sich nicht nur Tradition und Moderne wieder, sie sind zugleich ein Statussymbol. Wer zur Highsociety gehört oder gehören will, besitzt Moser-Gläser. Dabei ist es schon erstaunlich, dass der Karlsbader Glasbetrieb die Zeit des Sozialismus überhaupt überlebt hat. Zum Arbeiter und Bauer passten bekanntlich Hammer und Sichel und vielleicht ein steinerner Krug, aber keine Luxusgüter. Die Geschichte des Glasbetriebs geht übrigens bis ins Jahr 1857 zurück. Damals setzte der Glasgraveur Ludwig Moser mit seinem perfekten Glasschnitt neue Maßstäbe. Noch heute ist das Unternehmen mit seinen rund 350 Mitarbeitern bemüht, die hohe Qualität beizubehalten. Produziert werden u. a. prächtige Farbgläser, Vasen mit geschliffenen, geätzten oder vergoldeten Dekoren usw.

Im **Moser-Geschäft (25, Karte S. 52/53)** an der Tržíště 7 kann man die bunte Produktpalette bewundern. Das billigste Glas – übrigens ein Weißweinglas – kostet ca. 25 €. Der Glashütte im Stadtteil Dvory (Ⓑ 1 Sklářská) angeschlossen ist ein kleines Museum (Mo–Fr 8–17.30 Uhr, Sa 9–15 Uhr, Eintritt frei). Führungen durch die Glashütte finden werktags um 9 und um 13 Uhr statt, Reservierung unter ✆ 353449455 oder customerservice@moser-glass.com erforderlich.

Karlovy Vary/Umgebung

Die Umgebung des Kurorts bietet für jedermann interessante Ziele für Tages- und Halbtagesausflüge. Nicht versäumen sollte man einen Besuch von Loket und Bečov nad Teplou, zwei überaus malerische Städtchen. Radfahrer und Wanderer finden insbesondere im Erzgebirge (nördlich von Karlsbad) und im Kaiserwald (südlich davon) landschaftlich reizvolle Wege und Sträßlein. Dabei lassen sich Rad- oder Wandertouren auch mit einer Zugfahrt kombinieren, insbesondere die Eisenbahnstrecke von Karlsbad über Nejdek nach Potůčky und von Karlsbad über Bečov nad Teplou nach Teplá sind ein Erlebnis. Kanuten bevorzugen den Flusslauf der Eger (Ohře), v. a. bei Kyselka.

Svatošské skalý (Hans-Heiling-Felsen)

Etwa 9 km südwestlich von Karlovy Vary, auf halber Strecke nach Loket, liegen die Hans-Heiling-Felsen, ein beliebtes Ausflugsziel von Wanderern, Radfahrern und Kletterern. Dabei handelt es sich um bizarre Granitwände, die einer Legende nach einen versteinerten Hochzeitszug darstellen. Die imposante Felsformation über dem hier überaus reizvollen Flusstal der Eger (Ohře) beflügelte u. a. die Phantasie Goethes und der Gebrüder Grimm. Der deutsche Komponist Heinrich August Marschner verwandelte die Legende in die romantische Oper *Hans Heiling* (1833). Ein weißblau markierter **Wanderweg** führt vom Aussichtsturm Diana (Rozhledna Diana), hoch über Karlsbad, an den Felsen vorbei und weiter bis nach Loket. Auch ein markierter **Radweg** (Nr. 2014) führt von Karlsbad an den Felsen vorbei bis nach Loket; halten Sie sich in Karlsbad am Flusslauf der Ohře gen Westen und Sie finden den Einstieg.

Kletterspaß an den Hans-Heiling-Felsen

• *Anfahrt* Von Karlsbad auf der Straße Nr. 20 (Richtung Pilsen/Bečov nad Teplou) kommend, im Vorort Doubí beim Hotel Prima rechts abbiegen (Hinweisschild). Dann stets der Vorfahrtsstraße folgen, bis die Straße für den Verkehr gesperrt ist. Hier parken und zu Fuß weiter, noch ca. 2,5 km.

• *Essen & Trinken* **Svatošské skály,** idyllisches Waldrestaurant gegenüber den Hans-Heiling-Felsen an der Eger. Schöne Sommerterrasse am Fluss, kuschelige Atmosphäre mit Bärenfell und offenem Kamin im Inneren. Deftige Hausmannskost zu 6–11 €. ✆ 353332595.

Karlovy Vary/Umgebung

Loket
(Elbogen)

Keine Stadt Böhmens – außer natürlich Prag – wurde öfter von Malern verewigt als Loket. Goethe nannte die Stadt zu Recht „ein landschaftliches Kunstwerk". Daran hat sich bis heute nichts geändert.

Der Anblick Lokets ist märchenhaft: Auf einem riesigen Granitfelsen, der in einer Schleife von der Ohře (Eger) umflossen wird, erhebt sich eine prachtvolle Burg, zu deren Füßen sich die Ortschaft schmiegt.

Blick auf Loket

Wie durch ein Wunder überstand das Städtchen nordwestlich von Karlsbad die kommunistische Ära, kein Plattenbau raubt dem Zentrum sein Flair. Der weite Markplatz mit einer barocken, rot-weißen Kirche aus der ersten Hälfte des 18. Jh. und einer Pestsäule ist malerisch. Ihn umgeben Häuser im Stil der Renaissance, Gotik und des Barock. Viele davon wurden aufwändig und liebevoll restauriert und machen Loket zu einer Perle unter den böhmischen Städten – keine Gasse, durch die man nicht schlendern will. Schade nur, dass man alle recht schnell durchlaufen hat, denn der Ort ist klein. Loket zählt weniger als 3000 Einwohner. Verliebten scheint das Städtchen trotz seines romantischen Charmes aber wenig Glück zu bescheren: Goethe feierte hier 1823 seinen 74. Geburtstag mit der von ihm angebeteten Ulrike von Levetzow. Bekanntlich wurde nichts daraus (→ Kasten S. 96). Der Dichter besuchte Loket nie mehr wieder.

*I*nformation/*P*arken/*V*erbindungen/*A*dressen

• *Information* **Infocentrum Loket,** schräg gegenüber der Post an der T.G. Masaryka 12. April–Jan. tägl. 10.30–12.30 u. 13–17 Uhr, Febr./März nur Di–Sa. ✆/📠 352684123, www. loket.cz. Kompetentes und freundliches Personal.

• *Verbindungen* Mehrmals tägl. **Busse** nach Karlovy Vary, Sokolov und Bečov nad Teplou, 2-mal tägl. nach Cheb.

• *Parken* Am Marktplatz.

• *Einkaufen* **Hrnčírna (9),** hübscher kleiner Keramikladen – einer von vielen im Ort. Tassen, lustige Figuren, beim Töpfern der Produkte kann man zusehen. Zudem alternative Batikkleidung. Nettes Café daneben.

Náměstí T. G. Masaryka 32/36.
Ebenfalls recht hübsch ist das **Atelier ve Zbrojnici (4),** auch hier kann man beim Töpfern zusehen und sich mit allerlei Schräg-Kitschigem für den Garten eindecken. T.G. Masaryka 11.

Rámování u Sobotů (11), das Geschäft von Radek Sobota, Sohn des Buchbinderpaares Sobota (→ Städtisches Museum). Neben Bilderrahmen kunstvoll gebundene Bücher. Radniční 1.

Nikola (12), originelles Schnapslädchen, wo neben Absinth und Slivovice auch der sog. „Gottstein Lok", ein hiesiger Bitterlikör, verkauft wird. Náměstí T. G. Masaryka 61.

Loket

60 m

- *Polizei* In der Zahradní. ✆ 156.
- *Veranstaltungen* Alljährliches Highlight ist der **Loketer Kultursommer,** ein Open-Air-Opernfestival im Freilichttheater, das sich den ganzen Juli hinzieht.

Essen & Trinken/Übernachten

- *Restaurants* **Hradní Restaurant (3),** recht gediegenes, etwas düsteres Lokal in den Kellergemächern der Burg. Zuvorkommender Service. Neben den böhmischen Klassikern auch ausgefallene Kalbs-, Lamm- und Wildgerichte. Hg. 3,50–12,30 €. Zámecká 67, ✆ 775672090 (mobil).

Švejk Restaurant (1), von Loketern sehr gelobt. Gute und günstige Hausmannskost (z. B. „Gulasch vom Feldkurator Katz mit Speckknödeln" oder „Gebratene Schweinshaxe nach Art des Leutnants Cajthaml") in Wohnzimmeratmosphäre. T. G. Masaryka 10, ✆ 353221401.

Císař Ferdinand (2), → Übernachten. Böhmische Standards zu fairen Preisen servieren auch die Restaurants der Hotels **Goethe (10)** und **Bílý kůň (13)** am Platz.

• *Übernachten* **Císař Ferdinand (2)**, 2006 eröffnetes Mittelklassehotel. 08/15-Teppichbodenzimmer, z. T. recht groß. Das Wichtigste aber: Im Haus ist auch eine Mikrobrauerei untergebracht. Zum leckeren 11-gradigen, halbdunklen Bier gibt es eine überschaubare Auswahl der böhmischen Klassiker. EZ 37 €, DZ 65 €. T. G. Masaryka 81, ✆ 35 2327100.

*** St. Florian (5), sehr gut geführtes Familienhotel am Ortseingang, unser Tipp. 27 gepflegte, leicht rustikale Teppichbodenzimmer. Sehr sauber, freundlicher Service, Café im Haus. EZ 32 €, DZ 54 €. T. G. Masaryka 70, ✆/📠 353225959, www.loket.cz/florian.

*** Bílý kůň (13), Hotel mit langer Geschichte – schon Goethe nächtigte hier. Recht spießige, teilweise aber sehr geräumige Zimmer mit Kaufhausmobiliar. Zuweilen mäßiger Service. Dafür zentralste Lage und herrliche Panoramaterrasse zum Fluss hin. EZ 35 €, DZ 49 €, Apartment 81 €. Nám. T. G. Masaryka 10, ✆ 352661809, 📠 352661877,

www.hotel-bilykun.cz.

U Frídy (8), Minipension. Nur zwei schöne, große Zimmer mit klassischer Einrichtung. Das Bad wird geteilt. DZ 32 €. Zámecká 3, ✆ 352684058.

Penzion 72 (7), freundliche kleine Pension mit ansprechender, moderner Einrichtung. Viel Holz, dazu Parkettboden. Im Sommer Reservierung empfohlen. EZ 22 €, DZ 28 €. Kostelní 72, ✆/📠 352684918, www.penzion72loket.cz.

Lazy River Hostel (6), einfaches, aber nettes Hostel in einem historischen Stadtgebäude in Burgnähe. Mehrbettzimmer, Gemeinschaftsbäder. 10 €/Pers. Kostelní 61, ✆ 35268 4587, www.lazyriverhostel.com.

Preiswerte Zimmer in einfachen Pensionen finden Sie zudem an der Ausfallstraße nach Karlsbad.

• *Camping* Im Nordosten von Loket direkt an der Eger. Idyllisch gelegener, sehr einfacher Zeltplatz. Beliebt bei Kanuten. Kein Hinweisschild, nicht einfach zu finden. Folgen Sie der Rooseveltova, die entlang der Eger verläuft. Der Platz befindet sich am Ende der geteerten Straße.

Sehenswertes

Hrad (Burg): Wer *Casino Royale* gesehen hat, kennt sie, denn Szenen des letzten James-Bond-Thrillers wurden auch auf der Loketer Burg gedreht. Sie wurde Ende

Die Burg von Loket

des 12. Jh. zum Schutz der böhmischen Westgrenze errichtet. Nach mehrfachen Umbauten im Laufe der Zeit diente sie im 19. Jh. als Staatsgefängnis. Heute im Besitz der Stadt und weitestgehend restauriert, darf man die einstigen Kellerverliese (mit nachgestellten Folterszenen!) freien Fußes betreten und auch wieder verlassen. In anderen Räumlichkeiten der Burg werden Waffen, eine alte Apotheke, archäologische Funde und eine Sammlung von böhmischem Porzellan gezeigt. Ausgestellt ist auch die Kopie eines Bruchstücks eines schwarzen Meteoriten, der ursprünglich 107 kg schwer war. 1775 fand man diesen im Burggraben und hielt ihn für einen versteinerten Burggrafen. Der ehemaligen Festsaal dient wechselnden Ausstellungen. Den Burgturm bewohnt übrigens der Furcht einflößende Plastikdrache Šarkan.

Öffnungszeiten April–Okt. tägl. 9–16.30 Uhr, sonst bis 15.30 Uhr. Eintritt mit Führung 3,20 €, mit dt. Textblatt 2,80 €, erm. 2,20 € bzw. 1,60 €.

Městské muzeum (Städtisches Museum): Das Museum befindet sich im spätbarocken Rathaus am Marktplatz, das wegen seines Giebelturms ins Auge sticht. Es beherbergt eine kleine Ausstellung zum Thema „Der Bucheinband im Jahrhundertwandel", die der Sammelleidenschaft des 1997 aus den USA zurückgekehrten Lokter Buchbinderehepaars Sobota entspringt. Zu sehen ist u. a. eine alte Buchbinderwerkstatt aus der Wende vom 19. zum 20. Jh., die noch voll funktionsfähig ist. Angegliedert ist eine Verkaufsgalerie mit handgebundenen Notizbüchlein und marmorierten Seidentüchern – wer auf der Suche nach einem netten Mitbringsel ist, wird hier fündig. Direkt unter den Räumlichkeiten des Museums befinden sich übrigens mittelalterliche Kerkeranlagen (leider nicht zugänglich).

Öffnungszeiten Zuletzt wegen Restaurierungsarbeiten geschlossen.

Černá věž (Schwarzer Turm): Im nördlichen Stadtturm, der auch bestiegen werden kann, befand sich bei unserem letzten Besuch eine Vinothek mit vornehmlich französischen Tropfen. Dies kann sich jedoch – wie die Vergangenheit zeigte – schnell wieder ändern.

Öffnungszeiten Mai, Juni u. Sept. Fr–So 10–17 Uhr, Juli/Aug. Mi–So 10–17 Uhr. Eintritt 0,70 €, erm. die Hälfte.

Für weitere Ziele westlich von Karlovy Vary → Františkovy Lázně/Umgebung ab S. 118.

Sokolov (Falkenau)

Etwa 19 km südwestlich von Karlovy Vary liegt an der E 48/49 die rund 30.000 Einwohner zählende Kreisstadt Sokolov. Goethe beschrieb das seinerzeitige Falkenau noch als „einen wohlgebauten Ort, den ich gar oft, nach Carlsbad fahrend, gar anmutig im Tal der Eger liegen sah". Doch Dinge können sich bekanntlich ändern. Die Stadt, inmitten eines Braunkohlebeckens gelegen, stieg zu einem industriellen Zentrum auf bzw. ab. Durch die großen Plattenbaukonglomerate führen oberirdische Pipelines zu Industriebetrieben. Mittlerweile wurden zum Glück schon viele Straßenzüge gestrichen. Farbe bekam auch schon das **Schloss der Grafen Schlick und Nostitz** im Stadtpark nahe der Mini-Altstadt ab. Heute befindet sich darin eine Bücherei und das Kreismuseum (Krajské muzeum). Die in wenig ansprechenden Vitrinen ausgestellten Exponate sind bunt gemischt: Gesteine der Gegend, Fanta- und Becherovkaflaschen, eine Gnadenstatue der Jungfrau Maria aus Maria Kulm (um 1300), ein Wimpel aus Karl-Marx-Stadt, Schlösser und Türbeschläge aus dem

17. und 18. Jh. Am interessantesten ist die kleine Dokumentation über das NS-Konzentrationslager Svatava, heute ein Vorort von Sokolov.

• *Verbindungen* Bahnhof etwas außerhalb des Zentrums im Norden der Stadt. Dort befindet sich auch der Busbahnhof.
Regelmäßige **Busse** nach Cheb, Loket und Karlovy Vary.
Regelmäßig **Züge** nach Cheb, Karlovy Vary und Kraslice, Klašterec nad Ohří und Ostrov, bis zu 5-mal tägl. nach Perštejn.

• *Golf* **Golf Club Sokolov,** 2 km südwestlich von Sokolov in Dolní Rychnov. 18 Loch, Par 72. 2006 eröffnet. Greenfee 39–43 €. ✆ 35266 1063, www.golf-sokolov.cz.

• *Öffnungszeiten* **Kreismuseum,** tägl. (außer Mo) 9–12 u. 13–17 Uhr, Eintritt 1,10 €, erm. die Hälfte.

Leben zwischen Plattenbau und Datscha

Sokolov ist eines von vielen Paradebeispielen sozialistischer Wohnungsbaupolitik aus der Zeit der Tschechoslowakei: Plattenbauten, so weit das Auge reicht. In den 50ern schraubte man die ersten Blocks zusammen, heute lebt fast jeder dritte Tscheche in einem Plattenbau. Auf 50 Jahre wird die „Lebenserwartung" dieser Modularbauten angesetzt, Jahr für Jahr überschreiten also immer mehr dieses Alter. Vielerorts hat man damit begonnen, die einst einheitsgrauen Fassaden zu verschalen und zu streichen. Doch im Inneren lebt der Geruch des Sozialismus meist noch bis heute fort, ein eigenartiger Dreiklang aus Bohnerwachs, Küchenmief und dem in jeder Betonritze festsitzenden Gestank verheizter Braunkohle. Die Gänge erinnern an Flure von Krankenhäusern, in denen man niemals gesund wird. Die Klospülung im 10. Stock ist auch noch im Keller zu hören und der Streit des jungen Ehepaars im Erdgeschoss durch die ganze Etage – als Mega-Reality-Soap entpuppt sich schließlich das Leben. Die Enge der Wohnung ist bedrückend, aus dem Weg kann man sich kaum gehen – kein Wunder also, dass tschechische Kneipen stets gut gefüllt sind. Die Raumknappheit führte übrigens auch dazu, dass die Tschechen überaus früh heirateten, eine Tradition, die bis heute fortbesteht, wenn auch in abgeschwächter Form. Es war die einzige Möglichkeit, den vier Wänden bei Mama und Papa zu Hause zu entgehen.

Einen Ausgleich zur Anonymität der Plattenbauten finden die Tschechen in ihren Datschen. Sie sind ebenfalls ein Relikt aus sozialistischer Zeit. Die meisten dieser Laubenkolonien findet man an Seen und Flussläufen. Fast jede Familie besitzt ein Wochenendhäuschen. Dort vergisst man Arbeitsstress und grauen Beton, grillt stattdessen Würstchen und plaudert mit dem Nachbarn am Gartenzaun. Wie die Zukunft der Plattenbauten liegt auch die der Datscha-Kultur im Ungewissen – für viele Tschechen ist ein Badeurlaub an der türkischen Riviera mittlerweile attraktiver als ein Schrebergarten an der Eger.

Bečov nad Teplou   (Petschau)

Von tiefen Wäldern umgeben, erhebt sich Bečov nad Teplou auf einem Hügelrücken. Eine Burg und ein Schloss überragen den reizvollen, romantischen Ort.

Der kleine Ort ca. 20 km südlich von Karlsbad macht einen verschlafenen Eindruck. Lediglich ein paar Touristen sorgen für Leben. Das war nicht immer so. Bečov nad Teplou war einst viel größer und zählte annähernd 2500 Einwohner.

Nach der Vertreibung der deutschen Bevölkerung blieben keine 200 übrig. Alle Versuche, Tschechen hier anzusiedeln, scheiterten, niemand wollte sich in dem abgelegenen Ort niederlassen. Viele Häuser wurden schließlich abgerissen und keine Plattenbauten kamen hinzu. So konnte der Ort seinen alten Charme bewahren – malerisch präsentiert sich das kleine schmucke Zentrum mit seinem rosafarbenen Rathaus. Daneben befindet sich übrigens ein **privates Museum,** das Spielzeug (1. Stock) sowie historische Motor- und Fahrräder (2. Stock) zeigt.

Die **Burg** wurde im 14. Jh. als Wach- und Zollstation gegründet. Im 16. Jh. erweiterte man sie durch einen Renaissanceanbau. Direkt unterhalb der Burg kam Mitte des 18. Jh. das **Barockschloss** mit seinem markanten achteckigen Turm hinzu. Die letzten Adeligen, die darin wohnten, gehörten dem belgischen Geschlecht Beaufort-Spontini an. Sie brachten auch das heute wertvollstes Stück der Schlosssammlung nach Bečov, den ursprünglich aus Florennes (Belgien) stammenden Reliquienschrein des Hl. Maurus aus dem 13. Jh. Noch bevor die Adelsfamilie zu Ende des Zweiten Weltkriegs das Land verlassen musste, vergrub sie den Schrein in der Burgkapelle, die mit ihren gotischen Wandmalereien ebenfalls sehenswert ist. Rund 40 Jahre blieb er dort versteckt. Heute, nach jahrelangen Restaurierungsarbeiten, ist das knapp 140 cm lange Reliquiar in Form einer Tumbe wieder zu bewundern. Es ist verziert mit kostbaren Steinen und winzigen Emailbildchen, die Szenen aus dem Alten Testament zeigen, zudem mit filigranen Goldschmiedearbeiten wie den zwölf Aposteln an den Seiten.

Eine weitere Dominante des Orts ist die **Pfarrkirche,** ausgeschmückt im Stil des Rokoko. Die Kirche ist dem Hl. Georg geweiht, aber so ruinös wie sie dasteht, scheint den hier niemand mehr zu mögen.

Wer mit dem **Rad** von Karlovy Vary nach Bečov nad Teplou fahren möchte, kann die Route über die E 49 entlang dem Flusslauf der Teplá nehmen. Auch wenn es sich um eine Europastraße handelt, hält sich der Verkehr in Grenzen, und die Gegend ist landschaftlich reizvoll. Ruhiger geht es jedoch auf den schmalen Parallelstraßen zu. Wer will, kann auch noch über Landstraßen weiter bis Teplá oder Marienbad fahren und den Rückweg mit dem Zug antreten, die Bahnstrecke ist herrlich.

• *Verbindungen* Die Anbindung mit dem **Bus** ist miserabel. Bahnhof ca. 15 Fußmin. westlich des Zentrums im Tal der Teplá. **Züge** regelmäßig nach Karlovy Vary und über Teplá nach Marienbad.

• *Übernachten/Essen & Trinken* **Pension Hradní Bašta,** am Marktplatz. 2007 eröffnet. Die Zimmer sind aufwändig restauriert und geschmackvoll ausgestattet. Im angeschlossenen Restaurant (tolle Terrasse) kann man gut essen: Knödelgerichte und Wild zu 3,50– 12,70 €. EZ 25 €, DZ 44 €. Nám. 5. května 19, ✆ 353222802, becovskahradni@seznam.cz.

Penzion U zámku, nahe dem Schloss in bester Lage. Helle, z. T. recht geräumige, aber etwas lieblos ausgestattete Teppichbodenzimmer mit eigenem Bad. Nette Terrasse nach vorne und herrliche nach hinten. Böhmische Küche der mittleren Preisklasse, Spezialität Forelle. EZ 21 €, DZ 32 €. Nám. 5. května 17, ✆/📠 353999365, korbelarova@

volny.cz, www.volny.cz/korbelarova.

• *Camping* **Autokemp Bečov nad Teplou,** ca. 1 km östlich von Bečov an der Straße nach Toužim. Etwas trostlose Anlage, selbst in der HS meist leer. Mai–Sept. 2 Pers. mit Zelt u. Auto 7,90 €, Hütte für 2 Pers. 14 €. Bečov nad Teplou, ✆ 353999266, u-novaku @volny.cz.

• *Öffnungszeiten* **Schloss,** April u. Okt. nur Sa/So 9–16 Uhr, Mai, Juni u. Sept. tägl. (außer Mo) 9–16 Uhr, Juli u. Aug. tägl. (außer Mo) 9–17 Uhr. Es werden zwei Führungen angeboten, die eine widmet sich dem Schrein des Hl. Maurus, die andere dem Schloss selbst mit seinen diversen Salons. Beide Führungen zusammen 4,20 €, erm. 2,80 €.

Museum, Juni–Sept. tägl. 9–12 u. 12.30– 17 Uhr, im Mai nur Sa/So 9–12 u. 12.30– 17 Uhr. Eintritt 0,50 €.

Karlovy Vary/Umgebung

Für weitere Ziele südlich von Karlovy Vary → Mariánské Lázně/Umgebung ab S. 98.

Andělská Hora   (Engelsberg)

Andělská Hora, ca. 8 km südöstlich von Karlovy Vary, ist ein schön gelegenes Städtchen unterhalb einer wildromantischen **Burgruine,** die seit jeher ein beliebtes Ausflugsziel der Karlsbader Kurgäste ist. Wer die Reste der Burganlage aus dem 14. Jh., die auf einem über 700 m hohen Felsen thront, besichtigen will, findet einen Orientierungsplan hinter der Kirche in der Ortsmitte. Vom Kurzentrum in Karlsbad führt ein erst rot, dann grün markierter **Wanderweg** nach Andělská Hora. Mit dem **Rad** fährt man am besten auf Nebenstraßen über Hůrky und Olšová Vrata hin.
Verbindungen **Busse** mehrmals tägl. von und nach Karlovy Vary.

Doupovské hory   (Duppauer Gebirge)

Östlich von Andělská Hora erstreckt sich das Duppauer Gebirge, dessen höchster Berg, der Hradiště, annähernd 1000 m erreicht. Das rund 330 km² große Areal ist komplett unbesiedelt und als militärisches Sperrgebiet nicht zugänglich. Dies war jedoch nicht immer so: Bis 1945 lebten hier über 15.000 Menschen, es gab das Städtchen **Duppau (Doupov),** drum herum 17 kleine Dörfer und etliche Bauernhöfe. Nach der Vertreibung der deutschen Bevölkerung wurden Tschechen im Duppauer Gebirge angesiedelt. Doch 1953 mussten auch sie gehen, denn die tschechoslowakische Armee hatte die Duppauer Berge zu ihrem Übungsplatz erkoren. Innerhalb kürzester Zeit wurden alle Spuren menschlicher Besiedelung beseitigt. Wegen der jahrzehntelangen Isolation konnte sich im Duppauer Gebirge jedoch eine Landschaft mit außergewöhnlicher Flora und Fauna entwickeln, die, das meinen hoffnungsvolle Naturschützer, irgendwann vielleicht wieder zugänglich sein wird.

Valeč   (Waltsch)

Im touristischen Abseits, ca. 45 km östlich von Karlovy Vary, liegt Valeč, ein kleiner Ort mit ein paar barocken Bauten und Fachwerkhäusern, der jüngst zur städtischen Denkmalzone erklärt wurde. Valeč präsentiert sich als Mischung aus malerisch und schäbig, tendiert im Ganzen aber bislang noch eher zu Letzterem. Die Kehrtwende ist aber schon eingeleitet. Die Pfarrkirche mit ihrem imposanten Holzschindeldach wurde bereits restauriert. Und fleißig setzt man das hoch über dem Ort thronende **Renaissanceschloss** (Zámek Valeč) in Stand, das Ende des 17. Jh. seine barocke Gestalt erhielt und bis zu Ihrem Besuch vielleicht schon zugänglich sein wird. Der heute etwas verwilderte **Schlossgarten** zählte einst zu den schönsten Böhmens. Er beherbergt barocke Skulpturen (heute Kopien) aus der Werkstatt des Bildhauers Matthias Bernhard Braun (→ Kasten S. 149).
Gegenüber dem Parkeingang liegt die recht heruntergekommene **Dreifaltigkeitskirche,** deren Dach immerhin schon neu gedeckt wurde. Diesen Barockbau entwarf Giovanni Santini.
Verbindungen **Busse** mehrmals tägl. nach Chyše, Andělská Hora und Karlovy Vary.

Chyše   (Chiesch)

Etwa 10 km südlich von Valeč liegt Chyše, ein kleines Städtchen, das sich schon aus der Ferne durch seine überdimensionale, weiß-rote Kirche ankündigt. Warum man

Valeč – morbider Charme

ausgerechnet deren Frontfassade nie gestrichen hat, weiß der Henker. Einzige Sehenswürdigkeit des Ortes ist das **Schloss der Familie Lažanský,** im 16. Jh. errichtet und im 18. Jh. barockisiert. Anfang des 20. Jh. war darin der Schriftsteller Karel Čapek (1890–1938) als Hauslehrer tätig. Čapek zählt zu den bedeutendsten tschechischen Dramatikern und Prosaautoren des frühen 20. Jh. Seine utopischen Werke wurden in alle Weltsprachen übersetzt. Das heute so gängige Wort „Roboter" ist z. B. seine Schöpfung. An den Autor erinnert eine kleine Ausstellung im Schloss, zudem können mehrere schön restaurierte Salons in unterschiedlichen Farben besichtigt werden. Aus Chiesch stammen übrigens die Vorfahren des rasenden Reporters Egon Erwin Kisch. Als die Familie im 17. Jh. nach Prag übersiedelte, nannte sie sich nach ihrem Herkunftsort.

● *Verbindungen* **Züge** (Bahnhof im Norden des Orts) bis zu 4-mal tägl. nach Bečov nad Teplou, bis zu 5-mal nach Rakovník. Für Pilsen und Žatec steigt man in Blatno um. **Busse** mehrmals tägl. nach Valeč.

● *Öffnungszeiten* **Schloss,** April u. Okt. nur Sa/So 10–17 Uhr, Mai, Juni u. Sept. tägl. (außer Mo) 10–17 Uhr, Juli u. Aug. Mo–Fr 10–17 Uhr, Sa/So 10–18 Uhr. Eintritt 1,80 €, erm. 1,40 €.

Für weitere Ziele südöstlich von Karlovy Vary → Plzeň/Umgebung ab S. 151.

Kyselka   (Gießhübel)

12 km nordöstlich von Karlovy Vary, direkt am Flusslauf der Ohře (Eger), die sich hier durch ein reizvolles schmales Tal windet, liegt der kleine ehemalige Kurort Kyselka. An seine einstige Pracht erinnern feudale Kurbauten aus der zweiten Hälfte des 19. Jh. – heute jedoch allesamt im Verfall begriffen. Das Quellwasser des Orts ist aber noch immer berühmt, Kyselka ist die Heimat des Mattoni-Tafelwassers,

und so stehen auf der einzigen Straße des Orts die Sprudellaster Schlange. Eine Zeitlang gab es Pläne, Kyselka für den Tourismus wieder attraktiv zu machen, u. a. als eine Art romantisches Disneyland. Doch daraus wurde nichts.

Vom Kurzentrum Karlsbads führt ein rot markierter **Wanderweg** nach Kyselka, der von dort mehr oder weniger entlang dem Flusslauf der Eger weiter über Perštejn bis nach Klášterec nad Ohří verläuft. Auch mit dem **Rad** bietet sich von Karlsbad eine Tour entlang der Eger bis nach Perštejn an. Am schönsten aber ist es, das hiesige Egertal mit dem Kanu zu entdecken.

● *Verbindungen*   **Busse** mehrmals tägl. nach Ostrov und Karlovy Vary.

● *Übernachten/Camping* Der oberhalb von Kyselka gelegene Campingplatz **Ontario** (ausgeschildert) bietet zwar einen kleinen Pool und teilweise nette Ausblicke, ist gegenüber folgendem Campingplatz jedoch nur die zweite Wahl:

Na Špici, im nördlich an Kyselka angrenzenden Dorf Radošov. Großer, freundlicher Platz an der Eger. Tischtennis, Badminton, Feuerstellen, Waschmaschine. Kanu- und Radverleih, Gartenrestaurant. Chata- und Zimmervermietung. April–Dez. 2 Pers. mit Zelt u. Auto 11 €, Hütten 21 € für 4 Pers., DZ mit Dusche/WC 28 €. Radošov 87, ℡ 3539411 52, ℡ 353941285, www.naspici.ic.cz.

Perštejn   (Pürstein)

Perštejn liegt etwas abseits der überaus reizvollen Strecke von Ostrov nach Klášterec nad Ohří und erstreckt sich hoch über der Eger in einem schönen Tal. Zu sozialistischer Zeit galt der Ort als das tschechische Meran (ein Vergleich, den man nur so lange aufrechterhalten konnte, wie die Grenzen dicht waren). Im Ort findet man ein paar Restaurants und Unterkünfte.

Auf einigen Höhen der Umgebung stehen Burgruinen. Eine der besuchenswertesten ist die **Burg Hauenštejn.** Oberhalb der Häuseransammlung Horní Hrad (von der Straße nach Ostrov kurz hinter Stráž nad Ohří ausgeschildert) ragt sie aus dem Wald. Ihre Grundmauern stammen aus der zweiten Hälfte des 13. Jh., im 19. Jh. wurde die Burg neugotisch im Windsor-Stil umgestaltet. Ihre letzten Bewohner mussten sie 1945 verlassen, danach verkam sie zusehends. Trotz laufender Restaurierungsarbeiten, die sich wahrscheinlich noch Jahre hinziehen werden, ist die romantische Baustelle zugänglich – eine finstere Turmbesteigung belohnt mit tollen Ausblicken. Ein blau markierter **Wanderweg** verläuft von Stráž nad Ohří über Horní Hrad bis nach Jáchymov.

● *Verbindungen* **Züge** (Bahnhof sehr weit außerhalb!) auf der Strecke Karlovy Vary–Klášterec nad Ohří halten i. d. R. in Perštejn. **Busse** regelmäßig von und nach Kadaň, jedoch nur 3-mal tägl. über Ostrov nach Karlsbad. Letztere halten auch an der Abzweigung zur Burg Hauenštejn.

● *Übernachten/Camping* **Selský Dvůr,** die schönste Unterkunft Perštejns, hoch über dem Ort. Berghotel im alpenländischen Stil, innen wie außen sehr rustikal. Pool, Sauna, Restaurant, Fitnessraum und traumhafte Ausblicke. Es werden auch Ausritte angeboten (8,80 €). Zudem kann man campen – leider überwiegend Hanglage! Von der Verbindungsstraße von Perštejn nach Klášterec nad Ohří unübersehbar ausgeschildert. DZ ab 53 €, Chata für 2 Pers. ohne Bad 23 €, Campen für 2 Pers. mit Wohnmobil 10,50 €. Perštejn 300, ℡ 474319410, ℡ 474319418, www.selsky-dvur.com.

● *Öffnungszeiten* **Burg Hauenštejn,** Juli u. Aug. tägl. 9–19 Uhr, ansonsten Sa/So 10–17 Uhr. Nov.–April geschl. Eintritt 1,50 €, erm. die Hälfte.

Klášterec nad Ohří   (Klösterle an der Eger)

Auf dem Weg von Karlsbad nach Kadaň passiert man das 17.000-Einwohner-Städtchen Klášterec nad Ohří. Einzige Sehenswürdigkeit ist das **Vitzthumer Schloss**

(Zámek) in der Altstadt, das die aus Österreich zugewanderten Thuns in der ersten Hälfte des 17. Jh. im damaligen Klösterle an der Eger erwarben. Dabei handelt es sich um jene Thuns, die Ende des 18. Jh. eine Porzellanfabrik gründeten, und deren Name noch heute für Porzellan steht, das für einen Polterabend zu schade ist. Die Räumlichkeiten hinter der neugotischen Fassade beherbergen passend dazu das „Museum des böhmischen Porzellans", das neben lokalem Porzellan auch ein paar chinesische und japanische Exponate sowie Stücke aus der Meißner Manufaktur zeigt. Wer zudem eine Führung (s. u.) durch das Schloss wählt, kann auf Wunsch auch die Thunsche Familiengruft besichtigen.

Ganz im Süden des Städtchens am Flusslauf der Ohře liegt die **Mineralquelle Eugenie (Pramen Evženie)**, die ein Wasser mit einem erhöhten Gehalt an Kieselsäure fördert. Im kleinen **Kurareal Kyselka** wird dieses getrunken und für Bäder verwendet. Insbesondere bei Magenerkrankungen soll es Wirkung zeigen. Westlich der Altstadt erstreckt sich die Neustadt – nichts anderes als eine große Plattenbausiedlung –, allerdings ist man dort stolz auf einen Aquapark.

• *Information* **Informační centrum** in der Altstadt am Nám. Dr. E. Beneše 86, ✆/🖷 47 4376431, www.klasterec.cz. Mo–Fr 8.30–17 Uhr, im Sommer auch Sa/So 10–16 Uhr.

> Schöne Unterkünfte gibt es auch im nahen Kadaň, s. u.

• *Verbindungen* **Züge und Busse** regelmäßig nach Karlovy Vary und Kadaň. Busbahnhof und Bahnhof ganz im Osten der Stadt, Ⓑ 2 bringt Sie in die Altstadt.

• *Übernachten/Essen & Trinken* **Pension Pereje,** in schöner Lage im Kurareal. Geräumige, freundliche Zimmer, kleiner Fitnessraum, Sauna. Beliebt ist auch das dazugehörige Restaurant mit kleiner Terrasse direkt am Fluss. Gerichte aus aller Herren Länder, selbst Sushi gibt es auf Vorbestellung. Hg. 3,50–10 €. Freundlicher Service. DZ 40 €. Kyselka 102, ✆ 604520910 (mobil), krizvaclav@seznam.cz.

• *Camping* **U Jezu,** ca. 1 km außerhalb des historischen Zentrums, vom Kurareal ausgeschildert. Unattraktiver Platz, dafür gut gesichert. Wenige, aber saubere Sanitäranlagen. Restaurant in Laufnähe. Es werden auch Zimmer vermietet. Mitte April–Ende Okt. 2 Pers. mit Zelt u. Auto 6,70 €, DZ 28 €. Klášterec nad Ohří, ✆/🖷 474371561, pension ujezu@seznam.cz.

• *Öffnungszeiten* **Schloss**, April–Okt. tägl. (außer Mo) 9–17 Uhr, Nov–März nur Sa/So 9–15 Uhr. 3 verschiedene Rundgänge, pro Führung 1,80 €, erm. 1,40 €.

Kadaň   (Kaaden)

Eine freundliche Stadt in einer stellenweise unfreundlichen Umgebung, einen Abstecher aber allemal wert.

Kadaň liegt ca. 30 km nordöstlich von Karlovy Vary im Vorland des Erzgebirges. Die Region lebt vornehmlich vom Braunkohletagebau. Wo sich einst weite Hopfenfelder erstreckten, ragen heute rußende Schornsteine, riesige Kühltürme und Schlote von Strom- und Heizkraftwerken in den Himmel.

Bei der Anfahrt von Klášterec nad Ohří und im Zentrum von Kadaň merkt man von alldem glücklicherweise nichts. Die Altstadt steht komplett unter Denkmalschutz. Der weite, gepflasterte **Marktplatz** mit einer figurenreichen Pestsäule aus dem 18. Jh. ist umgeben von frisch restaurierten Laubenganghäusern. Am Marktplatz steht auch das Rathaus mit einem eigenartigen gotischen Turm. Schräg gegenüber beginnt die **Katova ulička**, die Henkerstraße, die angeblich schmalste Gasse Böhmens, in die nur spärliches Licht durch ein Labyrinth von Stützpfeilern fällt. Der Henker wohnte im früheren Kaaden übrigens am Ende der Gasse unter dem Tor.

Im Süden der Altstadt, über dem Flusslauf der Ohře (Eger), wo noch weite Abschnitte der Stadtbefestigung erhalten sind, erhebt sich eine **Gotische Burg** (Gotický hrad). In ihrem Inneren befinden sich heute ein Seniorenheim, die städtische Bibliothek und eine meist geschlossene Galerie. Im Westen Kadaňs, etwas außerhalb der Altstadt, liegt das ehemalige **Franziskanerkloster** (Františkánský klášter) der „Vierzehn heiligen Nothelfer" aus dem 15. Jh., das heute das Stadtmuseum beherbergt. Es widmet sich in erster Linie der Archäologie, Mineralogie, Geologie und dem Bergbau (Führungen Di–Fr u. So 14.30 u. 16 Uhr, Sa zudem 11 u. 13 Uhr, Juli u. Aug. tägl. außer Mo zu allen angegebenen Zeiten; Eintritt 1,10 €, erm. 0,70 €). Der Andrang hält sich in Grenzen, doch das ist man gewohnt. Zu sozialistischer Zeit befand sich darin eine Ausstellung über die Arbeiterbewegung der Region, wegen Besuchermangels wurde sie schon bald nach der Eröffnung wieder geschlossen. Im Klostergarten lädt das Café Konírna posezaní auf ein kühles Getränk ein.

Information/Verbindungen/Adressen

• *Information* **Městské informační centrum** am Hauptplatz, dem Mirové náměstí 1. Im Sommer Mo–Fr 8–19 Uhr, Sa/So 8–20 Uhr, im Winter verkürzt. ✆/✉ 474319550, www.mesto-kadan.cz. Angeschlossen ist die Galerie Josefa Lieslera. Der preisgekrönte Kaadener Maler Josef Liesler (1912–2005) war dort zuletzt allerdings nur noch mit zwei Werken vertreten. Sein Schaffen orientierte sich an Dürer, Goya und Delacroix. 1975 erhielt er den UNESCO-Preis für die schönste Briefmarke.

• *Parken* Gebührenpflichtiger Parkplatz am Mírove nám.

• *Verbindungen* Bahnhof außerhalb des historischen Zentrums im Norden der Stadt, ebenso der Busbahnhof. **Busse** häufig nach Klášterec nad Ohří (einige davon fahren weiter nach Perštejn), regelmäßig nach Chomutov und Most, mehrmals tägl. nach Prag, Karlsbad (über Ostrov), Žatec, Teplice und Ústí nad Labem.
Regelmäßige **Züge** nach Chomutov, Ostrov und über Klášterec nad Ohří und Perštejn nach Karlovy Vary.

• *Ärztliche Versorgung* Krankenhaus im Norden der Stadt an der Golovinova. ✆ 4749 44111.

• *Polizei* Im Norden der Stadt an der Chomutovská. ✆ 156.

• *Post* Zentral in der Kpt. Jaroše 58 oder nördlich des Zentrums in der Poštovní.

• *Veranstaltung* Zwischen Ende Aug. und Mitte Sept. wird der **Kaisertag** (Císařův den) gefeiert, der an den Einzug Karls IV. in die Stadt erinnert – ein Kostümfest mit Rittern, Gauklern usw.

Essen & Trinken/Übernachten

• *Restaurants* **Střelnice (7)**, das „Schützenhaus". Etwas steril, aber sehr gepflegt. Am besten kommt man im Sommer in den lauschigen Biergarten. Schwere Fleischlappen (z. B. Eber- oder Lammsteaks) oder verschiedene Gulaschsorten. Hg. 3,50–7 €. Čechova 147, ✆ 474332864.

Bílý Beránek (1), etwas gehobenere Lokalität. Internationale Karte: Schnecken, Garnelen, Borschtsch, Chili con Carne, Cordon bleu etc. Hg. 3,50–8,80 €. Čsla. Armády 27, ✆ 474343402.

Tercier (5), „Höhlenrestaurant" des gleichnamigen Hotels (→ Übernachten) – ein Hit für Kinder und Jurassic-Park-Fans, sonst aber hart an der Grenze des guten Geschmacks. Preiswerte Mittagskarte, ansonsten Steaks, Tortellini, Wildschwein- und Hirschspezialitäten. Hg. 3,20–8,40 €.

U svaté brány (4), gute Pizzeria, die Alternative zu Kloß mit Soß. Kleiner Gartenbereich hintern Haus. J. Švermy 18, ✆ 474343295.

• *Café* **Café U Johanky (2)**, der gleichnamigen Pension (→ Übernachten) angeschlossenes, sympathisches Café. Leckerste Kuchen und Torten, gepflegte Einrichtung, ein paar Tische draußen.

• *Übernachten* Für seine Größe besitzt Kadaň ein bemerkenswert gutes Unterkunftsangebot.

Kadaň

Hotel Split (6), modernes Gebäude direkt an der Eger. Zwar läuft man ca. 15 Min. ins Zentrum, wohnt dafür idyllisch-ruhig. 10 jugendlich-trendig eingerichtete Zimmer und Apartments, einige davon mit tollem Flussblick. Nettes Restaurant mit Terrasse am Fluss, Biergarten. EZ 29 €, DZ 45 €. U Splitu 933, ✆ 474342741, http://split.wz.cz.

Penzion U Johanky (2), Familienbetrieb mit freundlicher deutschsprachiger Betreuung. 10 Zimmer und Apartments in einem historischen Gebäude. Hell und ansprechend eingerichtet. Schönes Café im EG. EZ ab 21 €, DZ 39 €, Apartment für 4 Pers. 69 €. Jana Švermy 17, ✆/📠 474343307, ja.kl@world online.cz.

U zlaté koruny (3), am Marktplatz. Nur 3 Zimmer mit Bad, diese dafür geräumig bis ballsaalgroß! Teils mit Holzböden, teils mit Teppich, recht rustikal, sehr gepflegt. Für alle, die viel Platz brauchen. Die Vermieterin spricht nur Englisch. EZ 23 €, DZ 39 €. Mírové nám. 72, ✆ 474345108.

** Hotel Tercier (5), 2004 eröffnet. Etwas einfachere, aber freundliche Zimmer, warme Raumfarben. Gutes Restaurant. EZ 21 €, DZ 30 €. Žatecká 566, ✆ 474345234, www.tercier rest.wz.cz.

• *Camping* **Camping Hradec,** ca. 6 km südöstlich von Kadaň bei Hradec u Kadaně. Großer Platz mit großen Rutschen am Badeteich. Vornehmlich junges Publikum in Partylaune – trashige Countrybands sorgen am Wochenende zuweilen für Stimmung. Restaurant. 2 Personen mit Zelt u. Auto 7 €, Holzhütte für 2 Pers. 19 €. Mai–Sept. Anfahrt: Von der Straße nach Žatec ausgeschildert. Mehrmals tägl. Zugverbindungen nach Kadaň, bis zum Bahnhof von Hradec u Kadaně läuft man vom Zeltplatz allerdings ca. 15 Min. ✆ 605216105 (mobil).

Ostrov   (Schlackenwerth)

Etwa 10 km nördlich von Karlovy Vary liegt Ostrov, eine Industriestadt mit weit über 20.000 Einwohnern. Schön ist Ostrov nicht, dafür architektonisch überaus interessant. Keine andere Stadt Tschechiens offenbart ein so reines und einheitliches Bild des „sozialistischen Realismus", ein Baustil, der sich unter Stalin in der Sowjetunion etablierte und später von den Bruderstaaten übernommen wurde. Damit wollte man sich von den Visionen eines rigiden Funktionalismus zugunsten einer gegenständlichen, parteilichen Kunst abwenden. Was man sich darunter vorzustellen hat, zeigt das Zentrum der Neustadt (mit „Centrum" ausgeschildert) vorzüglich. Deren Mittelpunkt bildet der trostlos zubetonierte Mirové náměstí mit dem *Dům kultury*, einer Art Kulturzentrum. Drum herum erstrecken sich riesige Plattenbauviertel im Schachbrettmuster.

Die Altstadt (mit „Staré město" ausgeschildert) macht heute nur noch rund ein Zehntel Ostrovs aus und bildet den südlichen Stadtrand. Gesehen haben muss man sie nicht. Früher war das jedoch anders. Denn ganz im Süden der Altstadt gab es einst ein großes Schloss, zwei Flügel sind davon noch erhalten geblieben, und einen **Schlosspark** (Zámecky park), den der Historiker Bohuslav Balbín gar als das „achte Weltwunder" beschrieb. Heute erinnert im Park lediglich ein kleines, restauriertes **Lustschloss** (Pobočka Ostrov Letohradek) an die gute alte Zeit. Die Kunstgalerie Karlsbad präsentiert darin wechselnde Ausstellungen mit vornehmlich moderner Malerei.

• *Verbindungen* Regelmäßig **Busse** nach Jáchymov und Karlovy Vary, mehrmals tägl. nach Boží Dar, zudem 1-mal tägl. nach Cheb, Franzensbad, Aš, Bečov nad Teplou und Pilsen. **Züge** regelmäßig nach Karlovy Vary. Bahnhof nahe der Altstadt.

• *Öffnungszeiten* **Schlosspark,** April, Mai, Sept. u. Okt. 5.30–21 Uhr, Nov.–März 5.30–20 Uhr u. Juni–Aug. 5.30–23 Uhr. **Lustschloss,** tägl. (außer Mo und Di) 13–17 Uhr. Eintritt abhängig von der Ausstellung.

Straßenzug in Jáchymov

Karlovy Vary/Umgebung

Jáchymov

(St. Joachimsthal)

Jáchymov zu Füßen des Keilbergs (→ S. 80) ist zweifelsohne der schäbigste Kurort Westböhmens. Das Gros der ausländischen Besucher aus dem grenznahen Sachsen kommt auch nicht zum Kuren, sondern der billigen Liebe und Zigaretten wegen. Dabei liegt der Ort eigentlich ganz idyllisch in einem tiefen Taleinschnitt, in dessen unterer Hälfte rund um das **Sanatorium Radium Palace** sogar ein kleiner ansehnlicher Park existiert. Besuchenswert ist nur das **Stadtmuseum** (Městské muzeum) im oberen Teil des Orts beim Rathaus. Das in der ehemaligen königlichen Münze untergebrachte Museum erinnert an die Zeit, als der Ort noch wegen seiner Silbervorkommen berühmt war. Im Jahre 1519 begann man, in St. Joachimsthal Silbermünzen zu prägen. Aus dem so genannten „Joachimsthaler" leiteten sich später die Bezeichnungen „Taler" und „Dollar" ab.

In Jáchymov liegen aber nicht nur die Anfänge des Dollars, sondern auch des Uranerzabbaus. Zur Glas- und Porzellanherstellung wurde es verwendet. Zu Beginn des 20. Jh. entdeckte die Chemikerin Marie Curie im Joachimsthaler Uranerz das Element Radium, wofür sie später den Nobelpreis erhielt. Doch der Kontakt mit dem Uran erwies sich für sie als genauso tödlich wie für Generationen deutscher Bergleute. Die durchschnittliche Lebenserwartung lag in Jáchymov bis in die Mitte des 20. Jh. bei 42 Jahren. Danach besorgten in erster Linie politische Gefangene im Zuge der stalinistischen Säuberungen den Abbau des Urans. Der Name Jáchymov stand für eines der berüchtigsten Konzentrationslager der Tschechoslowakei. Viele Internierte starben an Erschöpfung, Hunger und Leukämie. Auch daran erinnert heute das Stadtmuseum.

Seit 1964 wird kein Uran mehr abgebaut. Im ehemaligen Uranerzbergwerk entspringen jedoch radioaktive Thermalquellen, deren Wasser in der Behandlung von Nerven- und Rheumaerkrankungen Anwendung findet. Was hier einst den Tod brachte, schenkt heute Kranken Linderung. Ein solches Radonbad ist nur nach ärztlicher Voruntersuchung möglich.

● *Information* **Informační centrum Jáchymov**, im Rathaus am Náměstí Republiky. Tägl. 8–12 u. 13–17 Uhr. ✆/✉ 353811379, www.info-jachymov.cz.

● *Verbindungen* **Busse** bis zu 7-mal tägl. über Ostrov nach Karlovy Vary. Ähnlich häufige Verbindungen bestehen nach Abertamy, Pernink, Horní Blatná, Potůčky und Boží Dar.

● *Kuren* Informationen hält die **Kurverwaltung** nahe dem Kreisverkehr (im Haus „Tolar") im unteren Ortsbereich bereit. ✆ 35383 3333, www.laznejachymov.cz.

● *Übernachten* Man übernachtet besser in Boží Dar, unter den hiesigen Unterkünften findet man nur wenige ansprechende.
Sanatorium Radium Palace, wirklich empfehlenswert ist nur dieses Hotel im Ort. Das feudale Vier-Sterne-Haus, 1910–12 erbaut, bietet komfortable Zimmer mit Parkettböden und klassischer Einrichtung. An Nichtkurgäste wird allerdings nur vermietet, wenn Kapazitäten frei sind. Im kleinen Kurzentrum, nicht zu übersehen. EZ ab 65 €, DZ ab 96 €. T.G.Masaryka 413, ✆ 353835 555, ✉ 353831743, www.laznejachymov.cz.

● *Öffnungszeiten* **Stadtmuseum**, Mincovní 37, Mi–So 9–12 u. 13–17 Uhr. Eintritt 1,50 €, erm. die Hälfte.

● *Auf den Klínovec* Die Talstation der auf den Keilberg führenden Sesselbahn liegt ca. 3 km außerhalb von Jáchymov, vom Kreisverkehr im unteren Ortsbereich mit „Lanovka" ausgeschildert. Im Winter befördert sie Skifahrer, im Sommer Wanderer hinauf. Tägl. 10–18 Uhr, einfache Fahrt 1,80 €.

Das Erzgebirge ist sauer

Wie der Böhmerwald (→ S. 170) im Süden ist auch das Erzgebirge (Krušné Hory) im Norden Böhmens ein Grenzgebirge zwischen der Tschechischen Republik und Deutschland. Es erstreckt sich über eine Länge von ca. 140 km vom Elstergebirge im Westen bis zum Elbsandsteingebirge im Osten. Die Kammlinie besitzt keine herausragenden Bergmassive, sondern verläuft leicht wellig – ein Paradies für Radfahrer. Bewaldete Kuppen bilden meist die Gipfel, die z. T. auf über 1200 m ansteigen. Jedoch sind die Wälder aufgrund der Emissionen der Braunkohlekraftwerke im nordböhmischen Kohlebecken und des damit verbundenen sauren Regens stark in Mitleidenschaft gezogen.

Die Besiedlung des Erzgebirges erfolgte im 12. Jh. durch Bergleute, die hier, wie der Name schon verrät, insbesondere Erze, aber auch Silber abbauten. Die Landwirtschaft wird bis heute vernachlässigt, da hohe Niederschlagsmengen, niedrige Temperaturen und ein alles andere als fruchtbarer Boden keine guten Ernten versprechen. Größere Städte gibt es keine. Freundlichere Dörfer findet man insbesondere in der westlichen Hälfte. Die Ortschaften östlich von Boží Dar sind überwiegend trostlos. Auch zum Radfahren, Wandern oder Langlaufen ist die westliche Hälfte die schönere.

Boží Dar   (Gottesgab)

Die kleine 178-Seelen-Gemeinde bezeichnet sich stolz als die höchstgelegene Ortschaft Böhmens (1028 m ü. d. M.) und ist das touristische Zentrum des Erzgebirges auf tschechischer Seite.

Das ehemalige Bergbaustädtchen liegt nahe der deutsch-tschechischen Grenze, ca. 5 km nördlich von Jáchymov und rund 27 km nördlich von Karlovy Vary. Heute steht es ganz im Zeichen des Fremdenverkehrs, insbesondere des **Wintersports**. Geboten werden mehr als 120 km gespurte Langlaufloipen, einige davon führen grenzüberschreitend ins benachbarte **Oberwiesenthal**. Für Abwechslung im alpinen

Skisport sorgen 20 Lifte, die meisten davon an Boží Dars Hausberg, dem Klínovec (s. u.). Aber auch im Sommer lockt der Ort Touristen an, insbesondere zum Wandern und Radfahren in der Umgebung. Ein interessanter Weg ist der Naturlehrpfad durch das südwestlich des Orts gelegene Hochmoor (ausgeschildert). Im Ort selbst gibt es zwar jede Menge Hotels, Pensionen und Restaurants, oft in hübschen Holzhäuschen, ansonsten aber wenig zu tun. Um dem ein wenig abzuhelfen, hat man im Informationszentrum ein kleines **Heimatmuseum** eingerichtet. Hier erfährt man alles Mögliche über den Ort und seine Bewohner.

Ein schöner, markierter **Radrundwanderweg** (Nr. 2005, auch als Trasse 5 bekannt) von 45 km Länge führt von Boží Dar nach Jáchymov und vorbei am Klínovec wieder zurück. Zudem kann man sich auf die Spuren des lokalen Heimatdichters und - sängers Anton Günther (→ Essen & Trinken/Übernachten) begeben und den nach ihm benannten, grenzüberschreitenden 65 km langen Rundwanderweg wählen. Er führt über den Plessberg, Horní Blatná, Johanngeorgenstadt und Tellerhäuser bis Oberwiesenthal und von dort zurück nach Boží Dar.

Information/Verbindungen/Sport/Diverses

• *Information* **Infocentrum Boží Dar,** im winzigen „Zentrum". ✆/℡ 359571126, www. bozidar.cz. Tägl. 8–11.30 u. 12–18 Uhr. Der dazugehörige Infopavillon neben dem Hotel Zelený dům bei der Kirche hat außer einem Kaffeeautomaten wenig zu bieten.

• *Verbindungen* **Busse** bis zu 7-mal tägl. über Jáchymov und Ostrov nach Karlovy Vary.

• *Bäckerei* **Pekárna U Pohorných,** weit über die Grenzen Boží Dars hinaus bekannte und beliebte Backstube. Traditionelles Sauerteigbrot aus dem Steinofen, kleine Gebäckstücke für den Hunger zwischen-

durch. Gegenüber dem Infocentrum.

• *Wintersport* In und rund um Boží Dar gibt es 3 Skiareale mit 20 Liften. Anspruchsvollere Abfahrten bestehen am Klínovec (bis zu 2,5 km Länge, s. u.), für Kinder und Anfänger genügt das Areal Novako direkt am Ort. Eintägiger Skipass 12–17 €. Es sind auch Kombinationen mit dem Skigebiet in Oberwiesenthal möglich. Ski- und Snowboardunterricht sowie Ausrüstungsverleih (ab ca. 11 €/Tag) gibt es in Boží Dar an jeder Ecke.

Essen & Trinken/Übernachten

• *Restaurants* **Sv. Hubert,** eines der beliebtesten Restaurants im Ort, dem gleichnamigen Hotel (s. u.) angegliedert. Rustikalgepflegte Einrichtung. Ausgefallene böhmische Küche, viele Wildgerichte. Mittlere Preisklasse.
Zelený dům („Grünes Haus"), unübersehbar grünes Haus an der Hauptdurchgangsstraße. Als Unterkunft nicht der Renner, auch wenn hier schon Luther übernachtete. Dafür mit gemütlich-dunklem Restaurant im Bauernstubenstil. Leser loben die gute Küche – dicke Pfeffersteaks, Braten und Wildgerichte zu 6,30–8,80 €. Nette Terrasse. Boží Dar 46, ✆ 353815133.
Anton Günther Schänke, heißt wirklich so. Die Gaststätte widmet sich ganz dem Leben und Werk des 1937 verstorbenen, gleichnamigen lokalen Volkssängers (sein Grab befindet sich am örtlichen Friedhof). Andenken, Liedpostkarten und Schwarzweiß-

fotografien bis unter die Decke. Speisekarte vom „Schmuggler-Rostbraten" bis zum „Henkers Rutenstreich". Hg. 4–7 €. Schräg gegenüber dem Infocentrum.
Radniční sklípek, bei Einheimischen beliebtes Kellerlokal – das günstigste im Ort! Pfannengerichte, Fisch und Vegetarisches. Neben dem Infocentrum in der Ortsmitte.
Über gute Restaurants verfügen zudem die Pensionen **Daro** und **Daniela.**

• *Kneipe* **Koliba,** urige, mit Holz beheizte Bierstube. Rund ein Zehntel der Dorfbevölkerung kommt hier allabendlich zusammen. Tschechische Schlager und die Stones aus den Boxen. Herzlicher Wirt, der gern Wacholderschnaps trinkt. Tägl. 17–1 Uhr. Gegenüber der Kirche.

• *Übernachten* In Boží Dar gibt es rund 1100 Betten, fast jedes zweite Haus ist ein Hotel oder eine Pension. Im Sommer wird man wenig Probleme haben, irgendwo unterzukommen, im Winter reserviert man besser im Voraus. Die angegebenen Preise gelten für den Sommer, im Winter muss man mit rund 40 % mehr rechnen.

Sv. Hubert, sehr gepflegtes Haus am Ortseingang bei der Kirche. 12 rustikale Zimmer. Eigene Parkplätze. Gutes Restaurant. DZ 46 €. Boží Dar 22, ✆/☏ 353815144, www.sv hubert.cz.

U sněhuláka, kleine Pension mit 7 Zimmern, z. T. im romantischen Landhausstil. Nettes Café (hausgemachte Kuchen). Bei der Kirche. DZ 32 €. Boží Dar 48, ✆/☏ 353815123, hovorkajan@volny.cz.

Jolly, 3 helle und freundliche Zimmer (2 DZ, ein Vierer) mit privaten Bädern in einem schnuckeligen Holzhäuschen. Garten mit kleinem Pool, gemütlicher Frühstücksraum. Lässige, deutschsprachige Inhaberin. DZ 30 €. Boží Dar 26, ✆ 353815010, www.pension. jolly.cz.

Klínovec   (Keilberg)

Östlich von Boží Dar erhebt sich mit 1244 m ü. d. M. der stolzeste Hügel des Erzgebirges. Auf seinem höchsten Punkt befinden sich eine heruntergekommene, verwaiste Hotelanlage (die seit Jahren restauriert werden soll) und ein mit Satellitenanlagen bestückter Sendeturm. Der Klínovec war bis vor ein paar Jahren weniger von grünen Wäldern umgeben, sondern mehr von mausgrauen. Die Zahl toter Bäume in den oberen Lagen war erschreckend, mittlerweile wurde aber vielerorts aufgeforstet. Auf jeden Fall lässt es sich hier nicht nur gut Ski fahren (→ Boží Dar), sondern auch gut wandern. Von Boží Dar führt ein rot markierter **Wanderweg** zum Gipfel. Von dort gelangt man auf einem erst gelb, dann grün markierten Weg hinab nach Jáchymov. Zurück kann man den Bus nehmen oder fährt mit der Seilbahn (→S. 78) wieder hinauf.

• *Anfahrt* Von der Verbindungsstraße von Boží Dar nach Vejprty (Richtung Chomutov) aus beschildert. Mit dem **Auto** kann man bis zum höchsten Punkt fahren. Im Winter auch **Skibusse** ab Boží Dar.

• *Übernachten* **Sport Hotel Rudolf,** auf dem Klínovec, nur wenige Meter unterhalb des Gipfels. 8 zwar etwas billig ausgestattete, aber insgesamt freundliche Zimmer (z. T. mit tollen Ausblicken), Restaurant mit herrlichem Biergarten, beliebt bei Radfahrern und Wanderern. Sauna und kleines Hallenbad. Mit HP im Winter 35 €/Pers., im Sommer 29 €. Klínovec, ✆ 353812000, ☏ 353812001, www.klinovec-rudolf.com.

Plešivec   (Plessberg)

Wie der Klinovec ist auch der Plešivec (1028 m), ca. 8 km südwestlich von Boží Dar, ein beliebtes Ausflugsziel. Diverse markierte **Wanderwege** kreuzen sich hier, die sich zu großen und kleinen Touren verbinden lassen. Von seinem Gipfel genießt man an klaren Tagen eine herrliche Fernsicht. Von der Straße zwischen Jáchymov/Boží Dar und Abertamy ist der Weg auf den Plešivec beschildert.

• *Übernachten/Essen & Trinken* **Horská Bouda Orion,** eine von mehreren gemütlichen Gasthütten rund um den Gipfel. Für Anspruchslose und Leute ohne Platzangst fast ein Tipp. Das urige kleine Holzhaus bietet 5 winzige Zimmer, die z. T. nur aus Betten unter der Dachschräge bestehen. Etagenbad. Urgemütliche Gaststube mit offenem Kamin, idyllische Terrasse. 12 €/Pers. Plešivecká 84, ✆ 353892228, ☏ 353890098.

Unterkünfte verschiedener Kategorien findet man auch im 3 km westlich gelegenen **Abertamy.**

Nejdek   (Neudek)

In einem schönen Tal, ca. 13 km nordwestlich von Karlsbad, liegt das annähernd 9000 Einwohner zählende Nejdek. Das Zentrum rund um den Náměstí Karla IV. ist freundlich und mit Bürgerhäusern im Jugendstil und im Stil des Historismus durchsetzt. Man findet ein paar Restaurants und eine Weinstube. Ins Auge fällt der **Schwarze Turm** (Černá věž) auf einem überhängenden Felsen, der einst Teil einer gotischen Burg war (nicht zugänglich). Ganz in der Nähe liegt das örtliche **Museum,** das aus dem Fundus des Karlsbader Museums wechselnde Ausstellungen präsentiert (Mi–So 8.30–12 und 13–16.30 Uhr, Eintritt 0,70 €, erm. die Hälfte). Den Süden der Stadt dominieren Industriebetriebe, u. a. die größte Kammgarnspinnerei Tschechiens, den Norden Plattenbauten.

Von Karlsbad führt ein anspruchsvoller, markierter **Radweg** (Nr. 2014) nach Nejdek, Beginn des Weges im Vorort Dvory beim Bahnhof.

● *Verbindungen* **Züge** regelmäßig nach Karlovy Vary, bis zu 9-mal tägl. nach Nové Hamry und bis zu 8-mal tägl. über Perník und Horní Blatna nach Potůčky.
Busse bis zu 9-mal tägl. nach Nové Hamry, regelmäßig nach Karlsbad und Ostrov.

● *Übernachten* ***** Hotel Anna,** beste Unterkunft vor Ort, der Sternenanzahl entsprechend ausgestattet, 2004 eröffnet. Alle 21 Zimmer und Apartments (gelbe Wände, blaue Bäder) mit Satelliten-TV. Restaurant. Freundliches Personal. EZ 31 €, DZ 49 €. Nám. Karla IV 486, ✆/☎ 353825756, www.annahotelnejdek.eu.

Von böhmischen Dörfern und der Bohème

„Ich sag' ihm das bei meiner Ehren, mir das böhmisch' Dörfer wären" – im didaktischen Tierepos *Froschmeuseler* von Georg Rollenhagen, das im Jahr 1595 erschien, tauchte die Redewendung erstmals auf. Viele Ortsnamen Böhmens klangen für deutsche Reisende schon damals fremd und unaussprechbar – was nach und nach dazu führte, dass der Ausdruck „böhmische Dörfer" für Unverständliches bzw. Unverstandenes verwendet wurde. Die Tschechen benutzen übrigens eine ganz ähnliche Wendung, nur sind es dort keine *böhmischen,* sondern *spanische Dörfer,* mit denen sich der Ahnungslose konfrontiert sieht. Kommt Ihnen das etwa spanisch vor?

Ein Böhme steckt natürlich auch im Wort Boheme (aus frz. *bohème*), das zunächst für die Pariser Künstleravantgarde des 19. Jh. stand und schon bald ein ungezwungenes (Lebens-)Künstler-Dasein schlechthin bezeichnete. Nun ist offenkundig nicht jeder Böhme ein Bohemien, aber das ist auch gar nicht gemeint. Die Wortgeschichte fußt auf einer früheren Verwendungsweise von *Böhme,* als auch noch Zigeuner bzw. Sinti so genannt wurden – vermutlich weil sie über Böhmen nach Westeuropa eingewandert waren. Populär wurde das Wort *bohème* dann durch Henri Murgers Roman *Scènes de la vie de Bohème* (1851), der als literarische Vorlage für Puccinis Oper *La Bohème* (1896) diente.

Nové Hamry   (Neuhammer)

Verlässt man Nejdek in Richtung Norden, erreicht man nach ca. 5 km Nové Hamry, ein bäuerlich wirkendes kleines Dorf in einem malerischen Tal. Die Anfahrt mit dem Zug von Karlsbad über Nejdek ist herrlich, die Strecke idyllisch. Vom Bahnhof in Nové Hamry verläuft ein gelb markierter **Wanderweg** zum weiter südöstlich gelegenen Aussichtsturm auf dem Tisovský vrch (997 m. ü. M.), ein beliebtes Ausflugsziel. Folgt man von dort noch ein Stück weiter dem gelb markierten Weg und schwenkt dann nach links auf einen grün markierten Weg ab, gelangt man nach Nejdek (Länge ca. 8 km).

Im Erzgebirge

● *Verbindungen* **Züge** bis zu 8-mal tägl. über Pernink und Horní Blatná nach Potůčky, bis zu 7-mal tägl. über Nejdek nach Karlovy Vary. **Busse** bis zu 9-mal tägl. nach Nejdek.

Pension U Jelínků, eine der freundlichsten Unterkünfte im gesamten Erzgebirge, in idyllisch-ruhiger Lage über Nové Hamry (ausgeschildert). Neubau im alpenländischen Stil. Blitzsaubere, geräumige Zimmer mit rustikaler Einrichtung, z. T. mit Balkon. Garten, lichtes, modernes Restaurant, netter deutschsprachiger Inhaber. DZ 32 €. Nové Hamry, ☎/📠 353825208, u_jelinku@quick.cz, www.jelinex.com.

Pernink   (Bärringen)

Etwa 8 km nordöstlich von Nejdek liegt Pernink, einst Bärringen genannt, da einer Legende nach ein Bär hier einen Zinnbarren ausgrub. Schön ist Pernink nicht gerade, es bietet jedoch mehrere Unterkünfte und Restaurants, die insbesondere im Winter gut besucht sind, zumal es ein paar Schlepplifte gibt und Abfahrten dazu, die man allesamt im Schuss meistern kann.

Die Landschaft um Pernink ist recht idyllisch. Etwa 2 km südlich liegt das **Naturschutzgebiet Oceán** mit einem weiten intakten Torfmoor. Auch verlaufen durch Pernink mehrere markierte **Radwanderwege,** die sich zu Rundkursen unterschiedlicher Länge kombinieren lassen. Reizvoll ist z. B. eine Tour nach Potůčky (s. u.), hin über die Trasse Nr. 2001, zurück über die Nr. 2004.

Verbindungen Busse bis zu 7-mal tägl. nach Jáchymov und bis zu 4-mal tägl. nach Karlovy Vary. Züge bis zu 8-mal tägl. nach Potůčky und bis zu 6-mal über Nejdek nach Karlovy Vary. Bahnhof ca. 1 km westlich der Ortschaft im Wald.

Horní Blatná   (Bergstadt Platten)

Weitere 3 km nördlich von Pernink erreicht man Horní Blatná, ein ehemaliges Bergbaustädtchen mit exakt 237 Häusern. Das schönste davon, ein liebevoll restauriertes Fachwerkpatrizierhaus, beherbergt ein unspektakuläres **Zinnmuseum.** Es befindet sich an der Bezručova, nur wenige Schritte vom Dorfplatz mit seiner barocken Pfarrkirche entfernt.

Nahe dem Ort liegen die **Wolfsgruben;** einfach am Museum vorbei bergauf und dann der roten Wandermarkierung folgen (Dauer ca. 30 Min., unterwegs viele Himbeersträucher). Dabei handelt es sich um einstige Stollen, die jedoch schon vor Jahrhunderten einstürzten. So entstanden tiefe, bizarre Schluchten, in denen bis in den Sommer hinein oft noch Schnee liegt.

• *Verbindungen* **Busse** bis zu 7-mal tägl. nach Jáchymov und Potůčky und bis zu 4-mal tägl. nach Karlovy Vary.
Züge bis zu 8-mal tägl. nach Potůčky, bis zu 6-mal über Pernink und Nejdek nach Karlovy Vary.

• *Übernachten/Essen & Trinken* Unterkünfte und Restaurants sind vorhanden, jedoch keine wirklich empfehlenswerten.

• *Öffnungszeiten* **Zinnmuseum,** in ungeraden Wochen Mi–Fr 9.30–15 Uhr, in geraden Wochen Mi–Fr 14–18 Uhr, Sa/So 9–12 u. 14–17 Uhr. Eintritt 0,40 €.

Potůčky
(Breitenbach)

4 km trennen Horní Blatná von Potůčky, das umgeben von weiten Wäldern am Flusslauf der Černá liegt. Potůčky ist ein beliebtes Ausflugs- und Einkaufsziel der Sachsen. Ein **Fußgängergrenzübergang** verbindet den Ort mit **Johanngeorgenstadt** auf deutscher Seite. Und wie es sich für einen tschechischen Grenzort gehört, gibt es hier einen riesigen Asia-Markt, auf dem man neben Zigaretten Spielzeug, Bier, Wein, Korbwaren, Gardinen, Riesenschnitzel, Trikots, Hossa-Hossa-CDs, Briefkästen usw. kaufen kann.

Verbindungen **Busse** mehrmals tägl. nach Jáchymov, bis zu 3-mal tägl. nach Karlovy Vary. **Züge** bis zu 6-mal tägl. über Horní Blatná, Pernink und Nejdek nach Karlovy Vary.

Kraslice
(Graslitz)

Annähernd 8000 Einwohner zählt das von Klinkersteinhäusern geprägte, im Grenzland vergessene Städtchen rund 30 km nordwestlich von Karlsbad. Es wirkt um einiges größer und lebendiger, zumal es auch für die umliegenden, kleinen Ortschaften des westlichen Erzgebirges das kulturelle und wirtschaftliche Zentrum darstellt. Bekannt war das ehemalige Graslitz wegen seiner langen Tradition im Musikinstrumentenbau, in erster Linie Geigen, und in der Textilfertigung, insbesondere Spitzen. Rund um Kraslice findet man **Wanderwege** in allen Farben, nach Nejdek führt ein gelber (anstrengend, aber schön). Die schmalen Landstraßen der Umgebung eignen sich bestens zum **Radeln.** Wintersportlern stehen im nahe gelegenen **Bublava** vier neue Skilifte zur Verfügung. Das weit verstreute Dorf selbst besitzt bislang jedoch nicht nur wenige Unterkünfte und Restaurants, sondern auch kaum Charme.

• *Verbindungen* Bahnhof und Busbahnhof ca. 500 m westlich des Zentrums. **Busse** mehrmals tägl. nach Sokolov, bis zu 4-mal tägl. nach Stříbrná und Karlovy Vary. Regelmäßige **Züge** nach Sokolov, Zwickau und Klingenthal.

• *Übernachten/Essen & Trinken* **Pension Krista,** geräumige Zimmer mit etwas zusammengewürfelter Standardausstattung. Bei deutschen Tagestouristen recht beliebtes Restaurant mit böhmischer Küche (große Portionen, aber nicht die Welt) angegliedert. Sichere Parkplätze im Hof. DZ 40 €. Dukelská 753 (Straße Richtung Chodov/Sokolov), ✆ 352686054, www.krista.cz.
Camping Nancy, im Herzen des westlichen Erzgebirges gibt es nur diesen Campingplatz. Der idyllische Wiesenplatz mit Naturpool, Sandkasten, einem plätschernden Bächlein und Grillgelegenheiten zählt zu den schönsten Plätzen Westböhmens. Nur Imbiss. Fahrbarer Untersatz vonnöten. Ganzjährig. Seltsame Preisgestaltung: Campen pro Std. u. Pers. 0,30 €. Ca. 6 km nördlich von Kraslice an der Straße nach Přebuz, ✆ 352696360, www.volny.cz/nancy4.

• *Skifahren* Tageskarte 11 €, Pistenlänge 2 km. Infos unter www.ski-bublava.cz.

Für Ziele südlich von Kraslice → Františkovy Lázně/Umgebung, S. 118.

Karlovy Vary/Umgebung

Neue Kolonnade

Mariánské Lázně (Marienbad)

„Marienbad ist unbegreiflich schön", schwärmte einst Franz Kafka. Und das ist der Kurort noch immer: Ein inmitten von dicht bewaldeten Hügeln gelegenes, mit weiten Parkanlagen durchsetztes Paradies. Es gibt nur wenige Städte Europas, die ohne Küstenromantik so viel Flair haben.

Allein die Tatsache, dass Dichter und Denker, Könige und Adelige hier gerne verweilten, ist eigentlich schon Beweis genug. Die Gästeliste des Kurortes liest sich wie ein Who's who des 19. und frühen 20. Jh. Richard Wagner reiste mehrmals an und plante gar, seine Festspiele nicht in Bayreuth, sondern in Marienbad ins Leben zu rufen. Friedrich Hebbel verfasste in Marienbad den geistreichen Satz: „Hier sitz' ich in einem böhmischen Bade". Mit seiner Frau war er angereist, der die Leber Sorge bereitete. Der russische Literat Nikolaj Wassiljewitsch Gogol kam, er hatte es mit dem Magen. Ein gleichzeitig anwesender Millionär inspirierte ihn übrigens zur Gestalt des Kostausschogel in seinem Roman *Tote Seelen*. Ein anderer russischer Autor, Iwan Aleksandrowitsch Gontscharow, schuf in Marienbad die Gestalt der Olga Sergejewna Iljinska für seinen *Oblomow* – jener literarische Antiheld, der das Bett nie mehr verlassen wollte. Hugo von Hofmannsthal schrieb in Marienbad *Das Bergwerk von Falun*.

Seiten könnte man mit Schriftstellern füllen, die das westböhmische Bad besuchten: Johann Wolfgang von Goethe, Turgenjew, Henrik Ibsen, Rudyard Kipling, Mark Twain, Maxim Gorki, Jan Neruda, Alexander K. Tolstoj usw. Aber auch mit Komponisten wie Antonín Dvořák, Johann Strauß oder Anton Bruckner oder aber mit Wissenschaftlern wie dem Slawisten Josef Dobrovský, Sigmund Freud oder Samuel von Basch, der eine wissenschaftliche Methode zur Messung des Blutdrucks begründete. Gekrönte Häupter kamen ebenfalls, u. a. Napoleon III., Otto I. von Griechenland, Kaiser Franz Josef I. oder Englands König Eduard VII.

Es war en vogue, in den weltberühmten, von weiten Kiefernwäldern umgebenen Kurort Marienbad zu reisen. Die Gäste liebten die stets etwas frischere und kühle Luft des Ortes in den heißen Sommermonaten, immerhin liegt Marienbad auf 630 m ü. d. M. Aber sie genossen auch die in den Stadtkern einbezogene Quellenlandschaft, die Galanterie- und Luxuswarengeschäfte, die vielen Parks und nicht zuletzt den Prunk der Kurhäuser, Casinos, Hotels und Musikpavillons, viele mit einem Überschwang an historisierenden Formen. Noch heute ist das alte Kurzentrum Marienbads eine fast unbeschreibliche Pracht. Wo man hinsieht, stehen klassizistische Brunnentempel, Schweizerhäuser und luxuriöse Prachtbauten, die ein Bild von der Üppigkeit des Fin de Siècle vermitteln.

Geschichte: Erstmals erwähnt wurden die Quellen Marienbads im 16. Jh. Damals gab es den Ort jedoch noch nicht. Dort, wo die Quellen sprudelten, existierte nichts anderes als sumpfiges, bewaldetes Terrain. Bereits im ausgehenden 17. Jh. gewann man aus Verdampfung des Quellwassers der heutigen Kreuzquelle Glaubersalz, welches man als *sal teplensis* verkaufte und das sich schnell zu einem geschätzten Abführmittel entwickelte. Erst 1808 wurde hier auf Initiative des Abtes Karl Kasper Reitenberger vom nahe gelegenen Stift Tepl (→ S. 100) und des Arztes Dr. Joseph Johann Nehr ein Heilbad gegründet. Zehn Jahre später erklärte man Marienbad offiziell zum Kurort. Ein Denkmal des Abtes befindet sich an der Promenade, die an die Neue Kolonnade anschließt, eine Büste des Arztes beim Kreuzbrunnen. Letzterer schrieb auch die erste Abhandlung über die medizinische Bedeutung der Marienbader Quellen. Hohe Verdienste an der heutigen Erscheinung des Ortes hatte der Gartenarchitekt Václav Skalník. Nach seinen Plänen wurden im frühen 19. Jh. das gesamte Tal trockengelegt, weitläufige Parkanlagen geschaffen und gezielt Kurhäuser und Hotels drum herum platziert.

Einer der ersten VIPs, die den Ort populär machten, war der zu jener Zeit schon bejahrte Johann Wolfgang von Goethe. Die rapide Entwicklung Marienbads ließ ihn zu dem Ausspruch hinreißen: „Mir war es, als wäre ich in den nordamerikanischen Einsamkeiten, wo man Wälder aushaut, um in drei Jahren eine Stadt zu bauen". Wahre Worte. Etwas mehr als zehn Jahre vergingen und schon besaß der Ort ein Symphonieorchester. Zu Mitte des 19. Jh. kamen bereits 25.000 Kurgäste im Jahr. 1872 erhielt Marienbad Anschluss an das Eisenbahnnetz. Bis dato lag neben dem heutigen Chopinhaus (→ S. 94) die Postkutschenstelle, die zugleich das Zentrum des Ortes bildete. Ende des 19. Jh. reihte sich Marienbad neben Karlsbad in die Liste der bedeutendsten europäischen Kurorte ein. Bis zur Weltwirtschaftskrise, welche der Ort schwer zu spüren bekam, stieg die Zahl der Gäste auf über 50.000 Besucher im Jahr. Auf den Promenaden der Stadt ging es teilweise zu wie auf dem Ku'damm am Tag vor Heiligabend, und mit Schildern, auf denen „Rechts gehen" stand, versuchte man, die Massen auf den Straßen einigermaßen zu koordinieren.

Nach dem 2. Weltkrieg und dem Fall des Eisernen Vorhangs geriet Marienbad in Vergessenheit. Das sozialistische Einheitsgrau legte sich über die Mauern. Mittlerweile ist das Gros der alten palastartigen Kurbäder und der feudalen Bauten restauriert und strahlt in neuem Glanz. Der Promi-Glamour der alten Tage ist jedoch der Bodenständigkeit gewichen. All jenes, was vor gar nicht allzu vielen Generationen nur den Reichen und Berühmten der Welt vorbehalten war, steht heute nahezu jedem offen. Nur wie lange noch? Mit viel Mühe wird versucht, den Anschluss an die international renommierten elitären Weltbäder wiederherzustellen.

Mariánské Lázně Karte S. 88/89

Orientierung: Die Hlavní třída, die Hauptstraße, ist die Hauptachse des Kurortes. Sie verbindet das nördlich gelegene feudale Kurzentrum mit den weniger reizvollen südlichen Vororten, wo das Gros der ca. 15.000 Einwohner Marienbads lebt. Elektrobusse fahren auf ihr hoch und runter. Der Schnittpunkt zwischen dem alten und neueren Teil Marienbads befindet sich ungefähr auf Höhe der Chebská, wo auch bislang die einzige Ampel des Ortes steht. Ein Zentrum im üblichen Sinne gibt es nicht.

Information/Parken/Verbindungen

● *Information* **Infocentrum** im Dům Chopin an der Hlavní třída 47. Tägl. 9–12 u. 13–18 Uhr. ✆ 354622474, www.marianskelazne.cz.

● *Parken* Falls Ihr Hotel über keine eigenen Parkplätze verfügt, steht Ihr Auto am sichersten im Parkhaus **Parking Centrum** an der Pramenská 653/1 in der Nähe des Stadttheaters. Von 7–19 Uhr 1 €/Std., nachts 0,40 €, ab dem 2. Tag billiger.

● *Verbindungen* Die **Stadtbusse** verkehren leider nicht allzu oft. Die genauen Abfahrtszeiten sind bei der zentralen Bushaltestelle nahe dem Hotel Excelsior ausgehängt. Pro Fahrt 0,30 €. Die wichtigsten Linien im Überblick: Mit Ⓑ 5 gelangen Sie zum Bahnhof. Ⓑ 13 fährt ins südlich von Marienbad gelegene Dorf Hamrníky, Ⓑ 3 nach Úšovice. Ⓑ 12 fährt zur Seilbahn und weiter bis zum Golfplatz. Tickets bekommt man an den Automaten im Bus – halten Sie Kleingeld parat, die Automaten wechseln nicht!

Seilbahn: Sie nennt sich *Lanová dráha* und führt zum über der Stadt gelegenen Hotel Krakonoš. April u. Okt. nur Sa/So, Mai–Sept. tägl. (außer Mo) 9.30–16.45 Uhr. Einfache Fahrt 1,25 €, hin/zurück 1,80 €.

Überlandbusse und Züge: Die Überlandbusse starten am Busbahnhof beim Bahnhof: Ständige Verbindungen nach Cheb, Chodová Planá, Planá und Lázně Kynžvart. Zudem mehrmals tägl. nach Pilsen, Franzensbad, Aš, Stříbro, Prag und Tachov. Bahnhof im Süden Marienbads. Alle 2 Std. geht es über Bečov nad Teplou nach Karlsbad (tolle Strecke!) sowie nach Prag, regelmäßig nach Planá, Lázně Kynžvart, Stříbro, Plzeň und Cheb, bis zu 9-mal tägl. nach Teplá, bis zu 8-mal nach Františkovy Lázně sowie bis zu 6-mal nach Chodová Planá.

Taxis: Mehrere Standorte entlang der Hlavní třída. Preisbeispiele: Plzeň 36 €, Františkovy Lázně 30 €, Karlovy Vary 36 €, Cheb 29 €, Teplá 14 €.

Pferdekutschen: Stehen im Skalník-Park bereit. Kleine Runde (20 Min.) 20 €, große Runde (60 Min.) 60 €.

Adressen (→ Karte S. 88/89)

● *Ärztliche Versorgung* Krankenhaus in der Vorstadt Úšovice. U Nemocnice 1. ✆ 354625 561.

● *Autoverleih* Zum Beispiel über die Agentur **Bohemia Tour**, Škoda Fabia 48 €/Tag. Hlavní třída 30, ✆ 354621581, www.bohemiatour.cz.

● *Polizei* In der Hlavní třída 64. ✆ 156.

● *Post* In der Hlavní třída 17.

● *Reinigung* **Čistírna Apolenna Oděvů**, etwas versteckt gelegene Reinigung in der Bezejmenná 12 in der südlichen Vorstadt. Mo–Fr 8–18 Uhr, Sa 8–12 Uhr.

● *Zeitungen/Zeitschriften* In deutscher Sprache finden Sie in dem kleinen Laden **Knihy (10)** an der Hlavní třída neben der Tourist Information im Chopinhaus.

● *Einkaufen* Böhmisches Kristall und Porzellan gibt es in Hülle an der Hlavní třída. Dort findet man auch Juwelier- und ein paar Designerläden; insgesamt ist das Angebot an qualitativ hochwertigen Waren bislang aber eher bescheiden – zu viele reisen mit dem Bus an, zu wenige mit dem Rolls. Ein paar Tipps:

Antik Bazar (31), toller Trödelladen. Zwischen ein bisschen Schrott verstecken sich auch ausgewählte Stücke verschiedenster Epochen unter teilweise dicksten Spinnweben! Chebská 251/10.

Filadelfie (23), für alle, die deutschen Lesestoff suchen. Mischung aus Antiquariat, Buchhandlung (mit deutschsprachigen Zeitungen)

und Antiquitätenhandlung. Nett zum Stöbern. Dykova 152/2.
Kleiner **Asia-Markt** (Tržnice) bei Marienbads

einziger Ampel südlich des Kurzentrums: Elektroartikel, Billigklamotten, Zigaretten, Obst und Gemüse.

Lera (25), Lederwaren aus Tschechien, insbesondere Damenhandtaschen. Der freundliche Inhaber Peter Kušnír verkauft ausschließlich qualitativ hochwertige Rindslederprodukte. Außergewöhnlich sind die handbemalten und -gravierten *Bambas Art Bags*, jede ein Kunstwerk für sich (pro Tasche 100–400 €). Sie entstammen einem kleinen Atelier im Böhmerwald. Hlavní třída 224 (zwei Filialen im Zentrum).

Essen & Trinken/Nachtleben (→ *Karte S. 88/89*)

Da viele Kurgäste Vollpension buchen, ist die Angebotsvielfalt an guten hotelunabhängigen Restaurants eher bescheiden. Preiswertere Restaurants, wo auch die Tschechen essen, finden Sie insbesondere in der südlichen Vorstadt. Ein Traum sind im Sommer die vielen Cafés mit ihren herrlichen Terrassen. Was das Nachtleben angeht, so ist es im Ganzen vorwiegend auf Kurgäste zugeschnitten – Konzertabende à la Karel Gott und Tanztees veranstalten etliche Häuser.

• *Restaurants* **Royal Golf Restaurant (7),** auf dem gleichnamigen Golfplatz (→ Sport & Freizeit/Golf). Gediegenes Restaurant mit Bar im Stil eines englischen Herrenclubs. Verschiedene Carpaccios, hausgemachte Pasta, Steaks und feine Fischgerichte, dazu eine kleine Auswahl an böhmischen Gerichten. Alles sehr lecker, zuvorkommender Service. Hg. 4–17 €. ✆ 354622623.

U zlaté koule (2), liebevoll und gemütlich eingerichtetes Restaurant mit ausgefallener Speisekarte. Stoffbären und Holzpuppen schauen beim Essen zu. Fasanenbrust, Wachteln mit Gänseleberfülle oder gegrillte Riesengarnelen. Hg. 6,70–16,30 €. Nehrova 26, ✆ 354624455.

Patriot (14), gepflegt-trendiges Lokal in einer klassizistischen Villa. Von Lesern sehr gelobt. Internationale Küche, Spezialität des Hauses ist Hirschrücken. Dazu gute Fischgerichte und Schmankerln wie Weinbergschnecken. Auf die Tageskarte achten! Gehobeneres Preisniveau. Dusiková 62, ✆ 3546 73143.

Charlie (18), dunkel-gemütliches Nichtraucherlokal mit Wohnzimmeratmosphäre. Wählen Sie z. B. spanische Hühnerbrust mit Oliven oder gedünstete Froschschenkel. Mittlere Preisklasse. Inhaber Charlie ist gleichzeitig Küchenchef – da kann es auch mal dauern. Tägl. mittags und abends. Anglická 137, ✆ 354622974.

Moravská Restaurace U Ječmínků (19), einfach-rustikale Gaststätte mit mährischen Spezialitäten auf dem Teller (lecker die Brünner Lendchen mit Rahmsauce oder das

Schnitzel im Weinteig) und Folklore aus den Boxen. Hg. 4,60–11 €. Klíčova 10, ✆ 35459 5032.

Park Restaurant (22), außergewöhnliche Karte: Hirschgulasch, Entensuppe, gegrillte Entenbrust mit Basilikumsauce oder Böhmerwaldsuppe mit Pfifferlingen und Speck. Das Interieur ist gepflegt, aber unspektakulär. Hg. 4,70–8,20 €. Im Maxim im 1. Stock finden regelmäßig Tanzabende statt. Poštovní 194, ✆ 354600924.

Filip (20), freundlicher Familienbetrieb. Kleines Restaurant mit hellem Mobiliar und orangefarbenen Wänden, immer voll. Terrasse. Fisch, Kaninchen, Rippchen mit Tomatensauce oder Vegetarisches zu 3–7,40 €. Große Portionen. Poštovní 96, ✆ 3546 26161.

U Svatého Jana (32), abseits des Kurzentrums, vorrangig von Einheimischen besucht. Gepflegtes Lokal mit Kiefernholzmöbeln, wenig idyllische Terrasse zum Parkplatz hin. Braten mit Kloß, Koteletts aus der Pfanne oder Steaks vom Grill. Hg. 2,90–8,20 €. Hlavní třída 267 (zurückversetzt), ✆ 354626831.

• *Pivnice* **Vrbičky (33),** wer in Marienbad noch Marienbader treffen will, sollte diese restlos verqualmte, gesellige Bierstube abseits des touristischen Zentrums nicht verpassen. Bunt und spaßig, Arbeiterpublikum jeglichen Alters und Umfangs. Billige Tagesgerichte. Kein Schild am Eingang! Jiráskova 4.

Mariánské Lázně
Karte S. 88/89

7 *Golfplatz, Karlovy Vary*

Reitschule

Seilbahn

Krakonoš

Miniaturpark

Karlovarská

4

Karlovarská

5

Rozhledna

Hotel Panorama

Mariäquelle

Dusíkova

Dekanatskirche
Mariä Himmelfahrt

Ambrosiusquelle

Städtisches
Museum

M

Goethovo
nám.

Uzká

Masarykova

Kreuz-
Brunnen

Neue
Kolonnade

Karolinen-
Brunnen

11

Nové Lázně

13

14

Anglická

18

19

Mlýnská

17

20

22

Poštovní

Ibsenova

2

3

Singender
Brunnen

Abrissareal
Amika

Stadtpark
sady

Pferdekutschen

Reitenbach

Masarykova

**Park
Střed**

Kurverwaltung

Turkyňova

Evangelische
Kirche

Chopinova

Mírové nám.

třída

Theater

1

6

Ruská

8

Chopin
haus

9

i

10

12

Anglikanische
Kirche

15

16

Ruská

Russisch-
orthodoxe
Kirche

Polizei

21

23

Lidická

Dykova

BUS
WC

Pramenská

P

Třebízského

Lázně Kyselka
Kladská

Pramenská

Park
Ústeřeň

● *Cafés* **Art Café (8),** Café und Cocktailbar. Herrliche Terrasse. Innen etwas bieder, sofern keine schrägen Bilder unbekannter Künstler die Wände zieren. Cocktails 2–4 €, Happy Hour Mo–Do 18–19 Uhr. Fr/Sa zuweilen Live-Jazz am Abend. Ruská 315.

Café Polonia (12), Kaffeehaus im traditionellen Stil. Üppige ornamentale Ausstattung, altmodische Polstergruppen für Ostalgiker, gute Kuchen. Plüschige, zuweilen allerdings etwas gähnende Atmosphäre. Hlavní třída 34.

New York Barcaffé (30), trendige Cafébar samt Restaurant (internationale Küche). Bringt einen Hauch von Großstadtflair nach Marienbad. Große Fensterfront, Internetzugang. Junges Publikum. Faire Preise. Hlavní třída 233.

Classic (16), nettes Café, eine Adresse fürs Frühstück. Hin und wieder Jazzabende: Dixieland, Swing, Latino oder Blues. Das angeschlossene Restaurant im Stil eines französischen Bistros ist der ideale Ort für ein leichtes Mittagessen: große Salate oder Fisch zu 4,80–8,20 €. Hlavní třída 50.

Modra Cukrárna (9), modernes Kaffeehaus mit Steinfliesen und Kronleuchter. Kuchen, Eisbecher, Baguettes und Salate. Im Sommer bestuhlt man den Gehweg. Hlavní třída 45.

Café Park (26), im Alfred-Alexander-Park zwischen Anglická und Hlavní třída. Lauschiges Sommercafé. Gute Palatschinken, Eisbecher und warme Strudel. Der Kaffee braucht noch etwas Übung.

Kolonáda (15), Oblatenverkaufsstelle mit angegliedertem kleinem, preiswertem Café. Heiße Schoko-, Kakao- und Nussoblaten.

Hlavní třída 44. Eine **weitere Kolonáda-Verkaufsstelle (3)** befindet sich an der Nehrova/Ecke Masarykova.

● *Tanz* **Společenský dům Casino (11),** wo Casino drauf steht, muss nicht Casino drin sein. Der Neorenaissancebau aus dem späten 19. Jh. dient heute kulturellen Veranstaltungen jeglicher Art. Regelmäßige Tanzabende in prunkvollem Ambiente, beliebt bei fitten Kurgästen. Reitenbergerova 66.

● *Clubs/Kneipe* **Na Rampě (35),** großer Club, regelmäßig Konzerte und DJ-Partys (Rock, Reggae etc.). Nur ein paar Schritte weiter (im gleichen Komplex) befindet sich der **D-Club Dylen (35).** Wechselndes Programm zwischen Blackmusic-Nächten, Oldie-Abenden und Partys im Zeichen irgendeines Hochprozentigen. Mit Restaurant. Kollárova 707 (Vorstadt Úšovice).

La Bazaar (34), Vergnügungskomplex nahe dem Bahnhof. Dazu gehören eine rund um die Uhr geöffnete Bar mit 100 Sorten Bier, ein Steakhouse und der provinzielle **Retro Music Club** „où tout le monde se connait" (Eigenwerbung). Verschiedene Events, auf Plakate achten. Nákladní.

Morrison, Rockclub in der ca. 4 km vom Zentrum gelegenen Gemeinde Hamrníky (Ⓑ 13). Großer Saal, in dem an Wochenenden Livebands ihr Bestes geben. Ansonsten Musik von Metal bis Techno. Tägl. 18–2 Uhr. Vítězství 3.

Scottish Pub Highlander's (27), nette Kneipe mit englischem Touch. Bunt-verspielte Einrichtung, man kann auch essen. Kleine Terrasse. Hin und wieder Livemusik. Tägl. ab 16 Uhr. Ruská 310/56.

Die Marienbad-Legende

Der Name Marienbad leitet sich ganz belanglos von einer Quelle ab, über der früher ein Marienbild an einem Baum hing. Um die Stadtgeschichte jedoch ein wenig attraktiver zu machen, ließ man sich eine nette Legende einfallen. Sie erzählt von dem kleinen Jesulein, das gebadet werden sollte. Und so gingen ein Engel für Maria Wasser aus den verschiedensten Quellen der Welt holen, und jeder flatterte mit einer Schüssel voll heran. Ein Wasser gefiel dem kleinen Heiland besonders, und er erkundigte sich bei dem zuständigen Engel, woher es denn käme. Der Engel antwortete, es komme vom Teplgrunde, aber die Quelle habe keinen Namen. So sagte das Christuskind: „Sie soll nach meiner Mutter heißen, da sie mir mit diesem Wasser das schönste Bad bereitet hat. Und Heilung sollen dort finden alle Kranken bis ans Ende der Tage."

Der Marienbader Kreuzbrunnen

Übernachten (→ Karte S. 88/89)

Das Gros der Mehr-Sterne-Hotels verfügt über eigene Kurbäder. Preiswerte Pensionen mit böhmischer Standardausstattung finden Sie in der südlichen Vorstadt in großer Zahl (DZ ab 25 €).

● *Hotels* ******* Esplanade (4)**, der über den Dächern Marienbads (ca. 5 Fußmin. ins Zentrum) gelegene weiße Prachtpalast wurde bereits 1911 als Luxushotel errichtet und 2002 nach einer Generalrestaurierung wiedereröffnet. Seitdem eines der besten Häuser Westböhmens. Selbstverständlich viel Komfort: 110 Zimmer und Suiten mit Klimaanlage, Internetanschluss, 200-Kanal-TV sowie Marmorbädern (inkl. Massagestrahl). Limousinenservice, Indoor-Pool, römisches Bad, eigenes Kurzentrum und, und, und … DZ ab 290 €, Suite ab 360 €. Karlovarská 438, ✆ 3546 27855, 📞 354627860, www.esplanade-marienbad.cz.

***** Nové Lázně (13), das „Neue Bad" ist eines der architektonisch schönsten Kurhäuser Marienbads. 98 überaus komfortable Zimmer mit Stuck, Kronleuchtern und z. T. Originalkacheln aus dem späten 19. Jh. Sämtliche Kuranwendungen unter einem Dach, z. T. in herrlichen historischen Bädern. EZ ab 112 €, DZ ab 184 €. Reitenbergerova 53, ✆ 354644111, 📞 354644044, www.marienbad.cz.

**** Falkensteiner Grand Spa (21), 2005 eröffnetes Kurhotel. Gesundheits- und Wellnessbereich auf 2005 m². Schöner Pool, Sonnenterrasse, Bibliothekszimmer, Tiefgarage und diverse Extras mehr. DZ ab 178 €. Ruská 123, ✆ 354929399, 📞 354929398, www.falkensteiner.com.

**** Pacific (1), plüschiges Kurhotel in bester Lage. 2005 komplett renoviert. 95 Zimmer, mit klassischem Mobiliar ausgestattet. Lassen Sie sich eines mit Balkon und Blick über den Skalníkovy Sady geben. Diverse Kuranwendungen im Haus. EZ ab 99 €, DZ ab 168 €. Mírové náměstí 84, ✆ 354651111, 📞 354651200, www.marienbad.cz.

*** Villa Regent (29), schöne Villa in ruhiger Lage. 25 geräumige, farbenfrohe Zimmer mit Jugendstilbildern, teilweise mit Balkon und tollen Ausblicken, sehr gepflegt. Kuranwendungen im Haus, Terrassenlokal, 1-mal wöchentl. Tanzabende. Parkplatz. EZ 52 €, DZ 79 €. Anglická 116, ✆ 354402010, 📞 354402 040, www.marienbad.com/ckregent.

**** Villa St. Georg (28), mit Geschmack restaurierte Fachwerkgiebelvilla im Grünen, unweit des Kurzentrums. 15 stilvolle, gehoben ausgestattete und geräumige Zimmer und Apartments. Eigene Parkplätze (4,30 € pro Tag), kleine Küche zur freien Benutzung. Von Lesern sehr gelobt. Der hilfsbereite Inhaber hat lange Jahre in der Schweiz gelebt. EZ 52 €, DZ 74 €. Anglická 358/4, ✆ 603244914 (mobil), ✆ 354600228, sant. georg@telecom.cz.

Zlatý zámek (17), Tipp unter den Billigunterkünften. Das Haus nennt sich selbst Jugendherberge, bietet jedoch Zimmer auf Hotelniveau zu Pensionspreisen. Großes, verwinkeltes Gebäude in bester Lage, 32 ordentliche, wenn auch nicht schöne Zimmer. Etwas anonym. DZ 32 €. Klíčova 4, ✆/✆ 354623924, dmml@atlas.cz.
• *Pensionen* **Villa Meteor (24)**, kleines Häuschen zwischen Wald und Wiesen auf einem Hügel über dem Ort – sehr idyllisch und ruhig. 4 unspektakulär möblierte Zimmer mit eigenem Bad. Nettes Gärtchen, sichere Parkplätze, sehr freundliche deutschtschechische Inhaber. Wer sich hierfür entscheidet, sollte entweder gut zu Fuß sein oder ein Fahrzeug mitbringen. EZ 34 €, DZ 42 €. Ke hvozdu 584, ✆/✆ 354625418, villa meteor@tiscali.cz.
Edinburgh (27), kleine, einem schottischen Pub angegliederte Pension am Rande des Kurzentrums. 6 individuell eingerichtete, hübsche Zimmer mit und ohne Bad. Sichere Parkplätze. DZ mit Bad 46 €, ohne Bad 32 €. Ruská 56, ✆ 354620804, www.pensionedin burgh.com.
Oradour (6), günstige, wenn auch alles andere als schöne Unterkunft im Zentrum, von Lesern entdeckt. 150 Betten in spartanisch-abgewetzten 1- bis 4-Bett-Zimmern. Waschbecken im Zimmer, (veraltete, aber saubere) Sanitäranlagen auf den etwas düsteren Gängen. Restaurierung geplant. DZ 22 €, kein Frühstück. Hlavní třída 43, ✆/✆ 35 4624304, www.penzionoradour.wz.cz.

• *Apartments* **Sonnenstrahl (5)**, 300 m oberhalb der Kolonnade gelegene Villa aus dem Jahr 1910. 9 im bunten Stilmix möblierte, auf elegant getrimmte Apartments. Gepflegter Garten mit Grill, Sandkasten und Goldfischteich. Sehr freundlicher Service. Je nach Apartmentgröße 35–45 €/Pers. Karlovarská 334, ✆ 354620825, ✆ 354620957, www.villa-son nenstrahl.com.

Villa Patriot (14), klassizistische Villa mit jugendlich-modernen, großzügige Suiten (Schlafzimmer, Wohnzimmer, Bad, keine Küche!). Nettes Personal, gute Lage, sehr gutes Restaurant mit schöner Sommerterrasse. Parkplätze. Für 2 Pers. 85 €. Dusíkova 62, ✆ 354673 143, ✆ 354673144, www.villa-patriot.cz.

• *Camping* Wer auf öffentliche Verkehrsmittel angewiesen ist, wählt am besten den Campingplatz am Badesee (mit „Koupaliště Lido" ausgeschildert) im 4 km entfernt gelegenen Dorf **Hamrníky**, das mit Ⓑ 13 zu erreichen ist. An sich ganz idyllisch, nur kann es hier an Wochenenden brechend voll werden, zudem gibt es gerade Platz für 5 Zelte und 5 Wohnwagen. Ähnliche Preise wie Camp Stanowitz (s. u.), zudem werden Chatas für 2 Pers. zu 13 € vermietet. Mai– Okt. Hamrníky, ✆ 608119988 (mobil), lyrics90 @seznam.cz, www.badlido.cz.

Camp Stanowitz Spessart, im Dörfchen Stanoviště, ca. 3 km südlich von Marienbad, an der Straße nach Karlovy Vary ausgeschildert. Freundlicher, von sympathischen jungen Leuten geführter Platz: idyllische Obstbaumwiese, gemütliche Terrasse, sauberste Sanitäranlagen (wenn auch nicht viele), gutes Restaurant. Es werden auch nette Zimmer mit Bad vermietet. Keine Busanbindung. 2 Pers. mit Zelt u. Auto 11 €, DZ 35 €. Stanoviště 9, ✆/✆ 3546246 73, www.stanowitz.com.

Sport & Freizeit/ Kur & Kultur

• *Ausflüge* Tages- und Halbtagesausflüge in die nähere Umgebung und nach Prag können überall im Kurzentrum gebucht werden. Preisbeispiele: Karlsbad, Franzensbad und Eger 13 €, Stift Tepl 12 €, Prag 24 €.

• *Baden* Im Waldbad **Koupaliště Lido** nahe dem Vorort Hamrníky, dort ausgeschildert. Gemütlicher See, teils von Wald umgeben, Ruderbootverleih. Ⓑ 13 hält in Hamrníky.

Kurbäder können auch von Nichtkurgästen im Nové Lázně (→ S. 94) gebucht werden.

• *Casinos* Marienbad besitzt 2 Casinos. Empfehlenswert ist das **Casino Bellevue**, eines der schönsten des Landes, 1835 als Kaffeehaus errichtet. Unter deutscher Leitung. 10 € Eintritt (für Jetons). Mindestsatz je nach Spiel 1–5 €. Die Turnschuhe sollten im Hotel bleiben. Exquisites Restaurant (nur abends). So–Do 15–3 Uhr, Fr/Sa/So 15–4 Uhr. Anglická 281.

• *Golf* **Royal Golf Club Mariánské Lázně**, sehr schöner 18-Loch-Platz, 72 Par, am nordöstlichen Ende Marienbads. 1905 vom englischen König Edward VII. eröffnet, bei der 100-Jahr-Feier im Sommer 2005 war Prinz Edward dabei. Greenfee 51–58 €. ✆ 354624300, www.golfml.cz.

Preiswerter, aber auch stilloser golft man beim Kloster Teplá (→ S. 100).

• *Kuren* Therapiert werden insbesondere Erkrankungen, die mit Nieren, Harnwegen, Atemwegen und Dickleibigkeit in Verbindung stehen. Dagegen helfen Moorpackungen, Inhalationen, Bäder, Trinkwasserkuren und – betrachtet man das Angebot in den Cafés vor den Heilbädern – ewig fette Sahnetorten. Preise und Infos zu Kurangeboten erhält man bei der Kurverwaltung **Léčebné lázně Mariánské Lázně** (Marienbad Kur & Spa-Hotels), Masarykova 22, ✆ 354655501, www.marienbad.cz.

Neu ist die **Solná Jeskyně**, eine künstliche Salzgrotte an der Hlavní třída 622/15 A (zurückversetzt). Eine Solinhalation (50 Min., 5 €) hilft v. a. bei Atemwegserkrankungen, Schilddrüsenunterfunktion, Allergien und Schlafstörungen. Fünf Sitzungen sollen die gleiche Wirkung haben wie eine Woche am Meer! Tägl. 10–18 Uhr, Eintritt jede volle Std. Infos unter www.salina-ml.cz.

• *Radverleih* **Sport Denk**, Hlavní třída 267/2 (nahe dem Asia-Markt an der einzigen Ampel Marienbads, etwas zurückversetzt). Je

nach Rad ab 7 €/Tag. ✆ 723206405 (mobil).

• *Reiten* Von Mai–Sept. in der dem **Hotel Levada** angegliederten Reitschule möglich. Einstündige Ausritte 14 €. Krakonoš 53, ✆ 60 8110919 (mobil).

• *Skifahren* Vier Loipen (5–9 km) werden rund um Marienbad gespurt. Im Nordosten des Orts gibt es zudem eine Gondelbahn und zwei Lifte für alpine Skifahrer. Leider sind die Hänge nicht arg lang – für die Fahrt von der Berg- bis zur Talstation kann man die Luft anhalten.

• *Wandern/Radfahren* Die Wege rund um den Ort sind bestens ausgeschildert und lassen sich beliebig zu einer großen oder kleinen Tour kombinieren. Da die Landschaft hügelig ist, sollte man ein wenig Kondition mitbringen. Beliebt sind Spaziergänge zu den verschiedenen Quellen rund um Marienbad, aber auch zum Goethefelsen (Weg vom Kurzentrum aus rot-gelb markiert). Tourenvorschläge finden Sie auch unter den ab S. 98 vorgestellten Ortschaften im Kapitel „Mariánské Lázně/Umgebung".

• *Tennis* Auf Sand und im Winter in der Halle beim **Tenisový Klub** an der Anglická 10. ✆ 354620064.

• *Theater* Im **Städtischen Theater** (Městské divadlo) überwiegend Gastspiele, hin und wieder auch Oper und Ballett. Třebízského 106, ✆ 354622036. Kartenverkauf auch über die Tourist Information.

• *Veranstaltungen/Festivals* Am 2. Samstag im Mai wird die **Kursaison** festlich eröffnet. In der ersten Juliwoche findet alle zwei Jahre ein renommierter **Pianistennachwuchswettbewerb** statt. Stets in der 3. Augustwoche begeistert das **Chopinfestival**. Anfang Juli geht ein **Jazzfestival** über die Bühne und den ganzen Juli der **Marienbader Kultursommer.** Ende Aug./Anfang Sept. schließlich gibt es die **Kulturtage,** die ganz im Zeichen Goethes stehen.

Karte S. 88/89

Mariánské Lázně

Sehenswertes

Das Kurzentrum Marienbads mit seinen vielen Zuckertortenbauten, seinen Parkanlagen, Kolonnaden und Pavillons, in denen die Quellen sprudeln, ist beeindruckend und verzaubert die Sinne. Zu jedem der feudalen Hotels ließen sich unzählige Geschichten erzählen: In die westböhmischen Kurorte zog es nämlich nicht nur die Leidenden, sondern auch die Gelangweilten und die Hautevolee aus aller Welt mit ihren heiratsfähigen Töchtern. Herzschmerz war hier nicht seltener als Rückenschmerz.

▶ **Skalníkovy Sady (Skalník-Park):** Der Park ist das Herz des Kurviertels. Benannt ist er nach dem Gartenkünstler Václav Skalník (→ Geschichte Marienbad). Im Park erinnert ein Denkmal an die Befreiung Marienbads durch die US-Armee am 6. Mai 1945. Im Norden der Grünanlage liegt der einzige schäbige Fleck im Kurzentrum, die *Bauruine Arnika*. Den kommunistischen Planungen, hier einen verglasten Megakurkomplex im Stil des Karlsbader Hotels Thermal entstehen zu lassen, fielen in den späten 1970ern elf historische Gebäude zum Opfer. Nach dem Abriss scheiterte das Projekt. Immer wieder versuchte man in den folgenden Jahrzehnten, die Freifläche neu zu bebauen – erfolglos. Die heute zu sehende Betonruine stammt aus den frühen 1990ern. Die künftige Nutzung des Areals steht derzeit noch in den Sternen.

Im Westen des Parks, vor der Neuen Kolonnade (s. u.), sprudelt der *Singende Brunnen (Zpívající fontána)* mit einem Durchmesser von 18 m. Zu jeder vollen ungeraden Stunde finden hier computergesteuerte Wasserspiele zu klassischer Musik statt, am späten Abend werden sie zudem farbenfroh illuminiert.

▸ **Nová kolonáda (Neue Kolonnade):** Die lange, leicht geschwungene gusseiserne Konstruktion mit Motiven aus Neorenaissance und Neobarock ist zweifelsohne eines der schönsten Bauwerke der Stadt. Sie wurde 1889 gebaut. In der Mitte befindet sich eine kleine Orchesterbühne, auf der im Sommer fast täglich Blasmusik geboten wird. Des Weiteren beherbergt sie Cafés, Geschäfte und ein öffentliches WC. Direkt daneben liegt der *Kreuzbrunnen (Křížový pramen)*, ein klassizistischer Brunnentempel, der von 72 Säulen umgeben wird. Hier lassen sich auch das ganze Jahr über drei verschiedene Quellwasser probieren (→ Quellen).

▸ **Nové Lázně (Neues Kurbad):** 1896 wurde das Bad im Stil der Neorenaissance am südlichen Rand des Skalník-Parks eröffnet. Es ist das imposanteste und prunkvollste Kurbad des Orts und auch Nichthotelgästen (→ Übernachten, S. 91) zugänglich. Das Nové Lázně bietet für jedermann ärztliche Untersuchungen und Kuranwendungen von Mineralbädern oder „pulsierende Magnettherapien" bis zu Paraffinwickel.

• *Öffnungszeiten* Rezeption Mo–Fr 7–20 Uhr, Sa/So 9–20 Uhr, Terminvereinbarung nötig. Preisbeispiele: Mineralbad in der Königskabine 32 €, Sprudelbad 8 €, Fußreflexmassage 15 €, Ganzkörpermassage 19 €.

> **Tipp:** Verlangen Sie *kabina 1* oder *kabina 2*, die für königliche Besucher eingerichtet wurden.

▸ **Dům Chopin (Chopinhaus):** Als man das Gebäude baute, war es das fünfte des ganzen Ortes und hieß Dům U bílé labutě – Haus zum Weißen Schwan. 1836 wohnte der damals 26-jährige polnische Komponist Frédéric Chopin in der zweiten Etage. Wie Goethe (→ Kasten) verliebte auch er sich in Marienbad. Und wie Goethe hatte auch er kein Glück, als er um die Hand einer jungen Dame anhielt. Seine Angebetete, die 16-jährigen Maria, stammte aus einer alten polnischen Adelsfamilie. Da Chopin aber nicht standesgemäß war, vereitelte Marias Vater eine Verbindung. Seine Sehnsucht verarbeitete der Komponist später in der Ballade *G-Moll*. Heute erinnert im zweiten Stock des Gebäudes eine kleine Ausstellung (Památník Fryderika Chopina) an Chopin. Im Erdgeschoss hat die städtische Tourist Information ihren Sitz.

Adresse/Öffnungszeiten Hlavní třída 47. **Chopingedenkstätte,** nur im Sommer Di/Do/So 14–17 Uhr, Eintritt 1,10 €, erm. die Hälfte.

▸ **Městské muzeum** (Städtisches Museum): Das klassizistische Gebäude hieß früher „Zur Goldenen Traube". Goethe residierte hier 1823 bei seinem vierten und letzten Aufenthalt in Marienbad. Das heute darin untergebrachte Museum erfüllt so passenderweise zugleich die Funktion einer Goethegedenkstätte: Mehrere Räume zeigen noch das Originalinventar aus der Zeit des Dichters. Ansonsten widmet sich

Nové Lázně – das neue Bad

Mariánské Lázně
Karte S. 88/89

das Museum der kurgeschichtlichen Entwicklung des Ortes. Zum Museum gehört auch ein geologischer Park – wenig spannend und nur im Sommer zugänglich.

Der Platz vor dem Museum ist heute nach Goethe benannt. Der Dichter selbst – aus Aluminium – sitzt in dessen Mitte und überblickt die Stadt. Das hinter ihm aufragende große, auf eine Restaurierung wartende Gebäude ist übrigens das einstige „Hotel Weimar", in dem König Eduard VII. zu wohnen pflegte und ein Techtelmechtel mit einer Hutmacherin hatte. Schräg gegenüber, im heutigen Hotel Hvězda, liebte der King zu dinieren, wählte von seidenen Speisekarten und trank aus vergoldeten Gläsern – so feudal geht es dort heute aber nicht mehr zu.

Adresse/Öffnungszeiten Goethovo náměstí 11. Di–So 9.30–17.30 Uhr, im Winter bis 16.30 Uhr. Eintritt 2,20 €.

▶ **Quellen:** Weit über 40 kalte Quellen (9–12 °C) befinden sich in und rund um Marienbad. Sie kommen aus unterschiedlichen Tiefen, haben z. T. sehr unterschiedliche chemische Zusammensetzungen, weisen aber nahezu alle einen hohen Anteil an Kohlendioxyd auf, weshalb sie auch als Sauerbrunnen bezeichnet werden. Teils sprudelten sie einst einfach aus dem Boden und wurden gefasst, teils hat man sie durch Bohrungen zum Vorschein gebracht. Um viele von ihnen baute man klassizistische Pavillons. Die bedeutendsten Quellen sind der *Kreuzbrunnen (Křížový pramen)* und die *Ferdinandsquelle (Ferdinandův pramen)* – beide haben einen hohen Anteil an Glaubersalz, das stark abführend wirkt, zudem sind sie gut gegen Allergien. Die *Rudolfquelle (Rudolfův pramen)* und die stark eisenhaltige *Ambrosiusquelle (Ambrožův pramen)* helfen bei urologischen Beschwerden und bei Blutarmut. Der *Karolinenbrunnen (Karolinin pramen)* soll gegen Blasensteine ankommen, ähnliches wird dem Wasser der *Marienquelle (Mariin pramen)* zugeschrieben.

Goethe und eine Liebesquelle, die nicht sprudeln wollte

Als Johann Wolfgang von Goethe 1821 in Marienbad weilte, waren die Tage von Wolken verhangen und es regnete unaufhörlich. Das Haus zu verlassen war unmöglich, und so vertrieb sich der Dichter die Zeit bei Tee und Gesellschaftsabenden. Dabei lernte er die junge Ulrike von Levetzow kennen. 1823, bei Goethes letztem Besuch der Stadt, trafen sich die zwei erneut. Goethe war – wie heute die meisten Besucher Marienbads – über 70, sie gerade 19 Jahre alt geworden. Auf Gesellschaften und Smalltalk hatte Goethe keine Lust mehr: „Auch ist es trostlos von politischen Dingen, wohin man auch horcht, zu vernehmen. Mich von allen solchen wie von ästhetischen Gesprächen und Vorlesungen zu befreien, hatte ich mich auf sechs Wochen einem hübschen Kinde in Dienst gegeben." Ein inniges Verhältnis sollte entstehen, das er später in seiner *Marienbader Elegie* beschrieb. Hand in Hand schlenderten sie durch die Parkanlagen und tranken für gewöhnlich vom Ambrosiusbrunnen, der auch „Quelle der Liebe" genannt wird. Nebenbei lernte Goethe Tschechisch und sammelte fleißig Steine – eine seiner Leidenschaften. Den Serpentinvorkommen und Mineralien der Gegend widmete er in der Abhandlung *Marienbad überhaupt und besonders in Rücksicht auf Geologie* ein Kapitel. Weniger ertragreich sollte seine leidenschaftliche Neigung zu Ulrike werden: Es gab angeblich nur einen Kuss, und als Goethe um ihre Hand anhielt, bekam er eine Absage. Die anmutige Ulrike, die ihr Leben lang unverheiratet blieb, tat später immerhin noch den berühmten Spruch: „Keine Liebschaft war es nicht".

Das alkalische Wasser der *Waldquelle (Lesní pramen)* ist gut gegen Atemwegserkrankungen. Unter uns gesagt, schmecken die meisten fürchterlich. Die vielen anderen Quellen der Stadt helfen noch so gegen manch andere Zipperlein. Erkundigen Sie sich vor dem Genuss der Wässerchen bei einem Arzt, wie viel Sie wovon trinken sollten.

● *Adressen/Öffnungszeiten* Die Quellen liegen über die ganze Stadt verteilt (→ Stadtplan). Im **Kreuzbrunnen** vor der großen Kolonnade kann man die Rudolf-, Karolinen- und Kreuzbrunnenquelle kosten, tägl. 6–18 Uhr. Dort gibt es auch Schnabeltassen zu kaufen. Angeblich soll man nämlich beim Spazierengehen trinken, und mit der Profikurtasse verschüttet man weniger. So mancher trägt in ihr auch seinen Schnaps spazieren. Achtung: Die meisten außerhalb der Kreuzbrunnenanlage gelegenen Quellen sind den Winter über abgedreht.

▸ **Kirchen:** Hoch über dem Ort an der Ruská liegt die sehenswerteste Kirche Marienbads, die *russisch-orthodoxe Kirche (Pravoslavny kostel)*. Sie wurde 1902 gebaut und beherbergt wertvolle Ikonen und eine Ikonostase (dreitürige Bilderwand), die auf der Pariser Weltausstellung 1900 ausgezeichnet wurde. Sie ist kunstvoll mit Emaille malereien verziert und angeblich das größte Porzellanstück der Welt. Nur ein paar Schritte weiter liegt die kleine *anglikanische Kirche (Anglický kostel)*, ein roter Backsteinbau aus der zweiten Hälfte des 19. Jh. Gottesdienste mit königlichem Besuch finden darin nicht mehr statt, heute werden in ihr Ausstellungen und Lesungen veranstaltet.

Den Skalník-Park überblickt die römisch-katholische *Dekanatskirche Mariä Himmelfahrt (Nanebevzetí Panna Maria)*. Der Bau in Form eines Oktagons entstand in der Mitte des 19. Jh. im üppigen neobyzantinischen Stil. Dekorative Szenen aus dem Apostelzyklus schmücken ihr Inneres.

Zuckerbäckerarchitektur in Marienbad

Maríánské Lázně
Karte S. 88/89

Ein eher unauffälliges Gebäude ist die *evangelische Kirche (Evangelický kostel)* am Mírové náměstí. Auch sie wurde in der Mitte des 19. Jh. gebaut, gestiftet vom preußischen König Friedrich Wilhelm IV. In ihr gab einst Albert Schweitzer ein Orgelkonzert.

● *Öffnungszeiten* **Russisch-orthodoxe Kirche,** Mai–Okt. tägl. 8.30–12 u. 13–17 Uhr, Nov.–April 9.30–11.30 u. 14–16 Uhr. Eintritt 0,70 €, erm. die Hälfte. **Anglikanische Kirche,** nur zu Ausstellungen geöffnet. **Römisch-katholische Kirche,** im Sommer tägl. 10–18 Uhr, im Winter 9–16 Uhr. Die **evangelische Kirche** ist meist verschlossen – achten Sie auf angeschlagene Orgelkonzerte oder gehen Sie sonntags um 10 Uhr zum Gottesdienst.

▶ **Weitere Sehenswürdigkeiten:** Der *Boheminium* genannte *Miniaturpark,* ein kleiner Freizeitpark, zeigt originalgetreue Nachbauten landesweit bekannter Burgen, Schlösser und dergleichen – ein Spaß für Kinder. Er liegt hoch über Marienbad neben dem alten *Hotel Krakonoš,* dem verwunschensten, märchenhaftesten Hotel der Stadt. Leider ist es in einem erbärmlichen Zustand und steht heute leer. „Krakonoš" heißt übrigens Rübezahl. Als große Steinfigur blickt die Sagengestalt aus dem Riesengebirge vor dem Hotel auf Marienbad hinab.

Vom Hotel Krakonoš führt ein schöner Spazierweg vorbei an einem Wildgehege zu einer nur spärlich erhaltenen, aber dennoch romantischen *Burgruine mit Aussichtsturm* (der Beschilderung „Rozhledna" folgen), von wo man einen herrlichen Blick über Marienbad genießt. Etwas tiefer liegt das *Hotel Panorama,* das derzeit leider auch leer steht, aber künftig hoffentlich wieder zum Kaffee auf seine schöne Aussichtsterrasse einladen wird.

● *Anfahrt/Öffnungszeiten* Das Hotel Krakonoš und der benachbarte Miniaturpark sind von der Dusíkova entweder zu Fuß, mit der Seilbahn oder mit Ⓑ 12 zu erreichen. **Boheminium,** April–Okt. tägl. 10–17.30 Uhr. Eintritt 2,20 €, erm. die Hälfte.

Tachov im Abendlicht

Mariánské Lázně/Umgebung

Die Umgebung Marienbads ist sehr hügelig und ideal zum Radfahren und Wandern – gute Kondition vorausgesetzt. Im Westen erhebt sich der Tschechische Wald (Český les; → Der Böhmerwald, S. 170), im Norden und Osten das Tepler Hochland (Tepelská plošina), das auf über 900 m ansteigt. Bis nach Karlsbad erstreckt sich der **Kaiserwald (Slavkovský les).** Weite Fichten- und Buchenwälder prägen ihn, durchsetzt von Teichen und Mooren. Nahezu überall bestimmen kleine Dörfer das Bild. Der Landstrich war seit eh und je dünn besiedelt, daran hat sich bis heute nichts geändert. Gen Süden setzen im Sommer immer wieder rot blühende Mohnfelder farbliche Akzente.

Lázně Kynžvart (Bad Königswart)

In der ersten Hälfte des 19. Jh. wurde der Kurort Bad Königswart gegründet. Die Familie Metternich wollte damit dem ca. 5 km südöstlich gelegenen Marienbad Konkurrenz machen. Doch mit der Pracht Marienbads kann der kleine Ort trotz so mancher ansehnlicher Bauten keinesfalls mithalten. Dafür hat Lázně Kynžvart heute die jüngeren Besucher, es ist die bedeutendste Kureinrichtung für Kinder in der Tschechischen Republik.

Lohnenswert ist ein Besuch des **Schlosses Königswart** am Ortsrand, das Fürst Metternich zwischen 1833 und 1839 nach Plänen des Wiener Architekten Pietro Nobile im Empirestil umbauen ließ. Fürst Metternich (1773–1859) – heute in erster Linie als Sektmarke bekannt – war einer der wichtigsten europäischen Staatsmänner seiner Zeit. Dem Verfechter der Monarchie war das Gedankengut der Französischen Revolution und Volkssouveränität jeglicher Art verhasst. Privat war der gebürtige Koblenzer ein leidenschaftlicher Sammler. In seinem Schloss häufte er Kunstgegenstände, Porzellan, literarische Werke, Kuriositäten usw. an und wandelte es schließlich in ein Museum um, heute eines der ältesten Europas. Zeitgenossen wie der Dramatiker Friedrich Hebbel beschrieben die Kollektion als „mehr durch den Zufall zusammengebracht, als mit Sinn und Absicht angelegt". Wie dem auch sei, eine Führung durch das Schloss, u. a. durch das Kanzlerarbeitszimmer, die Bibliothek, das Zeughaus mit rund 220 Waffen, das Billardzimmer, den Speisesaal mit einer Kollektion von 22 Familienporträts und den Musiksalon ist interessant. Am bizarrsten ist das Kabinett der Kuriositäten Hier sind u. a. ein Handschuh des 1867 hingerichteten mexikanischen Kaisers Maximilian, eine Spazierstocksammlung und ein Abdruck der rechten Hand von Alexandre Dumas – der französische Literat weilte öfters hier – ausgestellt. Im Sommer finden im weiten Schlossgarten gelegentlich Konzerte statt.

Markierte Wege laden in den umliegenden Wäldern zu ausgiebigen Spaziergängen ein. Von Marienbad führt ein schöner, markierter **Wanderweg** (erst blau, dann grün) nach Lázně Kynžvart. Eine gemütliche Rundtour per **Rad** lässt sich ebenfalls von Marienbad hierher unternehmen, der Hinweg führt über Kladská (s. u.) und zurück über Valy.

• *Verbindungen* **Busse** fahren mehrmals tägl. von und nach Mariánské Lázně, der Bus hält auch vorm Schloss.
Weniger vorteilhaft ist die Anfahrt mit dem **Zug**, da der Bahnhof weit außerhalb des Zentrums liegt. Regelmäßige Verbindungen bestehen nach Cheb und über Marienbad, Planá und Stříbro nach Pilsen.
• *Übernachten/Essen & Trinken* **Schloss-hotel Metternich**, in den einstigen Wirtschaftsgebäuden des Schlosses. Eine Unterkunft, die Lesern gefiel: „Blitzsaubere, komfortable Zimmer, ordentlicher Service." Im Restaurant serviert man variantenreiche böhmische Küche (auch Wild und Fisch) zu 4,60–9 €. EZ 25 €, DZ 34 €, kein Frühstück. U zámku 350, ℡ 354691240, www.metternich.cz.
• *Öffnungszeiten* **Schlossführungen** finden April u. Okt. nur Sa/So von 9–16 Uhr statt, Mai, Juni u. Sept. tägl. (außer Mo) 9–16 Uhr, Juli/Aug. tägl. (außer Mo) 9–17 Uhr. Eintritt 3,20 €, erm. 1,40 €.

Kladská   (Glatzen)

Das ist Alpenromantik ohne Berge, ca. 13 km nördlich von Mariánské Lázně und ca. 4,5 km nordöstlich von Lázně Kynžvart. Inmitten des Kaiserwalds ließ Fürst Otto Schönburg-Waldenburg in der zweiten Hälfte des 19. Jh. ein **Jagdschloss** im Stil einer Schweizer Jagdhütte errichten. Im Laufe der Zeit kamen mehrere Blockhütten im Alpenstil hinzu. Kladská entwickelte sich zum Wanderermekka und zu einem beliebten Ausflugsziel der Marienbader Kurgäste. Heute ist das Wald- und Seengebiet drum herum ein **Naturschutzgebiet** mit Naturlehrpfad. Ganz nebenbei: Ein paar Kilometer weiter liegt **Prameny,** ein kleines unscheinbares Dorf. Das war aber nicht immer so. Bis zur Vertreibung der Deutschen lebten hier weit über 2000 Menschen. Einst gab es hier auch ein großes Kurhaus, das Elisabethbad, an das heute jedoch rein gar nichts mehr erinnert.

• *Verbindungen* **Busse,** bis zu 4-mal tägl. nach Mariánské Lázně.
• *Übernachten/Essen & Trinken* **Pension Kladská,** Familienbetrieb. 6 freundlich-rustikale Zimmer mit Bad, am schönsten sind die unterm Dach. Hervorragendes Restaurant, wo man sich marinierte Wachteln, Wildschweinschinken oder gespickte Wildhasenkeule auftischen lassen kann (Hg. 12,50–19 €). DZ 42 €. Kladská 6 (ausgeschildert), ℡/℡ 354691888.
Restaurace U Tetřeva, an der Durchgangsstraße. Rustikales Lokal mit schöner Terrasse und Biergarten. Hirschgulasch, Fasan, Wildschwein oder Zander zu 4–10 €. Vermietet werden auch Zimmer mit Etagenbad zu (für das Gebotene) satten Preisen. DZ 40 €. Kladská 8, ℡/℡ 354691244.

Lovecký zámeček, das unübersehbare Jagdschlösschen des Fürsten. Eingangsbereich und Speisesaal mit Holzvertäfelung, Antiquitäten, Trophäen und offenem Kamin. Enttäuschend dagegen die lieblos eingerichteten, unrestaurierten Zimmer (mit Bad). EZ ab 19 €, DZ ab 37 €. Kladská 9, ✆/☏ 35469 1339, www.kladska.com.

> Für weitere Ziele nordwestlich von Marienbad → Františkovy Lázně/Umgebung ab S. 120, für weitere Ziele nördlich und nordöstlich von Marienbad → Karlovy Vary/Umgebung ab S. 63.

Klášter Teplá   (Stift Tepl)

Das Kloster liegt ca. 2 km von der etwas schäbigen Ortschaft Teplá entfernt und ca. 12 km östlich von Marienbad. Es wurde 1193 von Fürst Hroznata gestiftet und mit Mönchen des Prämonstratenserordens aus dem Kloster Strahov in Prag (→ S. 235) besetzt. Das barocke Konventsgebäude wurde nach Plänen von Christoph Dientzenhofer Ende des 17. Jh. umgebaut. Bis ins 20. Jh. prägte das Kloster maßgeblich die Entwicklung des gesamten Umlands. 1950 wurden die Mönche vertrieben, und die tschechoslowakische Armee zog ein. 1990 bekam der Orden das Kloster zurück, aber nicht mehr in dem Zustand von einst. Obwohl mittlerweile mit Restaurierungsarbeiten begonnen wurde, blicken die hier lebenden 17 Mönche noch vielfach auf blankes Mauerwerk und bröselnden Stuck. Sehenswert ist die gut erhaltene Bibliothek im Neobarockstil (1905–1908), die zweitgrößte Böhmens. Sie besitzt über 100.000 Bände, im Hauptsaal befindet sich davon rund ein Drittel. In ihrem Archiv lagert die älteste deutsche Übersetzung des Neuen Testaments aus dem 14. Jh. und über 700 bedeutende Handschriften. Ein Schmuckstück ist auch die Klosterkirche, eine dreischiffige Basilika mit gotischem Kreuzrippengewölbe, die ebenfalls im 17. Jh. barockisiert wurde. Ihre Pracht entfaltet die Kirche aber bislang nur im restaurierten Innern, insbesondere in den Sommermonaten, wenn darin Orgelkonzerte stattfinden. Die sterblichen Überreste Fürst Hroznatas ruhen im nördlichen Querschiff in einem monumentalen Grabbau. Nach dem Tode seiner Frau war er selbst dem Orden beigetreten. Am 14. Juli 1217 starb er in Gefangenschaft. 1897 wurde er heiliggesprochen. Mitte des 20. Jh. stieg er zum Schutzpatron der politischen Gefangenen auf. Seitdem pilgern an seinem Todestag politisch Verfolgte aus der Nazizeit und der Ära des Sozialismus an sein Grab.

Ein markierter **Wanderweg** (rot) verbindet Marienbad mit dem Kloster, leider verläuft dieser oft nahe einer Straße. Schöner ist es, mit dem **Fahrrad** die Strecke zurückzulegen; die Straßen sind nur schwach befahren, und wer hinwärts über Ovesné Kladruby radelt und zurück über Horní Kramolín, hat einen abwechslungsreichen Rundkurs.

• *Verbindungen* Von Marienbad kein direkter **Bus** zum Kloster, in Teplá umsteigen.

• *Übernachten/Essen & Trinken* ***** Hotel Klášter Teplá,** neben dem Eingang zum Kloster, in der ehemaligen Scheune des Klostergebäudes untergebracht. Hält von innen leider nicht, was es von außen verspricht. 58 muffelige, mit billigen Furniermöbeln und abgeschabten Teppichböden ausgestattete Zimmer. Teilweise hängt der Papst überm Bett. Die Bäder sind nur in den „Businesszimmern" restauriert. Immerhin ist ein gutes Restaurant angegliedert. EZ ab 17 €, DZ ab 31 €. Teplá, ✆ 353392264, ☏ 353 392312, www.hotelklastertepla.cz.

• *Golf* **Golfklub Klášter Teplá,** auf dem Gelände des Klosters, ausgeschildert. 9-Loch-Platz. Viele Bahnen wurden auf ein kleines Stück Wiese gepresst. Greenfee 14–21 €. ✆ 602781756 (mobil), www.golftepla.cz.

• *Öffnungszeiten* **Kloster,** Okt.–Dez. u. Feb.–April Mo–Sa 9–15.30 Uhr u. Sa 11–15.30 Uhr, Mai–Sept. Mo–Sa 9–17 Uhr, Sa 11–17 Uhr, Jan. geschl. Besichtigung nur mit Führung. Eintritt 3,20 €, erm. 2,20 €.

Kloster Teplá

Klášter Matky Boži v Novém Dvoř
(Kloster der Jungfrau Maria von Nový Dvůr)

8 km östlich des Klosters Teplá liegt die Ortschaft Dobrá Voda und wiederum 1 km östlich davon das Trappistenkloster der Jungfrau Maria von Nový Dvůr. Der Klosterkomplex wurde erst 2004 eingeweiht und ist damit der erste Klosterbau auf tschechischem Boden seit dem Fall des Eisernen Vorhangs. Entworfen wurde er von dem britischen Stararchitekten John Pawson, einem Minimalisten, der eine klare Formensprache liebt und auch schon Designerläden für Calvin Klein gestaltete. Pawson integrierte das Kloster in die Ruine eines barocken, vermutlich von Kilian Ignaz Dientzenhofer erbauten Gutshofes. Heute leben darin 21 Trappisten. Ruhesuchende Männer können am Klosterleben teilnehmen und auf Wunsch auch bei der dortigen Senfherstellung mithelfen (Infos unter www.novydvur.cz). Führungen durch das Kloster werden nicht angeboten. Die hypermoderne Kirche kann jedoch zu den Gottesdiensten um 6.45, 8.50, 12.50 und 14.50 Uhr besichtigt werden.

Úterý   (Neumarkt)

Etwa 26 km östlich von Marienbad liegt Úterý, ein uriger Ort inmitten eines von bewaldeten Hügeln umrahmten Tals. Angeblich wurde er im 11. Jh. von deutschen Kolonisten, die hier nach Gold suchten, gegründet. Rund um den kopfsteingepflasterten Marktplatz stehen ein paar Fachwerkhäuser, z. T. noch mit einem gotischen Kern. Auf einer kleinen Anhöhe inmitten des Tals erhebt sich die **frühbarocke Kirche** des Orts, ein Werk Christoph Dientzenhofers (→ Kasten S. 149). Hektik herrscht nirgendwo, auch scheint der Fortschritt an Úterý spurlos vorübergegangen zu sein. Außer Charme, zwei Kolonialwarenläden und einer *Hospoda,* in der zu tschechischen Musikantenstadlklängen deftige Snacks serviert werden, besitzt der Ort wenig. Da aber alles so gemütlich und malerisch wirkt, diente Úterý schon mehrmals als Kulisse für tschechische Filme.

Rund um Úterý lässt es sich herrlich wandern. Ein schöner **Wanderweg** führt nach Konstantinovy Lázně (erst grün, dann blau markiert, ca. 8 km). Auch zum **Radfahren** ist die Gegend ideal. Es gibt bislang zwar keine markierten Radwege, aber die Straßen sind nur schwach frequentiert. Schön ist z. B. ein Rundkurs mit den Etappenpunkten Konstantinovy Lázně – Úterý – Teplá – Konstantinovy Lázně. Auch die Strecke nach Manětín (→ S. 153) ist einladend.

Verbindungen **Busse,** 5-mal tägl. von und nach Pilsen, 4-mal nach Stříbro, 2-mal nach Manětín.

> Für weitere Ziele östlich von Marienbad (→ Plzeň/Umgebung ab S. 151.

Bezdružice   (Weseritz)

Auf halbem Wege zwischen Úterý und Konstantinovy Lázně liegt Bezdružice, ein verschlafenes, typisch böhmisches Landstädtchen. Es wird überragt von einem spätbarocken, gelb-roten **Schloss,** das im 18. Jh. auf den Resten einer gotischen Burg entstanden war. In sozialistischer Zeit diente das Schloss als Erholungsheim. Seit 2004 ist es nach langjährigen Restaurierungsarbeiten der Öffentlichkeit zugänglich. Derzeit präsentiert man vorrangig moderne tschechische Glaskunst, darunter eine große Krippe aus geschmolzenem Kristall. Zum Getränk im Schlosscafé (mit schöner Terrasse) empfiehlt sich die Lektüre der *Verlorenen Geliebten* von Johannes Urzidil. Das Werk hat u. a. Weseritz zum Inhalt.

• *Verbindungen* **Busse,** mehrmals tägl. nach Konstantinsbad, seltener nach Stříbro. **Züge,** bis zu 7-mal tägl. nach Konstantinsbad.

• *Öffnungszeiten* **Schlossgalerie,** Mi–So 10– 17 Uhr. Eintritt 3,30 €, erm. die Hälfte.

Konstantinovy Lázně   (Konstantinsbad)

Ein kleiner Kurort im Grünen. Wer ausschließlich Ruhe und Erholung sucht, ist hier richtig.

Konstantinovy Lázně liegt etwa 34 km südöstlich von Marienbad mitten im Nirgendwo. Zwischen gepflegten Wiesen und Wäldchen verstecken sich ein paar Häuser – Konstantinovy Lázně ist mehr Park als Ort. Egal, ob am Tag oder in der Nacht, Ruhe ist garantiert. Und da man vor lauter Bäumen keine Stadt sieht, ist zum Glück alles bestens ausgeschildert. So stößt man letztendlich doch noch auf das, was sich „Zentrum" nennt, eine kleine Häuseransammlung rund um die Kneipe U Krkovičky nahe der Polizei.

Anfang des 19. Jh., als es hier nur Felder und eine schwefelhaltige Quelle gab, welche die deutschen Bauern „Stinker" nannten, nahm die Kurgeschichte ihren Lauf. Beeinflusst von der Entwicklung Marienbads glaubte man, auch hier ein Kurhaus bauen zu müssen, auf das eine folgte das zweite und so weiter. Ende des 19. Jh. erlebte Konstantinsbad, so der damalige Name, schließlich seine Blüte – insbesondere bei Offizieren und Industriellen war der Kurort beliebt. In jungen Jahren verbrachte der Dichter Rainer Maria Rilke (1875–1926) hier seine Sommerwochen, damals noch ein Nobody unter den Gästen, heute einer der wenigen Namen, mit denen sich der Ort schmücken kann. Behandelt werden in erster Linie Herz-Kreislauf-Erkrankun-

Útery

gen, Epilepsie, Blutarmut, Stoffwechselstörungen und Krankheiten der Atemorgane. Die Prusíkquelle hilft dagegen. Ihr Wasser ist ein Gemisch aus fünf verschiedenen Quellen.

Rund 4 km westlich von Konstantinovy Lázně liegt auf einer Anhöhe die dominante **Burgruine Švamberk** (im Tschechischen auch „Krasíkov" genannt) mit einer kleinen Kapelle – aus der Ferne imposanter als unmittelbar davor. Wer's nicht glauben will, folgt von Konstantinovy Lázně erst dem blauen und dann dem gelb markierten Wanderweg hinauf. Es bieten sich aber noch eine Vielzahl weiterer herrlicher **Wander- und Radfahrmöglichkeiten** rund um den Ort an (→ Útery, S. 102).

Information/Verbindungen/Diverses

● *Information* **Infocentrum,** etwas zurückversetzt von der Hauptstraße Lázeňská im Mehrzweckgebäude Kulturní dům. Sept.–Juni nur Mo/Mi 12–18 Uhr u. Sa 9–18 Uhr, Juli u. Aug. tägl. 9–18 Uhr. ☎ 374625450, www.infokl.cz.

● *Verbindungen* **Busse,** mehrmals tägl. nach Bezdružice, Planá und Stříbro, 2-mal nach Pilsen. Eine Weiterreise mit der Bahn lohnt nicht: mehrmals täglich nur **Direktzüge** nach Bezdružice und Pňovany sowie 1-mal tägl. nach Pilsen. Bahnhof und Busbahnhof liegen nebeneinander.

● *Baden* Im **Hallenbad** des Hotels Jirásek. Ein alles andere als idyllisches **Freibad** befindet sich im Sportovní areál hinter dem Campingplatz.

● *Kuren* Für jedermann im Hotel Prusík. Wer sich über Kurmöglichkeiten näher informieren will, kann dies beim Kurhotel Jirásek tun (→ Übernachten).

● *Radverleih* Über das Infozentrum (8 €/ Tag) und die Tschechische Bahn, → S. 35.

● *Tennis* Im Sportovní areál (s. o.) möglich.

● *Veranstaltungen* Am 3. Samstag im Mai wird die Kursaison feierlich eröffnet.

Mariánské Lázně/Umgebung

Essen & Trinken/Übernachten

Trotz vieler Hotels und Pensionen ist das Angebot an guten Quartieren relativ gering, zumal so manche bessere Häuser nur in Verbindung mit einer Kur gebucht werden können. Zudem gilt oft: von außen hui, von innen pfui.

• *Essen & Trinken*   An gehobeneren Restaurants herrscht Mangel.

Ganz ordentlich isst man im Restaurant des **Hotels Jitřenka** an der Hauptstraße Lázeňská. Neben tschechischen Klassikern (Dillsuppe, Lendenbraten, Mährischer Spatz) auch internationale Kreationen wie „Spaghetti mit pakantische Käsesauce" oder „Griechenland Hirt Rolle". Hg. 3,20–8,80 €. ✆ 374625218.

Bei Kurgästen beliebte **Cafés** befinden sich in den Hotels Prusík und Jirásek. Nett für den Sommer ist das gemütliche Gartencafé **Kavárna Staré Lázně** beim Freibad. Mo/Di geschl.

Eine einfache Adresse für billige böhmische Standards in zentraler Lage ist die Pinte **U Krkovičky** schräg gegenüber dem Kurhaus Mánes. Stets gut besuchter Treffpunkt, da sonst ohnehin im Ort nicht viel geboten wird.

• *Übernachten* **Kurhotel Jirásek,** eines der besten Kurhäuser vor Ort, ausgeschildert. Um übernachten zu können, braucht man keine Kur zu belegen. Vermittelt auch das Gros der anderen Kurhäuser. Restaurierte Teppichbodenzimmer ohne besondere Note. DZ mit Frühstück 39 €, mit HP 46 €. Konstantinovy Lázně, ✆ 374625436, 🖷 374625550, www.konstantinovy.cz.

Pension Villa, in einem rosafarbenen Stadthaus an der Hauptstraße. 5 sehr gepflegte und große, aber alles andere als stilvolle Zimmer mit Bad. Von Lesern gelobt. Die Vermieterin spricht kein Deutsch. DZ 26 €, kein Frühstück. Lázeňská 12, ✆ 374694065, www.konstantinolazensko.cz.

• *Außerhalb* **Hof Schwanberg,** Urlaub auf dem Bauernhof und zwar im winzigen Dorf Lomy ca. 5 km südwestlich von Konstantinsbad. Nichts für hohe Ansprüche. Untergebracht wird man in schlichten 2- bis 3-Zimmer-Apartments. Großer Innenhofgarten. Freundlicher Service. Von der Straße 230 von Černošín nach Kokašice beschildert. 11–14 €/Pers., kein Frühstück. Lomy 19, ✆ 37 4625725, hof.schwanberg@tiscali.cz.

• *Camping* **Camping La Rocca,** in Konstantinsbad ausgeschildert. Großer gepflegter Platz mit wenig Schatten. Restaurant, Kiosk, Kneipe, Feuerstelle, gute Sanitäranlagen. Tennisplatz und Pool. Hütten z. T. mit privatem Bad. Mai–Sept. 2 Pers. mit Zelt u. Auto 8,80 €, Hütte für 4 Pers. mit Bad 23 €. Konstantinovy Lázně 136, ✆ 374625287, www.larocca.cz.

Chodová Planá   (Kuttenplan)

Etwa 8 km südlich von Marienbad, an der Straße nach Planá, liegt Chodová Planá, aus dem das süffige, malzige **Chodovar-Bier** kommt. Abgefüllt wird es in der gleichnamigen Brauerei, einem der ältesten Brauhäuser Westböhmens (seit 1573). Ende Juni findet hier der traditionelle Wettkampf im Rollen von Eichenholzfässern statt, im August das lokale Bierfest – beide Male steht das Städtchen kopf.

Den Rest des Jahres hingegen präsentiert sich Chodová Planá entlang seiner viel befahrenen Hauptdurchgangsstraße als ziemlich hässliches Entlein und würde keine Seele anlocken – gäbe es da nicht noch zwei Anziehungspunkte, die ebenfalls mit dem hiesigen Gerstensaft zusammenhängen. So wird im Keller des Brauereihotels U Sládka (→ Übernachten) seit 2006 zum **Bierbad** geladen. Für rund 20 € darf man sich 20 Minuten lang in eine mit dunklem, 34 °C warmem Badebier gefüllte Wanne legen. Das sieht nicht besonders lecker aus, soll aber sehr wohltuend sein: Schadstoffe werden aus dem Körper geschwemmt, der Haut werden Vitamine zugeführt und der Kreislauf wird in Gang gebracht. Damit sich die Wirkung voll entfalten kann, wird ein Gläschen Lagerbier gereicht. Ausklingen lässt man das Relaxbad am besten in der **Brauereigaststätte Ve Skále.** Die in einem stilvollen Gewölbekeller untergebrachte Gaststätte fungiert zugleich als kleines Brauereimuseum, ausgestellt wird altes Handwerkszeug. Der Zugang erfolgt über einen 40 m langen Gang durch massiven Fels. Die Küche ist mehr als deftig – Braten dominiert. Wer will, bestellt „15 kg gebratenes Ferkel für den ganzen Verwaltungsrat". Angeboten werden aber auch einfache Biersnacks und für Vegetarier gibt's panierten Käse.

● *Verbindungen/Anfahrt* Für Verbindungen → Planá. Brauerei, Hotel und Gaststätte (✆ 374798122) sind im Ort nicht zu übersehen.

● *Übernachten* *** **Hotel U Sládka**, das der Chodovar-Brauerei angeschlossene Hotel an der Durchgangsstraße. Herkömmliche Zimmer, dem Drei-Sterne-Standard entsprechend ausgestattet. EZ 36 €, DZ 58 €. Pivovarská 107, ✆ 374617100, ✆ 374617000, www.chodovar.cz.

● *Brauereiführungen* Tägl. um 14 Uhr, 1,80 €/Pers.

Planá (Plan)

Das Städtchen Planá, ca. 11 km südlich von Marienbad, besitzt das, was Chodová Planá nicht hat: eine Umgehungsstraße. Dadurch wirkt das kleine Zentrum schon viel freundlicher. Der lang gezogene, meist zugeparkte Marktplatz mit einer Nepomuk-statue ist umringt von einfachen niedrigen Bürgerhäusern. Den Störchen gefällt der Anblick, auf so manchen Schornsteinen drum herum nistet ein Paar. Etwas abseits vom Marktplatz steht die **Marienkirche** mit einem alles überragenden neobarocken Turm samt Zwiebelhaube. Die Kirche selbst ist nicht allzu interessant, im Turm aber präsentiert die **Galerie Ve věži** immer wieder Ausstellungen zeitgenössischer Maler. Nur ein paar Schritte weiter gab es einst eine gotische Feste, woraus im Laufe der Zeit ein Barockschloss wurde. Heute ist darin eine Schule untergebracht.

Lohnenswert ist ein Besuch des **Bergbaumuseums** (Hornické muzeum; ausgeschildert). Es befindet sich in einem alten Stollen, aus welchem vom Ende des 16. bis ins frühe 20. Jh. Silber gefördert wurde. Mit einem Schutzhelm geht es hinein, zu sehen gibt es alte Grubenlampen und Bergbaugeräte – schön für Kinder, denn sie dürfen nahezu alles anfassen, nur ganz wenige Ausstellungsstücke stehen hinter Glas.

● *Verbindungen* Bahnhof etwas außerhalb des Zentrums im Südwesten der Stadt an der Straße nach Bor. Dort fahren auch die Busse ab.

Züge regelmäßig nach Tachov, Cheb, Marienbad und Pilsen, alle 2 Std. nach Prag und Franzensbad.

Regelmäßige **Busse** über Chodová Planá nach Marienbad und nach Tachov, unregelmäßiger nach Stříbro und Konstantinovy Lázně.

● *Essen & Trinken* **Na Náměstí,** verwinkeltes neueres Fischlokal am Marktplatz (Hnr. 41). Forelle, Lachs oder Wels in verschiedenen Zubereitungsformen, dazu Kurzgebratenes vom Schwein oder Huhn. Hg. 4,20–6,30 €. ✆ 374798862.

● *Camping* **Camp Karolina,** ca. 6 km südlich von Planá bzw. 2 km südöstlich von Brod nach Tichou mitten in der Pampa. Bereits von der Straße 21 Planá–Bor ausgeschildert. Idyllisch am Bach gelegener, von Bäumen umgebener Platz. Sehr gepflegt. Beliebt bei holländischen Familien, für deren Kinder viel geboten wird: Kletterwand, Pool, Sandkasten etc. Restaurant. Mai–Mitte Okt. 2 Pers. mit Zelt u. Auto 7 €, Bungalow

Die Giebel von Planá

Mariánské Lázně/Umgebung

mit Bad und 5 Betten 37 €. Brod nad Tichou, ☎ 777296990 (mobil), 🖷 377370378, www. camp-k.cz.

• *Öffnungszeiten* **Bergbaumuseum,** April, Mai, Juni u. Sept. nur Sa/So, Juli–Aug. tägl.

(außer Mo) 10–12 u. 13–16 Uhr. Führungen zur vollen Std. Eintritt 2,20 €, erm. die Hälfte.
Galerie Ve věži, Di–Fr 14–16 Uhr, Sa/So 14–17 Uhr. Der kleine Eintritt hängt von der jeweiligen Ausstellung ab.

Tachov   (Tachau)

An den Ausläufern des Böhmerwalds, ca. 24 km südwestlich von Marienbad, liegt Tachov, vormals Tachau, eine Kreisstadt mit rund 14.000 Einwohnern. Hier gibt es alles, was zu einer Kreisstadt gehört, zumindest an öffentlichen Einrichtungen. Der Stadtkern selbst hat ein paar schöne Ecken, vieles wirkt dennoch eher schmucklos. Den leicht bergauf verlaufenden Marktplatz umgeben mehrere alte Bürgerhäuser. Auch gibt es eine **Stadtmauer,** die in weiten Teilen erhalten und abschnittsweise begehbar ist, und ein Schloss, das heute die Stadtverwaltung und eine Schule beherbergt. Das in einem ehemaligen Franziskanerkloster untergebrachte **Kreismuseum** (Okresní muzeum, ausgeschildert) sammelt fleißig: Heiligenfiguren, hussitische Kanonenkugeln, Renaissance- und Barockschlüssel, alte Bierflaschen der Chodovar-Brauerei, dazwischen ein paar Keramikfunde aus der späten Steinzeit und die Ergebnisse des letzten Grundschulmalwettbewerbs. Etwas Besonderes wird vielleicht die imposante Reitschule aus der Mitte des 19. Jh. im Vorort **Světce** (Richtung Svobodka), sofern die Restaurierungsarbeiten einmal abgeschlossen sind.

• *Information* **Městské kulturní středisko** am Náměstí Republiky. Juni–Aug. Mo–Fr 9–17 Uhr, Sa 9–12 Uhr, Sept.–April Mo/Di u. Do/Fr 9–17 Uhr, Mi 9–17 Uhr. ☎ 374723740, www.tachov-mesto.cz.

• *Verbindungen* Busbahnhof und Bahnhof etwas außerhalb des Zentrums im Norden der Stadt. Regelmäßig **Züge** nach Planá, bis zu 3-mal tägl. nach Domažlice. Regelmäßig **Busse** nach Planá und Stříbro. Mehrmals tägl. zudem nach Přimda, Pilsen und Marienbad.

• *Parken* Gebührenpflichtige Parkplätze am Marktplatz und etwas weiter nördlich an der Husitská.

• *Essen & Trinken* **Zámecká Restaurace U Rybiček ve Zdi,** in der Stadtmauer beim Schloss, ausgeschildert. Mit Aquarien bestücktes Restaurant. Neben ein paar Fischgerichten das übliche Kurzgebratene in al-

len Varianten. Hg. 3,50–7 €. Zámecká, ☎ 374 723983.

• *Übernachten* Die Stadt besitzt nur wenige Unterkünfte.
Pension Gleixner, in nächster Nähe zum Marktplatz, vom Platz aus gesehen gleich hinter dem Supermarkt Dům Potravin. Nur 3 Zimmer (private Bäder, Gemeinschaftsküche) und ein großes Apartment. Besser vorausbuchen, da vor Ort nicht immer jemand anzutreffen ist. DZ 34 €. K. H. Borovského 126, ☎ 374722211 o. 721152458 (mobil).

Pension Praha, schräg gegenüber dem Museum. 4 Zimmer mit Standardausstattung und eigenem Bad. DZ 33 €. B. Němcové 480, ☎/🖷 374724343.

• *Öffnungszeiten* **Kreismuseum,** an der Durchgangsstraße. Mo–Fr 9–17 Uhr, Sa/So 10–16 Uhr. Eintritt 1,10 €.

Přimda   (Pfraumberg)

Ungefähr 20 km südlich von Tachov liegt Přimda, einer der vielen Orte der Gegend, die durch die Nähe zu Deutschland geprägt sind: ein paar Casinos und viele Nightclubs. Auf einem Hügel im Norden von Přimda steht die gleichnamige **Burgruine** mit den Überresten eines romanischen Wohnturms. Von hier genießt man einen herrlichen Panoramablick nach Bayern und bei klarer Sicht bis nach Prag. Die Burg wurde bereits im 12. Jh. errichtet, und besitzt angeblich die älteste steinerne Toilette Mitteleuropas – noch nahezu komplett erhalten. Auf dem Weg zur Burg passiert man übrigens einen kleinen Heiligenschrein mit einer Madonnenstatue. Einer Legende nach steht sie an jener Stelle, wo der Burgherr seine Handwerker ermorden ließ, um sicher zu gehen, dass niemand von den geheimen Gängen zur Burg erfahren konnte.

- *Anfahrt zur Burg* Im Ort der Beschilderung zum „Horský Hotel" folgen, dort beim Fußballplatz parken und noch ca. 30–40 Min. zu Fuß weiter.
- *Übernachten/Essen & Trinken* **Horský Hotel,** vor Ort ausgeschildert. Nur 5 sehr gepflegte, geräumige Zimmer mit Teppichboden und Möbeln im Bauernstubenstil. Komfortabel, gute Bäder. Rustikales Restaurant mit netter Sommerterrasse. DZ 44 €. Pod Hradem 210, ✆/✉ 374796231, www.horskyhotel.primda.cz.

Auf das Ende des 2. Weltkriegs folgte die Zwangsaussiedlung der Sudetendeutschen aus der damaligen Tschechoslowakei. In weiten Teilen Westböhmens und insbesondere in den Gebieten zur bayerischen Grenze hin verloren damit viele Städte das Gros ihrer Einwohner, manche Dörfer waren gar ausgestorben. Um die Gegend wiederzubeleben, versuchte die Regierung in Prag, wolhynische Tschechen – im Nordwesten der Ukraine lebende Landsleute – zum Übersiedeln in die Grenzgebiete zu bewegen. Doch der Erfolg war bescheiden. Schließlich siedelte man, teils auch unter Zwang, Slowaken, Rumänen, Ukrainer, Sinti und Roma an. Das Terrain unmittelbar vor der Grenze wurde durch den Eisernen Vorhang zum Sperrgebiet. Die Ortschaften in jenem Streifen verfielen im Lauf der Zeit und wurden von der Natur zurückerobert. Allein im Grenzland bei Tachov verschwanden so über 20 Dörfer mit Kirchen, Schulen, kleinen Schlössern und Kapellen, zudem etliche Einöden, Mühlen usw. Jenes Gebiet lässt sich heute per pedes oder Rad herrlich erkunden (s. u.). An die Ortschaften erinnert oft so gut wie nichts mehr. Wer aufpasst, findet irgendwo im Wald noch eine Hausfassade stehen, anderswo ein Denkmal für die Opfer des 1. Weltkrieges, von Sträuchern verschlungen. Angeblich sollen hier noch viele Schätze unter der Erde schlummern, vom Tafelsilber bis zum Familienschmuck, vergraben von den Sudetendeutschen kurz vor ihrer Vertreibung.

Mit dem Thema Vertreibung setzen sich Tschechen (egal ob Historiker, Politiker oder Honza Normalverbraucher) ungern kritisch auseinander, vielmehr übt man sich darin, die deutsch-böhmische Vergangenheit auf dem Boden der heutigen Tschechischen Republik schlicht zu ignorieren. Ganz im Gegensatz dazu versucht die junge tschechische Initiative **Antikomplex**, das verschwundene Sudetenland ins Gedächtnis zurückzurufen. Ihr über 650 Seiten starker Katalog zur Ausstellung „Zmizelé Sudety/Das verschwundene Sudetenland" wurde 2006 vom Verlag Nakladatelství Českého lesa Domažlice herausgegeben (ISBN 80-86125-73-4). Infos auch unter www.antikomplex.cz.

Wandern und Radfahren entlang der tschechisch-deutschen Grenze

Von Cheb gen Süden bis nach Česká Kubice (südlich von Domažlice → S. 183) verläuft parallel zur Grenze ein rot markierter Wanderweg, mal etwas näher daran, mal etwas weiter davon entfernt. Auf diesem passiert man neben dem angeblichen **Mittelpunkt Europas** (in der Nähe der Anhöhe Dyleň, in guten Karten vermerkt) auch diverse verschwundene Ortschaften (→ Kasten) – Augen offen halten. Teils führt er durch breite, baumfreie Schneisen inmitten des Waldes. Sie wurden zur Grenzüberwachung angelegt, manchmal sogar ein paar Kilometer vor der wirklichen Grenze – ein gemeiner Trick, um Flüchtlinge zu überführen: Hatten diese die

Mariánské Lázně/Umgebung

Sperranlagen bis dahin robbend und kriechend überwunden, glaubten sie sich dahinter in Sicherheit und marschierten aufrechten Schrittes in die Hände der Grenzsoldaten. Der rote Wanderweg wird von blauen, grünen und gelben Wegen gekreuzt, teils führen diese auch über die Grenze nach Deutschland. Mit einer Wanderkarte lassen sich Rundwege jeder Länge zusammenstellen. Auch mit dem Fahrrad kann man das gesamte Grenzgebiet herrlich erkunden. Zum Teil gibt es schon markierte Radwege (von Tachov z. B. „Radwanderweg Nr. 36" in Richtung Süden), z. T. werden sie gerade erst eingerichtet. Grundsätzlich eignet sich jedes Sträßlein zum Radeln, der Verkehr hält sich überall mehr als nur in Grenzen. Restaurants findet man jedoch nur wenige, die Brotzeit sollte im Rucksack sein. Ein idyllisches Dorf unterwegs ist **Diana** mit schönen Holzhäusern, wildromantischen Gärten und einem ockerfarbenen Schloss, das angeblich nach Plänen des Barockbaumeisters Giovanni Santini (→ Kasten, S. 149) entstand. 1991 wurde es der Adelsfamilie Kolowrat rückerstattet. Bis vor Kurzem befand sich ein Altersheim darin, heute steht das Schloss leer. Bei **Nové Domky** schließlich

Goldene Felder so weit das Auge reicht

(im Gegensatz zu Diana gibt es hier Lokale!) erinnert ein Denkmal am Straßenrand an den Fall des Eisernen Vorhangs. Die Inschrift: „Hier haben die Außenminister Genscher und Dienstbier den Eisernen Vorhang durchschritten. 23.12.1989".

Für weitere Ziele südlich von Tachov → Domažlice/Umgebung ab S. 184.

Kurhaus Imperial

Františkovy Lázně (Franzensbad)

Franzensbad ist der Archetyp eines Heilbads. Ockerfarbene neoklassizistische Bauten prägen das Kurzentrum, in dem selbst das Kino noch mit Pilastern geschmückt ist. Drum herum laden Parks zum Spazieren durch die Quellenlandschaft ein.

Von den drei renommierten westböhmischen Kurorten ist Franzensbad mit rund 5000 Einwohnern der ruhigste und kleinste. Alles steht hier im Zeichen der Erholung. Das schachbrettartig angelegte Kurzentrum ist verkehrsberuhigt. Schrilles Nachtleben, das die Genesung beeinträchtigen oder die Nachtruhe stören könnte, gibt es nicht, lediglich ein paar „Nightclubs" am Stadtrand, die den deutsch-tschechischen Grenzverkehr ankurbeln.

Ähnlich wie Marienbad oder Karlsbad lockte auch Franzensbad berühmte Persönlichkeiten an, nur nicht so viele. Von der Gästeliste des Ortes kennt man den Maler Carl Spitzweg, Komponisten wie Ludwig van Beethoven und Joseph Strauß, Philosophen wie Friedrich Nietzsche und Arthur Schopenhauer oder Staatsmänner wie Otto von Bismarck und den serbischen König Milan. Auch Dichter kamen, z. B. der Prager Schriftsteller Jan Neruda, aber selbstverständlich auch der überall in Böhmen kurende Johann Wolfgang von Goethe.

Im Gegensatz zu Marienbad oder Karlsbad scheint Franzensbad auch heute wieder Dichter in seinen Bann zu ziehen. Deren Popularität lässt jedoch noch auf sich warten. In den „Franzensbader Blättern", einer kleinen deutschsprachigen Loseblattsammlung, veröffentlichen sie zuweilen ihre Verse – zur Kostprobe das Gedicht *Glauberquelle IV:* „Wenn dein Darm schon träge ist, seine Arbeit fast vergisst, rührt sich kaum noch auf der Stelle, dann hilft nur die Glauberquelle. Ganz so ähnlich ging es mir, ich trank Glauberquelle vier, Davon zwei, drei warme Becher und mein Darm wurde zum Rächer."

Geschichte: Schon im Mittelalter war die Gegend für ihr Quellwasser bekannt, der Säuerling (kohlensaures Wasser) wurde geschätzt und gerühmt. Dadurch entwickelte sich im 17. Jh. das 5 km entfernte Eger (das heutige Cheb) zu einem Kurort. Ganze Scharen von Trägern verdienten sich ihr Brot mit dem Transport des Wassers von der Quelle in die Stadt. Ein dortiger Kaufmann begann während des Dreißigjährigen Krieges, das Wasser in Tonkrüge abzufüllen und in verschiedene europäische Städte zu versenden. Schiller und Goethe z. B. ließen es sich nach Weimar schicken. 1793 erst wurde das Heilbad gegründet, und die kleine Häuseransammlung von „Egerwasser" in „Kaiser Franzensdorf" nach Kaiser Franz I. umbenannt. Verständlicherweise hatte das Proteste der Wasserträger zur Folge, die um ihr Einkommen fürchteten. In den ersten Jahren des Kurbetriebs trank man nur das Wasser der Franzensquelle. Aufgrund der starken Nachfrage und der vielen Gäste reichte es bald nicht mehr aus, und man suchte und bohrte nach weiteren Quellen. So entdeckte man die Luisenquelle (benannt nach der Tochter Kaisers Franz I.) und Gasquellen, die zur Einrichtung der ersten Gasbäder führten. Auch begann man zu jener Zeit mit Moorbehandlungen zu experimentieren, Franzensbad war in diesem Punkt wegbereitend.

Mitte des 19. Jh. gab es schon drei Kurgebäude. 1865 wurde Franzensbad zur Stadt erhoben. Im gleichen Jahr erfolgte der Anschluss an das Eisenbahnnetz, was der weiteren Entwicklung der Stadt zugute kam. Damals machte Franzensbad übrigens noch einen recht bunten Eindruck, die Häuser waren in pastelligen Blau-, Grün-, Rot- und Gelbtönen gestrichen. Seine große Blütezeit erlebte der Kurort vor dem 1. Weltkrieg. Zum Wohle und zur Freizeitgestaltung der Besucher waren Sporteinrichtungen gebaut worden: Es entstanden Reitanlagen, Tennis- und Golfplätze, Kricketfelder usw. Damit die Kurgäste nicht durch Lärm gestört wurden, war schon damals das Bauen während der Kursaison verboten. Bis zu 20.000 Kurgäste und 80.000 Kurzbesucher zählte man im Jahr. Nach dem 1. Weltkrieg, in dem Franzensbad als Lazarett fungierte, wurden neue Quellen entdeckt. 1941 richtete man gar ein balneologisches Forschungsinstitut ein. Die Befreiung Franzensbads durch die Amerikaner erfolgte am 25. April 1945; ein Denkmal bei der Kolonnade erinnert heute daran. Bald darauf stand die Stadt leer, sämtliche deutsche Einwohner waren vertrieben. Unter den Kommunisten verfiel Franzensbad, die Gebäude wurden verstaatlicht. Zugleich wurde es eine Art kleine Künstlerenklave, da sich viele Journalisten, Schriftsteller, Schauspieler und Regisseure, die in Prag Publikations- oder Auftrittsverbot hatten, in Franzensbad niederließen. Seit der Wende wird fleißig restauriert – die Fassaden erstrahlen größtenteils in neuem Glanz.

Orientierung: Franzensbad liegt inmitten eines weiten, leicht welligen Beckens. Kein Hügel oder großes Bauwerk kann als Orientierungspunkt herangezogen werden. Das eigentliche Kurzentrum ist klein und fast quadratisch, es umfasst nur fünf Straßenzüge, ist aber weitgehend von Wäldern und Parkanlagen umgeben. Nördlich, entlang der Americká, schließt sich das moderne Franzensbad an. Dort liegen auch die Restaurants und Kneipen, die von den Einheimischen besucht werden.

Information/Parken/Verbindungen

- *Information* Das Reisebüro **FL Tours** in der Americká 2 fungiert zugleich als städtisches Informationsbüro. Buchung von Ausflügen, Tickets für kulturelle Veranstaltungen und Unterkunftsvermittlung. Mo–Fr 8–18 Uhr, Sa/So 8–14 Uhr. ✆ 354543162, www.frantiskolazensko.cz.
- *Parken* Recht sicher sind die Parkplätze an der Ecke Chebská/Klostermannova im Süden des Orts (1 €/Std., 6,30 €/Tag) und der Großparkplatz gleich beim Bahnhof (0,70 €/Std., 5,60 €/Tag).
- *Verbindungen* Bahnhof im Norden der Stadt an der Nádražní stezka. Häufige **Züge** nach Cheb, bis zu 9-mal nach Aš und Zwickau/Bad Brambach sowie bis zu 4-mal tägl. nach Prag und Marienbad.

Die **Busse** fahren in der Americká beim Infobüro FL Tours ab. Ständige Verbindungen nach Cheb, mehrmals tägl. nach Aš, Loket, Prag, Karlovy Vary, Mariánské Lázně, Stříbro und Plzeň.

- *Taxi* Taxistandort an der Americká bei der Bushaltestelle, ✆ 354542123. Preisbeispiele: innerhalb des Orts 2 €, zum Campingplatz Amerika 3 €, nach Cheb 6 €.

Adressen (⟶ Karte S. 115)

- *Ärztliche Versorgung* In vielen Kurhäusern gibt es einen ärztlichen Bereitschaftsdienst rund um die Uhr.
- *Autoverleih* Zum Beispiel bei der **Cestovní Agentura Tři Lilie,** Autos ab 24 €/Tag. Národní 3, ✆ 354208990, ca3lilie@franzensbad.cz.
- *Polizei* An der Americká 16. ✆ 156.
- *Post* In der Lidická.
- *Einkaufen* Im Kurzentrum wird viel böhmisches Glas angeboten, ansonsten gibt es nur wenig Interessantes oder Außergewöhnliches zu kaufen.

Knihkupectví (17), der kleine Buchladen hält gutes Kartenmaterial und ein paar deutschsprachige Reisehandbücher zu Westböhmen und Tschechien bereit, ansonsten leider nur tschechische Literatur. Neue Kolonnade.

Kolonáda (13), Oblaten zum Gleichessen oder als Mitbringsel. Jiráskova 15.

Minerály, šperky, fosilié (9), kleine Verkaufsgalerie, in der vornehmlich Mineralien, Edelsteine und schöner Schmuck angeboten werden. Sa/So geschl. Boženy Němcové 2.

Essen & Trinken/Nachtleben (⟶ Karte S. 115)

- *Restaurants* **Rybářská bašta (6),** mit Liebe eingerichtetes kleines Fischlokal in einem romantischen Minischlösschen am Schwanensee (Labutí jezírko). Im Winter heizt der offene Kamin, im Sommer sitzt man draußen. Alles zwischen Forelle und Hai. Mittlere Preisklasse. Dlouhá 8, ✆ 354542964.

Goethe Restaurant (15), im Gesellschaftshaus Společenský dům. Eines der vornehmsten Restaurants des gesamten Bäderdreiecks. Eleganter Saal mit gelb-weißem Stuck und dunkelroten Vorhängen. Am Wochenende abends Klavierbegleitung. Das Besondere aber ist der Boden, zugleich Europas größtes Bodenaquarium – hier tummeln sich 50 japanische Koi-Karpfen (2500 € pro Stück!). Mittags Knödelküche (Hg. 6,20–9,10 €), abends zeitgemäße internationale Kost zu 12,80–25 €. Národní třída, ✆ 354500146.

Amerika, eher gediegenes Restaurant im Fachwerkhaus am Amerika-See. Schöne Terrasse. Viele Wild- und Fischgerichte in spannenden Varianten, gute Brotzeiten. Hg. 5–14 €. ✆ 354542421.

Gruzia (14), rustikal angehauchtes Weinrestaurant mit offenem Kamin und kleiner Sommerterrasse. Tägl. ab 19 Uhr Livemusik.

Steaks, Koteletts und viel Paniertes zu 3,50–8 €. Husova 129, ✆ 354542877.

Selská jizba (12), ländlich-rustikales Lokal, das sich ganz der mährisch-slowakischen Küche verpflichtet. Es gibt *halušky* (eine Art Spätzle), dicke Würste oder große Rauchfleischplatten. Gute Auswahl an mährischen Weinen. Hg. um die 6 €. Hin und wieder

Františkovy Lázně
Karte S. 115

witzige, wenn auch unpassende Travestie-shows. Jiráskova 21, ✆ 354204250.

Švejk Restaurant (21), zünftiges Restaurant mit böhmischer Küche. Neben Lenden- und Rostbraten steht auch „Bataillonstransport" oder „Spazierung nach Franzensbad" auf der Karte – lassen Sie sich überraschen. Außenbereich, ab und zu Country-Abende. Hg. 3,20–7 €. Klostermannova 2, ✆ 354543808.

U vrby (20), die Gaststätte selbst hat zwar das Flair eines Vereinslokals, besitzt jedoch eine nette Terrasse am Bach. Gute Möglichkeit, um mit Franzensbadern ins Gespräch zu kommen. Die Mittagsgerichte (kleine Auswahl an ordentlichen Braten) sind auf einer Tafel nur in Tschechisch angeschrieben, abends gibt es Kurzgebratenes. Freundliches Personal, sehr günstig. *Chodovar*-Bier. Slepá 2, ✆ 354544078.

● *Außerhalb* **Štekrův Mlýn (1)**, idyllisch gelegene alte Mühle ca. 3 km nördlich von Franzensbad. Nebenan fließt ein Bächlein, und die Pferde weiden auf der Koppel. Böhmische Hausmannskost, Hg. 3–5,70 €. Von der Straße nach Vojtanov (E 49) ausgeschildert. ✆ 354542204.

Restaurace Hrad Vildštejn (2), in der romantischen Burg Wildstein, ca. 6 km nördlich von Franzensbad in Skalná (im Ort ausgeschildert). Lokal im Stil einer mittelalterlichen Schenke, es werden auch Ritteressen angeboten. Der Ober im höfischen Kostüm, mittelalterliche Musik aus den Boxen. Empfehlenswert sind die originellen Gerichte auf Bestellung (✆ 354594930): gefüllte Wachteln, gebratener Fasan oder ein ganzes 18-kg-Ferkel. Netter Service, mittlere Preisklasse. Im UG ein kleines kostenloses Museum. Ganz nebenbei: Der Burgherr selbst ist ein echter Ritter. Pumr Miroslav, zugleich auch Unternehmer, wurde dazu geschlagen, nachdem er sich um den Wiederaufbau der Burg verdient gemacht hatte. Mehrmals tägl. mit dem Bus von Cheb und Franzensbad zu erreichen.

● *Cafés* **Wiener Café (15)**, im Gesellschaftshaus Společenský dům an der Národní třída. Vornehmes Café mit viel Gold und Stuckdecken. Guter Platz, Passanten zu beobachten, ohne selbst beobachtet zu werden – die Fenster sind verspiegelt. Schöne Terrasse, hauseigene Konditorei.

Sadová Kavárna (7), am Rande des Stadtparks (Městské sady). Eine von vielen Tortenvertilgungsstätten Franzensbads. Langweilige Inneneinrichtung, aber schöne Sommerterrasse. Günstige Tagesgerichte. Nahezu täglich Blasmusiktanzabende.

Café Kolonáda (16), Terrassencafé, ein netter Ort für den Nachmittagskaffee im Sommer. Neue Kolonnade.

Kaváma Zámeček, gemütliches kleines Café in einem Märchenschlösschen inmitten des Sady Míru, eines Waldgebiets im Osten der Stadt. Nette Terrasse und die üblichen Torten. Das Café lässt sich bei einem Spaziergang von Franzensbad erreichen. Zudem vom Hotel Luisa an der E 21, der Hauptverbindungsstraße zwischen Cheb und Aš, beschildert.

● *Tanz* **Vinárna Royal (8)**, der Tanzsaal gehört zur **Kavárna Beethoven (8)**. Fast tägliche Schlager-Livemusik (unter der Woche bis 24 Uhr, Sa/So bis 2 Uhr), tanzfreudiges Publikum zwischen 25 und 75. Wein und Pizza, Innenhofterrasse, in der im Sommer zuweilen gegrillt wird. Kein Eintritt. Absolute Geschmackssache! Národní třída 7.

Übernachten (→ Karte S. 115)

Grundsätzlich gilt: Lassen Sie sich vom äußeren Eindruck des Hauses nicht täuschen und bestehen Sie darauf, Ihr Zimmer vor Bezug zu sehen. Viele Häuser nämlich verfügen unter demselben Dach über Zimmer vom Hostel- (nur mit Waschbecken!) bis zum Drei-Sterne-Niveau. An Kurzurlauber werden nicht in allen Kurhäusern Zimmer vermietet, in den hier aufgeführten Hotels dürfte dies jedoch kein Problem sein. Wer günstig unterkommen will, findet preiswerte Pensionen insbesondere im Norden der Stadt zwischen den Straßen Anglická und Americká.

● *Hotels* ****** Imperial (18)**, eines der elegantesten Hotels Westböhmens und das Beste, was Franzensbad zu bieten hat. Frei-stehende Palastvilla. 49 stilvolle, komfortable Zimmer, darunter auch behindertengerechte. Lobby-Bar, Terrasse, bewachte Parkplät-

Im Kurzentrum

ze. Kuranwendungen im Haus. EZ ab 71 €, DZ ab 93 €. Sady Bedřicha Smetany, ☎ 35 4206600, ✆ 354206652, www.franzensbad.cz.

*** Reza (5), etwas nördlich des Kurzentrums in bequemer Laufnähe. 2004 nach einer Restaurierung wiedereröffnetes, Mittelklassehotel in einem historischen Stadthaus. 39 der Sterneanzahl entsprechend ausgestattete Zimmer. Schwimmbad, Sauna, Kosmetiksalon usw. Restaurant, Café. Kuranwendungen im Haus. EZ 58 €, DZ 90 €, Parken 3,50/Tag € extra. Americká 47, ☎ 354 544111, ✆ 354544099, www.hotelreza.com.

**** U tří lilie (11), inmitten des Kurzentrums. Goethe und Fürst von Metternich weilten schon hier. Zimmer mit großzügigen Bädern. Mit Teppichböden wurde nicht gespart. Restaurant, Café und eine Konditorei im Haus, Reisebüro angegliedert. Kuranwendungen. Behindertengerecht. EZ ab 61 €, DZ ab 89 €. Národní 3, ☎ 354208900, ✆ 354208995, www.franzensbad.cz.

● *Diana (22)*, privates Kurhaus ganz im Süden von Franzensbad. Neubau. Helle Zimmer mit Kaufhausmobiliar, die meisten davon mit Balkon. Es wird viel geboten: Außen- und Innenpool, Radverleih, Organisation von Jagdausflügen, Kurbehandlungen etc. EZ 31 €, DZ 58 €, Parken 1,50 €/Tag extra. Klostermannova 122/1A, ☎ 354402111, ✆ 3545

43708, www.diana-ld.com.

● *Pensionen* **Klima (23)**, ruhig und abseits des Zentrums gelegene, familienfreundliche Kurpension, eher eine kleine Anlage. Überaus populär – frühzeitige Buchung dringend notwendig. Große Zimmer mit Hotelkomfort. Kleiner Pool im Garten. Ärztliche Untersuchungen und Kuranwendungen im Haus. Ab 28 €/Pers. Lesní 1, ☎ 354542890, ✆ 354542691, www.kurpensionklima.cz.

Lionetta (10), ordentliche Teppichbodenzimmer mit Bad. Küchenbenutzung möglich. Mitten im Zentrum. Parkmöglichkeiten auf dem Parkplatz des Hotels Slovan gegenüber. EZ 25 €, DZ 35 €. Národní 10, ☎/✆ 3545 11065, www.lionotta.cz.

Abbazia (4), historisches Gebäude nördlich des Kurzentrums. 8 z. T. farbenfrohe Zimmer mit WC/Dusche und Satelliten-TV. Abschließbarer Parkplatz. EZ 26 €, DZ 34 €. Francouská 169, ☎ 354542660, www.abbazia.cz.

Villa Altona (3), in einem ruhigen Wohnviertel nordwestlich des Kurzentrums. Neu und sauber, aber alles andere als eine Villa. Teppichbodenzimmer mit Bad, TV, Minibar. Parkplätze im Hof. EZ 21 €, DZ ab 27 €, Frühstück extra. Anglická 63, ☎ 354542979, ✆ 354 542185.

Milano (19), jugendliche Pension mit ebensolchem Personal in zentraler Lage. 7 Zimmer mit Kiefernholzmöbeln, z. T. mit Etagenbädern. Im Sommer kann es allerdings recht stickig werden. EZ ohne Dusche 10 €, DZ mit Dusche 25 €, kein Frühstück. Máchova 8, ✆ 354542521.

• *Camping* **Jadran**, in der Nähe des Amerikasees, bestens ausgeschildert. Überaus beliebt und dementsprechend voll. Große Wiese mit ein paar Bäumen, betoniertes Baggerloch zum Plantschen. Es wird fleißig gegrillt. Auch Hütten und Zimmer. Veraltete Sanitäranlagen, die dem Ansturm nicht genügen. Ganzjährig. 2 Pers. mit Zelt u. Auto stolze 18 €. Jezerní 84/12, ✆/📠 354542412, www.atcjadran.cz.

Sport & Freizeit/Kur & Kultur

• *Ausflüge* Halbtages- und Tagesfahrten werden überall angeboten, u. a. auch bei **FL Tours** (→ Information). Preisbeispiele: Egerlandrundfahrt oder Marienbad 14 €, Prag 26 €.

• *Baden* Zum **Camping Jadran** (→ Übernachten) gehört ein betoniertes Baggerloch – und es ist schöner, als es klingt. Der neueste Stolz der Stadt ist jedoch das **Aquaforum** nahe dem Caesarbad an der 5. května. Der Aquapark im Stil eines antiken Tempels bietet etliche Becken, Relaxräume, eine Liegewiese, eine Sauna, Solarium etc. Tägl. 9–21 Uhr. Eintritt für 1 ½ Std. 3,20 €, jede weitere Std. 1 €.

• *Casino* **Casino Ingo,** im 1. Stock des Gesellschaftshauses Společenský dům an der Národní třída. Roulette, Poker und Black Jack. Für 10 € Eintritt bekommt man Jetons im gleichen Wert. Mindesteinsatz 1 €. Angemessene Kleidung erbeten. Tägl. 15–4 Uhr.

• *Golf* **Golf Club Františkovy Lázně,** 18-Loch-Platz (72 Par) ca. 6 km nördlich von Franzensbad bei Hazlov (von der Straße nach Aš ausgeschildert). Greenfee 35–42 €. ✆ 354595402, www.gr-fl.cz.
Zudem gibt es den **Golf Club Luby,** rund 25 km nördlich von Franzensbad im gleichnamigen Dorf (dort ausgeschildert). 9-Loch-Platz (Par 70), Greenfee 10–14 €. ✆ 354560022. www.golfluby.cz.

• *Kuren* Die über 20 Quellen von Franzensbad und die vor Ort gewonnene radioaktive Moorerde haben dem Kurort zu einem Herz-, Rheuma- und Frauenheilbad von Weltrang gemacht. Interessierte können umfangreiches Infomaterial von der **Kurverwaltung** in der Jiráskova 3 anfordern, ✆ 354201105, www. franzensbad.cz. Auch ohne Pauschalkur können einzelne Anwendungen gebucht werden, einfach in den Kurhäusern oder bei der Kurverwaltung nachfragen. Angeboten werden z. B. Reflexmassagen (13 €) oder Aromabäder (10 €).
Neu ist die **Solná Jeskyně,** eine künstliche Salzhöhle an der Americká 20. Gegen welche Beschwerden ein Besuch helfen soll → Marienbad/Solná Jeskyně, S. 93. 50-minütige Sitzung 3,50 €. Tägl. 9–22 Uhr. Infos unter ✆ 774688644 (mobil), www.solna-jesky ne.com.

• *Radverleih* Mehrere Anbieter. Pro Tag ab 5 €.

• *Reiten* Bei **Eva Šimáčková** im ca. 10 km östlich von Franzensbad gelegenen Dorf Nebanice möglich. Pro Std. 11 €. Voranmeldung nötig. Nebanice 10, ✆ 354597105, www. nebanice.cz.

• *Wandern/Radfahren* Sehr beliebt sind die Spazierwege nach Amerika (→ Sehenswertes) und zum Aussichtsturm (Rozhledna) im Süden des Orts. Da die Gegend insgesamt eher flach ist, sind auch größere Wanderungen nicht allzu anstrengend. Rund um den Ort findet man eine Vielzahl gut ausgeschilderter Wanderwege. Radfahrer können zudem auf sog. **Cyklobusse** zusteigen. Das sind Busse, die Fahrräder mitnehmen und so Radtouren ermöglichen, deren Start- und Zielpunkte nicht identisch sind. Diese fahren an Wochenenden und Feiertagen von Mitte Mai–Ende Sept. u. a. nach Aš und über die Grenze nach Selb und Waldsassen. Von Cheb fahren Cyklobusse nach Karlsbad. Genaue Infos bei den Touristeninformationen sowie unter www.autobusy-kv.cz. Für Wander- und Radtouren → auch Franzensbad/Umgebung ab S. 118.

• *Tennis* Im **Tenisový Klub** am westlichen Ende des Kurzentrums. Schöne Anlage mitten im Grünen. Sandplätze. Tägl. 9–20 Uhr. Platz 5 €/Std. ✆ 604831392 (mobil).

• *Theater* **Divadlo B. Němcové,** an der Ecke Dr. Pohoreckého/Ruská. Neben Vorstellungen in tschechischer Sprache auch Konzerte und Operetten. Kartenvorverkauf Mo–Sa 13–15 Uhr. ✆ 354542077.

• *Veranstaltungen* Im Mai **Quellenweihe** und Eröffnung der Kursaison. Eine **Strausswoche** im April, **Musiksommer** von Juli–Sept.

Bernachten

- Villa Altona
- Abbazia
- Reza
- Lionetta
- U trí lilie
- Imperial
- Milano
- Diana
- Klima

Einkaufen

- Minerály, šperky, fosilié
- Kolonáda
- Knihkupectví

Essen & Trinken

- Štekrův Mlýn
- Restaurace Hrad Vildštejn
- Rybárská bašta
- Sadová Kavárna
- Kavárna Beethoven
- Selská jizba
- Gruzia
- Goethe Restaurant / Wiener Café
- Café Kolonáda
- U vrby
- Švejk Restaurant

Nachtleben

- Vinárna Royal

Božena Němcová – die Fünfhundert-Kronen-Frau

Božena Němcová (geb. Barbara Prankl, 1820–1862) gilt als die tschechische George Sand und als die Begründerin des tschechischen Realismus. In vielen Novellen und Erzählungen prangerte sie die soziale Ungleichheit der Frauen an. Ihr bekanntestes Werk ist der Roman *Die Großmutter* (Babička), der in mehr als 20 Sprachen übersetzt wurde. Noch heute zählen ihre Bücher zu den meistgelesenen Tschechiens. Wer Božena als Autorin nicht kennt, kann sich ihr Konterfei auf dem 500-Kronen-Schein anschauen. 1846 weilte sie zur Kur in Franzensbad und hielt das gesellschaftliche Treiben der Stadt in mehreren Essays fest. Vor dem Areál Milano hat man ihr ein Denkmal gesetzt. Das Theater der Stadt trägt heute ihren Namen.

Sehenswertes

Das kleine **Kurzentrum**, umgeben von weiten Parks, ist ein Gesamtkunstwerk. Das Erscheinungsbild ist von Maß und Eleganz, nicht von überladener Tortigkeit wie in Marienbad oder Karlsbad. Dazu trägt jedes einzelne der in Schönbrunner Gelb und Stuckweiß gehaltenen Gebäude bei. Wirklich hervorzuheben ist abgesehen vom Společenský dům (s. u.) jedoch kaum eines. Auch die Kirchen machen da keine Ausnahme.

▸ **Národní třída (Nationalstraße):** Auch wenn der Name eine breite, stark befahrene Avenue vermuten lässt, ist sie die Hauptflaniermeile im Kurzentrum. Auf Deutsch hieß sie früher „Kaiserstraße". Einen schönen Blick auf die Straße genießt man vom Musikpavillon im *Stadtpark* (Městské sady), wo im Sommer häufig Nachmittagskonzerte veranstaltet werden. Spaziert man die Straße hinab, vorbei an gusseisernen Laternen und jungen Bäumchen, passiert man unter anderem die *Kavárna Beethoven*. Hier wohnte Ludwig van Beethoven 1812. Weiter am örtlichen Kino und dem *Společenský dům* (s. u.) vorbei, führt die Národní třída direkt auf den Pavillon der *Franzensquelle* (Františkův pramen, s. u.) zu. Er wurde 1832 errichtet und löste einen Vorgängerbau aus dem Jahre 1793 ab. Linker Hand befindet sich die *Neue Kolonnade* mit einem gemütlichen Café. Wenige Meter rechts vom Pavillon steht die *Statue des František,* eines puttenartigen Jungen mit Fisch, der auf einer Kugel sitzt. Ein alter Volksglaube veranlasst Frauen, seine Füße und andere Körperteile zu berühren, um fruchtbar zu werden. Wer daran glauben will, sollte zumindest die Originalfigur anfassen; sie steht im städtischen Museum (s. u.).

Weiter südlich schließt sich der *Salzquellenpark* (Sadý Solného) an, in dem sich die Halle der berüchtigten Glaubersalzquelle (→ Quellen) befindet.

▸ **Izabelina promenáda (Isabellapromenade):** Hinter der Neuen Kolonnade führt die von klassizistischen Statuen und Vasen gesäumte Promenade zur *Kolonnade der Salz- und Wiesenquelle* (Kolonáda Solného a Lučního prmene). Einst war die Promenade selbst eine offene Kolonnade mit über 60 dorischen Säulen. Doch sie war nicht allzu standhaft; nachdem sie ein Sturm vernichtet hatte, baute sie niemand mehr auf. Nördlich der Promenade erstreckt sich der *Smetanapark* (Sady Bedřicha Smetany). Neben einem Goethedenkmal im Stil der Wiener Sezession aus dem Jahr 1906 findet man dort auch das *Kurhaus Imperial,* eines der elegantesten Hotels Westböhmens (→ Übernachten).

▸ **Společenský dům (Gesellschaftshaus):** Es wird auch Traiterhaus genannt und ist eines der ältesten und schönsten Gebäude der Stadt. 1795 wurde es feierlich eröffnet. Der Neue Saal im Stil der Neorenaissance wurde 1876 angebaut. Alle bedeutenden gesellschaftlichen Veranstaltungen – Bälle, Versammlungen und dergleichen – wurden zur Blütezeit des Kurbads darin abgehalten. Heute neu saniert, beherbergt es das Casino des Orts, das vornehme Goethe-Restaurant und das Wiener Café (→ Essen & Trinken). Im Neuen Saal finden noch immer Tanznachmittage und -abende statt; das Niveau hat aber fürchterlich nachgelassen. An Goethes Aufenthalte in Franzensbad erinnern Medaillons im Gebäude. Direkt hinter dem Gesellschaftshaus schließt das *Hotel U tří lilie* (Zu den Drei Lilien) an, ebenfalls eines der ersten Gebäude Franzensbads.

▸ **Městské muzeum (Stadtmuseum):** Auf zwei Etagen informiert es über die Geschichte des Kurorts und des Kurwesens überhaupt: Zu sehen gibt es alte Badewannen, Arztbestecke zum Aderlass, Etiketten längst zerbrochener Wasserflaschen usw. Des Weiteren beherbergt das Museum die Originalstatue des František.

Adresse/Öffnungszeiten Dr. Pohorecké ho 8. Tägl. (außer Mo) 10–17 Uhr. Eintritt 1,10 €, erm. 0,70 €.

Ein sprudelndes Abführmittel – die Glaubersalzquelle

▸ **Quellen:** Rund um die Stadt entspringen rund 20 Quellen mit einer Temperatur zwischen 10,1 und 12,5 °C. Viele davon wurden in Empirepavillons gefasst, so z. B. die bekannteste Quelle des Ortes, die *Franzensquelle* (Františkův pramen) unter einer schlichten klassizistischen Rotunda. Ihr Wasser besitzt einen hohen Salzgehalt, unterstützt die Rekonvaleszenz und hilft bei Verdauungsstörungen. Einen besonderen Ruf haben die in ihrer Wirkung „durchschlagenden" *Glauberquellen* (Glauberův pramen) von Franzensbad. Es gibt vier, die durch römische Zahlen unterschieden werden. Glauberův pramen IV weist den höchsten Glaubersalzanteil aller Glauberquellen der Welt auf. Das Salz ist übrigens ein Natriumsulfat und trägt seinen Namen nach dem Apotheker und Chemiker Johann Rudolf Glauber (1604–1670). Verwendung findet es außer als bewährtes Abführmittel bei der Glasfabrikation und der Stofffärberei. Weitere bedeutende Quellen sind die *Neuquelle* (Nový pramen), die bei Anämie hilft, die schwefelhaltige *Salzquelle* (Solný pramen), deren Wasser insbesondere bei Atemwegserkrankungen eingesetzt wird, sowie die *Sophienquelle* (Pramen Žofie) und die *Natalienquelle* (Pramen Natálie), die Linderung bei Nierenerkrankungen schaffen. Das Wasser der *Adlerquelle* (Adlerův pramen), benannt nach Bernhard Vinzenz Adler, der sich um die Gründung des Kurorts verdient gemacht hatte, die *Luisenquelle* (Luisin pramen), die in einem herrlichen Empirepavillon aus dem Jahr 1826 gefasst ist, und der *Kaltquelle* (Studený pramen) wird insbesondere für Bäder verwendet. Das Wasser der *Wiesenquelle* (Luční pramen) unterstützt zudem noch die Magen- und Darmfunktion.

• *Öffnungszeiten* Die Quellen liegen über die ganze Stadt verteilt (→ Stadtplan). Viele Quellen sind nur während der Kursaison zugänglich. Ganzjährig ist der Pavillon der Glauberquelle III und IV geöffnet (tägl. 8–17 Uhr).

▸ **Amerika:** Keine Stadt Europas liegt näher an Amerika als Franzensbad. Nur meinen die Franzensbader mit Amerika einen ca. 1,5 km südwestlich des Kurzentrums gelegenen See und den zwischen Ort und See angelegten Waldpark. An Sommernachmittagen fährt mindestens stündlich eine Bummelbahn, angetrieben von einem Range Rover, vom Areál Milano mit Gebimmel zum See. Wer zu spät kommt, muss laufen, aber das tun viele, Amerika ist ein beliebtes Ausflugsziel. Beim See gibt es einen Minizoo (kostenlos) mit Ziegenböcken, Schafen und Straußen und ein gemütliches Restaurant (→ Essen & Trinken). Bei Letzterem findet man auch eine kleine Liegewiese mit Bootsverleih – Baden ist jedoch nicht erlaubt, der See dient der Fischzucht.

Egerländer Fachwerk

Františkovy Lázně/Umgebung

Inmitten eines Beckens, eingeschlossen von den Ausläufern des Tschechischen Waldes (→ S. 170) im Süden, des Fichtelgebirges im Westen, des Elstergebirges im Norden und des Kaiserwalds (Císařský les) im Osten, liegt Franzensbad. Die Umgebung wird landwirtschaftlich intensiv genutzt. Auf den umliegenden Anhöhen stehen Burgruinen, in vielen Dörfern Schlösser, die meisten davon sind aber verwahrlost. Diverse Wanderwege verbinden sie miteinander, auf Nebenstraßen kann man sie auch gemütlich mit dem Rad erkunden. Um das 5 km entfernte Cheb sollten Radfahrer und Wanderer einen großen Bogen machen: Industrietristesse pur umgibt die einstige Reichsstadt Eger, deren Zentrum jedoch ein lohnenswertes Ausflugsziel ist. Westlich von Cheb liegt der Stausee Skalka, östlich der Stadt der Stausee Jesenice. In beiden kann man – sofern es die Wasserqualität zulässt (im Sommer zuweilen verschmutzt durch Bakterien und starke Algenbildung) – baden. Ein weiteres interessantestes Ausflugsziel ist das Naturschutzreservat Soos.

Vom Egerland zur Euregio Egrensis

Das historische Egerland im Nordwesten Böhmens umfasste einst das Egertal bis Karlsbad, den Kaiserwald (Cískařský les) und das Tepler Hochland (Tepelská plošina). Im 12. Jh. wurde das Gebiet von Westen her, überwiegend aus dem heutigen Bayern, besiedelt. Und obwohl hier über die Jahrhunderte hinweg Deutsch gesprochen wurde, gehörte die Region ab dem 14. Jh. stets zur böhmischen Krone. Die Bevölkerung blieb bis 1945 größtenteils deutschsprachig, sprach eine eigene Mundart und pflegte ihr besonderes Brauchtum mit Trachten, Dudelsackmusik usw.

Das Gros der Egerländer und Tschechen hegte keine Sympathien füreinander, aufgrund mangelnder Kontakte waren jedoch im Egerland – anders als in Prag oder Ostböhmen – ethnische Spannungen lange Zeit die Ausnahme. Das änderte sich, als die Egerländer gegen ihren Willen nach dem 1. Weltkrieg in die ČSR eingegliedert wurden. Mit der Sudetendeutschen Partei unter der Führung von Konrad Henlein bereiteten sie den Anschluss an das Deutsche Reich vor. Und als die Hakenkreuzfahne über Eger und später über Prag wehte, herrschte zunächst Jubelstimmung unter vielen. Den Gipfel nationalsozialistischer Gesinnung markiert Hitlers Aussage aus dem Jahr 1942: „Die Tschechen sind ein Fremdkörper inmitten der deutschen Gemeinschaft. Es gibt keinen Platz für uns beide. Einer muss verschwinden". Diese Haltung gegenüber den Tschechen kehrte sich am Ende des 2. Weltkrieges um in einen offenen Hass gegenüber allem Deutschen und gipfelte in der Vertreibung der Egerländer.

Mit der Schaffung der „Euregio Egrensis" (1992), ein bayerisch-böhmisch-sächsischer Zusammenschluss grenznaher Regionen, will man sich wieder näher kommen und alte Mauern vor allem in den Köpfen einreißen. Die länderübergreifende Initiative hat sich zum Ziel gesetzt, insbesondere den Ausbau der Infrastruktur, des Tourismus, der Wirtschaft und der Kultur auf dem Gebiet des ehemaligen Egerlands zu fördern. Vielleicht verhilft dies der Region irgendwann einmal wieder zu einer neuen Identität.

Naturschutzgebiet Soos (bei Nový Drahov)

Das über 200 ha große Naturreservat liegt etwa 6 km nordöstlich von Franzensbad. Mofetten, kleine schlammgefüllte Erdlöcher, in denen Kohlendioxyd blubbernd und gelegentlich auch zischend zutage tritt, sind die letzten Zeichen vulkanischer Aktivität in Mitteleuropa. Der angeblich jüngste Vulkan Mitteleuropas ist übrigens der **Komorní Hůrka** (Kammerbühl), ein 500 m hoher Hügel ca. 2 km westlich von Franzensbad. Leider ist der Hügel bewaldet und an die Zeit, als er Lavafontänen gen Himmel spukte, erinnert nichts mehr – immerhin geschah es am Ende des Quartärs, vor ca. 1,5 Millionen Jahren.

Durch das Naturschutzgebiet führt ein Lehrpfad auf einem Holzsteg (Dauer ca. 1 Std.). Es geht vorbei an Sümpfen, Mooren, Quellen und schwarzen Seen. Gelegentlich hat man fast den Eindruck, als hätte sich hier eine schreckliche Umweltkatastrophe abgespielt. Seltenen Vögeln und Pflanzen bietet das Terrain Schutz, auch gibt es viele Schlangen. Früher transportierte man von hier Schlamm für Kurbehandlungen nach Karlsbad. Zwei Museen am Eingang des Naturreservats informieren über Soos, die Entstehung des Lebens und zeigen ein paar Modelldinos. Zudem kann man auch eine Station für kranke Vögel besichtigen.

Auf dem Weg nach Soos passiert man das Dorf **Stodola** mit einem kleinen privaten **Schmetterlingsmuseum** an der Hauptstraße. In Schaukästen sind präparierte Exemplare in allen Farben ausgestellt, in einem Raum über dem Museum kann man sich inmitten flatternde Exemplare setzen.

Per **Rad** gelangt man von Franzensbad auf Nebenstraßen recht gemütlich nach Soos. Auch führt ein rot markierter **Wanderweg** nach Soos, dieser verläuft jedoch meist entlang einer Straße.

Františkovy Lázně/Umgebung

• *Verbindungen* **Busse,** von Cheb und Františkovy Lázně nach Nový Drahov 2- bis 4-mal tägl., von da aus noch ca. 10 Min. zu Fuß.
Züge, von Cheb nach Nový Drahov bis zu 6-mal tägl., der Bahnhof liegt außerhalb der Ortschaft Nový Drahov direkt beim Naturreservat.

• *Übernachten/Essen & Trinken* **Selský dvůr,** in Nový Drahov, einem denkmalgeschützten Bauerndorf mit Weiher. Großes ehemaliges Landgut, das zu einer Pension mit mehreren Restaurants umgebaut wurde. Beliebtes Tagesausflugsziel bayerischer Grenztouristen. Deftige Hausmannskost, Hg. 4–9 €. Große Terrasse. Leider etwas unfreundlicher Service. 17 rustikal ausgestattete Apartments. 16 €/Pers. Nový Drahov 5 (Durchgangsstraße), ℡ 354542449, ✆ 3545442 31, www.bauernhof.cz.

Pod Břízou, ebenfalls in Nový Drahov an der Hauptstraße. Kleiner, freundlicher und preiswerter als das Selský dvůr. Kleine Gartenterrasse. Gute Brotzeiten. Mo Ruhetag.

• *Öffnungszeiten* **Soos,** März/April u. Okt./Nov. tägl. 10–17 Uhr, Mai–Sept. 9–19 Uhr. Eintritt 1,80 €, erm. 1 €, die Eintrittskarte gilt für alle Sehenswürdigkeiten auf dem Gelände. **Schmetterlingsmuseum,** tägl. (außer Mo) 10–17 Uhr. Eintritt 1,80 €, erm. 0,70 €.

Für weitere Ziele nordöstlich von Františkovy Lázně → Karlovy Vary/Umgebung ab S. 80.

Chlum Svaté Maří (Maria Kulm)

Chlum Svaté Maří, ca. 18 km östlich von Franzensbad, ist eine kleine verschlafene Ortschaft. Das war nicht immer so: Im 17. Jh., als man zu Chlum Svaté Maří noch Maria Kulm sagte, war der Ort größer als Karlovy Vary. Man zählte über 1800 Einwohner, neun Schuhmacher und 21 Gasthäuser. Heute sind es 330 Einwohner, kein Schuhmacher und zwei Gasthäuser. In ganz Böhmen berühmt wurde Maria Kulm einst durch Heinrich Cunos (1796–1835) Drama *Die Räuber von Maria Kulm,* in welchem das tapfere Burgvogtstöchterlein Bibiena einer gefürchteten Räuberbande das Handwerk legt. Das Stück löste des Öfteren Tumulte unter den Zuschauern aus und geriet dadurch immer wieder in die Schlagzeilen.

Heute ist Maria Kulm einzig und allein noch wegen der **Wallfahrtskirche Mariä Himmelfahrt** bekannt. Regelmäßige Pilgerfahrten dahin finden stets von Mai bis Oktober statt. Über die letzte wundersame Heilung, so wurde uns mitgeteilt, durfte sich im Sommer 2000 ein Deutscher freuen. Obwohl evangelisch, bereitete ihm der Ischiasnerv von einen auf den anderen Moment keine Beschwerden mehr. Die sehenswerte und reich ausgeschmückte Kirche wurde 1702 nach Plänen von Jean Baptiste Mathey fertig gestellt. Heute restauriert man fleißig. Die Kuppel der Kirche ist eine Kopie der Kuppel des Petersdoms. Das dazugehörige Kloster verwalten die Kreuzherren mit dem roten Stern. Dieser Männerorden wurde übrigens im 13. Jh. von der Hl. Agnes von Böhmen gegründet.

• *Verbindungen* Mit dem **Bus** mehrmals tägl. von Sokolov zu erreichen.

• *Übernachten/Essen & Trinken* *** **Schlosshotel Mostov,** im gleichnamigen Dorf, rund 5 km Luftlinie (ca. 16 km mit dem Fahrzeug) südwestlich von Chlum Svaté Maří. 2002 nach umfangreicher Restaurierung eröffnet, an der Anlage drum herum wird noch immer gearbeitet. Halb Museum (tägl. von 10–18 Uhr kann eine Porzellansammlung mit rund 200 Exponaten besichtigt werden, Eintritt 1,10 €), halb Hotel. Wellnessprogramme. 20 komfortable, behindertengerechte Zimmer. Schöner Garten. Das angeschlossene Restaurant bietet verfeinerte böhmische Küche, Hg. 4,60–11,60 €. Von der E 48 Eger–Karlsbad Ausfahrt 160 (Odrava) nehmen. DZ ab 68 €. Mostov 1, ℡ 354597277, ✆ 354587334,

• *Öffnungszeiten* Die **Kirche** betritt man über das Kloster. Einfach klingeln, tagsüber ist immer jemand da. Führungen, sehr aufschlussreich, aber lang, finden Fr–So statt. Der Eintritt ist kostenlos. Wer will, kann eine Spende geben.

Wallfahrtskirche Chlum Svaté Maří

Für weitere Ziele östlich von Františkovy Lázně (→ Karlovy Vary/Umgebung ab S. 63.

Hrad Ostroh   (Burg Seeberg)

Über schmale Sträßlein erreicht man etwa 5 km westlich von Franzensbad das kleine Dorf Ostroh mit einer mittelalterlichen, gleichnamigen Burg. Der frühere, deutsche Name „Seeberg" ist heute ein wenig irreleitend, denn einen See zu Füßen der Burg gibt es schon seit Jahrhunderten nicht mehr. Dennoch, die Burg liegt schön und ist ein beliebtes Ausflugsziel. Sie beherbergt in ihren gut restaurierten Räumlichkeiten verschiedene kleine Ausstellungen. In der Vorburg werden alte landwirtschaftliche Geräte, Bauernschränke, Spinnräder, Trachten, vergilbte Fotografien usw. aus dem Egerland gezeigt. In der Hinterburg, von der Vorburg durch einen Graben getrennt, präsentiert eine Werbeausstellung Karlsbader Porzellan; zudem sind mehrere Räume mit Möbeln verschiedener Stilrichtungen – von Empire bis Chippendale – ausgestattet. Ritterburgromantik kommt aber nicht auf. Angeschlossen ist ein etwas biederes Burgrestaurant (ganzjährig geöffnet).

Von Franzenbad führt ein **Wanderweg** vorbei am Amerikasee (erst grün, dann blau markiert) zur Burg.

● *Verbindungen* Schlechte Busanbindung, Ostroh ist in erster Linie für Selbstfahrer geeignet.

● *Übernachten* *** **Hotel Seeberg**, im Dorf nicht zu verfehlen. Neueres Haus mit 22 hellen, ordentlichen Zimmern, sehr ruhig, teilweise mit Balkon oder Terrasse. Wer billiger wohnen will, geht in die dazugehörende Pension auf der anderen Straßenseite: etwas einfacher, aber alle Zimmer mit Dusche/WC. Hauseigene Kurbehandlungen. DZ im Hotel 38 €, in der Pension 28 €. Ostroh 2, ℘ 354595081, ℘ 354593370, www.seeberg.cz.

● *Öffnungszeiten* **Burg,** März/April sowie Okt./Nov. tägl. 10–16 Uhr, Mai–Sept. 10–17 Uhr. Eintritt 1,80 €, erm. 1,10 €.

Františkovy Lázně/Umgebung

Aš

Nordwestlich von Franzensbad erstreckt sich das **Ascher Ländchen,** auch Ascher Zipfel genannt, weit nach Deutschland hinein und trennt dort Bayern von Sachsen. Im Mittelpunkt steht das rund 13.000 Einwohner zählende Aš, ein wenig ansprechendes Städtchen, das im 2. Weltkrieg stark in Mitleidenschaft gezogen wurde und dessen derzeit einziges blühendes Gewerbe zugleich das älteste der Welt ist. Doch das soll sich ändern: Die englisch-israelische Investorengruppe BCD plant einen 70 ha großen Hightech-Industriepark für mehr Arbeitskräfte als die Stadt Einwohner hat, dazu vier Wohntürme und ein durchgestyltes Vergnügungszentrum. Sollte aus den Plänen Realität werden, wird sich das Stadtbild grundlegend verändern. Bis dahin aber bleibt Asch ein welkes Mauerblümchen: Einen Stadtkern sucht man vergebens, das Zentrum bildet die lange Durchgangsstraße. An ihr stehen ein paar Häuser im Stil des Historismus, viele davon warten noch immer auf ihre Restaurierung. Rund um den einstigen Hauptplatz, nach dem dortigen Goethedenkmal Goethovo náměstí benannt, befanden sich früher schmucke kleine Bürgerhäuser. Heute ist er zu einer trostlosen Verkehrsinsel verkommen. Könnte der Dichter selbst noch eine Inschrift unter sein Denkmal setzen, stünde da: „Welch ein Grauen".

Einzige Sehenswürdigkeit der Stadt ist das **Neorenaissanceschlösschen** des Grafen Zedtwitz, das heute das **Stadtmuseum** (Městské muzeum) beherbergt. Es informiert über die Geschichte des Ascher Ländchens (in dem vor 1945 rund 45.000 Deutsche und nur 500 Tschechen lebten) und seine Textilindustrie. Nichts jedoch erfährt man leider darüber, dass Goethe auf seinen Reisen nach Karlsbad mehrmals in Asch Halt machte, der Komponist Robert Schumann hier eine Freundin hatte oder dass der Philosoph Friedrich Nietzsche einmal zu Besuch war.

Der Hausberg des Städtchens ist der 757 m hohe **Háj** (Hainberg), zugleich die höchste Erhebung des Fichtelgebirges auf tschechischem Boden. Auf ihm befindet sich ein Aussichtsturm; für die Anfahrt → Restaurant Hainberg.

• *Verbindungen* **Busse** regelmäßig nach Cheb, Podhradí und Franzensbad. Mehrmals tägl. nach Bad Elster.
Züge bis zu 8-mal tägl. nach Františkovy Lázně und Cheb.

• *Essen & Trinken* **Restaurant Hainberg,** auf dem Gipfel des Háj gleich beim Aussichtsturm. Rustikales Ambiente, schöne Sommerterrasse. Böhmische Küche der mittleren Preisklasse. Beliebt bei bayerischen Tagestouristen. Von der Hauptdurchgangsstraße mit „Rozhledna Háj" ausgeschildert, danach stets der Vorfahrtsstraße folgen, bis weitere Hinweisschilder auftauchen. ✆ 345525907.

• *Übernachten* **Hotel U Radnice,** neueres Haus nahe dem Rathaus. 9 Zimmer, abgesehen von ein paar schäbigen Möbelstücken sehr freundlich. Restaurant. DZ 39 €. Pivovarská 2, ✆ 354526954.

• *Öffnungszeiten* **Stadtmuseum,** Mikulašská 3, offiziell Di–Fr 8–12 u. 13–17 Uhr, Sa/So 8–12 Uhr, in Wirklichkeit jedoch mehr nach Lust und Laune. Eintritt 1,10 €.

Podhradí

Etwa 5 km nördlich von Aš liegt das kleine nette Dorf Podhradí zu Füßen seiner Burg, von der jedoch nicht mehr als der **Burgturm** übrig geblieben ist. Die Burg wurde im 13. Jh. vom Geschlecht der Neipperger, berühmt-berüchtigten Raubrittern, zur Überwachung des Handelswegs von Asch ins sächsische Bad Elster errichtet. Kaum ein Kaufmann konnte passieren, ohne von ihnen überfallen zu werden. Im 17. Jh. kam ein Renaissanceschloss hinzu, Anfang des 20. Jh. brannte es ab. Interessant ist das Areal aber noch immer, auch wenn es der Wald zurückerobert hat.

Inmitten von Bäumen lassen sich noch Reste der Ummauerungen, Parkanlagen und Terrassen erkennen. Auch kann man in die alten Kellergewölbe (Achtung Einsturzgefahr!) klettern; in ihnen soll es spuken.

Von Podhradí führt ein schöner, grün markierter **Wanderweg** bis nach Hazlov, von wo man mit der Bahn zurück nach Franzensbad gelangt. Wer bis nach Franzensbad zu Fuß gehen will, folgt von Hazlov einem blau markierten Weg nach Ostroh (für den letzten Abschnitt → S. 121).

Verbindungen **Busse** 6-mal tägl. über Franzensbad nach Cheb, häufiger nach Aš.

Cheb   (Eger)

Cheb besitzt eine herrliche Altstadt und einen farbenfrohen Marktplatz, der eines Kostümfilms würdig ist. Nur kunterbuntes Markttreiben fehlt darauf. Das findet man jedoch im nahen Dragon Bazar, dem größten Asia-Markt Tschechiens.

Cheb, 10 km von der deutschen Grenze entfernt und Kreisstadt der westlichsten Region Böhmens, ist ein wichtiger Verkehrsknotenpunkt und ein bedeutendes Industriezentrum. Sehenswert ist die Altstadt mit ihrem lebendigen Marktplatz, auf dem im Sommer Straßencafés und Restaurants auf eine gemütliche Pause einladen. Gotik-, Renaissance- und Barockbürgerhäuser, hinter deren fröhlichen Fassaden sich so manch geschichtsträchtiges Ereignis abgespielt hat, verleihen ihm ein besonderes Flair. Rund um die Altstadt liegen weniger einladende Viertel. Dort erstreckt sich ein plattengrauer Gürtel. Kehrt man aber diesem den Rücken, wird es gleich ländlich. Dann erfreuen Wiesen, Weiden und Wälder, zudem ist die Umgebung seenreich. Beliebt ist Cheb vor allem bei Tagesausflüglern aus dem grenznahen deutschen Raum. Die Schönheit der Altstadt interessiert die meisten weniger; es sind die niedrigen Preise, die sie anlocken – egal ob für Wurst, Schnaps oder Zigaretten.

Geschichte: Erstmals urkundlich erwähnt wurde Eger 1061. Unter Kaiser Friedrich I. Barbarossa entwickelte sich die Stadt gegen Ende des 12. Jh. zu einem wichtigen Handels- und Verwaltungszentrum. 1355 erhielt sie von Kaiser Karl IV. das Münzrecht. Im folgenden Jahrhundert stieg Eger zu einer der größten und reichsten Städte der böhmischen Krone auf. Tuchmacher, Gerber und Kaufleute zählten zu den wichtigsten Zünften. Im 16. Jh. erlebte die Stadt eine kulturelle und wirtschaftliche Blütezeit, herrschaftliche Häuser im Zentrum bezeugen dies noch heute. Der Dreißigjährige Krieg führte die Stadt jedoch an den Rand des Abgrunds, viele Bewohner emigrierten. Erst mit der Entstehung des nahe gelegenen Kurorts Franzensbad Ende des 18. Jh. folgten wieder bessere Zeiten. Nach dem Anschluss an das Eisenbahnnetz Mitte des 19. Jh. siedelten sich Industriebetriebe rund um den Ort an. Anfang des 20. Jh. fuhr man sogar auf den Straßen Berlins oder Londons mit Fahrrädern und Motorrädern der Marken *Premier* und *Eska* aus Eger. Die Einwohnerzahl stieg rapide an, zwischen 1870 und 1921 verdoppelte sie sich auf über 27.000, der Anteil an Tschechen betrug dabei keine 5 %. 1944 lag die Einwohnerzahl gar über 40.000. Vernichtend für Eger sollten sich der 2. Weltkrieg und dessen Folgen auswirken, weniger jedoch durch Schäden im Stadtbild, als durch den Aderlass an der Bevölkerung. Das Gros der jüdischen Einwohner war von den Nazis ermordet worden; lediglich die Židovská (Jüdische Straße) erinnert heute noch an sie. Und die Deutschen selbst, die sich stets vehement gegen alles Tschechische gewehrt hatten – Eger war z. B. die einzige Stadt Böhmens, die sich lange Zeit geweigert hatte, tschechische Straßennamen anzuschreiben –, wurden vertrieben. So blieb

Marktplatz in Eger

eine leere, tote Stadt zurück. Nicht gerade mit Erfolg gekrönt waren die Versuche in der zweiten Hälfte des 20. Jh., Tschechen in Cheb anzusiedeln. Nur wenige wollten sich hier niederlassen. So versuchte man der Stadt durch Umsiedlung von Slowaken und Einbürgerung von Sinti und Roma neues Leben einzuhauchen. Seit der Grenzöffnung ist Cheb eine aufstrebende Kreisstadt, deren Stadtkern sich in neuem Glanz zeigt.

*I*nformation/*P*arken/*V*erbindungen

- *Information* **Turistické infocentrum** am Náměstí krále Jiřího z Poděbrad 33, ✆ 354440302, www.mestocheb.cz. Informationsprospekte, Zimmervermittlung und Kartenvorverkauf. Hilfsbereit. Mo–Fr 9–17 Uhr, Sa 10–14 Uhr, So (nur Mai–Sept.) 10–13.30 Uhr.
- *Parken* Mehrere bewachte Parkplätze im Zentrum verstreut, u. a. beim Hotel Hvězda.

- *Verbindungen* Bahnhof und Busbahnhof ca. 500 m südlich des Zentrums.
Züge, regelmäßige Verbindungen nach Karlovy Vary, Prag und Plzeň.
Busse, regelmäßig nach Františkovy Lázně, Mariánské Lázně, Karlovy Vary und Plzeň, zudem mehrmals tägl. nach Prag.

*A*dressen (→ *K*arte *S. 127*)

- *Ärztliche Versorgung* **Okresní nemocnice** (Bezirkskrankenhaus) in der K nemocnici 17 südlich des Zentrums. ✆ 354405111.
- *Polizei* Am Marktplatz auf der Westseite des Stöckl. ✆ 156.
- *Post* Zum Beispiel in der Šlikova.
- *Einkaufen/Markt* Ein paar kleine **Kunsthandwersläden** haben sich im Stöckl am Marktplatz eingemietet. Zu kaufen gibt es alles zwischen Keramik, Kristall und Holzspielzeug.

Kolonáda (9), hier gibt's die berühmten Karlsbader Oblaten zu kaufen. Im Muss-Mitbringsel-Laden steht man zuweilen Schlange. Náměstí krále Jiřího z Poděbrad, gegenüber dem Hotel Hvězda.

Antik (1), Trödler mit alten Porzellanfiguren, Broschen, Bügeleisen, Möbelstücken etc. Kamenná 12.

Dragon Bazar, größter Asia-Markt Tschechiens. Verkaufsgepflogenheiten ähnlich wie in

Saigon. Nahezu nichts, was es hier nicht gibt: Markenimitate von der Rolex bis zur Levis, Bataillone von Gartenzwergen, Zigaretten, Schnapsflaschen. Zählen Sie Ihr Wechselgeld genau nach! Am Grenzübergang Svatý Kříž/Waldsassen ca. 5 km süd-

westlich von Cheb.
Ein kleiner **Markt** mit etwas Gemüse, Kleidung und Haushaltswaren wird in den Sommermonaten bei schönem Wetter jeden Sa am Náměstí krále Jiřího z Poděbrad abgehalten.

Aus der Fabrik an den Marktstand – Vietnamesen in Tschechien

In nahezu allen grenznahen Städten gibt es Vietnamesenmärkte. Sie schossen nach der Wende wie Pilze aus dem Boden. Angeboten werden in erster Linie billiger Alkohol, Markenimitate und unverzollte Zigaretten. Die Vietnamesen kamen v. a. nach dem Vietnamkrieg (ab 1975) ins Land. Die offene Rechnung für die tschechoslowakischen Waffen- und Sprengstofflieferungen (Semtex!) an die kommunistischen Brüder in Nordvietnam beglich Vietnam durch Entsendung von Arbeitern für die hiesigen Industriebetriebe. Nach 1990 folgte der Nachzug der Verwandten. Heute leben etwa 100.000 Vietnamesen in Tschechien, 3000 davon in Cheb, wo sie rund ein Zehntel der Einwohner stellen. Dem heimischen Einzelhandel sind sie ein Dorn im Auge, ihre Dumpingpreise verderben das Geschäft. Aufgrund von Integrationsschwierigkeiten bilden sie Cliquen, denen oft mafiaartige Vertriebsstrukturen nachgesagt werden.

Essen & Trinken/Nachtleben (→ Karte S. 127)

• *Restaurants* **Barbarossa (8),** das Restaurant des gleichnamigen Hotels (→ Übernachten). Luftig-hell, besonders im mit Korbmöbeln bestückten Wintergarten. Weißhemdige Kellner. Variantenreiche böhmische Küche, z. B. Hühnerbrust vom Lavagrill und Hirschmedaillons. Hg. 4–15 €.

Hannibal (12), etwas außerhalb des Zentrums, der gleichnamigen Pension angeschlossen (→ Übernachten). Sehr gepflegtes Restaurant im Bauernstubenstil, hübscher Hinterhofgarten mit Goldfischteich. Fleischlappen jeder Art, dazu auch Zander oder Forelle. Hg. 3,50–9,80 €.

Giuseppe (7), Holzofenpizzeria. Sehr beliebt, auch wenn die Einrichtung nicht unbedingt an Bella Italia erinnert: altbackenes

Mobiliar vor bunt bemalten Wänden. Pizza und Pasta zu 3,50–7 €. Jateční 18, ✆ 354438200.

• *Cafés* **Café U Kamennýho červa (3),** kleine gemütliche Bar mit schöner Innenhofterrasse im Schirndinger Haus. Junges Publikum. Mit Galerie. Náměstí krale Jiřího z Poděbrad 7.

Cukrárna Kapucín (6), kleines, stets gut besuchtes Konditoreicafé. Gute Frühstücksadresse. So geschl. Židovská 22.

• *Kneipen* **Děravý Kotel (5),** die Adresse am Abend für alle zwischen 20 und 40. Židovská 17.

Šenk U Mnicha (2), ebenfalls ein feuchtfröhlicher Treffpunkt (preiswertes Bier) mit vornehmlich jungem Publikum. Billard. Úzká 2.

Übernachten

**** Barbarossa (8), Altstadthaus und bestes Hotel der Stadt. 21 geräumige Zimmer mit nettem Mobiliar, schöne Bäder. Dennoch: Vier-Sterne-Niveau nach westeuropäischem Maßstab besitzt es nicht. Hotelgarage (kostenlos). EZ 39 €, DZ je nach Ausstattung 50–61 €. Jateční 7, ✆ 354423446, www.hotel-barbarossa.cz.

*** Hotel Slavie (11), saniertes Haus in der Fußgängerzone. Zimmer mit TV, Telefon,

Safe, Teppichböden und bunt gestrichenen Wänden. Modern, aber recht billig eingerichtet. Videoüberwachte Parkplätze im Hof. EZ 31 €, DZ 52 €. Svobody 32, ✆ 354433216, 🖷 354433494, www.hotel-slavie.cz.

Hotel Monika (10), beste Lage. Je nach Ausstattung preiswertere und teurere Zimmer (alle mit Bad), keines davon jedoch besonders geschmackvoll. Sehr beliebtes Restaurant. 12–17 €/Pers. ohne Frühstück bzw.

15–20 € mit Frühstück. Svobody 9, ☎ 3544300 46, ✆ 354437792, www.hotel-monika.com.

Pension Hannibal (12), ca. 5 Fußmin. abseits des Zentrums. 2004 eröffnet. Hübsche Zimmer im Bauernstubenstil, wahlweise mit Du/WC oder nur mit Dusche (WC auf dem Gang). Gutes Restaurant mit Hinterhofgarten. Wegbeschreibung: Vom Marktplatz kommend im Süden der Svobody rechts ab in die Májová, von dort noch ca. 300 m (ab hier auch ausgeschildert). DZ je nach Standard 29–44 €. Májová 10, ☎ 354434477, ☎ 3544 30475, pension.hannibal@quick.cz.

Hostel Cheb (4), verfügt sowohl über einfache als auch über relativ ansprechende Zimmer mit Parkettboden, die so manchem Hotel den Rang ablaufen könnten. Zwei Zimmer bilden ein Apartment mit Gemeinschaftsbad, sind jedoch auch separat buchbar. Eigene Parkplätze. Rezeption nur 8–12 u. 16–20 Uhr besetzt. 16 €/Pers. Židovská 7, ☎/✆ 354423401, www.penzionhostel-cheb.cz.

● *Außerhalb* *** **Hotel Stein**, alter restaurierter Gutshof am Nordufer des Skalka-Stausees, von dort bestens ausgeschildert. 2004

eröffnet. Freundliche Zimmer mit Massivholzmöbeln, gemütliches Restaurant mit Sommerterrasse, Pool, Tennisplätze, Bowling, Pferdeausritte (7,40 €/Std.) – ideal für einen entspannten Familienurlaub. Auch Zelten möglich. Keine Busanbindung. DZ 39 €, Dreier 50 €, Frühstück extra. Skalka 10, ☎ 354423301, ✆ 354420510, www.hotelstein.cz.

● *Camping* Wer mit dem Zelt oder Wohnmobil unterwegs ist, hat an den stadtnahen Stauseen mehrere Plätze zur Auswahl. Im Hochsommer sind sie jedoch leider recht überlaufen. Eine gute Empfehlung:

Autokemp Václav, großer Platz in schöner Lage am Nordufer des Jesenice-Sees, von Chebs südlichem Vorort Podhrad aus beschildert. Beliebt bei Holländern, freundliches Personal. Restaurant, Kinderspielplatz, Fußballwiese, Waschmaschine etc. – das alles hat seinen Preis. April–Sept. Bahnhof Všebor in Laufnähe, bis zu 9-mal tägl. Zugverbindungen nach Cheb und Mariánské Lázně. 2 Pers. mit Zelt u. Auto 19 €, 2 Pers. mit Wohnmobil u. Strom 22 €. Podhrad, ☎/✆ 354435653, www.kempvaclav.cz.

Sport & Freizeit/Kultur

● *Baden* Am **Jesenice-Stausee** östlich und am **Skalka-Stausee** westlich von Cheb (Letzteren erreicht man bis zu 9-mal tägl. mit dem Zug, in Všebor aussteigen) kann man gegen geringe Gebühr die „Strände" der Campingplätze nutzen. Ansonsten hat man zu den Seen durch das Schilf und die Datschensiedlungen drum herum nur schlechte Zugangsmöglichkeiten. Baden ist jedoch durch Algen- und Bakterienbildung infolge starker Sonneneinstrahlung im Sommer nicht immer möglich.

● *Theater* **Západočeské divadlo** (Westböhmisches Theater), ein schönes kleines klassizistisches Gebäude am Divadelní náměstí. Zuweilen finden auch deutschsprachige Aufführungen statt, erkundigen Sie sich beim Infozentrum. ☎ 354432522, www.divadlocheb.cz.

● *Veranstaltungen* Ein internationales **Festival der Jugendblasorchester** geht jedes gerade Jahr im Juli über die Bühne. Den August bestimmt alljährlich das **Festival Mitte Europa** mit jeder Menge Konzerte, Ausstellungen und Seminare in und um

Eger. Danach, Ende Aug./Anfang Sept., gibt es die **Wallenstein-Tage** mit historischem Markt, Umzügen etc. Einen **internationalen Tanzwettbewerb** bringt der Oktober. Gleichzeitig findet dann das **Jazz Jam Cheb** statt, ein traditionelles Jazzfestival.

● *Wandern/Radfahren* Ein rot markierter Wanderweg führt von Cheb aus entlang der tschechisch-bayerischen Grenze bis nach Česká Kubice (→ S. 183) südlich von Domažlice. Egal, wie weit sie wandern wollen, steigen Sie bei der Ortschaft **Starý Hrozňatov** (→ S. 130) ein, damit ersparen Sie sich die tristen Randbezirke Chebs. Der rote Wanderweg führt auch gen Norden stets die Grenze entlang. Wer will, gelangt auf ihm auch über den **Komorní hůrka** (→ S. 119) nach Franzensbad, man spaziert jedoch fast ausschließlich an Straßen entlang.

Die Nebenstraßen südlich von Cheb eignen sich gut für Radtouren. Auch entstehen immer mehr grenzüberschreitende Radwege, so z. B. die 2006 eröffnete, knapp 43 km lange Trasse von Eger nach Waldsassen (Bayern).

Sehenswertes

Die Sehenswürdigkeiten Chebs liegen alle in der Altstadt, das Gros sogar rund um den Marktplatz. Von dessen Westseite zweigen romantische Gassen ab, die auch

auf der Prager Kleinseite liegen könnten. Östlich des Platzes ist die Pracht der Altstadt hingegen schon nach ein paar Parallelstraßen dahin. Die geschäftigste Straße der Stadt stellt die Třída Svobody dar, die als Fußgängerzone vom Marktplatz Richtung Bahnhof verläuft. Alle Sehenswürdigkeiten sind bestens ausgeschildert.

▶ **Náměstí krále Jiřího z Poděbrad (Marktplatz):** Der lang gestreckte brunnengeschmückte Platz, heute benannt nach König Georg von Poděbrady (1458–71), dem ersten europäischen König, der dem katholischen Glauben abschwor, ist seit dem 12. Jh. das Zentrum des Städtchens. Der untere Teil diente früher als Gemüse-, der obere als Pferdemarkt. Er ist umgeben von schönen alten Bürgerhäusern; die wichtigsten im Überblick: An der Ostseite steht das *neue Rathaus* (Nová Radnice), ein auffälliger Barockbau mit Uhrturm aus der ersten Hälfte des 18. Jh., heute Sitz der Staatsgalerie (s. u.). Rechts daneben schließt das so genannte *Schillerhaus* (Schillerův dům, Nr. 17), ein Patrizierhaus, an. Ende des 18. Jh. befand sich darin der Gasthof „Zum Goldenen Hirsch", in dem sich Schiller für seine Recherchen zur Wallensteintrilogie 1791 einmietete. Ebenfalls an der Ostseite, etwas tiefer am Platz, hebt sich das weiße *Schirndinger Haus* (Schirndingerův dům, Nr. 7) ab, eines der repräsentativsten Häuser des gesamten Marktplatzes und zugleich das einzige Gebäude, dessen Giebelseite zum Platz ausgerichtet ist. Hinter dem gotischen Portal besitzt es einen schönen Arkadenhof mit Bar (→ Essen & Trinken). Direkt daran grenzt linker Hand das rosa-weiße *Gablerhaus* (Gablerův dům, Nr. 6) mit einer reich verzierten Rokokofassade. Goethe übernachtete einst darin.

Den unteren Teil des Marktplatzes dominiert das *Stöckl* (Špalíček), ein verschachtelter Gebäudekomplex aus 11 bizarren Fachwerkhäusern. Im Mittelalter befanden sich darin deutsch-jüdische Handelshäuser, später Krämerläden, heute sind hier einfache Geschäfte, Kunsthandwerksläden und ein Café untergebracht. Hinter dem Stöckl, im Stadthaus Nr. 3, hat heute das Egermuseum seinen Sitz.

▶ **Chebské muzeum (Egermuseum):** Das Museum informiert über die Entwicklung der Stadt und der Region von ihren Anfängen bis zur Gegenwart, lediglich die Nachkriegszeit wird ausgespart. Immerhin konnte man hier schon die temporäre Ausstellung „Das verschwundene Egerland" besichtigen (→ Kasten, S. 107). Zu sehen sind Heiligenfiguren, das Beil, das Karl Huss, dem letzten Henker von Eger gehörte, Folterinstrumente, Egerländer Trachten, Ölgemälde aus dem 17. und 18. Jh. usw. Zudem widmet sich das Museum in besonderem Maße Albrecht von Wallenstein (→ Kasten), der hier 1634 auf Anordnung von Kaiser Ferdinand ermordet wurde. Er selbst ist als Gipsbüste anwesend. Auch seinem Pferd, das in der Schlacht bei Lützen 1632 erschossen wurde, huldigt man mit einer Kopie. Zudem können Wallensteins Spitzenkragen, seine Stiefel, sein Sterbezimmer und anderes besichtigt werden.

Adresse/Öffnungszeiten Náměstí Krále Jiřího z Poděbrad 3. Tägl. (außer Mo) 9–12.30 u. 13–17 Uhr. Eintritt 1,80 €, erm. die Hälfte.

Wie aus Albrecht von Waldstein „Wallenstein" wurde

Albrecht von Waldstein (1583–1634), eine der zentralen Figuren des Dreißigjährigen Krieges, stammte aus einer protestantischen böhmischen Adelsfamilie, konvertierte zum Katholizismus und kam durch Heirat zu großem Reichtum. Diesen wusste er geschickt zu vermehren. Für Ferdinand II., Kaiser des Heiligen Römischen Reichs, stellte er auf eigene Kosten Heere von bis zu 40.000 Mann Stärke auf, denn die Kriegsbeute gehörte stets dem, der die Söldner bezahlte. Er vertrieb nichtkatholische Adelige und eignete sich deren Vermögen an. Machtbesessen wie er war, mussten sich seine Offiziere auf seine Person statt auf den Kaiser verpflichten. Ferdinand II. verdächtigte ihn des Hochverrats. Bald darauf war Waldstein tot, von einem irischen Hauptmann in Eger erstochen. Unsterblich wurde er jedoch durch Friedrich Schillers Historiendrama, das aus einem „Waldstein" einen „Wallenstein" machte.

▶ **Státní galerie výtvarných umění (Staatsgalerie der bildenden Kunst):** Sie beherbergt im 1. Stock eine durchaus sehenswerte Sammlung tschechischer Kunst des 20. Jh., auch wenn diese nicht gerade ansprechend präsentiert wird. Beachtenswert sind insbesondere die kubistischen Plastiken Otto Gutfreunds (leider oft an andere

Galerien verliehen) und die Arbeiten des Bildhauers František Bílek im 2. Stock. Zudem finden hier häufig wechselnde Ausstellungen statt.

Adresse/Öffnungszeiten Náměstí krále Jiřího z Poděbrad 16. Tägl. 9–12 u. 12.30–17 Uhr. Eintritt 2,80 €, erm. die Hälfte.

▸ **Chebský hrad (Egerer Burg):** Im Nordwesten der Stadt, hoch über dem Flusslauf, liegt die Egerer Burg, auch Kaiserburg genannt, da sie Kaiser Friedrich I. Barbarossa in der zweiten Hälfte des 12. Jh. auf den Fundamenten einer alten slawischen Befestigung errichten ließ. Eine Besonderheit ist die romanische *Burgkapelle*, komplett erhalten und bestens restauriert. Eigentlich handelt es sich dabei um zwei übereinander liegende Kapellen. Die untere, dunklere war für das Dienstpersonal bestimmt. Deren Kreuzgewölbe ruht auf vier stämmigen Granitsäulen mit Würfelkapitellen. Die obere, in der der Kaiser zu beten pflegte, ist beschwingter, schlanke Marmorsäulen tragen hier ein spitzbogiges Gewölbe.

Hinter der Burgkapelle befand sich früher der *Palast* mit einem großen Bankettsaal, in dem Wallensteins Generäle ermordet wurden, wenige Stunden bevor der große Feldherr selbst sterben musste. Seitdem soll der Geist Wallensteins stets um Mitternacht in einer von vier Rappen gezogenen Kutsche hier erscheinen. Von dem Palast sind ein paar Mauerreste mit einem Rundbogenfenster erhalten.

Wer will, kann noch den *Schwarzen Turm* (Černá věž) besteigen, ein Relikt der slawischen Befestigung mit 3 m dicken Mauern. Die vielen Stufen belohnen aber nicht unbedingt mit einer tollen Aussicht.

Adresse/Öffnungszeiten Trčky z Lípy. April, Mai, Okt. u. Nov. tägl. (außer Mo) 9–12 u. 13–17 Uhr, Juni u. Sept. tägl. (außer Mo) 9–12 u. 13–18 Uhr, Juli u. Aug. tägl. 9–12 u. 13–18 Uhr.

▸ **Dům Balthasara Neumanna (Balthasar-Neumann-Haus):** 1687 wurde Balthasar Neumann, einer der großen Architekten des europäischen Barock, in Eger geboren. 1753 starb er in Würzburg – die dortige Residenz zählt zu seinen imposantesten Werken. Das Balthasar-Neumann-Haus ist nicht – wie der heutige Name vermuten lässt – das Geburtshaus des Baumeisters, sondern das ehemalige Gästehaus des Klarissenklosters. Später diente es als eine der Zentralen der Sudetendeutschen Heimatfront, danach als Treffpunkt der trinkfreudigen sozialistischen Jugend und heute als deutsch-tschechische Begegnungsstätte. Unter anderem werden hier Seminare und Sprachkurse abgehalten, zudem gibt es eine Bibliothek. Auch können sich Interessierte einige wenige Andenken an Balthasar Neumann ansehen. Träger der Begegnungsstätte sind die Euregio Egrensis (→ S. 118), die Eghalanda Gmoin und der Bund der Deutschen Landschaft Egerland, eine Vereinigung nichtvertriebener Deutscher aus dem Raum Eger.

Adresse/Öffnungszeiten Františkánské náměstí. Nur Di 10–12 u. 14–19 Uhr sowie Mi 10–12 u. 13–17 Uhr. Kein Eintritt.

▸ **Kirchen:** Nordöstlich des Egermuseums steht die gotische *Hauptkirche Sankt Niklas* (Kostel sv. Mikuláše), ursprünglich eine romanische Basilika, im 18. Jh. nach einem Brand u. a. durch Balthasar Neumann barockisiert. Die nahe gelegene *Sankt-Wenzels-Kirche* (Kostel sv. Václava) des ehemaligen Dominikanerklosters ließ der Deutsche Ritterorden zwischen 1688 und 1689 errichten. Auf einen Kirchturm verzichtete man. Der Orden unterhielt hier auch ein Brauhaus. Das Kloster beherbergt heute mehrere Agenturen, seine Säle können für Veranstaltungen gemietet werden. Wie die St.-Niklas-Kirche entstand auch die *Mariä Verkündigungskirche des Franziskanerklosters* (Františkánský klášter) südwestlich des Marktplatzes im 13. Jh.

Leider wurde das Gros ihres kostbaren Interieurs während der sozialistischen Herrschaft beschädigt, zerstört oder geraubt. Im restaurierungsbedürftigen Gotteshaus
finden heute regelmäßig Konzerte statt. Nebenan kann der Kreuzgang, der auch
wechselnden Ausstellungen dient, besichtigt werden. Die *Klarakirche* (Kostel Klari-
sek) schräg gegenüber war einst die Klosterkirche des Klarissenordens. Sie wurde
Anfang des 18. Jh. errichtet und ist vermutlich das Werk Christoph Dientzenhofers
(→ S. 149). Heute stellt man hier gotische Bildhauerei des historischen Egerlands
und europäische Kunst des 17. und 18. Jh. aus. Eine weitere erwähnenswerte Kirche
ist die *Sankt-Bartholomäus-Kirche* (Kostel sv. Bartoloměje) nahe dem Fluss Ohře
(Eger), die zu Beginn des 15. Jh. von den Kreuzherren mit dem roten Stern erbaut
wurde. Das einst dazugehörige Spital jagten deutsche Truppen 1945 versehentlich
in die Luft, als man versuchte, die nahe gelegene Brücke zu sprengen, um den Ame-
rikanern den Einzug in die Stadt zu erschweren.

Öffnungszeiten **Klarakirche**, tägl. (außer Mo) 9–12 u. 12.30–17 Uhr, kein Eintritt. Alle
anderen Kirchen sind nur zu Messen oder Veranstaltungen geöffnet. **Kreuzgang des
Franziskanerklosters**, Mai–Okt. tägl. (außer Mo) 9–12 u. 13–17 Uhr. Eintritt 1,10 €, erm. die
Hälfte.

▸ **Galerien:** Einen Besuch wert ist die renommierte **Fotogalerie G 4,** die der heutige
Stadtrat und studierte Fotograf Zbyněk Illek bereits vor 20 Jahren gründete. Die
Galerie zeigt interessante wechselnde Ausstellungen und verkauft zudem Fotobände
und extravagante Postkarten, u. a. mit Motiven von Jan Saudek. Die **Galerie Růžový
kopeček** organisiert internationale Künstlerbegegnungen, kleine Konzerte und präsentiert vornehmlich Künstler der Region. Angegliedert ist ein kleines Geschäft mit
Künstlerbedarf.

Adressen/Öffnungszeiten **Fotogalerie G 4,** Kamenná 2, Di–Fr 10–18 Uhr, Sa 10–17 Uhr,
kein Eintritt. **Galerie Růžový kopeček,** Růžový kopeček 5, tägl. (außer Mo) 11–18 Uhr, Eintritt 0,30 €.

Doubrava   (Taubrath)

Doubrava, ca. 10 km südöstlich von Cheb, ist ein Dorf wie aus dem Bilderbuch. Gäbe es keine Telefonleitungen und Straßenbeleuchtungen, würde man glauben, die
Zeit sei hier vor 150 Jahren stehen geblieben. Der kleine idyllische Ort besteht aus
typischen alten, Egerländer Fachwerkhäusern. Die Gebäude mit ihren bunt bemalten Balken sind allesamt restauriert – liebevoll, nicht mit der oft anderswo üblichen
Gleichgültigkeit. Aus einem **Wehrhof** aus der Mitte des 18. Jh., einem der ältesten
noch erhaltenen der Gegend, wurde ein Gasthof mit gemütlichem kleinem Biergarten und privatem Freilichtmuseum. Es zeigt alte landwirtschaftliche Geräte, antike
Bauernmöbel und Hausrat. Umgeben ist der Hof von jahrhundertealten Buchen,
Eichen und Linden. Drum herum grasen Kühe und Pferde auf den Weiden.

Rund um Doubrava kann man herrlich wandern. Ein erst gelb, dann rot markierter
Wanderweg führt z. B. nach Starý Hrozňatov (s. u.). Auch bieten sich die Landstraßen
der Gegend zum **Radeln** an.

● *Verbindungen* **Busse** nur 3-mal tägl. über
Kozly von und nach Cheb.

● *Öffnungszeiten* **Museum,** nur Sa/So 10–
18 Uhr. Eintritt 1,40 €. Die **Gaststätte** hat am
Di Ruhetag.

Starý Hrozňatov   (Altkinsberg)

Etwa 4 km Luftlinie trennen Doubrava von Starý Hrozňatov, einem verschlafenen
kleinen Ort mit einem Fußballplatz in der Mitte und einem alles überblickenden,

Regenbogen über dem Egerland

Františkovy Lázně/Umgebung

märchenhaft-verwitterten Schloss. Deswegen kommt aber niemand, zumal das Schloss – in sozialistischer Zeit beliebter Treffpunkt der Parteibonzen – auch nicht zugänglich ist. Die nahe gelegene **Wallfahrtskirche Maria Loreto** (von der Straße Eger – Waldsassen ausgeschildert) ist die Attraktion. Sie wurde in der zweiten Hälfte des 17. Jh. errichtet (zur Geschichte der Loretoheiligtümer → Prag, S. 237). Vor dem 2. Weltkrieg pilgerten jährlich über 20.000 Gläubige hierher, der Sozialismus setzte dem ein Ende. Heute, nach Jahren mühevoller Restaurierung, erstrahlt der Wallfahrtsort in neuem Glanz, und es kommen wieder Pilger, u. a. aus dem bayerischen Waldsassen.

• *Verbindungen* **Busse** (Ⓑ) 2 ab Busbahnhof) mehrmals tägl. von und nach Cheb.

• *Übernachten/Essen & Trinken* **Pension Stříbrny Jelen,** die Pension „Zum Silbernen Hirschen" wurde 2005 eröffnet. Idyllisches Gartenrestaurant, innen viele Trophäen. Freundliche Zimmer. DZ 40 €. Starý Hrozňatov, ✆ 354430531, stribrny.jelen@atlas.cz, www.stribrnyjelen.cz.

• *Öffnungszeiten* **Kapelle,** Mai–Okt. tägl. 10.30–14.30 Uhr. Außerhalb dieser Zeit kann man sich unter der Nummer ✆ 0049/9632/8547 (aus Deutschland 09632/8547) bei Herrn Sommer anmelden.

Vraní dvur, ca. 4 km südöstlich von Starý Hroznatov im Weiler Kozly. Fachwerkhaus mit idyllischer Terrasse im Grünen. Restaurant, satt machende Portionen (Mo Ruhetag). Sehr geräumige, familiengeeignete Zimmer mit Teppichböden und Bad. Anfahrt: Von Starý Hroznatov nimmt man die Straße zur Wallfahrtskirche Maria Loreto und zweigt unmittelbar dahinter links ab. Es geht an einem alten aufgegebenen Tonwerk vorbei. Bei einer Bushaltestelle rechts ab, von da an auch ausgeschildert. DZ 40 €. Kozly 25, ✆ 354593153, vrani.dvur@quick.cz, www.vranidvur.cz.

Für weitere Ziele südöstlich von Cheb und Františkovy Lázně → Mariánské Lázně/ Umgebung ab S. 98.

Herausgeputzt – das Pilsner Zentrum

Plzeň

(Pilsen)

Pilsen ist berühmt wegen seiner Braukunst, berüchtigt wegen seiner Industrietristesse und dennoch besuchenswert wegen seines regen Kulturlebens.

Pilsen ist nach Prag mit rund 170.000 Einwohnern die zweitgrößte Stadt Böhmens. Ihren Horizont begrenzen Industrieanlagen mit rauchenden Schloten – allen voran die Škoda-Werke – und Plattenbaukonglomerate, die, obwohl fleißig gestrichen wird, jeder freundlichen Beschreibung spotten. Das Zentrum aber ist ganz sympathisch, wenn auch bei weitem kein Schmuckkästchen.

Pilsen bezeichnet sich selbst gerne als „Hauptstadt des Bieres". Das Bier wurde hier zwar nicht erfunden, die nach der Stadt benannte Biersorte aber schon. Trinken kann man es in aller Welt. Allein wegen des Gerstensafts nach Pilsen zu fahren, lohnt also kaum. Eher schon kommt man wegen so mancher Sehenswürdigkeit, auch wenn kein wirkliches Highlight darunter ist. Was der Stadt jedoch Attraktivität verleiht, ist die Mischung aus Bier, Sehenswürdigkeiten und der Tatsache, dass Pilsen eine überaus lebendige Studentenstadt (14.000 Studenten!) ist mit allem, was dazugehört: eine große Kneipenvielfalt, verschiedene Bibliotheken, gemütliche Cafés, unzählige Galerien, mehrere Theater usw. Unterm Strich lohnt Pilsen daher mehr als nur einen kurzen Zwischenstopp.

Geschichte: Pilsens Chronik unterscheidet sich bis in die Mitte des 19. Jh. kaum von der anderer böhmischer Städte: Es gab gute Zeiten und schlechte Zeiten. Letztere bedingt wie fast überall durch große Feuerbrünste und Pestepidemien, die Hussitenkriege und den Dreißigjährigen Krieg. Stolz ist man heute darauf, dass in Pilsen 1468 mit der Trojanischen Chronik das erste tschechische Buch gedruckt wurde, und dass Kaiser Rudolf II. die Stadt 1599 für knapp ein Jahr zu seiner Residenz machte – er war vor der in Prag wütenden Pest geflohen. In der ersten Hälfte des 19. Jh. versuchte man sein Glück im Kurwesen – mit Karlsbad und Marienbad als die großen Vorbilder. Im Norden der Stadt, beim heutigen Lochotinský-Park ließ man einen Kurpark anlegen. Auch baute man ein Kurhaus. Doch die einzige eisenhaltige Quelle, in die man seine Kurorthoffnungen gesetzt hatte, versiegte nach kurzer Zeit.

Als Pilsens Straßen 1858 eine Gasbeleuchtung erhielten, zählte man ca. 14.000 Einwohner. Waffen und Bier besorgten Pilsens rasanten Aufstieg zur Wirtschaftsmetropole, genauer „Škoda" (→ S. 142) und die Rüstungsindustrie sowie die „Westböhmische Brauerei" und das Pilsener Urquell (→ S. 142). Infolgedessen vervielfachte sich die Einwohnerzahl. Die Kehrseite dieser Entwicklung brachte der 2. Weltkrieg. Pilsen wurde durch die Rüstungsschmiede Škoda, die gleich hinter Krupp kam, zum Ziel alliierter Luftangriffe: 11-mal tauchten Bomber über Pilsen auf, knapp 7000 Häuser wurden zerstört. Als die US-Armee Pilsen befreite, lagen weite Teile der Stadt in Schutt und Asche.

Nach dem Krieg bauten die Kommunisten die Škoda-Werke wieder auf und tranken dazu fleißig Bier. Um Pilsen errichteten sie Plattenbauten und im Zentrum Hässlichkeiten wie das Dům kultury in Bahnhofsnähe, eine Mischung aus Shopping- und Kulturzentrum. Zudem förderten sie das Hochschulwesen, aber nicht alle Studenten dankten es ihnen mit Ehrfurcht: Etwas außerhalb, im Gefängnis Bory an der Straße nach Klatovy, inhaftierte man politisch oppositionelle Intellektuelle. Unter anderem saßen hier der ehemalige Präsident Václav Havel und der einstige Außenminister Jiří Dienstbier ein.

In den letzten 15 Jahren bemühte man sich, das Stadtbild wieder zu verschönern. Es wird saniert und restauriert an allen Ecken. Die architektonischen Gräueltaten aus kommunistischer Ära wegzuschminken, ist jedoch nach wie vor fast ein Ding der Unmöglichkeit.

> **Orientierung:** Das Zentrum der Stadt erstreckt sich um den Náměstí Republiky. Es ist schachbrettartig angelegt und wird dort, wo einst die Stadtbefestigungen standen, z. T. von schmalen Grünstreifen umschlossen. Mit Ausnahme der Pilsner-Urquell-Brauerei und des Škoda-Museums liegen alle Sehenswürdigkeiten nahe beieinander und lassen sich gemütlich zu Fuß abgehen.

*I*nformation/*P*arken/*V*erbindungen

● *Information* **Městské informační středisko Plzeň,** neben dem Rathaus am Náměstí Republiky 41. Vermittlung von Hotel- und Pensionszimmern sowie Privatunterkünften (ab 15 €). Zudem Kartenvorverkauf. Tägl. 9–18 Uhr, im Sommer bis 19 Uhr. ✆ 378035330, www.plzen-city.cz.

● *Parken* Die meisten Hotels verfügen über eigene Parkplätze. Tagesgäste parken recht sicher auf dem **Parkplatz nahe der Großen**

Synagoge (Mo–Fr von 7–19 Uhr, 0,70 €/Std.) und in der **Nonstop-Tiefgarage** (Podzemní Garáže) beim Bahnhof, Zufahrt von der U Trati (die Straße verläuft südlich der Bahngleise, von Norden bzw. vom Zentrum kommend am Bahnhof vorbei und dann rechts halten). Pro Std. 0,90 €, pro Tag 4,20 €.

Parken ist zudem im **Innenhof der Pilsner-Urquell-Brauerei** östlich des Zentrums möglich, bis zu 6 Std. umsonst, danach 0,35 €/Std.

Karte S. 136/137

Plzeň

• *Verbindungen* **Stadtverkehr:** Es existieren 3 Straßenbahnlinien, die alle durchs Zentrum führen. Zusteigemöglichkeiten für die Straßenbahn bestehen am Náměstí Republiky; Busse und Trolleybusse fahren z. B. am Kopeckého Sady nahe dem Westböhmischen Museum ab.

Überlandbusse: Busbahnhof an der Husova, ca. 1,5 km westlich des Zentrums. Nahezu stündl. Busse nach Prag, außerdem gute Verbindungen in alle größeren Städtchen Westböhmens, insbesondere nach Domažlice und Karlovy Vary.

Züge: Bahnhof ca. 1 km südwestlich des Zentrums. Häufige Verbindungen nach Prag, Mariánské Lázně und Cheb.

Adressen/Einkaufen (→ *Karte S. 136/137*)

• *Ärztliche Versorgung* Mehrere Krankenhäuser vor Ort, z. B. im südlich des Zentrums gelegenen Stadtteil Bory, Ed. Beneše 13. ✆ 377401111.

• *Autoverleih* Alle Verleiher befinden sich außerhalb des Zentrums, eine Liste hält die Tourist Information bereit. Günstigstes Auto ca. 50 €/Tag.

• *Polizei* Zentrale Polizeidienststelle an der Perlova. ✆ 158.

• *Post* Hauptpost im Zentrum an der Solní.

• *Wäsche* Einen Waschsalon (und zugleich Studententreff) findet man im Norden der Stadt (Stadtteil Lochotín) an der Sokolovská 105 (neben dem Kaufhaus Severka). Zu erreichen mit Ⓢ 4 Sokolovská.

• *Einkaufen* Olympia, Mega-Shoppingcenter. Ca. 8 km südöstlich, nahe der Ortschaft Černice und der Autobahn Prag–Rozvadov. Kostenlose Shuttlebusse von der Americká.

Koření od Antonína (7), alternativer Gewürzladen, dessen Duft bis auf die Straße zieht. Offene Gewürze en masse. Dominikánská 7.

Vinotéka Plzeň (31), Vinothek mit mährischen Tröpfchen. Zudem offizielle Verkaufsstelle des in Starý Plzenec (→ S. 144) gekelterten *Bohemia*-Sekts. Prokopova 21.

Music Records (8), großer, auf zwei Läden verteilter CD-Shop mit angeblich über 10.000 Titeln. Dominikánská 3.

Karabuka (22), schöne Möbel, dazu Kerzen, Vasen, Kuscheltiere und sonstiger dekorativer Wohnmüll, vieles stammt aus Asien. Bezručova 32.

Antik Mini Galerie (5), einer von vielen kleinen Trödelläden in der Stadt. Der Schwerpunkt liegt auf Schmuck und Silber. Nebenan ein **Antiquariat,** das auch viel Deutschsprachiges bereithält. Veleslavínova 25.

Sunny Art (23), ausgefallene Silberschmiedearbeiten mit außergewöhnlichen Steinen. Bezručova 12.

Essen & Trinken/Nachtleben (→ *Karte S. 136/137*)

Die Auswahl an guten Restaurants im Stadtzentrum ist enorm und jedes Jahr werden es mehr. Die gleiche Vielfalt zeichnet auch das Pilsner Nachtleben aus. Allerdings verschwinden viele Lokale auch schnell wieder von der Bildfläche.

El Cid (18), eine sehr gute Wahl für alle, die Abwechslung suchen. Legere Tapasbar und gediegenes Lokal mit weißen Tischdecken unter einem Dach. Spanische Küche, es wird Wert auf frischen Fisch und Meeresfrüchte gelegt. Empfehlenswert: Paella, Forelle mit Serranoschinken oder Schweinekotelett mit Artischockensalat. Außenbereich, zuvorkommender Service. Hg. 7–16 €. Křižíkovy sady 1, ✆ 377224595.

U Mansfelda (15), gehört zur tschechienweiten Kette der „Pilsner Urquell Original Restaurants", die für Qualität bürgt. Rustikal-modernes Ambiente, gute böhmische Küche – kosten Sie das Putenschnitzel im Kartoffelpufferteig, den Bauernschweinebraten oder *Halušky* (eine Art Spätzle) mit Kraut und Speck. Terrasse. Hg. 4–9 €. Dřevěná 9, ✆ 377333844.

Stará Sladovna (3), ein Tipp in Sachen Erlebnisgastronomie. Dunkle Höhle, in der „mittelalterliche" Kost auf den Tisch kommt. Empfehlenswert sind z. B. die Wildbretmischung mit Wildschwein und Hirsch oder die bizarren „Überreste vom Pilsner Henker". Wer will, kann mit Groschen zahlen und mit den Händen essen. Das Essen wird im Tongeschirr zu angemessener Musik serviert. Hg. 6–12 €. Malá ulice 3, ✆ 377225151.

Renaissancefassade am Pilsner Rathaus

U Salzmannů (10), älteste Bierstube Pilsens. Dunkel getäfelter Speisesaal, einfaches Ambiente. Große, fleischlastige Standardkarte, Hg. 3,20–9 €, günstige Mittagsgerichte. Hin und wieder selbstgebrautes Bier – sehr lecker! Pražská 8, ✆ 377235886.

Plzeňská bašta (14), mitten in der Altstadt. Gepflegtes Restaurant, gediegen und rustikal-gemütlich zugleich. Sehr günstige Tagesgerichte, am Abend Ente, Hasenbraten oder Wildschweingulasch zu 3,30–8,30 €. Viele Touristen. Riegrova 5, ✆ 377237262.

U nováků (29), lang gezogene Restaurantkneipe, moderne Version einer traditionellen Pivnice. Viel Studentenpublikum, günstige Hausmannskost, Budweiser Bier. Abends lange geöffnet. Jungmannova 5, ✆ 377329542.

Slunečnice (28), gleich gegenüber. Helles Schnellrestaurant mit Sonnenblumen an den Wänden, das sich ganz der gesunden Bioküche verschrieben hat. Viel Gemüse und Salate, aber auch Hühnchen- und Fischgerichte, täglich wechselndes Angebot. Hg. bereits ab 1,70 €. Es wird auch gutes Vollkornbrot verkauft. Nur Mo–Fr bis 18 Uhr (15 Uhr im Hochsommer). Jungmannova 4, ✆ 37 7236093.

Karte S. 136/137

Plzeň

Was der Big Mac mit Pilsen zu tun hat

1994 wurde der erste McDonald's in Pilsen eröffnet – jener Stadt, aus der die Familie Ray Krocs, des Gründers des Fastfood-Imperiums, ursprünglich stammte. Mit ein paar Schwarzweißfotos erweist die McDonald's-Filiale an der Americká ihrem Gründer die Reverenz – nicht gerade spannend. Der Burger ist hier aber auch nicht größer oder besser als anderswo.

● *Cafés/Bars* **Měštanská Beseda (26),** imposantes Kaffeehaus im Wiener Stil. Pompöse Leuchter, ultrahohe Decke. Ideal für den Nachmittagskaffee. Ledecká.

Sky Bar (19), ein Hauch von Großstadt in Klein-Pilsen! Die trendige Cafébar im 16. Stock des Business Centers Bohemia, des höchsten Gebäudes von Pilsen, bietet Cocktails mit Blick über das nächtliche Lichtermeer der Stadt. Anglické nábř. 1.

Café Fellini (12), beliebter Treffpunkt im Zentrum. Innen mit gelben und roten Sesselchen ausgestattet, draußen nette Terrasse. Große Kuchentheke, Eis. Raucher- und Nichtraucherbereich. Náměstí Republiky 6.

Caffé Emily (17), nettes Café im französischen Bistrostil, junges, gestyltes Publikum. Kleines Frühstücksangebot, Eisbecher, Cocktails und Kuchen. Schöne Terrasse auf einem Abschnitt der alten Stadtmauer. Zbrojnická 7.

Café Anděl (24), lichte, schicke Cafébar, ein In-Treffpunkt. Kuchen und Quiches. Angeschlossen eine Musicbar mit regelmäßigen Konzerten und DJs (Jazz, Funk, Rock). Bezručova 7.

● *Kneipen* **Potrefena Husa (25),** tschechienweit vertretenes und überaus beliebtes Kneipenrestaurant. Junges Publikum, recht gutes Essen. Das dazugehörige Clubrestaurant **Potrafena Husa PH+** nebenan (Di–Sa bis 5 Uhr) gehört mit zum Coolsten, was Pilsen zu bieten hat. DJ-Partys. Musik (R'n'B, Hiphop etc.) und Klientel im Gegensatz zur Dekoration wenig aufregend. Ledecká 19.

Dominik (7), witzige Outdoor-Kneipe in einem schattigen Hinterhof mit großer Feuerstelle. Manchmal laute Musik und oft langhaariges Publikum. Salate, Nudeln und Pizza. Im Winter trifft sich das Völkchen nebenan (1. Stock) im gleichnamigen Café, einem lichten, weiträumigen Kneipencafé mit Kicker. Dominikánská 3.

Archa (4), entspannte Kneipe (auch ältere Semester) im Hinterhof. Recht gepflegt. Mehr als 200 Cocktails im Angebot! Im Sommer gemütliche Bierbänke im Hof. Veleslavinova 22.

● *Clubs* **Music Club 21 (31),** Discoclub mit Restaurant und Café auf drei Etagen, zudem Terrasse mit Springbrunnen. Musik querbeet, hin und wieder All-inclusive-Partys. Mi–Sa 21–6 Uhr. Prokopova 21.

House of Blues (33), ca. 10 Fußmin. südlich des Zentrums. Großer Club, der sich, wie der Name schon sagt, auf Blues, Jazz und Rock spezialisiert hat. Man wirbt mit „Konzerten von Spitzenkünstlern aus aller Welt", tatsächlich aber vorrangig tschechische Bands. Di–Sa 18–4 Uhr. Černická 10. Vom Zentrum die Prokopova nehmen (Abzweigung beim McDonald's an der Americká), nach den Bahngleisen links ab in die U Radbuzy und dann gleich wieder rechts.

Zach's Pub (10), Mischung aus Irish Pub, in dem das Guinness in Strömen fließt, und Music-Club mit regelmäßigen Konzerten.

Man kann auch essen, z. B. ein *Full Irish Breakfast* oder Chili con Carne. Netter Biergarten im Innenhof. Palackého nám. 2.

In Spiral (32), im Keller ein unspektakuläres Restaurant, im OG ein großer Raum für die große Party. DJs und Konzerte – geboten wird alles andere als Mainstream (Jungle, Reggae, Punk, Techno). Freakiges Publikum, kleiner Eintritt. Resslova 17.

Potrefena Husa PH+ (25), → Kneipen.

Einkaufen

- 5 Antik Mini Galerie
- 7 Koření od Antonína
- 8 Music Records
- 22 Karabuka
- 23 Sunny Art
- 31 Vinotéka Plzeň

Übernachten

- 1 Autocamp Ostende
- 2 Schlosshof Býkov
- 8 V Solní
- 10 U Salzmannů
- 11 Rango
- 13 Central
- 16 U Zvonu
- 20 Continental
- 23 Pension K
- 27 Slovan
- 33 Hotel Hazuka/Pension Nr. 16

Essen & Trinken

- 3 Stará Sladovna
- 4 Archa
- 7 Dominik
- 10 U Salzmannů
- 12 Café Fellini
- 14 Plzeňská bašta
- 15 U Mansfelda
- 17 Caffé Emiliy
- 18 El Cid
- 19 Sky Bar
- 24 Café Anděl
- 25 Potrefena Husa
- 26 Měšťanská Beseda
- 28 Slunečnice
- 29 U nováků

Nachtleben

- 10 Zach's Pub
- 31 Music Club 21
- 32 In Spiral
- 33 House of Blues

Übernachten

● *Hotels* **** U Zvonu (16), von außen ein steriler Neubau, von innen aber ein recht ansprechendes Haus mit Tendenz zum Designhotel. 27 schicke, der Sterneanzahl entsprechend komfortable Zimmer mit hübschen Bädern. Café und Restaurant (mit Teppichboden!). Bewachte Tiefgarage (11 €/Nacht extra). EZ 63 €, DZ 93 €. Pražská 27, ✆ 378011855, 📠 378011856, www.hotel-uzvonu.cz.

**** **Central (13)**, von außen wie von innen wenig Flair. Zimmer aber okay und z. T. mit netter Aussicht auf den historischen Marktplatz. Sauna, Fitnessraum, eigene Parkplätze. EZ 53 €, DZ 88 €. Náměstí Republiky 33, ✆ 37 7226757, 📠 377226064, www.central-hotel.cz.

*** Rango (11), neues familiäres Hotel in einem Altstadthaus aus dem 16. Jh. 11 großzügige, komfortable Zimmer und 1 Apartment mit Internetanschluss und Minibar. Bewachte Garagenplätze, beste Lage. EZ 52 €, DZ 77 €. Pražská 10, ✆ 377221188, ✆ 377 220728, www.rango.cz.

*** Continental (20), feudaler Komplex aus der Jahrhundertwende mit großen Suiten und kleinen Zimmern – manche noch mit Etagentoilette und abgewohntem Mobiliar aus vorrevolutionärer Zeit, manche neu restauriert. Tristes Café, besser die Bar. EZ je nach Ausstattung 32–129 €, DZ 54–165 €. Zbrojnická 8, ✆ 377235292, ✆ 377221746, www.hotelcontinental.cz.

*** Slovan (27), traditionsreiches Haus vom Ende des 19. Jh. mit pompösen Treppenaufgängen und verblichenem Glanz. Leider nur bieder-schwerfällige Standardzimmer (teils noch ohne Bad), die eine Beauty-Kur dringend nötig hätten. Eigene Parkplätze. DZ ohne Bad 35 €, mit Bad 75 €. Smetanovy sady 1, ✆ 377227256, ✆ 377227012, http://hotelslovan.pilsen.cz.

• *Pensionen* **K (23)**, rekonstruiertes Haus aus dem 18. Jh. Hübscher Eingangsbereich mit Jugendstilbildern und vielen Pflanzen. Zimmer z. T. fröhlich gestrichen, aber mit altbackenem Mobiliar ausgestattet. Sauber, geräumige Bäder. EZ 32 €, DZ 48 €. Bezručova 13, ✆/✆ 377329683, pensionk@volny.cz.

*** Hotel Hazuka/Pension Nr. 16 (33), aufgrund des guten Preis-Leistungs-Verhältnisses sehr zu empfehlen. In Zentrumsnähe (15 Min. zu Fuß). Die Pension bietet freundliche, mit Kiefernholzmöbeln eingerichtete Zimmer. Etwas heller und schicker sind die Zimmer des 2005 neu eröffneten, angeschlossenen Hotels Hazuka. Garagenparkplätze. Anfahrt: Vom Zentrum die Prokopova nehmen (Abzweigung beim McDonald's an der Americká und stets dieser Straße stadtauswärts Richtung Süden folgen (ändert mehrmals ihren Namen), dann rechter Hand. Ⓑ 13 (Haltestelle Samaritská) fährt ebenfalls dorthin. EZ in der Pension 32 €, DZ 47 €, im Hotel 43 bzw. 61 €. Zborovská 16/18, ✆ 377420010, ✆ 377442691, www.hotelhazuka.cz.

V Solní (8), zentral gelegene Minipension. 3 geräumige Zimmer mit eigenem Bad (sehr sauber) und Standardmobiliar. Schnell ausgebucht, frühzeitige Reservierung ratsam. EZ 22 €, DZ 37 €, Frühstück extra. Solní 8, ✆ 377230652, www.volny.cz/pensolni.

U Salzmannů (10), 8 unterschiedlich große 08/15-Zimmer und -Apartments mit TV und Telefon, alle mit eigenem Bad. Die Pension ist der ältesten Pilsner Bierstube angegliedert. Eigene Parkplätze. DZ je nach Ausstattung 25–54 €, Apartment 68 €. Pražská 8, ✆ 377235855, www.usalzmannu.cz.

• *Camping* **Autocamp Ostende (1)**, am nördlichen Stadtrand direkt an einem Badesee – ein für eine Stadt wie Pilsen fast schon idyllischer Ort. Große und gepflegte Anlage mit viel Schatten und Restaurant. Von der Straße nach Most ausgeschildert. Wer ohne fahrbaren Untersatz unterwegs ist, nimmt vom Zentrum Straßenbahn Nr. 1 oder 5 Plaská, dann noch ca. 10 Min. zu Fuß. 2 Pers. mit Zelt u. Auto 13 €, Hütte für 4 Pers. mit Du/WC 56 €. Malý Bolevec, ✆/✆ 377520194, www.cbox.cz/atc-ostende.

• *Außerhalb* *****–**** Darovanský Dvůr,** großer historischer Gutshof, ca. 24 km nordöstlich von Pilsen nahe dem Dörfchen Darová, ausgeschildert. Über 100 Zimmer auf Drei- und Vier-Sterne-Niveau. Zwei Restaurants, Pool, Kanu- und Mountainbikeverleih, Pferde (Ausritte 21 €/Std.), Tennisplätze und ein 27-Loch-Golfplatz (Greenfee 32–42 €). EZ ab 42 €, DZ ab 56 €. Darová 3, ✆ 371740711, ✆ 371740710, www.darovanskydvur.cz.

*** Schlosshof Býkov (2), wer eine erstklassige Unterkunft zentraler Wohnlage vorzieht, dem sei dieser ca. 10 km nördlich von Pilsen gelegene Barockhof aus dem frühen 18. Jh. empfohlen. Ein vormaliger Besitzer des Guts war Fürst Metternich. Die Zimmer mit rustikal-komfortabler Einrichtung, dicken Holzbalken und schönen Bädern sind um einen gemütlichen Innenhof angelegt. Zum Hotel gehören Kongressräume, ein kleines Museum, eine Kapelle und ein gemütliches Lokal. Reitpferde, Mountainbikes, Fitnesscenter, Solarium, Sauna. Auch behindertengerechte Zimmer. Der Hof befindet sich nahe der Ortschaft Hromnice. Von Pilsen der Straße Nr. 27 nach Třemošná/Kaznějov folgen, dann ausgeschildert. EZ 32 €, DZ 49 €. Hromnice 55, ✆ 377193111, ✆ 377959345, www.bykov.cz.

Sport & Freizeit/Kultur

● *Air Park Zruč* Ein Flugzeugschrottplatz mit ein paar MIGs. Etwa 8 km nördlich von Pilsen im Ort Zruč-Senec (man nimmt die Straße über Třemošná, nicht zu verfehlen). Im Sommer tägl. 10–18 Uhr. Eintritt 3,50 €.

● *American Center* Das Zentrum, das vorrangig der Vertiefung tschechisch-amerikanischer Wirtschaftsbeziehungen dient, ist für jedermann frei zugänglich. Geboten werden eine Leseecke mit amerikanischen Zeitschriften und Magazinen, Kunstausstellungen, englischsprachige Videovorführungen und ein Restaurant mit American Food. Dominikánská 9.

● *Golf* **Golf Park Plzeň,** 18-Loch-Platz ca. 8 km nordöstlich von Pilsen bei Dýšina. Greenfee 39–56 €. ✆ 373729961, www.golfplzen.cz. Für einen weiteren Platz nahe Pilsen → Übernachten/Außerhalb/Darovanský Dvůr.

● *Radverleih* Über die Tschechische Bahn → S. 35.

● *Rundflüge* Mit kleinen Propellermaschinen veranstaltet der **Aeroklub Plasy,** pro Flugmin. je nach Flugzeug 0,40–2,80 €. Infos unter ✆ 373322029, www.akplasy.cz. Der Flugplatz liegt 19 km nördlich von Pilsen, auf dem Weg nach Plasy ausgeschildert.

● *Theater* Lohnenswert ist ein Besuch des **Tyl-Theaters,** das Anfang des 20. Jh. als Gegenstück zum Prager Nationaltheater entstand. Benannt ist es nach dem Komponisten und Dramatiker Josef Kajetán Tyl, der 1856 in Pilsen verstarb. Smetanovy Sady 16, Kartenvorverkauf in der Sedláckova 2, Mo–Fr 9–18 Uhr, ✆ 378038190, www.djkt-plzen.cz. Eine **Freilichtbühne** für 20.000 Zuschauer befindet sich im Lochotinský-Park in Norden der Stadt – leider äußerst selten irgendwelche Aufführungen.

● *Veranstaltungen/Festivals* Pilsen hat viel zu bieten, zu den Highlights gehören im Feb. z. B. die **Smetana-Tage,** ein Kulturfestival, Ende April das **Finále,** ein Festival des tschechischen Films, Mitte Juni ein **Folklorefestival,** in der ersten Augusthälfte das Stra-

Studentenstadt Pilsen

ßenfestival **Na Ulici** und im Sept. ein **Theaterfestival.** Anfang Okt. findet zudem stets das **Bierfest** der Pilsner-Urquell-Brauerei statt.

● *Zoo* Im Norden der Stadt, von der Straße nach Karlovy Vary ausgeschildert. Als besonders schön kann man den Pilsner Tiergarten nicht bezeichnen, er besitzt jedoch eine Attraktion: Komodowarane. April–Okt. 8–18 Uhr, Nov.–März 9–17 Uhr. Eintritt je nach Jahreszeit 1,80–2,70 €, Kinder 1–1,60 €. Ⓢ 3 oder 4 Lékařská fakulta, von dort laufen. Nebenan ein **botanischer Garten** und ein **Dinopark** mit jeder Menge Plastikechsen.

Sehenswertes

▸ **Náměstí Republiky (Platz der Republik):** Zentrum Pilsens ist der Náměstí Republiky, einer der größten Plätze Böhmens. Ihn säumen schöne Barock- und Renaissancehäuser, das Alter ihrer Grundmauern reicht z. T. bis ins 13. Jh. zurück. Zu den Sehenswürdigkeiten rund um den Platz gehören das Volkskundemuseum (s. u.) und die Galerien im sog. Kaiserhaus (s. u.). Dominiert wird der Náměstí Republiky von der gotischen Sankt-Bartholomäus-Kirche (s. u.). Zwischen ihr und dem Rathaus, ein Renaissancebau mit reichem Sgrafittoschmuck, steht die Pestsäule. Die Bürger Pilsens stifteten sie 1681 der Muttergottes aus Dankbarkeit dafür, dass ihre Stadt vor einer schweren Epidemie verschont blieb. Letztmalig brach die Pest übrigens 1714 in Pilsen aus. Viele der Toten wurden gleich hier auf dem Platz bestattet; die südliche Hälfte des Náměstí Republiky war bis zum Ende des 18. Jh. ein Friedhof.

▸ **Chrám sv. Bartoloměje (Sankt-Bartholomäus-Kirche):** Im ausgehenden 13. Jh. wurde mit dem Bau der dreischiffigen Hauptkirche begonnen, zu Beginn des 16. Jh. waren die Arbeiten abgeschlossen, aber nicht für immer. Verheerende Stadtbrände führten dazu, dass sie mehrmals wiederaufgebaut werden musste. In der Mitte des neugotischen Hauptaltars steht die bekannte, über einen Meter hohe steinerne „Pilsner Madonna" aus dem Ende des 14. Jh. Der Glockenturm der Kirche ist mit 102 m der höchste tschechische Kirchturm. Man kann ihn besteigen, 301 Stufen führen hinauf. Er stammt aus dem Jahr 1837. Der kleinere Vorgängerturm war infolge eines Blitzeinschlags abgebrannt.

Öffnungszeiten **Kirchturm mit Aussichtsplattform,** tägl. 10–18 Uhr. Eintritt 1,10 €, erm. 0,70 €. **Kirche,** April–Sept. Mi–Sa 10–16 Uhr, Okt.–Dez. Mi–Fr 10–16 Uhr.

▸ **Národopisné Muzeum (Volkskundemuseum):** Das liebevoll eingerichtete Volkskundemuseum am Náměstí Republiky ist ein Ableger des Westböhmischen Museums (s. u.). Es vermittelt u. a. einen Eindruck davon, wie die Menschen in den letzten Jahrhunderten auf dem Lande und in der Stadt lebten. Dementsprechend wurden auch Räumlichkeiten als Wohnstuben im Stil verschiedener Epochen mit dem passenden Interieur eingerichtet.

Adresse/Öffnungszeiten Náměstí Republiky 13. Im Sommer tägl. (außer Mo) 9–18 Uhr, im Winter bis 17 Uhr. Eintritt 0,70 €, erm. die Hälfte.

▸ **Velká synagoga (Große Synagoge):** Die laut Synagogenprospekt drittgrößte Synagoge der Welt wurde 1892 im maurisch-romanischen Stil erbaut. Anfangs plante man die Synagoge übrigens noch größer und im neogotischen Stil, auch sollten ihre beiden Türme höher werden. Der Entwurf wurde jedoch von den Stadtvätern abgelehnt: Kein jüdischer Bau durfte die Sankt-Bartholomäus-Kirche in den Schatten stellen. Heute erinnert die Synagoge an die einst große jüdische Gemeinde Pilsens, die durch die Nationalsozialisten ihr gewaltsames Ende fand. Von den 3200 deportierten Pilsner Juden kehrten nach dem Krieg nur 116 zurück. Das Innere der Synagoge ist sehenswert, hin und wieder finden hier auch Konzerte statt. Im Eingangsbereich Verkauf von jüdischer Literatur, Souvenirs und koscherem Wein.

Adresse/Öffnungszeiten Sady Pětatřicátníků 11. Tägl. (außer Sa) 10–18 Uhr. Eintritt 1,80 €, erm. 1 €.

▸ **Pivovarské muzeum (Brauereimuseum):** Kein Museum Pilsens lockt so viele Besucher an: Mit rund 50.000 im Jahr hält es den Rekord. Es ist untergebracht in einer Mälzerei aus dem Jahr 1492. Zu sehen gibt es jede Menge Gläser, Flaschen, Abfüllanlagen usw. Darunter befindet sich auch eines jener 30 gläserner Fässer (3 l passen rein), die sich Papst Pius XII. (1876–1958) jeden Monat zukommen ließ. Ob er die Bierfässer allein leerte oder in Gesellschaft, ist unbekannt. Eine Bierverköstigung im Museum gibt es nicht, dafür einen Souvenirverkauf.

Adresse/Öffnungszeiten Veleslavínova 6. April–Dez. tägl. 10–18 Uhr, sonst 10–17 Uhr. Eintritt 3,60 €, erm. 2,10 €.

▸ **Františkánský klášter (Franziskanerkloster):** Das Kloster samt Kirche entstand Ende des 13. Jh., war einst mit der Stadtmauer verbunden und blieb trotz schwerer Zerstörungen während der Hussitenkriege und dem Dreißigjährigem Krieg im Wesentlichen in seiner frühgotischen Gestalt erhalten. Heute beherbergt der Gebäudekomplex u. a. das *Diözesanmuseum*. Es zeigt Plastiken aus der Zeit der Gotik, der Renaissance und des Barock. Sehenswert ist die mit Fresken geschmückte Barbarakapelle. Die Wandmalereien, um 1460 entstanden, zeigen Szenen aus dem Leben der Hl. Barbara.

Adresse/Öffnungszeiten Františkánská 11. **Diözesanmuseum,** April–Sept. tägl. (außer Mo) 10–18 Uhr. Eintritt 1,10 €, erm. 0,70 €.

▶ **Galerien:** Pilsen kann mit unzähligen Galerien aufwarten, kaum ein Straßenzug, der keine hätte. Präsentiert wird Kunst aller Arten – von der Landschaftsmalerei bis zur Videoinstallation. Manche verlangen ein paar Kronen Eintritt, die meisten nichts. Lohnenswert ist ein Besuch der *Galerie Jiřího Trnky* (Mo–Fr 10–12 und 13–17 Uhr, Sa 10–14 Uhr) und der *Galerie města Plzně* (Galerie der Stadt Pilsen, Di–So 10–12 und 13–18 Uhr). Sie sind beide im sog. Kaiser-

Pilsen: Fassadenpracht

haus, dem Gebäude neben dem Informationszentrum am Náměstí Republiky untergebracht und zeigen überwiegend moderne tschechische Kunst. Auf Design spezialisiert hat sich die *Univerzitní galerie* (Universitätsgalerie) in der Jungmannova 1 (Di–Fr 10–17 Uhr, Sa 10–12 Uhr). Diverse wechselnde Ausstellungen sind auch in der *Galerie Trigon* (Mo–Fr 10–17 Uhr) zu sehen, untergebracht in einem Wasserturm aus der Mitte des 16. Jh. an der Pražská. Gegenüber, in den ehemaligen Pilsner Fleischbänken (Masné krámy) hat schließlich die *Západočeské galerie* (Westböhmische Galerie, Di–Fr 10–18 Uhr, Sa 12–18 Uhr, So 10–18 Uhr) ihren Sitz.

▶ **Západočeské muzeum (Westböhmisches Museum):** Im Südosten der Altstadt liegt das Westböhmische Museum, ein mächtiges Neorenaissancegebäude mit dekorativen Jugendstilelementen. Es entstand zwischen 1893 und 1902 und besitzt einen gewaltigen Fundus an kunstgewerblichen und historischen Sammlungen, insgesamt rund 76.000 Objekte. Die seit Jahren andauernden Umbau- und Restaurierungsarbeiten haben jedoch zur Folge, dass das Gros der Exponate unter Verschluss ist. Zuletzt waren neben temporären Expositionen lediglich der Jubiläumssaal im Obergeschoss (mit einer Ausstellung über Meißner Porzellan) und die im Untergeschoss eingerichtete Rüstkammer (viele Kanonenkugeln, Morgensterne, Schanzengewehre, Schutzhelme etc.) zu besichtigen. Für die Zukunft sind weitere Dauerausstellungen zur Paläontologie und zur Industriegeschichte geplant.

Adresse/Öffnungszeiten Kopeckého sady 2. Tägl. (außer Mo) 10–18 Uhr. Eintritt pro Ausstellung 0,70–1,80 €, erm. die Hälfte.

▶ **Plzeňské Podzemí (Pilsner Untergrund):** Schon im 13. Jh. begann man in Pilsen mit der Unterkellerung von Häusern. Im Lauf der Jahrhunderte erreichten die Keller Tiefen von bis zu vier Stockwerken. Sie dienten als Depots für Lebensmittel, aber auch als

Karte S. 136/137

Plzeň

Werkstätten oder Brennereien. Viele waren durch ein Tunnelsystem miteinander verbunden. Fälschlicherweise wird das Labyrinth aus Gewölbekellern auch als „Katakomben" bezeichnet, ein Bestattungsort im frühchristlichen Sinne war es jedoch nie. Einen Teil der unterirdischen Gewölbegänge kann man besichtigen. Zu sehen bekommt man dabei aus Fundstücke aus Glas und Keramik. Archäologen entdeckten diese in versiegten Brunnenschächten, die, nachdem der Grundwasserspiegel abgesunken war, als Abfallgruben genutzt wurden. Allzu spannend ist ein Besuch aber nicht.

Adresse/Öffnungszeiten Perlova 4. April–Mai u. Okt.–Nov. Mi–So 9–17 Uhr. Juni–Sept. Di–So 9–17 Uhr. Nur in Verbindung mit einer Führung zu besichtigen (nachmittags auch auf Deutsch), Dauer 30–40 Min. Pulli mitnehmen! Eintritt 2,20 €, erm. 1,30 €.

▸ **Plzeňský Prazdroj (Pilsner-Urquell-Brauerei):** Aus diesem Hause kommt eines der besten Biere weltweit, das Plzeňský prazdroj, das unter seinem deutschen Exportnamen „Pilsner Urquell" berühmt ist. Dieses Bier, das unerreichbare Vorbild von Pils, Pilsner oder Pilsener, steht wie kein anderes für Qualität. Seinen besonderen Geschmack verdankt es in erster Linie dem Žatecer Hopfen aus Nordböhmen, dem angeblich besten Hopfen der Welt.

Wer sich für Braukunst interessiert, kann an einer Führung durch die Brauerei teilnehmen, dabei geht es vorbei an Braupfannen, Sudkesseln, der Abfüllanlage und durch Gär- und Lagerkeller (Letztere besitzen eine Länge von insgesamt 9 km!). Die einzelnen Arbeitsgänge erfährt man per Video. Zum Schluss gibt's ein kleines Glas Bier, das zu Demonstrationszwecken noch nach jener alten Methode in einem Holzfass zur Reife gelangte, wie es zur Gründungszeit der Brauerei 1842 Usus war. Die Rezeptur fürs Pilsner Urquell hat übrigens der bayerische Braumeister Josef Groll erfunden.

Ganz nebenbei: Schon im Mittelalter wurde in Pilsen Bier gebraut, in manchen Jahren aber von so minderer Qualität, dass es immer wieder zu Volksaufständen kam. So nahmen sich die Stadtväter der Brauereien an und kontrollierten diese auf folgende Art und Weise: Frisch gebrautes Bier wurde über eine Bank geschüttet, auf welche sich der Braumeister zu setzen hatte. Stunden später, wenn alles eingetrocknet war, hatte dieser aufzustehen. Klebte er fest, war alles o. k., wenn nicht, war das Bier verdünnt und es gab Stockhiebe.

Hinter dem Areal der Pilsner-Urquell-Brauerei liegt die 1869 gegründete Gambrinus-Brauerei. Beide Brauereien gehören heute zum südafrikanischen Bierkonzern *SABMiller*. Zusammen produzieren sie weit über 10 Mio. Hektoliter Bier pro Jahr, die nicht nur im eigenen Land getrunken, sondern in mehr als 50 Länder exportiert werden. 2500 Beschäftigte helfen dabei mit. Noch bis Ende 2003 konnten diese übrigens – einmalig in tschechischen Brauhäusern – nach Schichtende in der Brauerei kneipe umsonst und unbegrenzt bechern gehen. Als man anfing, 4 Kronen (rund 0,14 €) pro Glas zu verlangen, kam es fast zum Aufstand.

Auf dem Brauereigelände befindet sich ein Souvenirladen, in dem es alles Mögliche zu kaufen gibt, auf das sich das Etikett der Brauerei drucken lässt. Im Restaurant „Na Spilce", eine gepflegte Bierhalle für 600 Gäste, werden böhmische Gerichte der mittleren Preisklasse serviert. Dort kann man auch das 13-gradige, halbdunkle *Master* probieren, das neueste Produkt des Hauses – seit 2007 auf dem Markt.

• *Adresse/Öffnungszeiten* Die **Brauerei** liegt östlich des Zentrums an der U Prazdroje 7; nicht zu übersehen. Für Einzelpersonen finden tägl. um 12.30 u. 14 Uhr Führungen (ca. 90 Min.) statt. Eintritt 4,70 €, erm. 2,50 €. Wer die Führung mit einem Besuch des Brauereimuseums (s. o.) kombinieren will, zahlt 7,90 € bzw. 3,90 €.

Bierprobe in der Pilsner-Urquell-Brauerei

Karte S. 136/137 Plzeň

▶ **Muzeum Škoda:** Wer hier Oldtimer erwartet, liegt falsch, denn diese gibt es im Škoda-Museum in Mladá Boleslav nordöstlich von Prag zu besichtigen, wo die Autos vom Band laufen. Das Škoda-Museum in Pilsen informiert in erster Linie über die Geschichte des Unternehmens, insbesondere am Standort Pilsen, wo heute u. a. Werkzeugmaschinen, Walzwerke, Druckwasserreaktoren, Dampfturbinen für Kohlekraftwerke und so weiter produziert werden. Škoda/Pilsen lieferte übrigens auch Reaktorteile für den störanfälligen Temelín-Meiler.

Die Unternehmensgeschichte nahm 1869 ihren Anfang, als der Ingenieur Emil Škoda (1839–1900) die gerade zehn Jahre zuvor gegründete *Graf Waldsteinische Maschinenfabrik* in Pilsen kaufte. Anfangs konstruierte man Maschinen für den Bergbau, für Brauereien und Zuckerfabriken. Mit dem Einstieg in die Stahlerzeugung und die Rüstungsproduktion stieg Škoda zu einem der bedeutendsten Unternehmen Österreich-Ungarns auf. Neben Wehrtechnik (Großkaliberhaubitzen, Schiffsgeschütztürme usw.) entwickelte man aber auch weiterhin Projekte für die zivile Nutzung, z. B. Stauanlagen für den Suezkanal. Anfang des 20. Jh. kam durch die Übernahme der Kraftwagenfabrik *Laurin und Klement* in Mladá Boleslav der Automobilbau hinzu, Ende des 1. Weltkriegs der Lokomotivenbau. Schließlich stand der Name Škoda auch für Schiffe, Flugzeuge und Stahlbrücken.

Mit der deutschen Besetzung Böhmens wurde Škoda Teil der Reichswerke Hermann Göring AG. Nach dem Krieg verstaatlichte die Tschechoslowakei das Unternehmen und nach dem Untergang des Kommunismus wurde es in eine Aktiengesellschaft überführt, der deutsche Volkswagenkonzern übernahm 1991 die Automobilsparte.

Adresse/Öffnungszeiten Das Museum befindet sich neben der Fabrik an der Korandova. Mo–Fr 8–15 Uhr. Eintritt 1,10 €, erm. 0,35 €.

Schloss Manětín

Plzeň/Umgebung

Verlässt man das Pilsener Becken, in dem sich die Stadt ausbreitet, wird die Gegend gleich hügelig. Weite Felder bestimmen das Bild und wechseln mit dichten Wäldern ab. Wer mit dem eigenen Fahrzeug unterwegs ist, zuckelt nicht selten einem Traktor oder Mähdrescher hinterher. Vielfach säumen Apfel- oder Kirschbäume die Straßen, vor allem im Frühling eine wahre Pracht. Es geht durch kleine, liebliche Dörfer mit alten ockerfarbenen Gutshöfen, die sich um einen Weiher gruppieren. Und es geht durch größere Ortschaften, mit einem Gemischtwarenladen in der Mitte und drum herum Plattenbauten, die noch immer um das schönste Grau eifern. Aber egal wo, kaum eine größere Anhöhe ohne Burgruine, kaum eine Stadt ohne Schloss. Zum Wandern oder Radfahren lädt insbesondere der dünn besiedelte Landstrich rund um Manětín und Rabštejn nad Střelou ein. Das sehenswerteste kulturgeschichtliche Highlight in der Umgebung Pilsen ist das Kloster Kladruby.

Starý Plzenec   (Alt-Pilsenetz)

Am Flüsschens Úslava, ca. 8 km südöstlich von Pilsen, liegt Starý Plzenec. Das kleine Städtchen ist in Tschechien vor allem wegen der hier ansässigen **Sektkelterei Bohemia** bekannt (Produktion weit über 10 Mio. Flaschen jährlich), die übrigens zu *Henkell & Söhnlein* gehört. Die Reben kommen aus der Region um Mikulov in Mähren, in Starý Plzenec finden der Gärungsprozess und die Abfüllung statt. Vor Ort kann man sich preiswert mit ein paar Flaschen eindecken, der beste und edelste Tropfen ist der *Louis Girardot (brut)*, die Flasche ca. 22 €.

Im Norden des Städtchens lag einst eine Burganlage der slawischen Přemysliden. Neben ein paar Grundmauern blieb eine **Rotunda** aus dem 10. Jh. erhalten, das älteste Bauwerk Westböhmens. Von der Kirche nördlich der Úslava führt ein Fußweg hinauf. Interessanter jedoch ist die gotische **Burgruine Radyně** auf dem gleichnamigen Hügel südlich des Städtchens. In der Mitte des 14. Jh. wurde sie von Karl IV. gegründet, nach einem Brand im 16. Jh. verfiel sie. Die Außenwände des Burgpalasts und ein 27 m hoher Turm sind noch erhalten. Am Parkplatz unterhalb der Burg findet man Einkehrmöglichkeiten.

● *Verbindungen* **Züge** stündl. nach Plzeň, bis zu 11-mal tägl. nach Horažd'ovice.

● *Essen & Trinken* **Restaurace Staroplzenecká,** in der Ortsmitte bei der Hauptkreuzung. Gepflegt-rustikales Restaurant mit riesigem Kachelofen und blumigen Deckenmalereien. Ausgefallene Fleischgerichte (darunter auch Strauß und Wild), dazu viele Steakvariationen. Hg. 3,50–11,60 €. Masarykova 57, ✆ 377965072.

● *Öffnungszeiten* **Burgruine Radyně,** April u. Mai nur Sa/So 10–18 Uhr, Juni–Aug. tägl. (außer Mo) 10–18 Uhr, Sept. u. Okt. nur Sa/So 9–17 Uhr. Eintritt 1,10 €, erm. die Hälfte. Anfahrt: Im Zentrum von Starý Plzenec zunächst ausgeschildert, doch bei der Weggabelung nach 2,5 km fehlt das Hinweisschild. Dort rechts Richtung Nebílovy halten und nach 700 m wieder rechts ab.

Zámek Kozel (Schloss Kozel)

Nahe der Ortschaft **Šťáhlavy,** ca. 14 km südöstlich von Pilsen, liegt das Jagdschloss Kozel, ein eingeschossiger klassizistischer Bau, um den sich ein malerisches Ensemble ebenfalls niedriger Pavillons mit Mansardendächern gruppiert. Die Anlage ist umgeben von einem englischen Garten mit exotischen Bäumen und einem Teich mit Seerosen. Johann Adelbert Czernín von Chudenice ließ das Schloss in der zweiten Hälfte des 18. Jh. bauen. Später ging es in den Besitz von Christian Vinzenz Waldstein-Wartenberg über, jenem Mann, dessen kleine Maschinenfabrik ein gewisser Emil Škoda übernahm und weltberühmt machte. Die Räumlichkeiten des Schlosses sind sehenswert, Wandschmuck und Mobiliar – überwiegend im Empirestil – blieben weitestgehend erhalten und vermitteln so einen Eindruck, in welch angenehmer Umgebung der Adel seine Sommer verbrachte. Vom Ankleidezimmer über die große Bibliothek bis zum Billardsalon können alle Räumlichkeiten des Hauptgebäudes besichtigt werden. In der ehemaligen Reitschule zeigt eine Galerie wechselnde Ausstellungen; in der Schlosskapelle werden hin und wieder Konzerte veranstaltet. Die Anlage ist ein beliebtes Ausflugsziel der Pilsener, vor dem Schloss findet man ein Restaurant, ein Café und einen Minigolfplatz.

● *Anfahrt/Verbindungen* Von Plzeň die Straße nach Starý Plzenec nehmen und von dort weiter Richtung Šťáhlavy. Das Schloss ist mit „Zámek" ausgeschildert.
Mit dem **Zug** erreicht man Šťáhlavy regelmäßig von Plzeň, vom Bahnhof ca. 1,5 km zu Fuß.

● *Öffnungszeiten* **Schloss,** April u. Okt. Sa/So 9–16 Uhr, Mai u. Sept. tägl. (außer Mo) 9–16 Uhr, Juni–Aug. tägl. (außer Mo) 9–17 Uhr. Führungen 2,80 €, erm. 2,10 €, mit dt. Text 0,70 €/Pers. extra, fremdsprachige Führung 1,80 €/Pers. extra. Eintritt für die Reitschule 0,70 €, erm. die Hälfte.

Zámek Nebílovy (Schloss Nebillau)

Für „Zámekioten" ganz nebenbei: 9 km südwestlich von Schloss Kozel liegt die kleine, verschlafene Ortschaft **Nebílovy.** Hier steht das Schloss Nebillau, das Anfang des 18. Jh. im Barockstil nach Wiener Vorbild errichtet wurde. Das gelb-apricotfarbene Hauptgebäude wurde bereits restauriert und kann besichtigt werden, dahinter sieht es jedoch noch arg heruntergekommen aus. Eine Schlosstour ist bislang wenig spannend, wer weiß aber, was daraus wird.

Öffnungszeiten April u. Okt. nur Sa/So 9–16 Uhr, Mai–Sept. tägl. (außer Mo) 9–17 Uhr, Mittagspause 12–13 Uhr. Eintritt 1,40 €, erm. die Hälfte, 50 % mehr bei einer fremdsprachigen Führung.

Nepomuk

Etwa 35 km südöstlich von Pilsen passiert die Europastraße 49 das 3500-Einwohner-Städtchen Nepomuk. Es soll der Geburtsort des Hl. Nepomuk sein (→ Kasten). An der Stelle seines angeblichen Geburtshauses etwas abseits des Zentrums wurde 1734–36 eine barocke **Wallfahrtskirche** nach Plänen von Kilian Ignaz Dientzenhofer erbaut. Oberhalb des weiten, bergauf verlaufenden Marktplatzes befindet sich die ehemalige katholische Schule, heute das städtische **Volkskundemuseum** samt einer Galerie. Etwas nördlich des Zentrums thront auf einer Anhöhe das barocke **Schloss Zelená Hora** (Grünberg), das aus einer mittelalterlichen Burg hervorging. In seinem ehemaligen Reitstall kann man sich eine Ausstellung über die Schlossgeschichte sowie die Historie des längstens verschwundenen Zisterzienserklosters von Nepomuk anschauen – eher etwas für Spezialisten, alle anderen mag zumindest die Aussicht vom Schloss faszinieren.

• _Verbindungen_ Mehrmals tägl. **Busse** nach Plzeň, Blatná und Žinkovy. Bahnhof ca. 3 km außerhalb im Dorf Dvorec. **Züge** regelmäßig nach Plzeň und Horažďovice, bis zu 8-mal nach Budweis.

• _Essen & Trinken/Übernachten_ *** Hotel U Zeleného Stromu, zentral gegenüber dem Museum. 2005 eröffnet. 56-Betten-Hotel in einem historischen Gebäude. Ordentliche Zimmer mit Internetanschluss, jedoch ohne persönliche Note. Gepflegtes rustikales Restaurant im Zeichen des braven Soldaten Švejk. Große Karte, vorrangig deftige böhmische Küche zu 2,60–10,50 €. Im Restaurant wie im Hotel ziemlich unprofessionelles Personal. EZ 33 €, DZ 51 €. Nám. A. Němejce 69, ℡ 371580371, ✉ 371580372, www.svejkhotel.cz.

• _Öffnungszeiten_ **Museum**, Di–Fr 9–11 u. 12–16 Uhr, Sa/So 9–14 Uhr. Eintritt 0,70 €, erm. die Hälfte.

Schloss Zelená Hora, Mai–Sept. nur Sa/So 13.30–17 Uhr. Eintritt 1,40 €, erm. 0,40 €.

Die Nepomuk-Legende

Den Intrigen zwischen Kirche und Krone Ende des 14. Jh. fiel Johann aus Nepomuk zum Opfer, seines Zeichens Generalvikar des Prager Erzbischofs. Wenzel IV. hatte ihn zu Tode foltern und in die Moldau werfen lassen. Drei Jahrhunderte später, während der Gegenreformation, spannen die Jesuiten daraus die Geschichte vom schweigsamen Beichtvater Nepomuk, der die Beichtgeheimnisse der Königin nicht preisgeben wollte und deswegen sterben musste. Zum Beweis für die Geschichte exhumierten sie seinen Leichnam und fanden seine unverweste Zunge, die sie der Welt zur Schau stellten. (Laut weniger frommer Quellen soll es sich dabei um das verschrumpelte Gehirn gehandelt haben.) 1729 erfolgte schließlich die Heiligsprechung Johann Nepomuks. Acht Tage dauerten die prunkvollen Feierlichkeiten in Prag. Durch sein Denkmal auf der Karlsbrücke (→ S. 214) wurde er zum wichtigsten Brückenheiligen der katholischen Welt.

Žinkovy   (Schinkau)

Etwa 6 km westlich von Nepomuk liegt die verträumte 1000-Einwohner-Gemeinde Žinkovy idyllisch an einem See. Am Ostufer des Sees steht ein mit Zinnen und Türmchen verziertes **Märchenschloss**. Einst war es im Besitz der Familie Emil Škodas. Nach der Samtenen Revolution erstand es ein Engländer, der mittlerweile aber an eine amerikanische Firma weiterverkauft hat. Welchen Zwecken das derzeit leer geräumte, unbewohnte Schloss künftig dienen wird, steht in den Sternen, mit Restaurierungsarbeiten wurde aber schon begonnen. Im See kann man baden und angeln, zudem gibt es am Ufer einen Ruderbootverleih. Die Umgebung ist herrlich und lädt zum Wandern und Radfahren ein. Ein blau markierter Wanderweg führt nach Nepomuk.

• *Verbindungen* Mehrmals tägl. fährt ein **Bus** nach Nepomuk.

• *Übernachten/Camping* **Penzion Slávka,** am See gelegene kleine Familienpension. Terrasse, Grillmöglichkeiten. 2 große Zimmer mit privatem Bad und 2 kleinere mit Gemeinschaftsbad. Sehr freundlich. DZ 24–26 €. Žinkovy 64, ☎ 371593315, f.proschek@tiscali.cz.

> **ATC Nový Rybník**, ca. 3 km außerhalb von Žinkovy nahe der Straße nach Nepomuk. Schöne Lage an einem Badesee. Wasserrutsche, Restaurant, Minigolf-, Tennis- und Beachvolleyballplatz. Freundliches Personal. Bushaltestelle fast vor der Tür. Mai–Sept. 2 Pers. mit Zelt u. Auto 5,80 €, Chata für 2 Pers. 13 €. Plzeňská 456, ☎/🖷 371591359, www.novyrybnik.cz.

Dolní Lukavice   (Unter-Lukawitz)

Ungefähr 18 km südlich von Plzeň liegt die kleine Ortschaft Dolní Lukavice. In ihrem Zentrum steht ein **Barockschloss** aus dem frühen 18. Jh., heute in einem erbärmlichen Zustand. Das Mauerwerk liegt blank, viele Fenster fehlen, nur das Dach ist gedeckt. Im frei zugänglichen Garten lässt es sich jedoch herrlich picknicken. Einst war das Anwesen im Besitz des Grafen Karl Josef Morzin, an dessen Hof zu Mitte des 18. Jh. Joseph Haydn als Kammerkomponist für 200 Gulden, freie Kost und Logis wirkte. Ihm unterstand ein Orchester von 15 Mann. Zu Haydns Ehren finden heute jeden Sommer **Festspiele** in Dolní Lukavice statt.

Verbindungen Mit dem **Bus** nur von Plzeň oder Přeštice zu erreichen.

Přeštice (Pschreschtitz) und Lužany (Luschan)

Přeštice, ca. 22 km südlich von Pilsen, ist ein Plattenbaustädtchen mit rund 5000 Einwohnern. Lediglich der kleine Ortskern besitzt ansatzweise Flair. Er wird überragt von einer mächtigen, weithin sichtbaren rot-beigen **Barockkirche,** entworfen von Kilian Ignaz Dientzenhofer. Leider ist das Gotteshaus meist verschlossen (aber durchs Portal einsehbar). Gleich darunter steht das **Haus der Geschichte** (Dům Historie Přešticka), das örtliche Museum mit einem nachgestellten Kaufmannsladen aus dem frühen 20. Jh.

Verlässt man Přeštice auf der E 53 gen Süden, erreicht man nach rund 2 km Lužany (Luschan). Biegt man dort gleich hinter dem „Konzum" links ab, gelangt man zum **Schloss Hlávka** (Zámek Josefa Hlávky, kein Hinweisschild). Der Architekt Josef Hlávka (1831–1908), bekannt z. B. durch den Wiener Opernbau, ließ das ursprünglich im Renaissancestil errichtete Anwesen nach seinen Vorstellungen umbauen und scharte dort allerlei Künstler um sich. Zu seinen Gästen zählte u. a. auch Antonín Dvořák, der ihm zur Einweihung der Schlosskapelle die *Messe in D-Dur, Op. 86* komponierte. Hlávka ruht heute auf dem Friedhof von Přeštice in einer von ihm selbst entworfenen Gruftkapelle im Stil des Wiener Eklektizismus.

• *Verbindungen* Přeštice ist mehrmals tägl. per **Bus** und **Zug** von Plzeň zu erreichen, von dort regelmäßige Busverbindungen nach Lužany.

• *Öffnungszeiten* **Haus der Geschichte,** Di–Fr 9–12 u. 13–17 Uhr, Sa/So 14–17 Uhr. Eintritt 0,70 €, erm. die Hälfte. **Schloss Lužany,** das Schloss war zuletzt nicht mehr zugänglich, was sich jedoch wieder ändern kann.

Plzeň/Umgebung

Chotěšov (Choteschau)

Das kleine Städtchen Chotěšov an der Hauptverbindungsstraße Plzeň – Domažlice, etwa 15 km südwestlich von Pilsen, wird von einem riesigen Kloster überragt. Es wurde bereits Anfang des 13. Jh. als **Prämonstratenserkloster** gegründet und im 17. und 18. Jh. barockisiert. Heute sind die meisten Trakte ziemlich heruntergekommen. Geld für die dringend notwendige Restaurierung fehlt, nur schleichend ziehen sich die Arbeiten voran.

• *Verbindungen* Mehrmals tägl. per **Bus** und **Zug** von Pilsen zu erreichen.

• *Öffnungszeiten* **Kloster,** Führungen nur Mai–Sept. stets So um 13.30, 15 u. 16.30 Uhr. Eintritt 1,40 €.

Für weitere Ziele südlich von Pilsen → Klatovy/Umgebung ab S. 161, für weitere Ziele südwestlich von Pilsen → Domažlice/Umgebung ab S. 184.

Klášter Kladruby (Kloster Kladrau)

Erst Kloster, dann Schloss, heute auf jeden Fall die größte Sehenswürdigkeit in der Nähe von Pilsen und gut über die E 50 zu erreichen.

33 km westlich von Pilsen erhebt sich majestätisch auf einer Anhöhe über der gleichnamigen Ortschaft eine der beeindruckendsten Klosteranlagen Böhmens. Vladislav I. gründete sie bereits im Jahr 1115 als Benediktinerkloster, 10 Jahre später wurde er selbst hier beigesetzt. In seiner Blütezeit unterstanden dem Kloster weit über 100 Dörfer, mehrere Gemeinden und Burgen.

Kloster Kladruby

Schwer in Mitleidenschaft gezogen wurde die Klosteranlage während der Hussitenkriege und im Dreißigjährigen Krieg. Giovanni Santini baute sie im Zuge der Gegenreformation wieder auf. So verwundert es nicht, dass an der riesigen, mit EU-Geldern restaurierten **Klosterkirche Sankt Marien** (Kostel P. Marie), der Hauptattraktion, romanische, gotische und barocke Elemente ineinander verschmelzen. Die Altarplastiken und die Heiligenstatuen sind ein Werk Matthias Bernhard Brauns. Das Konventsgebäude schuf vermutlich Kilian Ignaz Dientzenhofer. 1785 wurde das Kloster säkularisiert und diente vorübergehend als Kaserne und Hospital. 1825 ging das Objekt in den Besitz der Adelsfamilie Windischgrätz über, die es in ein Schloss umwandelte und eine Brauerei darin einrichtete. Die Kommunisten nutzten es als Kulturzentrum. Heute finden hier jedes Jahr im Sommer diverse Musikveranstaltungen statt.

Zwei Führungen werden durch das Kloster angeboten. Eine hat die Kirche und das Kloster als Benediktinerabtei zum Schwerpunkt (60 Min.), die andere das Kloster als Schloss derer zu Windischgrätz (50 Min.).

● *Verbindungen* **Busse** mehrmals tägl. nach Stříbro, bis zu 2-mal tägl. nach Plzeň und Tachov.

● *Öffnungszeiten* **Klosteranlage,** April u. Okt. nur Sa/So 9–16 Uhr, Mai u. Sept. tägl. (außer Mo) 9–16 Uhr, Juni–Aug. tägl. (außer

Mo) 9–17 Uhr. Beide Führungen zusammen 3,50 €, erm. 2,80 €, fremdsprachige Führungen 1,80 €/Person und Führung extra. Unspektakuläres Restaurant auf dem Klosterareal.

Dientzenhofer & Co – die großen Meister des Barock

Der Baustil des Barock, im 16. Jh. in Italien entstanden, hielt im 17. Jh. seinen großen Einzug in Böhmen. Von den katholischen Habsburgern zum „Reichsstil" erhoben, symbolisierte er religiöse Frömmigkeit, aber auch weltliche Daseinsfreude, die das Leben zum Fest erklärte. Die wichtigsten Kennzeichen sind eine stürmische Dynamik, schwungvolle Kurven und Flächen, die zu plastischen Gebilden mutieren. Typisch sind außerdem mächtige Kuppeln und illusionistische Deckengemälde. Unter den Jesuiten, die die Gegenreformation des Landes vornehmlich in die Hände genommen hatten, wurde der prunkvolle barocke Um- und Neubau sakraler Bauten gefördert.

Verantwortlich dafür waren zu einem großen Teil deutschsprachige Baumeister, allen voran die Dientzenhofers aus dem oberbayrischen Bad Aibling. Es waren mehrere – fünf Söhne hatte der Bergbauer Georg Dientzenhofer – und alle begaben sich in die Lehre nach Prag. Während vier davon später nach Süddeutschland zurückkehrten und zahlreiche Städte mit prachtvollen Barockbauten verschönerten, blieb **Christoph Dientzenhofer** (1665–1727) in Böhmen. Hier verwirklichte er grandiose Projekte wie die Wallfahrtskirche Maria Kulm (→ Františkovy Lázně/Umgebung, S. 120) und das Stift Tepl (→ Mariánské Lázně/Umgebung, S. 100). An Berühmtheit übertraf ihn lediglich sein in Prag geborener Sohn **Kilian Ignaz Dientzenhofer** (1689–1751), der als großer Meister des Spätbarock gilt. Studienreisen führten diesen nach Italien und Frankreich. 1720 kehrte der Künstler an die Moldau zurück. Bis zu seinem Tode lebte er dort, abgesehen von zahlreichen Dienstreisen kreuz und quer durch Böhmen, wo er für unzählige Barockbauten verantwortlich war. Zu seinen Meisterwerken gehört die Sankt-Nikolaus-Kirche auf der Prager Kleinseite (→ S. 227).

Giovanni Santini (1667–1723) ist ein weiterer bedeutender Name unter den ganz großen Barockmeistern Böhmens. Als Johann Blasius Santini-Aichel wurde er in Prag geboren. Sein Großvater, Anton Akel, war aus dem Luganese zugewandert, seine Großmutter Christine (geborene Ost) kam aus dem damals deutschsprachigen Pilsen. Giovanni Santini brachte die sog. „Barockgotik" hervor, eine eigenwillige Stilrichtung, die gotische und barocke Elemente miteinander verschmelzen ließ. Herausragendes Beispiel ist das Kloster Kladruby.

Ein ebenfalls nennenswerter Barockkünstler ist der Tiroler Bildhauer **Matthias Bernhard Braun** (1684–1738). Unzählige hochbarocke Statuen, u. a. an der Karlsbrücke in Prag (→ S. 214), sind ihm zu verdanken.

Přehrada Hracholusky   (Hracholusky-Talsperre)

1964 wurde die Mže (Mies) ca. 15 km westlich von Pilsen durch einen Damm ge-
staut. Der dadurch entstandene See wirkt eher wie ein breiter Fluss. Sein Nordufer
ist überwiegend bewaldet, das Südufer wird touristisch genutzt: Hier gibt es auch
die besten Bademöglichkeiten – zu viel erwarten sollte man sich aber nicht. Rechts
und links der Ortschaft **Hracholusky,** ein Ferienort ohne viel Flair, liegen unzählige
Datschensiedlungen. Nahe der Staumauer im Osten des Sees, beim Campingplatz
Transkemp (s. u.), legt im Sommer das Motorschiff „Plzeň" ab. Es steuert verschiedene Ecken des Stausees an (Mai/Juni/Sept. nur Sa/So, Juli/Aug. Di–So, die längste
Strecke kostet 2,50 €).

• *Verbindungen* Die Anbindung mit öffentlichen Transportmitteln ist sehr schlecht,
der See ist in erster Linie ein Ziel für Selbstfahrer.

• *Übernachten/Camping* Es gibt in Hracholusky einige einfache Pensionen, jedoch
keine, die hervorzuheben wären. Außerdem
haben Sie die Wahl zwischen mehreren
Campingplätzen, auf denen im Sommer Zelte und Wohnwagen dicht an dicht stehen.
Transkemp Hracholusky, schön, wenn
man hier ein Plätzchen in erster Reihe er-
wischt, ansonsten hat der schattenlose,
terrassierte Platz recht wenig Atmosphäre.

Vermietet werden auch Blockhütten und
Ferienhäuser. Fest in deutscher Hand.
März–Dez. 2 Pers. mit Auto u. Zelt 8,50 €,
Hütte mit 4 Betten ab 35 €. Hracholusky,
✆/📠 377914242, www.hracholusky.com.
Ca. 3 km nördlich des Dorfs Pňovany (dort
ausgeschildert) liegen zudem die Campingplätze **Radost** (schattenlose Stellplätze direkt am See) und **Terasy** (gepflegter, aber
hinter dem Radost und daher auch ohne
direkten Seezugang). Beide Plätze vermieten auch Betten in Chatas, ähnliche Preise
wie der Transkemp Hracholusky.

Stříbro   (Mies)

Das 4000 Einwohner zählende Städtchen Stříbro, ca. 34 km westlich von Pilsen, ist
kein Ort, den man gesehen haben muss. Eine gemütliche Pause ist er dennoch
wert. Die Deutschen nannten den Ort Mies nach dem zu seinen Füßen fließenden
gleichnamigen Fluss (tschech. Mže). Stříbro, übersetzt „Silber", ist genauso passend, zumal der Wohlstand des Städtchens bis zum Dreißigjährigen Krieg auf den
reichen Silbervorkommen der hiesigen Bergwerke gründete. Die Schweden jedoch
zerstörten die Stollen. Heute lebt man insbesondere von der Textilindustrie, auch
schafft eine große Kaserne am Stadtrand Arbeitsplätze.

Zentrum des Städtchens ist der **Masarykovo náměstí,** ein gemütlicher Platz, umgeben von einer Vielzahl hochgiebeliger Bürgerhäuser, die fast alle restauriert sind.
Eines der schönsten Renaissancerathäuser Böhmens ist hier zu finden. An dessen
Turm erfreut ein Glockenspiel. Gegenüber, in den Räumlichkeiten eines herunter-
gekommenen alten Minoritenklosters, befinden sich die örtliche Touristeninfor-
mation und das **Stadtmuseum** (Městské muzeum). Es klärt über die Bergbauver-
gangenheit des Städtchens auf, präsentiert Mineralien, Keramik, Möbel, Waffen
usw. Rund um die Altstadt sind noch Teile der alten Befestigungen erhalten.

• *Information* **Infocentrum,** Okt.–Mai Mo–
Fr 8–12 u. 13–16 Uhr, Juni–Sept. Mo–Fr 9–12
u. 13–17 Uhr, Sa 9–15 Uhr. ✆ 374627247,
www.stribro.cz.

• *Verbindungen* Busbahnhof ca. 5 Fußmin.
westlich des Zentrums, vom Masarykovo
náměstí aus beschildert. **Busse** regelmäßig

nach Tachov und Pilsen, bis zu 5-mal tägl.
nach Konstantinsbad und Bezdružice, 6-mal
nach Kladruby, mehrmals tägl. über Mariánské Lázně und Cheb nach Františkovy
Lázně und Asch, seltener nach Plana.
Bahnhof ca. 2 km südlich des Zentrums.
Züge fahren in regelmäßigen Abständen

nach Pilsen und über Marienbad nach Cheb, bis zu 9-mal nach Prag, bis zu 6-mal nach Franzensbad, regelmäßig nach Lázně Kynžvart, nur 2-mal tägl. nach Nepomuk.

• *Parken* Am Hauptplatz, dem Masarykovo náměstí.

• *Übernachten/Essen & Trinken* Diverse Unterkunftsmöglichkeiten sind vorhanden.

**** Hotel Alexander, am Marktplatz. 2006 eröffnetes Hotel in einem Gebäude aus dem 16. Jh. 24 angenehme Zimmer, komfortabel ausgestattet (u. a. mit Safe und Internetanschluss), aber leider nicht mit der Liebe eingerichtet, die das so liebevoll restaurierte Haus verdient hätte. EZ 49 €, DZ 70 €. Masarykovo nám. 13, ✆ 373737816, ✉ 37 3737862, www.hotel-alexander.cz.

Pension U Radnice, beste Lage am Marktplatz, 2004 eröffnet. Neu ausgestattete, dennoch eher schlichte Zimmer mit Bad und TV, viele mit Aussicht auf den Platz. Kostenlose Parkplätze. Gepflegtes Kellerrestau-rant. EZ 20 €, DZ 28 €, Frühstück extra. Masarykovo nám. 61, ✆ 374622298, jlesak@cpoj.cz.

Pension U Rybiček, nur ca. 80 m vom Marktplatz entfernt. Schlicht-freundliche Zimmer mit Bad, doch noch wichtiger ist das angeschlossene Restaurant mit Mikrobrauerei: gute Fischgerichte, Angussteaks, dazu verfeinerte böhmische Klassiker zu 3,90–11,60 €. Netter kleiner Außenbereich. DZ 28 €. Plzeňská, ✆ 603888817 (mobil).

Restaurace Zlatý Kalich, pseudogediegenes Lokal, Eichenmobiliar und Teppichboden unter Stuckdecke. Grundehrliche böhmische Küche (Schnitzel, Gulasch, Lendenbraten). Mittagsgerichte 2,10–2,80 €, abends etwas teurer. Masarykovo náměstí, ✆ 37461 6311.

• *Öffnungszeiten* **Stadtmuseum,** Okt.–Mai Di–Fr 9–12 u. 13–16 Uhr, Juni–Sept. zusätzlich Sa 9–15 Uhr. Eintritt 1,10 €, erm. die Hälfte.

Für weitere Ziele westlich und nordwestlich von Plzeň → Mariánské Lázně/Umgebung ab S. 100.

Plasy

(Plass)

Etwas über 2000 Einwohner zählt das kleine Städtchen Plasy ca. 21 km nördlich von Pilsen im grünen Tal der Střela. Es steht ganz im Schatten eines weitläufigen barocken **Zisterzienserklosters.** Bereits 1144 wurde das Kloster von Vladislav II. gegründet. Das Gros der heute zu sehenden Bauten stammt jedoch aus dem 17. und 18. Jh., für sie zeichnen so berühmte Architekten wie Giovanni Santini und Kilian Ignaz Dientzenhofer verantwortlich (→ Kasten, S. 149). Da das ganze Areal auf sumpfigem Boden errichtet wurde, stehen die Fundamente der Kirche und der Klostergebäude auf über 5100 Eichenholzpfählen. 1826 ging das Kloster zusammen mit 55 Dörfern in den Besitz des Fürsten Metternich über, dem erzkonservativen österreichischen Kanzler, dessen Familie das Kloster bis 1945 gehörte (→ Lázně Kynžvart, S. 98). Am nahe gelegenen Friedhof (gegenüber der Straße) ließ er die Friedhofskapelle zu einer klassizistischen Familiengruft umbauen. Ganz im Sinne seines politischen Denkens stellt sie den dahinter liegenden Friedhof der Bürgerlichen in den Schatten.

Zwei Führungen werden angeboten. Eine widmet sich dem Konvent als solchem. Zu den Höhepunkten gehören dabei der barocke Lesesaal der Bibliothek, die einst 14.000 Bände umfasste, und jener Flügel, der das Krankenhaus beherbergte – sehenswert dort die Wendeltreppe von Giovanni Santini (→ Kasten, S. 149). Auf der anderen Tour besichtigt man die frühgotische Benediktkapelle mit ihrer herausragenden Akustik. Ende Juli oder Anfang August wird der Besucher mit einem zusätzlichen Bonbon belohnt, denn dann findet das **Festival für zeitgenössische Kunst und Musik** statt, an dem avantgardistische Künstler aus ganz Europa teilnehmen.

Plzeň/Umgebung

• *Verbindungen* Bahnhof ca. 1 km vom Kloster entfernt, der Bus hält vor der Tür. **Busse** nahezu stündl. nach Kralovice (Mariánský Týnec) und Plzeň sowie mehrmals tägl. nach Manětín. **Züge** bis zu 12-mal tägl. nach Plzeň.

• *Essen & Trinken/Übernachten* **Penzion Rudolf II.,** an der Durchgangsstraße schräg gegenüber dem Klostereingang. 2007 eröffnete Pension mit 17 freundlichen, jugendlichen Zimmern (Kiefernholzmobiliar, bunte Bettbezüge). Die teuren Zimmer verfügen über Wannenbäder und Satelliten-TV mit deutschen Programmen. Rustikales Restaurant mit einem Touch Mittelalterambiente (Ritterrüstungen). Außergewöhnliche ländliche Küche, z. B. Rostbraten vom Strauß, Wildschweingulasch oder Fasan. Auch einige Fischgerichte. Kleiner Außenbereich mit Kinderspielplatz. Hg. 3–10 €. DZ je nach Ausstattung 25–42 €. Plzeňská 37, ☎ 7241059 52, 📠 721802971, www.rudolf-ll.cz.

• *Öffnungszeiten* **Kloster Plasy,** April und Okt. nur Sa/So 9–15 Uhr, Mai u. Sept. tägl. (außer Mo) 9–16 Uhr, Juni–Aug. tägl. (außer Mo) 9–17 Uhr, Mittagspause 12–13 Uhr. Eintritt je nach Führung 1–1,80 €, erm. 0,70 –1 €.

Santini-Wendeltreppe im Kloster Plasy

Mariánský Týnec (Maria Teinitz)

Nahe der Ortschaft Kralovice, ca. 9 km nordöstlich von Plasy, liegt Mariánský Týnec, ein Dorf mit Weiher und einer großen **Wallfahrtskirche** samt Propstei. Gebaut wurde diese in der Mitte des 18. Jh. von dem Architekten Giovanni Santini (→ S. 149), der auch am Kloster Plasy wirkte. Und wie Plasy ging auch Mariánský Týnec in den Besitz der Metternichs über, die kein Interesse an der Pflege des einstigen Wallfahrtsorts zeigten. 1919 stürzte die große Kuppel der Kirche ein. Seit Jahren werden – mit EU-Geldern – umfangreiche Restaurierungsarbeiten durchgeführt. Die Propstei beherbergt heute das **Heimatmuseum** der Region Pilsen/Nord, das ein buntes Sammelsurium aus allen Epochen präsentiert, von gotischen Plastiken über Spielzeug und Trachten bis zu einem Bienenstock in Löwenform. Bei einem Rundgang ist auch die Kirche zu besichtigen.

Portal in Mariánský Týnec

Plzeň/Umgebung

● *Verbindungen* Kralovice ist am einfachsten mit dem **Bus** von Plzeň zu erreichen, von dort ca. 2 km zu Fuß weiter.

● *Übernachten* Vor Ort hat man schlechte Karten.

Pension U Přihodů, ca. 12 km nördlich von Mariánský Týnec im hübschen 35-Einwohner-Dorf Podbořánky. 8 rustikale Zimmer mit privaten Bädern, dazu Tennisplatz, Sauna, Restaurant mit netter Terrasse und Golf-

platz ums Eck. Absolut ruhige Lage, freundliche, deutschsprachige Betreiber. EZ 21 €, DZ 34 €. Podbořánky 59, ✆/✎ 313599275, www.penzionpodboranky.cz.

● *Golf* **Golfclub Podbořánky,** im gleichnamigen Dorf (→ Übernachten). 9-Loch-Platz, Par 72. Greenfee 12–21 €. ✆ 313599888, www.golfpark.cz.

● *Öffnungszeiten* **Museum,** tägl. (außer Mo) 9–18 Uhr. Eintritt 0,90 €, erm. 0,50 €.

Manětín
(Manetin)

Etwa 35 km nordwestlich von Pilsen liegt Manětín, ein gemütlicher kleiner Flecken ganz im Zeichen des Barock. Das einzige Leben spielt sich an der Hauptstraße vorm Schloss ab, wo man eine Handvoll Geschäfte findet, und im „Schlossrestaurant" (Zámecká restaurace), wo schon um 11 Uhr morgens bei Bier und Schnaps über Gott und die Welt und den örtlichen Fußballverein TJ Sokol diskutiert wird. Zur Gemütlichkeit des Orts tragen auch die an jeder Ecke im Ort stehenden Barockplastiken aus Sandstein bei – die Frauenfiguren stellen übrigens die Tugenden und Jahreszeiten dar, die Heiligenstatuen sind Landes- und Schutzpatrone.

Das **Schloss** in seiner heutigen Form entstand auf den Grundmauern eines mittelalterlichen Johanniterkonvents. Es wurde in der ersten Hälfte des 18. Jh. im Auftrag des Adelgeschlechts Lažanský errichtet, das es bis 1945 bewohnte. Durch das Schloss werden Führungen angeboten, zu sehen bekommt man u. a. ein paar herrliche Deckenfresken, Porzellan in Vitrinen, Porträts der Lažanský, die Schlossbibliothek mit mehr als 5000 Bänden – das Gros davon in deutscher Sprache – und die Dechanatskirche, die durch eine überdachte Straßenbrücke mit dem Schloss verbunden ist.

Von Pilsen führt ein überregionaler **Radwanderweg** nach Manětín und von dort weiter über Chyše und Valeč nach Kadaň (→ Karlovy Vary/Umgebung ab S. 73).

• *Verbindungen* **Busse** mehrmals tägl. nach Plzeň, Nečtiny, Úterý, Rabštejn nad Střelou und Plasy.

• *Übernachten* In Manětín und Umgebung gibt es nur wenige Unterkunftsmöglichkeiten und unter den wenigen sind kaum empfehlenswerte.

Penzion U Kaprů, an der Durchgangsstraße im 6 km südwestlich gelegenen Nečtiny. 4 freundliche, helle Zimmer, 3 davon mit IKEA-Kiefernmöbeln. Sauber, gute Bäder. DZ 21 €. Nečtiny 154, ✆ 373313206, ukapru@quick.cz, www.penzionukapru.wz.cz.

Schloss Nečtiny, das Schloss sieht aus wie eine große Playmobil-Ritterburg und dient eigentlich Studenten der Westböhmischen Universität Pilsen als Ferienwohnheim. Wenn Kapazitäten frei sind, steht es jedoch auch allen anderen Junggebliebenen ohne Komfortansprüche offen. Nur Mehrbettzimmer mit Etagenbad. Im Ort Hrad Nečtiny ausgeschildert. Pro Bett 6,30 €. Nečtiny, ✆ 373313136.

• *Öffnungszeiten* **Schloss,** April u. Okt. nur Sa/So 9–16 Uhr, Mai–Sept. tägl. 9–16 Uhr. Eintritt 2,10 €, erm. 1,40 €.

Für weitere Ziele nördlich von Pilsen → Karlovy Vary/Umgebung ab S. 70.

Rabštejn nad Střelou   (Rabenstein)

Über einem rauschenden Fluss ein berauschender Anblick: Rabštejn nad Střelou, ein Dorf wie aus dem Märchen.

Ungefähr 40 km nördlich von Pilsen, umgeben von Wäldern, in denen sich Fuchs und Hase gute Nacht sagen, liegt das pittoreske Rabštejn nad Střelou. Über dem Flusslauf der sich schlängelnden Střela klettern die Häuser einen steilen, hohen Felsen hinauf. Gekrönt wird dieser von der Pfarrkirche und einem einstigen, heute leer stehenden Kloster. Direkt darunter liegt ein Barockschloss (nicht zugänglich). Am „Hauptplatz" befindet sich ein kleiner Gemischtwarenladen, vor dem an Sommerwochenenden zuweilen ein paar Tische stehen. Die wenigen Wege und Straßen säumen Kreuze und Heiligenstatuen.

20 ständige Einwohner zählt der Ort, der sich gerne als die kleinste Stadt Mitteleuropas bezeichnet. Häuser gibt es für etliche Einwohner mehr, das Gros davon jedoch wird als Wochenendhaus genutzt. Zum Glück ist keines darunter, welches das romantische Ortsbild verschandelt. Rabštejn nad Střelou ist ein beliebtes Ausflugsziel, zumal die Gegend drum herum dank kaum befahrener Straßen zum **Wandern** und **Radfahren** nur so einlädt. Sehr schön ist der grün markierte Wanderweg nach Plasy, der am Flusslauf der Střela entlang führt. Ein blau markierter Wanderweg führt nach Manětín.

• *Verbindungen* **Busse** mehrmals tägl. nach Manětín.

• *Übernachten/Essen & Trinken* Keine Möglichkeit vor Ort. Unsere Empfehlungen liegen außerhalb:

Penzion U Zámku, ca. 3,5 km östlich von Rabstein an der kaum befahrenen Straße nach Žihle. In einem restaurierten, denkmalgeschützten Gebäude. Ordentliche Zimmer mit privaten Bädern. Grill- und Spielplatz, Sauna und Solarium, Restaurant mit Terrasse. DZ 38 €. Nový Dvůr 2, ✆ 373395337, www.penzionuzamku.cz.

Ranch Havraní Kámen, der im Wald versteckte Reiterhof bietet spartanisch-rustikal, jedoch saubere und freundliche Zimmer mit größtenteils neuen Bädern. Gemütliches Lokal mit überdachter Terrasse. Ausritte möglich. In Rabštejn an der Straße nach Stvolny ausgeschildert. DZ 21 €, Dreier 32 €, ein Bett im Zimmer ohne privates Bad 7 €. Rabštejn nad Střelou 72, ✆ 724121968, ranchr@volny.cz, www.volny.cz/ranchr.

Klatovy aus der Vogelperspektive

Klatovy

(Klattau)

Klatovy, das Tor zum Böhmerwald, ist auch bekannt als Tschechiens Nelken-metropole. Und einer aufgehenden Blüte gleich zeigt sich das Zentrum, doch drum herum viele welke Blätter.

Ein Glück, dass es Stadtmauern gibt. Im Falle Klatovys brauchen sie gottlob nicht mehr vor Feinden schützen, sondern vor unliebsamen Ausblicken: Die teils noch gut erhaltenen Befestigungsanlagen aus dem 14. und 15. Jh. trennen die kleine freundliche Altstadt von tristen Plattenbausiedlungen. Zentrum der Altstadt ist der leicht abfallende kopfsteingepflasterte Náměstí Míru. Meist geht es beschaulich auf ihm zu, im Sommer sorgt zuweilen ein Alleinunterhalter für Abwechslung. Der Platz wird gesäumt von schönen alten Bürgerhäusern, die im Kern größtenteils gotisch sind. Das prächtigste Gebäude am Platz ist das Rathaus. Gleich daneben liegt die ehemalige Jesuitenkirche, deren Katakomben zu einem gruseligen Besuch einladen. Auch in der benachbarten Apotheke, der schönsten Barockapotheke des Landes und heute ein Museum, lassen so manche eingelegte Ingredienzien erschaudern.

Bester Monat für einen Besuch der 23.000 Einwohner zählenden Kreisstadt ist Anfang/Mitte Juli, wenn die *Klattauer Kirchweih* über die Bühne geht. Dann kommen auch die Nelkenzüchter aus den umliegenden Ortschaften, präsentieren ihre Neuzüchtungen und bereichern die Stadt mit duftenden Blumen und Blüten. Die ersten Nelken kamen übrigens 1813 als Souvenir aus Nancy im Gepäck von heimkehrenden Soldaten, die an den Napoleonischen Kriegen teilgenommen hatten, an den Rand des Böhmerwalds. Heute genießen die heimischen Züchter landesweit Achtung und tragen zum Wohlstand der Gegend bei.

Geschichte: 1260 wurde Klatovy von König Ottokar Přemsyl II. gegründet. Unter der Herrschaft der Luxemburger erlebte die Stadt im 14. und frühen 15. Jh. eine erste wirtschaftliche und kulturelle Blüte, die mit den Hussitenkriegen ihr Ende fand. Aufschwung und Wohlstand sollten für Klatovy erst wieder im ausgehenden 16. Jh. folgen. Insbesondere durch den Anbau des begehrten gelben Gewürzsafrans, der damals als Farbstoff teuer gehandelt wurde, stieg Klatovy zu den sieben reichsten Städten Böhmens auf. Doch dann kam der Dreißigjährige Krieg. Schwedische Truppen plünderten die Stadt mehrmals und ließen sie verwüstet zurück. An seine einstige Blüte sollte der Ort nicht mehr so schnell anknüpfen können. Aus der ersten böhmischen Zeitung in tschechischer Sprache, die übrigens in Klatovy aufgelegt wurde, weiß man, dass die Stadt 1758 fast vollständig niederbrannte. Und da ein Unglück selten allein kommt, folgten dem Brand Hungersnöte und Epidemien. Erst Mitte des 19. Jh. erholte sich die Stadt langsam wieder, dazu trug insbesondere die Textilindustrie bei. Während der Zeit der deutschen Okkupation war Klattau Verwaltungssitz der Nazis für den gesamten Böhmerwald. Heute ist Klatovy ein wirtschaftliches und industrielles Zentrum und versucht, als Tor zum Böhmerwald auch für den Tourismus attraktiv zu werden.

Information/Parken/Verbindungen

- *Information* **Informační centrum Klatovy,** Náměstí Míru 63. Hilfe bei der Zimmersuche, Wechselstube, gutes Kartenmaterial. Mai–Sept. tägl. 9–17 Uhr, im Winter verkürzt. ✆ 376347390, www.klatovy.cz.
- *Parken* Gebührenpflichtig am Hauptplatz möglich.
- *Verbindungen* Bahnhof (vom Zentrum mit allen Stadtbussen zu erreichen) und Bus-bahnhof ca. 2 km außerhalb des Zentrums im Nordwesten der Stadt. Regelmäßig **Züge** nach Pilsen, Nýrsko und Sušice, bis zu 8-mal tägl. nach Železná Ruda, Horažďovice und Domažlice. **Busse:** Sehr gute Verbindungen nach Pilsen, häufig nach Švihov, Domažlice und Železná Ruda, mehrmals tägl. nach Janovice nad Úhlavou (Burg Klenová), 1- bis 2-mal nach Budweis.

Adressen

- *Ärztliche Versorgung* Krankenhaus in der Plzeňská 569 nördlich des Zentrums. ✆ 3763 35111.
- *Polizei* Im Rathaus. ✆ 156.
- *Post* Hauptpost nordwestlich des Altstadtkerns an der Nádražní.
- *Einkaufen* **Dionýsos (4),** freundlicher Weinladen, in dem man sich mit tschechischen Tröpfchen weit über Supermarktniveau eindecken kann. Denisova 103.

Antiqua (2), kleiner Trödelladen, in dem von Posaunen über alte Emailleschilder bis zu antiken Messern nahezu alles zu finden ist. Nur Mo–Fr 10–12 u. 13–17 Uhr. Pražská 184.

Antiquariat Josef Baburek (1), etwas außerhalb des Zentrums in einem recht tristen Eck. Gute Auswahl an deutschen Büchern, dazu große Ansichtskartensammlung. Nur Mo–Fr 11–17 Uhr. Kollárova 179.

Essen & Trinken/Nachtleben

- *Restaurants* **Tep (6),** eines der gepflegtesten Restaurants der Stadt, auch Václav Klaus aß schon hier. Geboten wird eine skurrile Mischung aus böhmischer, französischer, mexikanischer und argentinischer Küche. Hg. ab 3 €. So nur mittags. Nám. Míru 151 (1. Stock), ✆ 376311958.

Restaurant/Music Club Střelnice (3), Mischung aus Restaurant und Bierhalle, der „Pilsner Urquell Original Restaurant"-Kette zugehörig, die tschechienweit für Qualität bürgt. Zapftheke im kupfernen Brauerei-Look, böhmische Küche der mittleren Preisklasse, die nicht nur die Standards bietet. Im Club nebenan, einem der wenigen Nightspots der Stadt, hin und wieder Konzerte und „tschechoslowakische Partys". Pražská 22, ✆ 376322366.

Klatovy

Švejk Restaurant (10), in einem schönen sgraffitoverzierten Gebäude. Serviert wie alle Švejk-Restaurants des Landes deftige Braten- und Knödelküche. Mittlere Preisklasse. Denisova 90, ✆ 376321419.

Café-Bar & Pizzeria Segafredo (14), farbenfrohe, moderne Pizzeria mit netter großer Terrasse. Über 30 verschiedene Pizzen, dazu Pasta. Hg. 2,10–4,20 €. Pavlíkova 6, ✆ 777 101764 (mobil).

Slavie (8), Selbstbedienungsrestaurant mit billigsten Tagesgerichten, die natürlich nicht an Gourmets gerichtet sind. Zu empfehlen in erster Linie als Frühstücksadresse – Kuchen, belegte Brötchen und guter Kaffee. Mo–Fr 8.30–17 Uhr, Sa nur bis 13 Uhr. Nám. Míru/Ecke Pražská.

• *Außerhalb* **Country Saloon (12),** originelles Restaurant mit Cowboystiefeln an der Decke und Kuhfellen an der Wand. Serviert wird böhmische „Cowboyküche" wie „Bleichgesicht-Überraschung", „Das Geheimnis vom Apachenhäuptling", Bisonsteaks oder Kessel-Chili. Terrasse. Hg. 4,60–17,50 €, ab und zu Live-Musik. So nur bis 20 Uhr. Vermietet werden zudem rustikal eingerichtete Zimmer über dem Lokal (DZ 32 €). ✆ 376313338, www.sumavanet.cz/saloonbenovy. Etwa 3 km westlich von Klatovy an der Straße nach Domažlice im Dorf Beňovy.

• *Cafés* **Pepino (13),** hinterm Schwarzen Turm in netter Lage. Hübsche, von alten Mauern umgebene Terrasse. Italienische Gerichte.

Mléčná (15), Café mit Korbmöbeln und an den Wänden alte Stadtansichten. Gute Kuchen- und Tortenauswahl sowie belegte Brötchen. Netter kleiner Außenbereich. Náměstí Míru.

Čajovna & Keramika U naší milé paní (11), Teestube mit Keramikverkauf in den Festungsmauern der Altstadt. Sa/So erst ab 14 Uhr. Pavlíkova 215, gleich bei der Erzdekanatskirche.

Klatovy
Karte S. 157

*Übernachten (→ *K*arte S. 157)*

Ein paar Mehr-Sterne-Hotels befinden sich in den Vorstädten. Besser entscheidet man sich für eine Pension oder ein kleines Hotel in der Altstadt. Camper haben gute Karten.

*** Hotel Ennius (5), gepflegteste Unterkunft in der Altstadt, wenn's auch von außen nicht so aussieht. Geräumige Zimmer mit Kiefernmöbeln und Plastiktopfpflanzen. Rustikales Restaurant im Rittersaal-Ambiente. Freundliches Personal. EZ 32 €, DZ 49 €. Randova 1, ☎ 376320567, 📠 376320564, www.sweb.cz/ennius.

Pension Marco Polo (16), Pension und Restaurant. Ordentliche Zimmer mit privaten Bädern. Eigene Parkplätze. EZ 18 €, DZ 28 €, kein Frühstück. Vídeňská 32, ☎ 3763130 60, restaurant.marcopolo@seznam.cz.

Country Saloon (12), → Essen & Trinken.

Hotel Klatovský Dvůr (9), etwas außerhalb des Zentrums an der Straße nach Domažlice, deswegen leider etwas laut. 11 kitschig, aber anständig eingerichtete Zimmer, z. T. sehr geräumig. Eigene Parkplätze. DZ 26 €. Domažlická 188, ☎/📠 376321517.

Pension U Hejtmana (7), 7 recht geschmacklose Zimmer, die für den Preis o. k sind. Bewachter Parkplatz. Telefonische Reservierung erforderlich. DZ 21 €. Kpt. Jaroše 145, ☎ 376312694.

• *Außerhalb* **Westernranch Podolí (18),** ca. 15 km südlich von Klatovy im gleichnamigen Bauerndorf (von der Straße nach Železná Ruda bei Běšiny ausgeschildert). Zwar bislang alles andere als eine Cartwrights-Ranch (zumal auch noch im Aufbau begriffen), aber für alle, die sich gern Sporen an die Stiefel schnallen und einen Cowboyhut aufsetzen, eine gute Wahl. Nette Apartments und simpel-rustikale Blockhüttenimitate mit Bad, zudem kann man im Tipi schlafen. Grillmöglichkeiten, Abenteuerspielplatz, Ausritte auf Haflingern (5,30 €/Std). Apartment für 2 Pers. 35 €, Hütte für bis zu 5 Pers. 25 €, kein Frühstück. Podolí, ☎ 606171999 (mobil), 📠 376399253, www.rancpodoli.wz.cz.

• *Camping* **Kemp Sluneční Mlýn,** ca. 4 km westlich von Klatovy, an der Straße nach Domažlice ausgeschildert. Angenehmer Wiesenplatz vor einem alten Gutshof, ab vom Schuss. Pool und Hütten, saubere Sanitäranlagen, moderne Küche. Kein Restaurant. Aus unerfindlichen Gründen ist hier nie etwas los. Mai–Sept. 2 Pers. mit Zelt u. Auto 11,20 €, Chata für 2 Pers. 13,30 €. Benovy 5, ☎ 777272298 (mobil), www.nnn.cz.

Camping Hnačov, ca. 13 km östlich von Klatovy nahe dem gleichnamigen Weiler am See. Weitläufige Wiese mit einem kleinen Wald daneben. Neues Sanitärgebäude, Feuerstellen. Juni–Sept. Anfahrt: Straße nach Horažďovice nehmen, bei der zweiten Abzweigung nach Plánice links ab. Bushaltestelle nahe dem Gelände (2-mal tägl. nach Plzeň, mehrmals tägl. nach Klatovy). 2 Pers. mit Zelt u. Auto 5 €, Hütten mit 4 Betten ab 18 €. Hnačov, ☎/📠 376394258, www.hnacov.cz.

Eurocamp Bešiny (17), ca. 12 km südlich von Klatovy nahe dem gleichnamigen Dorf, von der Straße nach Železná Ruda ausgeschildert. Oft sehr voll, fest in holländischer Hand. Recht komfortabel. Schwimmbad, Minigolf, Feuerstelle, Tennisplätze, sehr gute und saubere Sanitäranlagen, sehr sicher. Ganzjährig. 2 Pers. mit Auto u. Zelt 6 €, gepflegte Bungalows mit Küche und Bad 37 € für bis zu 4 Pers. Bešiny, ☎ 376375011, 📠 376 375012, eurocamp@besiny.cz, www.eurocamp.besiny.cz.

*S*PORT & *F*REIZEIT/*K*ultur

• *Baden* Ca. 13 km östlich von Klatovy beim Weiler Hnačov liegt ein **Badesee**, auf dem im Sommer auch gesurft wird. Anfahrt → Camping Hnačov.

• *Fahrradverleih* Organisiert das Informationszentrum (→ Information), 9 €/Tag.

• *Reiten* Ausflüge sind über die **Westernranch Podolí** möglich (→ Übernachten).

• *Rundflüge* Bietet der Aeroklub Klatovy. Je nach Flugzeug 1,80–3,50 €/Min. Infos unter ☎ 376310355 oder www.lkkt.cz.

• *Theater* **Stálá divadelní scena Klatovy** in der Kpt. Jaroše. Vorrangig Komödien, ab und zu Konzerte. Verkauf von Theaterkarten nebenan. ☎ 376311261, www.divadlo.klatovynet.cz.

• *Veranstaltungen* **Kirchweih mit Nelkenausstellung** Anfang/Mitte Juli. **Internatio-**

nales Kammermusikfestival mit verschiedenen Aufführungen von Mai–Sept.

● *Wandern/Radfahren* Für Tourenvorschläge → Klatovy/Umgebung ab S. 161, die schönsten führen durch den Böhmerwald.

Sehenswertes

▸ **Historická Expozice Barokní Lékárna (Barockapotheke):** 1964 wurde die Apotheke aus dem 17. Jh. von der UNESCO unter Denkmalschutz gestellt; bis dahin gingen hier noch Rezepturen über den Ladentisch. Die Verkaufsräume sind sehenswert, die hinteren Trakte jedoch, wo einst die Medikamente im Hexenküchenstil gemixt wurden, sind spannender: Ausgestellt sind u. a. Glasgefäße mit getrocknetem Ziegenblut und eingelegten Därmen, Apparate zum Pillendrehen und zur Salbenherstellung. Die Mittelchen enthielten Ingredienzien wie Wildschweinhauer oder Krebsscheren. Zu sehen gibt es außerdem ein 2 m langes Stoßhorn eines männlichen Narwals, das einstige Maskottchen des Apothekers. Bei den Einheimischen galt es als das Horn des legendären Einhorns, nach dem das Gebäude auch seinen Namen *U Bilhého Jednorožce* (Zum Weißen Einhorn) erhielt. Die gleichnamige *Galerie* nebenan präsentiert wechselnde Ausstellungen auf drei Etagen.

Marktplatz von Klatovy

Adresse/Öffnungszeiten Náměstí Míru 149. Apotheke, Mai–Okt. tägl. (außer Mo) zwischen 9–17 Uhr, Besichtigung nur in Verbindung mit einer Führung. Wann die nächste stattfindet, ist an der Tür angeschlagen. Führungen können auch unter ☏ 739235184 reserviert werden. Eintritt 1,10 €, erm. 0,65 €. Galerie, tägl. 9–12 u. 13–17 Uhr. Eintritt 0,90 €, erm. 0,50 €.

▸ **Neposkvrněného Početí P. Marie (Kirche der Unbefleckten Empfängnis der Jungfrau Maria):** Die zweitürmige Barockkirche stammt aus dem Jahr 1665 und ist ein Nachbau der berühmten Jesuitenkirche Il Gesú in Rom. Die drei Frontportale sollen das Werk Kilian Ignaz Dientzenhofers (→ Kasten S. 149) sein, für den Rest der Kirche zeichnen Dominico Orsi und Carlo Lurago verantwortlich. Sehenswert sind insbesondere die prunkvollen Seitenaltäre. Einem findigen Pfarrer ist es übrigens zu verdanken, dass die Kirche vor rund drei Jahrzehnten nicht einstürzte, da dringend notwendige Sanierungsarbeiten aus Geldmangel viel zu lange unterblieben waren. Als es 1981 bereits durchs Dach regnete, griff der Geistliche zur Selbsthilfe und entwarf höchstpersönlich ein Gerüst, um die notwendigsten Arbeiten mit bescheidenen Mitteln zu ermöglichen.

Nach der Besichtigung der Kirche lohnt auch ein Blick in die unter ihr gelegenen *Katakomben*. Hier ruhen mumifizierte Jesuiten und wohlhabende Einheimische,

Klatovy
Karte S. 157

zusammengeschrumpelt auf 8–10 kg. Von den einst über 200 Mumien sind heute nur noch einige wenige hinter Glas zu sehen, was insbesondere auf den Vandalismus vieler Besucher zurückzuführen ist. Nicht wenige Touristen nahmen sich Gliedmaßen der Mumien als schaurige Souvenirs mit nach Hause.

Adresse/Öffnungszeiten Náměstí Míru. Tägl. 9–12 u. 13–17 Uhr. Nov.–März geschl. Eintritt für die Katakomben 1,40 €, erm. die Hälfte.

▶ **Černá věž (Schwarzer Turm):** Der 81 m hohe ehemalige Wachturm entstand zusammen mit dem benachbarten Renaissancerathaus um das Jahr 1559 und zeugt vom ehemaligen Wohlstand der Stadt. Die schwärzliche Färbung des Gemäuers ist übrigens nicht auf Brände zurückzuführen, sondern beruht auf einer natürlichen Verfärbung der vermauerten Steine. In alter Zeit patrouillierte auf der Brüstung jede Nacht ein Turmwächter, der stündlich ein Signal zu blasen hatte. Von hier sieht man noch heute bis weit in den Böhmerwald. Im Osten der Altstadt fällt dabei auch ein kleinerer Turm, der so genannte **Weiße Turm** *(Bílá věž)* ins Auge. Der freistehende, campanileartige Glockenturm entstand im späten 16. Jh. und gehört zur gotischen **Erzdekanatskirche Mariä Geburt** *(Arčiděkanský kostel P. Marie).*

● *Adressen/Öffnungszeiten* **Schwarzer Turm,** Náměstí Míru. Mai–Sept. tägl. (außer Mo) 9–12 u. 13–17 Uhr, April u. Okt. nur Sa/So. Eintritt 0,70 €, erm. die Hälfte.

Der **Weiße Turm** (nicht zugänglich) und die **Erzdekanatskirche** (nur während der Messen geöffnet) befinden sich in der Krameriova.

▶ **Muzeum Dr. Hostaše (Dr.-Hostaš-Museum):** Das in einem prächtigen Stadtpalais untergebrachte umfangreiche Heimatkundemuseum widmet sich der Geschichte der Klattauer Region. Zu sehen gibt es u. a. Keramikfunde aus den Hügelgräbern der Umgebung, archäologische Funde aus der Eisen- und Bronzezeit, Schmuck aus dem Mittelalter, Siegel, Münzen usw.

Adresse/Öffnungszeiten Hostašova 1. Tägl. (außer Mo) 9–12 u. 13–17 Uhr. Eintritt 0,70 €, erm. die Hälfte.

Eine böhmische Prinzessin

Wasserburg Švihov

Klatovy/Umgebung

Harmonisch und fast lieblich wirken die Landschaften rund um Klatovy. Im Süden liegen die waldreichen Höhen des Böhmerwaldes, eine der beliebtesten Urlaubsregionen Tschechiens. Radfahrer und Wanderer schätzen sie im Sommer, Lang- und Abfahrtsläufer im Winter. Ferienzentrum des westlichen Böhmerwaldes ist Železná Ruda. Gen Norden zeigt sich die Landschaft eher sanft gewellt. Kaum eine Ortschaft ohne Weiher oder größeren Teich. Daneben ragt zuweilen auf irgendeinem Hügel eine einsame Kapelle in den Himmel. Burgen findet man nahezu überall. Die sehenswertesten sind die Burg Velhartice, die Wasserburg Švihov und die Burg Rabí. Letztere ist gar eines der großen touristischen Highlights Westböhmens.

Švihov — (Schwiehau)

Bei der Ortschaft Svihov, rund 10 km nördlich von Klatovy, erhebt sich im Auenbereich des Flusses Úhlava die berühmte **Wasserburg,** eine der mächtigsten Böhmens. Errichtet wurde sie zwischen 1480 und 1510. Im 18. Jh. diente sie als Getreidelager, im 20. Jh. als Kulisse für Märchen- und Ritterfilme. Unter anderem wurde hier *Drei Nüsse für Aschenbrödel* gedreht. Heute zieht die Burg jährlich mehr als 50.000 Besucher an. Bei einer Führung durch die Festung werden u. a. Räumlichkeiten mit Renaissancemöbeln besichtigt, ein großer Tanzsaal mit einer herrlichen Kassettendecke, eine Waffenkammer und die Burgkapelle mit einem Fresko des Hl. Georg als Ritter aus dem frühen 16. Jh.

Švihov selbst ist ein verschlafener Ort mit rund 1500 Einwohnern und viel Grün drum herum. Švihov und Klatovy verbindet ein schöner, rot markierter **Wanderweg,** z. T. entlang der Úhlava.

- *Verbindungen* Bahnhof am Ortsausgang Richtung Klatovy. Stündl. **Züge** nach Klatovy und Plzeň. Regelmäßige **Busse** nach Klatovy, selten nach Pilsen, Přeštice und Chudenice.
- *Öffnungszeiten* **Wasserburg,** April u. Okt. nur Sa/So 9–15 Uhr. Mai u. Sept. tägl.

(außer Mo) 9–16 Uhr, Juni–Aug. tägl. (außer Mo) 9–17 Uhr. Es werden zwei Führungen angeboten, eine führt durch die Burg (60 Min., die interessantere), die andere durch den Küchentrakt (50 Min.). Je nach Führung 1,40–1,80 €, erm. 1–1,40 €.

Chudenice

Ungefähr 15 km westlich von Švihov liegt das von weiten Wäldern umgebene Chudenice. Es ist kein besonders hervorstechender Ort, ohne jedoch hässlich zu sein. Ob sich der Name des Orts von den einst recht bedürftigen Einwohnern ableitet („chudý" = arm), sei dahingestellt. Alles andere als arm war auf jeden Fall das Adelsgeschlecht Czernín, das sich ab dem 13. Jh. hier niederließ. Deren einstige Residenz, das **Alte Schloss** *(Starý zámek)* im Zentrum des Orts, kann besichtigt werden. Durch die feudalen Salons schlurft man mit Filzschlappen über 250 Jahre alte Holzböden hinweg. Unter anderem sieht man ein Originalporträt der Kaiserin Sissi und den Fächer der Schriftstellerin Božena Němcová, den diese einst als Dank für eine Führung durch das Schloss zurückließ. Heute werden solche Gaben nicht mehr akzeptiert, mit 30 Kronen Eintritt ist man jedoch dabei. Für ein paar Kronen mehr darf man zudem das kleine Heimatmuseum im Schloss besuchen, das auch über die Geschichte Chudenices informiert.

Weitere Sehenswürdigkeiten von Chudenice – allesamt ausgeschildert – sind der **Amerikanische Garten** *(Americká zahrada),* eine parkähnliche Gartenanlage mit rund 300 seltenen Pflanzenarten, darunter auch einige nordamerikanische Gehölze, und der 45 m hohe **Aussichtsturm Bolfánek** *(Rozhledna Bolfánek).* Er ist bei einem gemütlichen Spaziergang vom Hotel Zámek Lázeň (s. u.) aus zu erreichen.

- *Verbindungen* **Busse** sehr selten nach nach Klatovy, eher ein Tipp für Selbstfahrer.
- *Übernachten/Essen & Trinken* Sollte das **Hotel Zámek Lázen,** ein Empireschlösschen aus dem 19. Jh., restauriert und wieder eröffnet werden – schauen Sie vorbei. Schöne Terrasse. Im Ort ausgeschildert.
- *Öffnungszeiten* **Altes Schloss,** April, Mai, Sept. u. Okt. nur Sa/So 9–12 u. 13–17 Uhr, Juni–Aug. tägl. (außer Mo) 9–12 und 13–18 Uhr. Führung durch das Schloss 1,10 €, erm. 0,70 €. Für das Schlossmuseum braucht man ein separates Ticket (0,35 €).

Für weitere Ziele nördlich von Klatovy → Plzeň/Umgebung ab S. 146.

Horažd'ovice   (Horaschdowitz)

Das 6500 Einwohner zählende Städtchen liegt ca. 32 km südöstlich von Klatovy. Seine Gründungsgeschichte könnte Pate stehen für so manche Ortschaft im hohen Alaska: Bereits im 13. Jh. ließen sich hier am Flusslauf der Otava vom Goldrausch getriebene Abenteurer nieder und begannen nach dem kostbaren Metall zu schürfen. Doch der Goldsegen hielt nicht lange an, und so verlegte man sich auf die Zucht von Flussperlmuscheln. Bis zur ersten Hälfte des 20. Jh. verdienten auf diese Weise viele Einwohner von Horaschdowitz ihre Brötchen.

Am gemütlichen Marktplatz und in den davon abgehenden Nebengassen stehen schöne alte Bürgerhäuser. Beherrscht wird der Ort von einem Barockschloss, das auf einem ursprünglich gotischen Kastell errichtet wurde. Darin befindet sich heute das **Stadtmuseum** *(Městské muzeum),* das über die Geschichte Horažd'ovices infor-

Schloss von Horažd'ovice – wo man die Sonne nicht aufziehen muss

miert. Nebenbei beherbergt es eine große Trophäensammlung. Die Besichtigung führt auch in eine mit Fresken reich verzierte Barockkapelle. Wer danach noch Lust auf einen Sprung ins kühle Nass hat, kann den gut ausgeschilderten **Aquapark** – eigentlich eher ein besseres Hallenbad – besuchen. Wer lieber spazieren geht: Ein grün markierter Weg bringt Sie zu der ca. 1,5 km entfernten **Burgruine Práchen.**

• *Verbindungen* Bahnhof und Busbahnhof liegen nahe beieinander, ca. 200 m östlich des Zentrums. Regelmäßige **Busse** und **Züge** nach Klatovy.

• *Essen & Trinken* **V zámku,** gemütliche Pizzeria mit schönem Außenbereich unter den Arkaden des Schlosshofs. Pizza und Pasta zu fairen Preisen, zu empfehlen jedoch in erster Linie wegen der Lage. ✆ 376 511694.

• *Öffnungszeiten* **Stadtmuseum,** Juni–Sept. tägl. (außer Mo) 9–16 Uhr. Eintritt 0,70 €, erm. die Hälfte.

Hrad Rabí (Burg Rabí)

Eine Dominante in der Landschaft, einer normannischen Burg ähnlich, furchteinflößend und imposant: Hrad Rabí, die größte Burgruine Böhmens. Ihre gewaltigen Mauern haben eine Gesamtlänge von 9 km.

Über dem gleichnamigen Dorf rund 34 km südöstlich von Klatovy thront die mächtige gotische Adelsburg aus dem 14. Jh. Allein bei ihrem Anblick aus der Ferne scheint das Mittelalter ganz nah zu sein; nicht das von den Romantikern verklärte Mittelalter, sondern das „dunkle" Zeitalter, als Feudalherren und Raubritter das Volk ausbeuteten und Burgen ein Symbol der Bedrohung waren. Bei der Belagerung der Burg im Jahr 1421 verlor der ohnehin schon einäugige Hussitenführer Jan Žižka (→ S. 39) sein zweites Auge. Ende des gleichen Jahrhunderts hielt sich der Burgherr Graf Půta Švihovský einen Affen als Haustier. Als dieser einmal in die Wälder entwischte, hielten die Bauern das zwischen den Bäumen herumturnende Tier für den „Leibhaftigen" und töteten es bei einer hitzigen Teufelsjagd. Wütend über die

Dummheit der Bevölkerung erließ Graf Švihovský daraufhin die Strafabgabe „Pensio simialis" – auf Deutsch Affensteuer. Im 18. Jh. wurde die Burg verlassen und verfiel. Erste Restaurierungsarbeiten begannen, nachdem das Dorf Rabí die Burg 1920 für eine Krone an den Staat verkauft hatte. Heute ist der größte Teil des weitläufigen Geländes mit vielen Treppen, Auf- und Abgängen sowie einem mächtigen Wohnturm der Öffentlichkeit zugänglich und zählt zu den meistbesuchten Burganlagen Westböhmens. Von nah und fern reist man insbesondere im Juli an, wenn zwischen den alten Festungsmauern ein **Ritterfest** veranstaltet wird. Das kommt auch dem gepflegten Dorf Rabí mit schönen Bauten im typisch südböhmischen Stil am Fuße der Burg zugute, es lebt vornehmlich vom Tourismus.

Burg Rabí

● *Verbindungen* **Busse** mehrmals tägl. nach Sušice und Horažďovice.

● *Essen & Trinken* Die Restaurants rund um die Burg unterscheiden sich in Qualität, Ausstattung und Preis nur wenig voneinander. Im Sommer lädt insbesondere der nette Hinterhofbiergarten der unübersehbaren **Rabská hospůdka** nach der Burgbesichtigung auf ein Getränk ein.

● *Übernachten* ***** Hotel Atawa,** die beste Unterkunft vor Ort. Hübsche, in blauen Farbtönen gehaltene Zimmer mit Holzboden. Hallenbad und Sauna. Parkplätze im Hof. Für das Gebotene günstig. Reservierung empfohlen. EZ 22 €, DZ 34 €. Rabí 9, ☏ 376 596228, ☏ 376596066, www.hotelatawa.cz.

● *Öffnungszeiten* **Burganlage,** Juni–Aug. tägl. (außer Mo) 9–17 Uhr, Mai u. Sept. tägl. (außer Mo) 9–16 Uhr, April u. Okt. nur Sa/So 9–15 Uhr, Mittagspause 12–13 Uhr. Es gibt 2 verschiedene Touren, beide zusammen kosten mit deutschsprachiger Führung 4,20 €, erm. 3 €.

Sušice   (Schüttenhofen)

Wie Klatovy preist sich auch das 30 km südöstlich gelegene Sušice gerne als das „Tor zum Böhmerwald". In einem weiten Tal, von grünen Hügeln umrahmt, erstreckt sich die Stadt. Fährt man jedoch von Norden hinein, macht Sušice einen wenig freundlichen Eindruck. Triste Industriebetriebe säumen die Straßen – über-

Marktplatz von Sušice

wiegend Streichhölzer werden hier produziert (→ Kasten, S. 167). Die Altstadt präsentiert sich dagegen ganz ansehnlich, insbesondere rund um den Náměstí Svobody, den großen baumbestandenen Marktplatz. Ihn umgeben ein paar Gebäude aus jener Zeit, als die Stadt noch von der Salz- und Goldgewinnung lebte. Dazu gehört z. B. das heute leer stehende **Rozacínovský-Haus** (Nr. 48) mit einem gotischen Türbogen und einer Sgraffitofassade, die übrigens erst 1914 bei Restaurierungsarbeiten unter dem Putz entdeckt wurde. Das **Voprchovský-Haus** (Nr. 40), ein ursprünglich gotisches Bürgerhaus, schmückt ein außergewöhnlich schöner Giebel. Vorübergehend beherbergte es einen Bierausschank, daraufhin eine Dekanei und heute das **Böhmerwaldmuseum** *(Šumava muzeum Sušice)* mit einer witzigen Sammlung an Streichholzschachteln und – die neueste Attraktion – einer der größten mechanischen Weihnachtskrippen Tschechiens. Sie wurde erst Ende 2004 von zwei Böhmerwälder Holzschnitzern fertiggestellt. Neben der üblichen Christkind-Szenerie wurden auch historische Denkmäler Sušices eingebaut.

Nur ein paar Schritte vom Marktplatz entfernt, befindet sich linker Hand an der Příkopy (der Straße nach Petrovice) ein kleiner, von Mauern umgebener **jüdischer Friedhof.** Er wurde 1626 angelegt und legt Zeugnis ab von der einstigen jüdischen Gemeinde. Am 27. November 1942 verschwand diese für immer. An jenem Tag wurden die Juden Sušices nach Terezín (Theresienstadt) deportiert und später in den osteuropäischen Konzentrationslagern umgebracht. Überblickt wird die Stadt im Osten (nahe der Straße nach Podmokly) von der weithin sichtbaren **Schutzengelkapelle** aus dem späten 17. Jh. Von ihr hat man eine herrliche Aussicht.

● *Information*   **Městské informační středisko,** im Rathaus am Nám. Svobody. ☎ 37 6520537, www.sumava.net/icsusice. Mo–Fr 9–12 u. 13–17 Uhr, Sa/So 9–14 Uhr.

● *Verbindungen*   **Busse** fahren am Flussufer ab. Mehrmals tägl. über Plánice nach Plzeň, zudem nach Klatovy und Kašperské Hory. Bahnhof im Norden der Stadt fast 4 km außerhalb des Zentrums. Bis zu 10-mal tägl. **Züge** nach Klatovy.

Klatovy/Umgebung

• *Kanuverleih* Gute Kajakmöglichkeiten bestehen am Flüsschen Otava von Sušice Richtung Rabí und weiter. Kajaks verleiht z. B. **Půjčovna lodí Otava** am Nám. Svobody 28. Es gibt Trassen zwischen 2 ½ und 6 ½ Std. Dauer. Pro Tag für bis zu 3 Pers. 12 €. ✆ 376 528839, www.otavatour.cz.

• *Essen & Trinken* **Restaurace Fialka,** neues Restaurant in einem schönen historischen Gebäude am Marktplatz. Außenbestuhlung. Greifen Sie zu Schaschlik oder den Rehfleischschnitten in Rotwein. Günstige Mittagsgerichte, sonst Hg. 4,20–7 €. Das angeschlossene Hotel war bei unserem Besuch noch nicht eröffnet, machte jedoch einen vielversprechenden Eindruck. ✆ 376522397.

• *Übernachten* ***** Hotel Gabreta,** provinzielles Mittelklassehotel gleich beim Marktplatz. Standardzimmer, z. T. recht geräumig, mit TV und Telefon. Eigene Parkplätze und Fahrradverleih. Im Restaurant gibt es neben den böhmischen Standards auch einige Wildgerichte, Hg. 3–6,70 €. EZ 21 €, DZ 32 €. Americké armády 73, ✆/✉ 376528016, www.hotelgabretasusice.cz.

Pension Milli, nahe dem Marktplatz. Schlichte Zimmer mit privatem Bad, TV und Geranien am Fenster. Restaurant. EZ 11 €, DZ 21 €, Frühstück extra. Kostelní 70, ✆ 3765 26598, www.sweb.cz/pension.milli.

• *Außerhalb* **Pension Javoříčko,** Urlaub auf dem Bauernhof in idyllischster Lage. 6 kleine, aber freundliche Zimmer mit privatem Bad. Die Tage kann man mit Ausritten in die Umgebung verbringen, die Abende in der Sauna oder am Lagerfeuer. Anfahrt: Von Sušice folgt man der Straße nach Petrovice und weiter nach Hlavnovice, dort links abbiegen nach Javoříčko, Haus mit Zwiebelturm und Hahn auf dem Dach. 12 €/Pers. Ca. 20 km westlich von Sušice im gleichnamigen Weiler, ✆/✉ 376588311.

Penzion Jiřičná, im Weiler Jiřičná bei Petrovice, ca. 7 km westlich von Sušice. Für Aktivurlauber, die Gemütlichkeit auf dem Lande schätzen, eine der schönsten Adressen der Gegend. Pension und Adventure-Zentrum unter belgischer Leitung, untergebracht in einer alten Brauerei. 12 liebevoll eingerichtete, heimelige Zimmer mit Bad. Angeboten werden u. a. Kanufahrten auf dem Fluss Otava, Pferdetrekking und diverse andere Adventure-Trips. Zudem Verleih von Mountainbikes. DZ 50 €. Jiřičná 3, ✆/✉ 376588457, www.sumava-adventure.com.

• *Camping* Die Campingplätze vor Ort können wir nicht empfehlen. Besser die 8 km weiterfahren bis Nové Městečko (→ S. 168).

• *Öffnungszeiten* **Böhmerwaldmuseum,** Mai–Okt. tägl. (außer Mo) 9–12 u. 12.45–17 Uhr, So nur halber Tag, Eintritt 1,10 €, erm. 0,35 €.

Hrad Velhartice   (Burg Welhartitz)

Die imposante Befestigungsanlage aus dem 14. Jh. ca. 16 km südöstlich von Klatovy zählt zweifelsohne zu den romantischsten Burgen Westböhmens. Sie liegt landschaftlich überaus reizvoll am Rande eines steil abfallenden Plateaus, hoch über einem rauschenden Bach, wie geschaffen für Rapunzel & Co. Eine einzigartige, vierbogige Brückenkonstruktion verbindet den klotzigen Wehrturm mit der Ruine des alten Palasts, auch Paradieshaus *(Rájsky dům)* genannt. Der weiße Spätrenaissancepalast neben dem Paradieshaus kam im 17. Jh. hinzu. Zwei Führungen werden angeboten: Bei der langweiligeren stolpert man durch die Burganlage, vorbei an Zisternen und Kellerräumen. Bei der spannenderen wandelt man durch die Salons des Spätrenaissancepalasts. Unter anderem erfährt man dabei auch etwas über die Gesellschaftsspiele, die zu jener Zeit in Mode waren.

Im Dörfchen selbst kann man noch – sofern gerade jemand da ist – eine **historische Schmiedewerkstatt** *(Historicka kovárna;* ausgeschildert) besichtigen. Falls niemand öffnet, gehen Sie einfach in die zünftige Wirtschaft nebenan, wo Brotzeiten mit Speckwurst oder eingelegtem Schweinekamm und Spezialitäten vom Lavagrill aufgetischt werden.

● *Anfahrt/Verbindungen* Die Burg ist mit „Hrad" ausgeschildert. Vom Parkplatz noch ca. 5 Min. zu Fuß. **Busse** mehrmals tägl. vom Ort Velhartice nach Klatovy.

● *Öffnungszeiten* **Burg,** Juni–Aug. tägl. (außer Mo) 9–18 Uhr, Mai u. Sept. tägl. (außer Mo) 9–17 Uhr, April u. Okt. nur Sa/So 9–16 Uhr. Eintritt je nach Führung 1,20–1,60 €, erm. 0,90–1,20 €.

Heiße Ware – Rotköpfe aus Sušice

Ende des 19. Jh. wurde heiße Ware aus Westböhmen in der ganzen Welt gehandelt – in Afrika, Nord- und Südamerika, Australien, Asien und überall in Europa: Streichhölzer aus Schüttenhofen. In aller Herren Ländern flackerten sie auf wie heute die Birnen von Osram.

Angefangen hatte alles 1839, als der Zimmermann Adalbert Scheinost sich mit seiner Frau Marie in ein gerade abgebranntes (!) Haus am Marktplatz einmietete und die Köpfe von Holzspänen mit Phosphor überzog. Die Technik dazu hatte das Ehepaar in Wien erlernt. Die zündende Idee überhaupt war erst ein paar Jahre zuvor in England geboren worden. Knapp 12 Monate später stieg der hiesige Kaufmann Bernhard Fürth in die Zündholzproduktion mit ein; große Maschinen konnten angeschafft werden, und keine 10 Jahre später exportierte man schon nach Übersee. 1903 überführte man die Schüttenhofener Zündholzfabriken – mittlerweile gab es mehrere – in eine Aktiengesellschaft namens SOLO, unter deren Namen noch heute produziert wird. Kurz darauf erreichte die hiesige Zündholzproduktion ihren Höhepunkt. Doch dann kamen die Weltkriege, dazwischen die Weltwirtschaftskrise, schließlich die Verstaatlichung des Unternehmens unter den Kommunisten und – parallel zu alledem – der Siegeszug des Feuerzeugs. Noch heute exportiert man in mehrere Länder Europas, im Vergleich zu früher zündelt man aber nur noch auf kleiner Flamme.

Kašperské Hory   (Bergreichenstein)

Bereits im 13. Jh. war Kašperské Hory bekannt für seinen Goldreichtum, aus über 40 Stollen förderte man das edle Metall. Etwa 300 Goldmühlen gab es rund um den Ort. Doch mit der Zeit versiegte eine Goldader nach der anderen, und das Städtchen verarmte. Heute hat man eine neue Goldader entdeckt, den Fremdenverkehr. Das 2000 Einwohner zählende Städtchen 40 km südöstlich von Klatovy entwickelt sich zu einem beliebten Ausflugsziel, insbesondere von Radwanderern – sie bringen etwas Leben ins das sonst überaus verschlafene Nest.

Rund um den hübschen kleinen Dorfplatz mit einer rosa-weiß gestrichenen Pfarrkirche in der Mitte findet man Cafés und Restaurants mit Tischen und Stühlen im Freien sowie Souvenirläden, die Holzpuppen und böhmisches Glas verkaufen. Damit man auch etwas besichtigen kann, gibt es zwei Museen: Ein **Böhmerwaldmuseum** *(Muzeum Šumavy)* gleich hinter der Kirche und ein **Motorradmuseum** *(Moto muzeum),* das durch ein riesiges Werbebanner auf sich aufmerksam macht. Ersteres zeigt u. a. Ausgestopftes vom jungen Reh bis zur Forelle, Putten und Heiligenfiguren, lebendige (!) und tote afrikanische Käfer, Jugendstilgläser und sog. „Totenbretter", auf die einst die Verstorbenen bis zu ihrer Beerdigung gelegt wurden. Etwas einheitlicher geht es im Motorradmuseum zu: Zu sehen gibt es Fabrikate von

NSA, BMW, F.N., DKW, BSA usw. Die älteste Maschine ist eine Wanderer, Baujahr 1913. Für Abwechslung sorgen im gleichen Gebäude eine Ausstellung über das Brauwesen im Böhmerwald und eine über Holzspielzeug.

Im Winter bestehen rund um den Ort gute Langlaufmöglichkeiten, es gibt auch ein kleines Skizentrum mit drei Liften – Mut für die Abfahrt braucht man nicht.

• *Information* **Městské kulturní a informační centrum** im Rathaus in der Ortsmitte. Juli u. Aug. Mo–Fr 8.30–17 Uhr, Sa/So 9–15 Uhr, Juni u. Sept. So geschl., Okt.–Mai nur Mo–Fr 9–12 u. 13–16 Uhr. ✆ 376503411, www.sumavanet.cz/khory.
Ein weiteres, nur im Sommer geöffnetes **Infocentrum** gibt es am Ortsausgang Richtung Sušice. Mai u. Okt. Mo–Fr 8.30–15.30 Uhr, Juni u. Sept. Mo–Sa 8.30–16 Uhr, Juli u. Aug. tägl. 8.30–16.30 Uhr. ✆ 376582734, www.npsumava.cz.

• *Verbindungen* Mehrmals tägl. **Busse** nach Sušice. Diese halten auch an der Abzweigung nach Annín, von dort noch ca. 5 Min. zu Fuß nach Annín.

• *Einkaufen* Etwa 9 km nordwestlich von Kašperské Hory liegt das Dörfchen **Annín** mit langer Tradition in der Glasherstellung. In der Glashütte **Rückl & Söhne** kann man allerlei Kitsch vom Briefbeschwerer über Vasen und Bowlesets bis zu Christbaumkugeln erstehen.

• *Übernachten/Essen & Trinken* Preisgünstige Pensionen und Privatzimmer befinden sich rund um den Ortskern, insbesondere oberhalb der Kirche. Eine überaus nette Unterkunft liegt nahe der Burg Kašperk (→ dort).

**** Park Hotel Tosch, in der Ortsmitte und unser Tipp. 43 klassisch-elegante, geräumige Zimmer und Apartments mit Marmorbädern. Innenpool, Parkmöglichkeiten im Hof, Frühstücksbüfett mit Bio-Ecke. Radverleih. EZ 65 €, DZ 87 €, Apartment 139 €. Náměstí 4, ✆ 376582592, 📠 376582500, www.tosch-parkhotel.cz.

Aparthotel Šumava 2000, am Marktplatz, der Best-Western-Kette zugehörig. Jugendliches Foyer, nette Aufgänge mit gemütlichen Sitzecken. Studios und Apartments etwas nüchterner, aber sehr gepflegt. Fitnessraum, Sauna, kleiner Pool auf dem Dach. Für 1 Pers. 53 €, für 2 Pers. 72 €. Náměstí 8, ✆ 376546910, 📠 376546920, www.sumava2000.cz.

• *Außerhalb* ***** Hotel Rosa,** ca. 6 km östlich von Kašperské Hory im Dorf Řetenice. Gepflegtes Mittelklassehaus in schöner Lage. Angenehme, komfortable Zimmer und Apartments. Pool, Tennisplatz, Solarium, Fitnessraum, Mountainbike- und Bootsverleih – ideal für Aktivurlauber. Restaurant. DZ 43 €, Apartment 71 €, „vierbeinig Lieblings" 5,30 €/Nacht. Řetenice 4, ✆ 388428173, 📠 388428182, hotelrosa@iol.cz, www.hotelrosa.cz.
Penzion Jana, ca. 9 km nordwestlich von Kašperské Hory in Annín, im Ort nicht zu verfehlen. 7 geräumige Zimmer, z. T. mit Holzdecken und offenem Kamin. Ältliche, wenig geschmackvolle Ausstattung. Restaurant mit Terrasse. Rad- und Kanuverleih. DZ 22 €. Annín, ✆ 376593001, pension.jana@seznam.cz.

• *Camping* **Autokemp Annín I,** ca. 9 km nordwestlich von Kašperské Hory, jedoch nicht in Annín selbst, sondern auf der anderen Flussseite, von der Straße nach Sušice ausgeschildert. Schöner, an der Otava gelegener Platz. Einstiegsmöglichkeiten in den Fluss, Restaurant. Sanitäranlagen restaurierungsbedürftig, aber noch akzeptabel. April–Okt. 2 Pers. mit Zelt u. Auto 7 €, Hütte für 2 Pers. ab 10,50 €. Annín, ✆ 376593390, 📠 376522698, www.kempannin.sumava.net.
Autokempink Nové Městečko, ca. 5 km nordwestlich von Kašperské Hory im gleichnamigen Weiler. An sich schöner Platz mit viel Schatten unter hohen Bäumen. Jedoch ziemlich laut, zudem stammen die Sanitäranlagen noch aus sozialistischer Zeit. Restaurant. 2 Pers. mit Zelt u. Auto 7 €, Hütte für 4 Pers. ab 18 €. Dlouhá Ves 155, ✆ 376528825, 📠 376520247, www.sumavanet.cz/dlouhaves.

• *Öffnungszeiten* **Böhmerwaldmuseum,** Mai–Okt. Di–Sa 9–12 u. 12.45–17 Uhr, So 9–12 Uhr. Eintritt 1,40 €, erm. 0,35 €.
Motorradmuseum, Juni–Sept. tägl. 9.30–17 Uhr. Eintritt 1,40 €, erm. die Hälfte.

Hrad Kašperk (Burg Karlsberg)

3 km nördlich von Kašperské Hory ragt die Burg auf einem Felsmassiv (870 m) imposant aus einem Nadelwald empor. Kaiser Karl IV. ließ sie in der Mitte des 14. Jh. zum Schutz der Landesgrenzen und der Goldgräbersiedlungen errichten. Kašperk war übrigens eine der wenigen Burgen Böhmens, deren wehrhafte Mauern allen Angriffen standhielten. Zwei Führungen werden angeboten, die spannendere und längere hat die Ausstellung im Burggrafengebäude zum Schwerpunkt (50–60 Min.), die andere den Ostturm und die Kellerräume (25 Min.).

Ein erst gelb, dann rot markierter, 10 km langer Wanderweg führt von hier nach Sušice. Auch von Kašperské Hory existiert ein (grün) markierter Weg zur Burg.

● *Anfahrt* Vom Motorradmuseum am Marktplatz in Kašperské Hory aus beschildert. Nach ca. 3 km liegt linker Hand ein großer Parkplatz, von dort noch 1,5 km zu Fuß. An schönen Sommertagen kann man auch mit der Kutsche nach oben fahren.

● *Übernachten* **Rychta na Racánku,** sympathische Landpension neueren Datums nahe dem Parkplatz. Ruhige Lage, toller Obstgarten mit Planschbecken, Hängematte und Sandkasten. Beliebtes Ausflugsrestaurant mit schöner Terrasse angeschlossen (Mo Ruhetag). Ordentliche Zimmer mit privaten Bädern. DZ 32 €. Žlíbek 17, ✆/📠 37658 2117, penzion@racanek.webin.cz.

Kutschfahrt zur Burg Kašperk

● *Öffnungszeiten* Mai/Juni u. Sept./Okt. tägl. (außer Mo) 9–17 Uhr, Juli u. Aug. tägl. (außer Mo) 9.30–18 Uhr. Pro Führung 1,40–1,90 €, erm. 1–1,40 €, fremdsprachige Führung (nur lange Tour) 2,50 €.

Železná Ruda   (Markt Eisenstein)

Inmitten des Böhmerwalds, an der tschechisch-bayerischen Grenze, liegt Železná Ruda, ein beliebter Ferienort im Sommer wie im Winter. Die Umgebung ist herrlich und bietet Aktivurlaubern viele Möglichkeiten. Der mit Plattenbauten gesprenkelte Ort selbst ist wenig prickelnd.

Der 2700 Einwohner zählende Grenzort, etwa 42 km südlich von Klatovy in einem Tal am Flusslauf der Řezná gelegen, hat sich ganz auf den Fremdenverkehr eingestellt. Es stehen mehr als 5000 Gästebetten zur Verfügung. Im Winter kommen Skifahrer, im Sommer Wanderer und Radfahrer und das ganze Jahr über Sextouristen und Schnäppchenjäger, Letztere zum Tanken und Zigarettenkaufen. Sehenswertes gibt es kaum. Stolz ist man vor Ort auf das dem Infozentrum angegliederte **Böhmerwaldmuseum** *(Muzeum Šumavy),* das in fünf Räumen die typischen Exponate der Region zeigt: Hirschgeweihe, ein paar antike Möbel, Gläser usw. Schräg gegenüber der Kirche mit ihrem überdimensionalen zwiebelförmigen Kirchturm kann man

zudem ein kleines **Motorradmuseum** *(Muzeum Historických Motocyklů)* besichtigen, das auch einige historische Fahrräder präsentiert.

Der Böhmerwald

Der Böhmerwald ist Europas größtes zusammenhängendes bewaldetes Grenzgebirge; es ist ca. 250 km lang und trennt Tschechien von Deutschland und
Österreich. Der Gebirgszug beginnt auf tschechischer Seite südlich von
Cheb und erstreckt sich bis zum österreichischen Mühlviertel. Bevor der
Böhmerwald Mitte des 20. Jh. durch unpassierbare Grenzen zerschnitten
wurde, lebten hier Menschen, die sich kulturell und sprachlich wenig voneinander unterschieden. Die Frage der nationalen Zugehörigkeit veränderte
nicht nur den Charakter der Region, sondern ließ den Wald auch in Teilregio-
nen zerfallen. So bezeichnet man heute den Abschnitt südlich von Cheb bis
zu jener Senke, die zwischen Furth im Wald und Domažlice verläuft, auf
deutscher Seite als Oberpfälzer Wald, auf tschechischer als Český les (Tschechischer Wald). Südlich davon steigt der Böhmerwald bis zu Höhen von
1400 m an. Die Tschechen nennen ihn auf ihrer Seite Šumava („Die Rau-
schende"), das Pendant auf deutscher Seite ist der Bayerische Wald.

Die Vertreibung am Ende des 2. Weltkrieges und der danach gezogene Eiserne
Vorhang schuf hier ein von Menschenhand unberührtes Naturparadies,
noch immer so schön und intakt, wie es Adalbert Stifter einst literarisch por-
trätiert hat. Die von Fichten- und Kiefernwäldern, Hochmooren, Wildbä-
chen, Seen und Bergwiesen überzogenen Hochlagen sind Lebensraum von
Auerhähnen, Wanderfalken, Fischottern, Luchsen und Schwarzwild. Um
dieses Naturgebiet zu schützen, wurde 1991 auf tschechischer Seite der
Nationalpark Šumava *(Narodní Park Šumava)* gegründet, der knapp
70.000 ha umfasst und ungefähr dreimal so groß ist wie der deutsche Nationalpark Bayerischer Wald. Der Tourismus soll das wirtschaftliche Standbein
der gesamten Region werden. Bleibt nur zu hoffen, dass es auch so kommt.
Denn Gold, das einst im Böhmerwald mit Hammer und Pickel abgebaut
wurde, gibt es noch immer unter der Erde. Mit den Fördermethoden von
einst lohnt der Abbau heute nicht mehr, wohl aber mit Dynamit und großen
Maschinen. Internationale Unternehmen, die diesbezüglich in den letzten
Jahren in Prag angefragt hatten, sind nicht auf taube Ohren gestoßen.

In der kalten Jahreszeit bildet Železná Ruda mit dem nördlich angrenzenden Ferienort Špičák ein **Wintersportzentrum.** An den beiden Hausbergen, dem Pancíř
(1214 m) und dem Špičák (1202 m), erschließen 16 Liftanlagen 10 km Abfahrtspis-
ten, dazu stehen 55 km Langlaufloipen zur Verfügung.

Im Sommer bieten sich rund um den Ort herrliche **Wandermöglichkeiten.** Zwei
Empfehlungen: von Železná Ruda zum idyllisch gelegenen Teufelssee *(Čertovo jezero;*
erst blau, dann rot markiert) oder vom Berg Pancíř (1214 m) zum Prenet (1071 m;
rot markiert). Wer sich den Aufstieg auf den Pancíř sparen will, fährt von Špičák mit
dem auch im Sommer betriebenen Sessellift (9–16 Uhr, hin/zurück 2,80 €, erm. die
Hälfte) hinauf. Auch **Radfahrer** kommen rund um Železná Ruda auf ihre Kosten, es
gibt unzählige markierte Radwege. Am schönsten sind Touren durch den Nationalpark Šumava (→ Ziele im Westen des Nationalparks Šumava), durch welchen u. a. die
Radroute Nr. 33 „Christian Battaglia" verläuft. Diese führt von Železná Ruda über

Prášily, Srní und Lenora quer durch den Nationalpark bis nach Nová Pec (103 km). Mountainbiker können sich auf den neuen **Bikepark** in Špičák freuen, der mit verschiedenen Trails und einer „Sprungsektion" für Kurzweil sorgt (Eintritt mit Sesselliftfahrt 2,10 €, erm. 1,20 €).

Information/Verbindungen/Sport & Freizeit

• *Information* **Informační centrum,** an der Durchgangsstraße Javorská 154, ✆/✇ 37639 7033, www.sumava.net/itcruda. Hilfsbereit und kompetent. Tägl. 8–12.30 u. 13.30–18 Uhr.

• *Verbindungen* Regelmäßig **Busse** nach Klatovy und Nýrsko. 3- bis 4-mal tägl. nach Lenora, Kvilda, Modrava und Srní. Bahnhof ca. 600 m nördlich des Zentrums an der Straße nach Špičák. **Züge** bis zu 9-mal tägl. nach Klatovy, bis zu 10-mal nach Nýrsko, 1-mal nach Plzeň und Horažďovice. Im Sommer fährt gelegentlich auch eine alte **Dampflok** von Bayerisch Eisenstein (dort auch ein Lokalbahnmuseum) über Železná Ruda in die nahe gelegene Ortschaft Hojsova Stráž, Auskunft über das Infozentrum.

• *Radverleih* **Mountainbikes** gibt es an vielen Ecken zu mieten, z. B. bei **MAX** (hinter dem Restaurant Bultas an der Durchgangsstraße). 8 €/Tag. ✆ 603524262 (mobil), filip.pe@quick.cz.

• *Skifahren* In der Regel ist die Region von Dez.–März schneesicher. Tageskarte ca. 16,50 €, Kinder 10,50 €. Eine **Skischule** befindet sich in Špičák (Infos unter www.spicak.cz). Eintageskurs 61 €. Überall können auch Skier geliehen werden, ca. 13 €/Tag, ca. 50 € für 6 Tage.

• *Öffnungszeiten* **Böhmerwaldmuseum,** Di–Sa 9–12 u. 12.45–17 Uhr, So 9–12 Uhr. Eintritt 0,70 €. **Motorradmuseum,** tägl. 9–12 u. 13–17 Uhr. Eintritt 1,40 €.

Essen & Trinken/Übernachten

• *Essen & Trinken* Im Ortskern drängt sich Restaurant an Restaurant. Ausstattung und Qualität unterscheiden sich meist nur wenig. Etwas aus der Reihe fallen folgende Lokalitäten:

Restaurant U Císaře Rudolfa II, relativ kleines, jedoch gemütliches Lokal mit netter Terrasse. Rostbraten, Schweinsrippchen oder Steaks zu 3,20–8 €. Sklářská 37 (von Bayern kommend, vor der Kirche rechts ab), ✆ 376397509.

Joe's Restaurant U Hamru, gemütlich-warmes Lokal in einem alten Holzhaus. Abwechslungsreiche Küche der mittleren Preisklasse. Hier sitzt man gerne länger, auch draußen. Di–Sa 18–3 Uhr. Schräg gegenüber dem U Císaře Rudolfa II, ✆ 603797979 (mobil).

Café Charlotte, bei bayerischen Grenzgängern äußerst beliebtes, großes und recht rustikales Café. Grund: Mega-Tortenvitrine, 30 verschiedene Eisbecher. Über den Köpfen der Gäste fährt eine Modelleisenbahn. Terrasse. Von Bayern kommend hinter der Kirche rechts abbiegen, dann unübersehbar.

• *Übernachten* Es gibt bislang nur wenige Hotels, deren Ausstattung zeitgemäß ist. Es wird jedoch viel gebaut und renoviert – vielleicht oder hoffentlich wird Železná Ruda künftig ansprechendere Unterkünfte aufweisen. Schöner als in Železná Ruda selbst übernachtet man in Hamry und Hojsova Stráž auf halber Strecke nach Nýrsko (→ Zwischen Železná Ruda und Nýrsko, S. 173).

*** Hotel Špičák, in ruhiger Lage nahe dem Ortsteil Špičák, von der Straße nach Nýrsko ausgeschildert. 73 der Sterneanzahl entsprechend ausgestattete Zimmer mit Standardeinrichtung. Buchen Sie ein Zimmer mit Balkon und Panoramablick auf den Böhmerwald. Haken: Abseits vom Schuss, im Winter sind Schneeketten für die letzten paar Meter ein Muss. Oft von Reisegruppen in Beschlag genommen. Bewachte Parkplätze. Sauna, Solarium, Skischule, Sommerterrasse etc. DZ 77 €, oft jedoch gute Paketpreise. Špičák 95, ✆ 376372111, ✇ 376372222, www.orea.cz.

Hotel Malá Paříž, im Ortsteil Špičák (ausgeschildert). Kleines, sympathisches Familienhotel. Freundliche Zimmer und Apartments, auch wenn Mobiliar und Kunstdrucke an den Wänden nicht recht zusammenpassen wollen. Restaurant. Sehr zuvorkommender Service. DZ 32 €, Frühstück 3,50 € extra. Špičák 17, ✆/✇ 376397511, www.malapariz.cz.

Pension St. Moritz, von der Durchgangsstraße ausgeschildert. Helle saubere Zimmer, viele davon mit Balkon. Restaurant

Klatovy/Umgebung

mit schöner Terrasse. Internetzugang. Oft ausgebucht. 17 €/Pers. Lyžařská 294, ☎ 37639 7185, 🖂 376387181, http://stmoritz.webpark.cz.

• *Camping* **Autokemp Železná Ruda,** nördlich der Stadt unmittelbar an der Straße nach Klatovy. Wenig einladend, laut. Chatavermietung. Juni–Sept. 2 Pers. mit Zelt u. Auto 8 €, Chata für 4 Pers. 25 €. Železná Ruda, ☎ 376324223, www.autokemp-zelezna ruda.cz.

Ziele im Westen des Nationalparks Šumava

Südöstlich von Železná Ruda beginnt der Nationalpark Šumava, ein Paradies für **Langläufer, Wanderer** und **Radfahrer,** Letztere kommen in Scharen. Es gibt unzählige markierte Wege und Routen, die sich zu kurzen und langen Touren kombinieren lassen und so jedem Anspruch gerecht werden. Die wenigen noch verbliebenen Dörfer – nach der Vertreibung der deutschen Bevölkerung und der Schaffung eines streng bewachten Grenzstreifens verschwanden viele für immer – erwachen zu neuem Leben. Die alten, mit Schindeln gedeckten Berghäuser werden restauriert und zu Cafés, Restaurants oder Unterkünften ausgebaut. An den Straßen wird vielfach Honig verkauft.

> **Wichtiger Hinweis:** Es wird ausdrücklich davor gewarnt, die markierten Wanderwege im deutsch-tschechischen Grenzgebiet zu verlassen – nicht überall ist das Terrain bislang von verbliebenen Minen gesäubert!

Beliebte Ziele sind u. a. die wildromantische **Vydra-Schlucht** (von Antýgl führt ein rot markierter Wanderweg hindurch), die **Hochmoore von Modrava** (grün markierter Wanderweg ab Modrava) oder das **Šimon-Adler-Museum** *(Muzeum Dr. Šimona Adlera)* in **Dobrá Voda.** Es informiert über den Rabbiner und Historiker Dr. Šimon Adler, der 1944 in Auschwitz ermordet wurde. Nur ein paar Schritte vom Museum entfernt steht die **Kirche des Hl. Einsiedlers Gunther,** ein barocker Sakralbau aus der ersten Hälfte des 18. Jh. mit einem interessanten modernen Glasaltar. Die Kirche wurde erst 1996 neu geweiht, während des Sozialismus diente sie als Munitionslager der Grenztruppen.

Nur 2 km sind es von Dobrá Voda nach **Hartmanice.** Die dortige 1883 erbaute **Bergsynagoge** *(Horská Synagoga)* beherbergt seit 2006 ein Museum, das sich mit dem einstigen deutsch-jüdisch-tschechischen Leben im Böhmerwald beschäftigt – sehr aufschlussreich.

Unterkünfte und Restaurants finden Sie insbesondere in Modrava, Srní und Prášily. Selbstverständlich lohnen sich auch Touren in jenen Teil des Nationalparks Šumava, der bereits zu Südböhmen gehört und damit außerhalb des hier beschriebenen Reisegebiets liegt, beispielsweise zum **Lipno-See** oder in die mittelalterliche Stadt **Prachatice** an der Nationalparkgrenze.

• *Übernachten/Essen & Trinken* **Hotel Modrava,** in Modrava an der Straße nach Antýgl. Gepflegtes Hotel. Farbenfrohe Aufgänge und rustikal-moderne, liebevoll eingerichtete Zimmer ohne jede Spießigkeit. 1a-Service, gutes Restaurant mit gemütlicher Terrasse. Sauna und Billardsalon. DZ 54 €. Modrava 79, ☎/🖂 376599325, www.hotelmod rava.cz.
Mechovský Dvorec/Mosauer Hof, in Srnís westlichem „Vorort" Mechov. Eine Leserempfehlung. Von einer jungen Familie (englischsprachig) geführte Privatunterkunft. Hübsches Böhmerwaldhaus, Terrasse, sehr gepflegt. Alle Zimmer mit Bad. Haustiere und Rauchen nicht erlaubt. DZ 39 €. Mechov 181, ☎ 376599019, www.sumava-mechov.cz.
Penzion U Vendlů, in Srní. 6 freundlichrustikale, mit hellen Holzmöbeln ausgestattete Zimmer, alle mit Bad. Blick auf den Böhmerwald. Sandkasten und Schaukel im Garten. Netter Service. Anfahrt: In Srní bei

der Kirche die Straße nach Prášily nehmen. Nach ca. 500 m, hinter einer einsamen Kapelle, links ab. Nach weiteren 500 m rechter

Hand. DZ 32 €. Staré Srní 16, ℘/℗ 376599274, t-vendl@quick.cz.

*** **Klostermannova chata,** in Modrava an der Straße nach Kvilda, ausgeschildert. 1924 errichtete, große Berghütte mit Schindeldach, seit 2004 nach einer aufwändigen Restaurierung Hotelbetrieb. 15 Zimmer zum Wohlfühlen (bestehen Sie auf eines mit Aussicht!), tolle Terrasse, gutes Restaurant. Sauna, Bowling, Billard. DZ ab 49 €. Modrava 4, ℘/℗ 376599067, www.klostermannovachata.cz.

• *Öffnungszeiten* **Šimon-Adler-Museum,** in Dobrá Voda (ausgeschildert). Tägl. (außer Mo) 9–12 u. 12.30–17 Uhr. Eintritt 0,70 €, erm. die Hälfte. Im Museum sind auch Eintrittskarten (gleicher Preis) für die **Kirche** (!) zu bekommen. Führungen durch die Kirche

tägl. (außer Mo) von 10–16 Uhr im Stundenrhythmus.
Bergsynagoge, in Hartmanice unterhalb des Marktplatzes an der Straße nach Petrovice. Tägl. (außer Mo) 9–18 Uhr. Eintritt 1,40 €, erm. die Hälfte.

Zwischen Železná Ruda und Nýrsko

Rund 25 km trennen Železná Ruda von Nýrsko. Die Landschaft dazwischen – kleine Gebirgsdörfer, glucksende Bergbäche und dichte Märchenwälder – ist herrlich. Welch lustige Wichtelgeister und Feen sich darin tummeln, erfahren Sie im **Puppenmuseum** *(Pohádková země)* in der Häuseransammlung **Brčálník** (von der Straße 190 Nýrsko – Železná Ruda aus beschildert). Leider ist das Museum in einem wenig attraktiven Erholungsheim aus sozialistischer Zeit untergebracht, doch Kinder stört das nicht. Sie selbst können 100 m weiter warten, in der „Hospůdce na Farmě", einer idyllisch gelegenen Kneipe mit Feuerstelle und kleinem Zoo. Wer die Strecke mit dem Rad abfahren will, verlässt am besten hinter Špičák die Straße 190 und nimmt das sich endlos windende Parallelsträßlein auf der anderen Hangseite des Úhlava-Tals. Hier herrscht sehr wenig Verkehr. Unterwegs passiert man das häuserarme, aber dennoch kilometerlange Dorf **Hamry** mit Einkehrmöglichkeiten. Von Hamry führt ein populärer, rund 8 km langer Wanderweg auf den Großen Osser (1293 m), der sich bereits auf bayrischer Seite befindet.

• *Verbindungen* Auf der schönen Strecke zwischen Železná Ruda und Nýrsko verkehrt bis zu 10-mal tägl. ein **Zug.** Dieser hält zwar auch in **Hamry,** jedoch liegt der Bahnhof im Tal und der weit verstreute Ort hoch darüber. **Brčálník** ist ein reines Selbstfahrerziel.
• *Übernachten* *** **Hotel Kollerhof,** in Hamry. Von der Straße Nýrsko – Železná Ruda bestens ausgeschildert. Natur pur. Berghotel mit traumhaften Ausblicken. Komfortable helle Zimmer, alle mit Parkettböden und Balkon. Herrliche Terrasse, Sauna, Restaurant. Sehr freundliches Personal. EZ 27 €, DZ 46 €. Hamry 29, ℘ 376390113, www.hotelkollerhof.com.
Penzion Bečvářův srub, an der Durchgangsstraße in Hojsova Stráž, fast exakt zwischen Železná Ruda und Nýrsko. Hübsche, 2006 eröffnete Pension im Blockhüttenstil, alles sehr rustikal. Angenehm möblierte Zimmer mit Holzböden, alle mit Bad.

Restaurant mit schöner kleiner Terrasse. DZ ab 37 €, Aufschlag für Hunde (je nach Rasse!) 3,50–10,50 €. Hojsová Stráž 201, ℘ 3763 83678, ℗ 376387052, www.sumavasrub.cz.
Pension Královský hvozd, in Hamry direkt unterhalb des Hotels Kollerhof. 2004 eröffnet. Zimmer mit Bad und einfachen furnierten Möbeln, aber sehr gepflegt. Netter Garten. EZ 12 €, DZ 18 €. Hamry 28, ℘ 376390189, www.ceskehory.cz.
Horská Chata Hamry, am südlichen Ende von Hamry, von der Straße Nýrsko – Železná Ruda aus beschildert. Altes Fachwerkhaus direkt am Bach, Restaurant mit idyllischer Bierterrasse. Einfache Zimmer mit privaten Bädern. DZ 26 €. Hamry 66, ℘/℗ 37 6390171, www.chata-hamry.cz.
• *Öffnungszeiten* **Puppenmuseum,** Juli u. Aug. tägl. 9–17 Uhr, Mai u. Juni sowie Sept. u. Okt. nur Sa/So 9–17 Uhr. Eintritt 1,40 €, erm. die Hälfte.

Klatovy/Umgebung

Kanufahren auf der Úhlava

Nýrsko   (Neuern)

Rund 15 km südwestlich von Klatovy liegt Nýrsko, auf der Landkarte ein viel versprechendes Städtchen nahe einem Stausee. Leider entpuppt sich der schön gelegene See vor Ort als ein Trinkwasserreservoir, in dem Baden verboten ist. Auch der Ort selbst enttäuscht, obwohl er das Marktzentrum einer landschaftlich reizvollen Region ist. Den Ortskern teilt ein Fluss in zwei Hälften, drum herum überwiegen schäbige Bauten. Bekannt ist Nýrsko für das Optikunternehmen *Okula*, das ab Fabrik preiswert Brillen verkauft. Schöner sind die umliegenden Dörfer wie **Skelná Hut',** **Zelená Lhota** oder **Hamry** (s. o.), die mit einer Reihe von netten Unterkünften aufwarten können, was man von Nýrsko nicht gerade behaupten kann.

Markierte **Rad- und Wanderwege** führen von Nýrsko durch vergessene Wälder entlang der tschechisch-deutschen Grenze nach Železná Ruda (→ S. 169).

● *Information* **Informační a kulturní centrum Nýrsko** am Busbahnhof im Zentrum, ausgeschildert. Mo–Fr 9–16 Uhr, im Sommer auch Sa. ✆ 376571616, ic@mestonyrsko.cz.

● *Verbindungen* **Busse** mind. alle 2 Std. nach Železná Ruda, 5- bis 6-mal tägl. nach Klatovy und Janovice nad Úhlavou (Burg Klenová).

Züge regelmäßig nach Klatovy, bis zu 10-mal tägl. nach Železná Ruda. Der Bahnhof liegt jedoch, im Gegensatz zum Busbahnhof, nicht zentral, sondern weit außerhalb.

● *Übernachten* **Penzion St. Leonard,** gehobene Pension beim Dorf Chudenín, ca. 5 km westlich von Nýrsko, gut ausgeschildert.

Neubau im alpenländischen Stil, 2004 eröffnet. Sehr ruhige Lage im Grünen. 14 Zimmer und Apartments, freundlich ausgestattet, mit Minibar und Balkon. Restaurant, Sauna, kleiner Innenpool, Reithalle (Unterricht und Ausritte). DZ 55 €. Uhliště, ✆/≋ 37 6572110, penzion@impexa.cz.

Penzion Andrea, ca. 3 km westlich von Nýrsko in Skelná Hut', von der Straße zum Grenzübergang ausgeschildert. 6 schlichte, geschmacklich anspruchslose Zimmer, teils mit eigenem Bad und toller Aussicht. Sehr schöner, gemütlicher Terrassengarten, Kinderspielplatz, familienfreundlich. 15 €/Pers. Skelná Hut' 29, ✆ 736536144 (mobil).

● *Camping* **Autokemp Nýrsko,** im Süden von Nýrsko (ausgeschildert). Enger Wiesenplatz ohne Schatten, dafür Schwimmbad nebenan. Restaurant und kleiner Laden. Kinderspielplatz. Sehr freundliches Personal. 2 Pers. mit Zelt u. Auto 6,30 €, Hütte für 2 Pers. 9,80 €. Tylova 778, ✆ 376571220, www.autokemp-nyrsko.cz.

● *Golf* Der Platz des **Golf Clubs Šumava** liegt ca. 7 km nordwestlich von Nýrsko nahe dem Weiler Liščí an der Straße 190. Bislang erst 6 Loch, er soll aber erweitert werden. Greenfee 7 €. ✆ 604202267, www.golfklubsumava.cz.

> Für weitere Ziele westlich von Klatovy → Domažlice/Umgebung ab S. 182.

Hrad Klenová

(Burg Klenau)

Janovice nad Úhlavou ist ein recht farbloses Städtchen zwischen Nýrsko und Klatovy. Südöstlich davon erhebt sich jedoch auf einer bewaldeten Anhöhe die frühgotische Burgruine Klenová aus dem Ende des 13. Jh. samt einem **Renaissanceschloss.** Von der Burganlage angetan war der romantische Dichter Ludwig Tieck (1773–1853), der hier als Gast des Reichsgrafen Stadion-Thannhausen zu Besuch weilte. Das Schloss wird heute von der Galerie Klatovy-Klenova verwaltet und beherbergt eine Ausstellung über historische Möbelstücke. Zudem wird in vier Sälen tschechische Kunst des 20. Jh. gezeigt, darunter Werke von Max Švabinsky und Emil Filla. Auch finden immer wieder anspruchsvolle Wechselausstellungen statt. Zuletzt war auf dem Areal ein Skulpturenpark im Entstehen. Nach dem Besuch des Schlosses lädt ein recht gediegenes Restaurant zu einer Pause ein. Ganz nebenbei: Wer sich an böhmischen Schlössern nicht sattsehen kann, dem sei ein Abstecher in das 3 km östlich gelegene Dorf **Týnec** empfohlen. Hoch über dem Ort steht ein überaus prächtiges Schloss. Leider ist es in einem äußerst ruinösen Zustand und der Öffentlichkeit nicht zugänglich.

● *Anfahrt/Verbindungen* Die Burg liegt ca. 2 km von Janovice nad Úhlavou entfernt und ist von dort ausgeschildert. Janovice ist mit Bussen ab Klatovy zu erreichen, doch empfiehlt sich ein Ausflug hierher in erster Linie für Selbstfahrer.

● *Öffnungszeiten* **Schlossanlage,** April u. Okt. tägl. (außer Mo) 10–12 u. 12.30–16 Uhr, Mai, Juni u. Sept. tägl. (außer Mo) 9–12 u. 12.30–17 Uhr, Juli u. Aug. tägl. 9–12 u. 12.30–18 Uhr. Eintritt 2,10 €, erm. die Hälfte.

Bäuerin im Böhmerwald

Domažlice

Die reizvolle mittelalterliche Stadt ist das Herz des Chodenlandes. Zum Bleiben lädt sie nicht nur Mitte August ein, wenn ein ausgelassenes Folklorefest gefeiert wird, Domažlice ist auch ein attraktiver Ausgangspunkt für Ausflüge in die Umgebung.

Das freundliche Domažlice mit seinen rund 12.000 Einwohnern ist offiziell eine Kreisstadt und inoffiziell die Hauptstadt des Chodenlandes, das durch farbenfrohe Trachten, eine Mundart und die typische Dudelsackmusik bekannt ist. Doch an das Brauchtum der Choden, eines uralten slawischen Volksstamms (→ Kasten), erinnert in Domažlice außer in Souvenirgeschäften und Museen oder zu Festtagen nur wenig. Lediglich auf den Dörfern im Umland sieht man noch gelegentlich ältere Frauen in ihren herrlichen Trachten und hört – sofern man des Tschechischen mächtig ist – ihren eigenartigen Dialekt.

Die meisten Besucher des Städtchens sind Tagesausflügler aus dem 15 km entfernten Bayern. Erstaunlich, dass nicht mehr Touristen kommen, wartet Domažlice doch nicht nur mit billigen Zigaretten, gemütlichen Restaurants und schattigen Cafés unter Arkaden am Marktplatz auf, sondern mittlerweile auch mit einigen netten Pensionen. Beschaulich geht es vor allem am Abend in den engen gepflasterten Gassen der denkmalgeschützten Altstadt zu. Liebevoll gefertigte Hauszeichen erinnern dort ein wenig an die Prager Kleinseite. So eignet sich Domažlice jederzeit auch für einen längeren Aufenthalt.

Restaurantwerbung in Domažlice

Geschichte: Die Geschichte Domažlices spiegelt zugleich die Geschichte der Choden wider (→ Kasten). Die reine Stadtentwicklung ist schnell erzählt, obwohl die Anfänge bis ins 9. Jh. zurückreichen. Schon damals gab es hier eine kleine Zollgemeinde, die den Handelsweg zwischen Regensburg und Böhmen kontrollierte. Im 13. Jh. wurde Domažlice zur königlichen Stadt erhoben. Aus jener Zeit stammt die Chodische Burg (→ Sehenswertes). Auch umschloss man damals die Stadt mit einer Mauer, von der jedoch kaum etwas erhalten blieb. Die böhmischen Könige, die um die strategische Lage Domažlices wussten, unterstützten stets den Aufschwung der Stadt. Im 16. Jh. erreichte sie ihre erste Blüte. Berühmt war Domažlice zu jener Zeit für sein Weißbier, das selbst nach Bayern exportiert wurde. Der Dreißigjährige Krieg brachte wie überall Not und Hunger, das darauf folgende Jahrhundert immer wieder verheerende Brände, unter denen die

Hundsköpfe mit Dudelsack – das chodische Volk

Wer die Choden eigentlich sind und woher sie kommen, weiß niemand so genau. Urkundlich erwähnt wurde der slawische Volksstamm erstmals im Jahr 1040, als er den böhmischen Herzog Bratislav erfolgreich im Kampf gegen den deutschen Kaiser Heinrich III. unterstützte. In jenem Jahrhundert wurden die Choden auch mit der Überwachung der bayerisch-böhmischen Grenze betraut. Die deutsche Expansion Richtung Osten sollte damit aufgehalten werden. Die Aufgabe der Grenzkontrolle, die die Choden mit Kampfbeilen und scharfen Hunden durchführten, gab dem Volk auch seinen Namen (tschech. „chodit" = patrouillieren). Als Gegenleistung erwarben die Choden von den böhmischen Königen, insbesondere von König Johann von Luxemburg im Jahr 1325, besondere Privilegien: Als

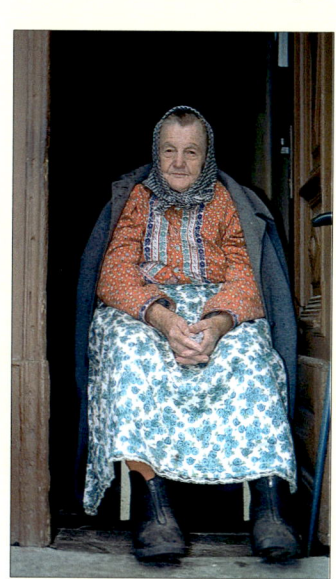

Freibauern sollten sie zeitlebens keinem anderen Menschen als dem König untertan sein, weniger Steuern bezahlen, von Zollgebühren befreit sein und so viele Hasen in den Wäldern jagen dürfen, wie sie wollten. Drei Jahrhunderte konnten sie ihren Sonderstatus genießen. Doch nach der Schlacht am Weißen Berg (→ Geschichte), wo sich die Choden auf die Seite der protestantischen böhmischen Stände geschlagen hatten, wurden ihnen ihre Privilegien aberkannt. Ihrem Widersacher, dem siegreichen General Maximilian Laminger von Albenreuth, wurde die gesamte Region rund um Domažlice vermacht. Sämtlich Versuche, die alten Privilegien mit legalen Mitteln zurück zu gewinnen, schlugen fehl. Es kam zum Aufstand. Diesem folgte der blutige Gegenschlag der kaiserlichen Truppen. Den Führer des chodischen Widerstandes, Jan Sladký Kozina, ließ Laminger von Albenreuth 1695 in Pilsen öffentlich hin-

Chodische Tracht

richten. Einer Legende nach prophezeite Kozina noch am Galgen dem General dessen Tod auf Jahr und Tag. Und wie angekündigt starb dieser exakt ein Jahr später an einem Schlaganfall. Eine kleine Kozina-Gedenkstätte befindet sich im Dorf Újezd, auf halber Strecke zwischen Domažlice und Klenčí pod Čerchovem.

Zur Romantisierung des chodischen Volkes trug insbesondere Alois Jiráseks (1851–1930) Roman *Hundsköpfe* bei – benannt nach dem Hundekopf im chodischen Wappen, einem Symbol für Treue und Wachsamkeit. In kommunistischer Zeit rechtfertigte man die Aufgaben der Grenzsoldaten des Kalten Krieges übrigens mit der Geschichte der chodischen Grenzhüter.

Domažlice
Karte S. 179

Stadt und ihre Bevölkerung litt. Erst Mitte des 18. Jh. kam ein neuer, langsamer Aufschwung, zu dem das Handwerk maßgeblich beitrug. Heute lebt man in Domažlice in erster Linie von der Maschinenbau-, Textil- und Holzindustrie.

Information/Parken/Verbindungen

- *Information* **Městské informační centrum**, Nám. Míru 51. Juni–Sept. Mo–Fr 7.30–17 Uhr, Sa 9–12 u. 14–17 Uhr, So 10–12 u. 14–16 Uhr, sonst Mo–Fr 7.30–16 Uhr, Sa 9–12 Uhr. ✆ 379725852, www.idomazlice.cz.
- *Parken* Gebührenpflichtig am Marktplatz möglich. Ein weiterer großer Parkplatz befindet sich an der Hruškova nahe der Burg.
- *Verbindungen* Intercity-Busbahnhof nahe dem Zentrum zwischen Poděbradova und Dukelská, Bahnhof etwas außerhalb süd-östlich des Zentrums. Am Bahnhof fahren zudem die Busse in die nahe gelegenen Dörfer ab. **Züge**, 2-mal tägl. nach Regensburg, bis zu 3-mal nach Prag, regelmäßig nach Plzeň, bis zu 9-mal tägl. nach Klenčí pod Čerchovem, bis zu 8-mal nach Klatovy, bis zu 4-mal nach Tachov. Verbindungen bestehen auch nach Marienbad, Horažďovice und Planá. **Busse**, mehrmals tägl. nach Plzeň, Klatovy, Horšovský Týn und Kdyně. Bis zu 3-mal tägl. nach Prag und Furth im Wald. Im Sommer zudem ständige Verbindungen nach Babylon.

Adressen

- *Ärztliche Versorgung* Krankenhaus westlich des Zentrums an der Kozinova. ✆ 39971 0111.
- *Einkaufen* Im Zentrum rund um den Náměstí Míru wird guter Geschmack entschieden auf die Probe gestellt: In die Geschäfte unter den Arkaden haben sich vornehmlich Asiaten einquartiert, die Imitate jeglicher Art, Alkohol und Zigaretten feilbieten.
Jeden Mittwoch wird auf dem Náměstí Míru der **Markt** abgehalten.
Chodská Prodejna Keramika (4), chodische Keramik und Trachtenpüppchen. Ecke Poděbradova/Husova.
Kumšt (2), Kramlädchen mit historischen Replika (u. a. Ritterrüstungen), Kunsthandwerk, Met, Glas, Fell etc. – vieles davon von Hand gefertigt. Liebevoll eingerichtet. Poděbradova 88.
Vinotéka Patriot (7), kleine Vinothek mit Schwerpunkt auf mährischen Produkten. Nám. Míru 9–12.
- *Polizei* Stadtpolizei im Rathaus am Marktplatz. ✆ 156.
- *Post* Am Sady Ant. Příhody.

Essen & Trinken/Übernachten

- *Essen & Trinken* **Chodský hrad (9)**, im Burggebäude. Rustikal angehauchte Räumlichkeiten, vornehmlich deutsches Publikum. Typisch böhmische Küche (auch wenn die Nudelgerichte südländisch klingen mögen …) zu 3,20–6,30 €. Chodské nám. 96, ✆ 379776010.
Historická krčma U Meluzíny (10), uriges, rustikal eingerichtetes Kneipenrestaurant. Sattmacherküche zwischen *Halušky* mit Kraut (eine slowakische Spätzlevariante) und Kartoffelspinatnudeln mit Pilzen. Zudem Kaninchen, Wild und Fisch auf der Karte. Im Sommer werden zuweilen auch gute Grillgerichte serviert. Mittlere Preisklasse. Gemütliche Innenhofterrasse. Nur mittags und abends. Vodní 19, ✆ 379768698.
Restaurace Maštal v Podhradí (13), von innen schöner als von außen. Auf Bauernstube gestyltes Restaurant mit alten Rädern an der Decke. Miniterrasse. Herzhafte böhmische Küche, Hg. 2,50–5,30 €. So Ruhetag. Jiráskova 42, ✆ 379722406.
Hospůdka U kamenného sloupu (3), gepflegtes Wirtshaus östlich des Unteren Tors. Neben regionaler, deftiger Küche ein paar vegetarische Gerichte und Käsespezialitäten. Hg. 3,20–11,60 €. Mit Pension. Poděbradova 139, ✆ 379778386.
Caffé Enzzo (5), modernes dunkelrotes Café mit Terrasse am Marktplatz. Für eine träg-ländliche Stadt wie Domažlice fast eine Spur zu schick. Guter Cappuccino. Nám. Míru/Ecke Kostelní.
Čajovna Želva (12), nette, leicht alternativ angehauchte Teestube. Tägl. ab 16 Uhr, So geschl. Havlíčkova 81.

Karte S. 179

• Übernachten Die wenigen größeren Hotels der Stadt dümpeln, was Fassaden und Interieur angeht, noch im sozialistischen Einheitsgrau. Empfehlenswerter sind die kleinen Unterkünfte in der Altstadt.

Pension Konšelský šenk (11), in zentraler Lage. 10 liebe- und geschmackvoll eingerichtete Zimmer: helles Holz, farbenfrohes Interieur. Hinterhofgarten und gemütliche Pizzeria im gleichen Haus. Radverleih, Parken frei. EZ 21 €, DZ 37 €. Vodní 33, ✆/✉ 379720200, www.konselskysenk.cz.

Hotel Sokolský dům (6), in bester Lage am Marktplatz. 12 recht hübsche Zimmer mit neuen Bädern, in denen jedoch noch nicht das gesamte vorrevolutionäre Inventar ausgetauscht wurde. Radverleih, Restaurant. EZ 30 €, DZ 44 €. Nám. Míru 121, ✆ 379720084, www.sokolskydum.cz.

Penzion U Chodského Hradu (8), am Marktplatz. 2006 eröffnet. 15 Zimmer unterschiedlicher Größe, sehr freundlich ausgestattet (teils mit Parkett), am schönsten sind die unterm Dach. DZ ab 35 €. Nám. Míru 66, ✆/✉ 379423415, www.penzionuchodskehohradu.eu.

Pension Family (1), von einer Leserin empfohlen, die sich hier bestens aufgehoben fühlte. 6 Zimmer und ein kleines Apartment. Sauna und kleiner Hinterhofgarten fürs Frühstück im Sommer. Sehr freundlicher Service. DZ 28 €. Školní 107, ✆/✉ 368356843, www. pensionfamily.cz.

Sport & Freizeit/Kultur

• Baden → Babylon, S. 182.

• Radverleih Über das **Hotel Sokolský Dům** (→ Übernachten). Pro Tag 10,50 €.

• Reiten Ausritte bieten **Iveta und Pavel Jandíkovi** im Dorf Vranov (Nr. 13) nahe Pivoň (→ S. 184) an. Pro Std. ca. 11 €. ✆ 379497313.

• Veranstaltungen Traditionelle Trachten und Masken sieht man beim fröhlichen **Karneval in Postřekov,** ca. 10 km westlich von Domažlice. Alljährliches Highlight ist das farbenprächtige **Chodenfest** mit Dudelsackpfeifern, Tanz, Musik und einer Messe auf dem 3 km südwestlich von Domažlice gelegenen Laurentiusberg (Veselá Hora) am Wochenende nach dem 10. August.

• Wandern/Radfahren Auf unzähligen gut markierten Wanderwegen rund um Domažlice (→ unter den einzelnen Orten) lässt sich die Umgebung gemütlich per pedes erkunden. Eine grenzüberschreitende, markierte Radwanderstrecke (ca. 20 km) führt von Domažlice nach Furth im Wald und über Kdyně zurück. Zudem bestehen Radwanderwege nach Nýrsko und weiter nach Železná Ruda und über Chudenice nach Klatovy.

Domažlice
Karte S. 179

Am Marktplatz

Sehenswertes

▶ **Náměstí Míru (Platz des Friedens):** Er ist einer der schönsten Marktplätze Westböhmens. Über eine Länge von 500 m säumen ihn farbenfrohe Bürgerhäuser mit
romantischen Laubengängen, Barock- und Rokokogiebeln. Viele der Gebäude besitzen tiefe, mehrstöckige Keller, die einst zur Aufbewahrung von Lebensmitteln
angelegt wurden. Im Osten begrenzt das *Untere Tor* (Dolní Brána) den Marktplatz.
Es ist ein Relikt der alten Stadtmauer und heute ein Wahrzeichen Domažlices.
Überragt wird der Platz von einem etwas schiefen, 56 m hohen Rundturm, der zur
Erzdekanatskirche Mariä Geburt (Arciděkanský kostel Narození Panny Marie) gehört. Von seiner Galerie blickt man im Süden auf den Tschechischen Wald und im
Norden auf die historische Anhöhe von Baldov, wo im Jahr 1431 die Hussiten das
kaiserliche Kreuzfahrerheer besiegten. Auf dem Turm befindet sich auch ein klei-
nes Glöcklein aus dem 15. Jh. Der Volksmund hat dem Glöckchen den Namen
„Advent" gegeben, da es vom ersten Adventssonntag bis Weihnachten täglich um
18 Uhr erklingt. Die Erzdekanatskirche war ursprünglich gotisch, das Kreuzgewölbe lässt dies noch erkennen. Mitte des 18. Jh. wurde sie jedoch im Stile des
Barock umgebaut. Wer anders als Kilian Ignaz Dientzenhofer könnte auch hier
seine Finger im Spiel haben? Gegenüber der Kirche befindet sich das *Rathaus* von
Domažlice, ein schönes Gebäude im Neorenaissancestil.

Öffnungszeiten **Kirchturm,** Mai–Sept. Mo–Sa 9–12 u. 13–17 Uhr, So 13–17 Uhr. Eintritt
1,10 €, erm. die Hälfte.

▸ **Chodský hrad (Chodische Burg):** Der heute eher schlossartige Komplex verdankt sein Aussehen einem Barockumbau im 18. Jh. An die alte Burg erinnert nur noch der schlanke Burgturm, von dem man einen Rundblick über die Stadt genießen kann. Früher tagte das chodische Gericht in der Burg, zudem wurden hier die sog. Majestätsbriefe, die Dokumente über die Privilegien der Choden, aufbewahrt. Heute beherbergen die Räumlichkeiten ein modern konzipiertes Volkskundemuseum zur chodischen Kultur. Zu sehen gibt es allerhand Trachten, Spitzen, Keramik, antike Möbelstücke und eine hübsche Bauernstube. Archäologische Funde beleuchten zudem die frühgeschichtliche Entwicklung der Region. Lohnenswert.

Adresse/Öffnungszeiten Chodské náměstí. April–Okt. tägl. (außer Mo) 9–12 u. 13–17 Uhr, im Winter Mo–Fr 10–12 u. 13–15 Uhr. Eintritt 1,40 €, erm. die Hälfte.

▸ **Národopisné muzeum Jindřicha Jindřicha (Jindřich-Jindřich-Museum):** Ein weiteres Museum, das sich mit der chodischen Kultur befasst. Es entstand aus der Privatsammlung des Domažlicer Komponisten und Volkskundlers Jindřich Jind-

Das Untere Tor in Domažlice

řich (1876–1967), der eine erstaunliche Kollektion an Töpferwaren, Heiligenbildern und Fotografien zusammengetragen hatte. Ein Blickfang ist die chodische Stube mit historischen Möbelstücken. Es finden auch wechselnde Ausstellungen statt.

Adresse/Öffnungszeiten Náměstí Svobody 67. Mo–Fr 9–12 u. 13–16 Uhr. Eintritt 1,50 €, erm. 0,75 €.

▸ **Galerie bratří Špillarů (Galerie der Brüder Špillar):** Die Galerie widmet sich den beiden in Pilsen geborenen Brüdern und Malern Špillar. Der ältere von beiden, Jaroslav Špillar (1869–1917), interessierte sich vornehmlich für das ländliche Leben chodischer Familien, das er in unzähligen Bildern einfing. Eines seiner beliebtesten Motive war der Dudelsackpfeifer. Er starb an einer tückischen Geisteskrankheit. Kurz vor seinem Tod war er noch von der fixen Idee besessen, sich einen geschlossenen Kutschenwagen als fahrbares Atelier umzubauen zu lassen. Sein jüngerer Bruder Karel (1871–1939) verließ die Heimat früh und erlebte seine fruchtbarsten Jahre in Frankreich, wo er die stillen Winkel von Paris, Strände der Normandie und Landschaften der Bretagne farbenfroh einfing. Neben den Werken beider Brüder zeigt die Galerie auch wechselnde Ausstellungen.

Adresse/Öffnungszeiten Msgre B. Staška 265. Mai–Okt. Mo–Sa 9–12 u. 13–16 Uhr, ansonsten nur Mo–Fr. Eintritt 0,50 €, erm. 0,35 €.

Domažlice Karte S. 179

Bäuerlich geprägt – die Umgebung von Domažlice

Domažlice/Umgebung

Domažlice liegt zu Füßen der stillen tiefen Forste des Tschechischen Walds (Český les), dem böhmischen Pendant zum Oberpfälzer Wald. Die gesamte dünn besiedelte Waldregion ist ein beliebtes Ausflugsziel: Durch die intakte Natur, wegen des einstigen Eisernen Vorhangs lange Zeit unberührt, führen zahlreiche markierte Rad- und Wanderwege. Eines der meistbesuchten Ziele ist der Gipfel des Čerchov, die höchste Erhebung des Tschechischen Waldes. Wer mit dem Auto durch die Gegend kutschiert, sieht am Straßenrand häufig kleine Stände, an denen Imker Honig, Pilzesammler riesige Schwammerl oder Fischer ihren frischen Fang aus rauschenden Bächen oder stillen Flüsschen feilbieten. Lohnenswert sind auch Abstecher zu den alten Chodendörfern mit ihren traditionellen Holzhäusern westlich von Domažlice. Die schönsten liegen abseits der Hauptverbindungsstraßen. Leider kann man oft nicht mehr als nur hindurch fahren. Die Dörfer sind so klein, dass sie oft nicht einmal mit einer Dorfkneipe aufwarten können. Im Norden und Osten von Domažlice erstrecken sich im Sommer weite, goldene Weizenfelder, dazwischen kleine Wälder.

Das sehenswerteste Städtchen in der Umgebung von Domažlice ist Horšovský Týn. Zum Baden lädt Babylon ein – der Turm, der bis zum Himmel reichen sollte, wurde hier aber nie gebaut. Ruinen wie am Euphrat gibt es rund um Domažlice jedoch auch: Auf vielen Hügeln liegen die steinernen Reste vergessener Burgen.

Babylon

Der Urlaubsort in Miniformat liegt ca. 7 km südwestlich von Domažlice an einem gemütlichen Badesee mit großem Strandbad. Am Südufer findet man Restaurants und viele Ferienhäuser. Darunter befinden sich auch ein paar feudale Bauten, denn die hiesige Sommerfrische entdeckte der Geldadel schon zu Ende des 19. Jh. Ein Wermutstropfen ist die stark befahrene Staatsstraße 26 von Domažlice ins bayerische Furth im Wald, die den Ort unschön tangiert. Weiter südlich passiert sie triste Grenzdörfer wie **Česka Kubice** und **Folmava**. Diese haben kein Flair, dafür haufenweise Casinos und Nightclubs, auf deren Terrassen sich die Mädchen im Sommer gähnend bräunen. Babylon bietet sich als Ausgangspunkt für herrliche Wanderungen in die dichten Wälder der Umgebung und auf den **Čerchov** (s. u.) an.

● *Verbindungen* Im Sommer ständig **Busse** von und nach Domažlice, **Züge** fahren seltener.

● *Essen & Trinken* **Restaurant Pizzeria Babylon,** wechselnde böhmische Tagesgerichte (3,20–5,60 €), ansonsten Fisch, Fleisch und gute Pizza aus dem Holzofen (2–9,80 €). Hübsche Veranda, an der leider die Lkws vorbeirauschen, denn das Lokal liegt direkt an der Hauptdurchgangsstraße. ✆ 379793227.

● *Übernachten* Da die meisten Babylon-Urlauber in ihren eigenen Datschen wohnen, ist die Auswahl eher bescheiden.

Pension Magda, hoch über dem See, ausgeschildert. Jugendliche Pension mit farbenfroh gestrichenen, im IKEA-Stil eingerichteten Zimmern, geräumig und freundlich. EZ 28 €, DZ 38 €. Babylon 69, ✆ 379793005, www.pensionmagda.cz.

Penzion Maxov, im gleichnamigen Dorf ca. 9 km südöstlich von Babylon an der Straße 190. Neubau im Alpenstil, sehr ruhige Lage, tolles Panorama. 5 Zimmer unterschiedlicher Größe mit Bad, z. T. mit Balkon, aber alles andere als stilsicher eingerichtet. Restaurant und Bierterrasse. DZ 28 €. Maxov, ✆ 379779018, http://maxov.webpark.cz.

● *Camping* **Autokemp Babylon,** der einzige Campingplatz vor Ort, jedoch nicht direkt am See. Große Stellwiese mit (schlechtem) Restaurant, Kiosk und Kochgelegenheiten. Leider nur wenig Schatten. Chatavermietung. Mai–Sept. 2 Pers. mit Zelt u. Auto 7 €, Chata für 2 Pers. 11 €. Zahradní 542, ✆/☏ 379724031, www.babylon-obec.cz/autokemp

Čerchov (Schwarzkoppe)

Mit 1042 m ist der Čerchov der höchste Gipfel des Tschechischen Waldes. Gekrönt wird er von einem Aussichtsturm, den man Anfang des 20. Jh. errichtete, schon damals war der Berg ein beliebtes Ausflugsziel. Doch fast die gesamte zweite Hälfte des letzten Jahrhunderts stand der Grenzberg unter der Kontrolle des Militärs und war Sperrgebiet. Erst seit der Wende darf man ihn wieder besteigen und vom Aussichtsturm das betrachten, was früher nur für die Augen und Ohren der Militärs bestimmt war. Zahlreiche **Wanderwege** führen zu seinem Gipfel, u. a. ein ca. 7 km langer, grün markierter Weg von Babylon. Rund um den Čerchov finden Sie im Winter auch schöne gespurte Loipen.

● *Anfahrt* Eine Anfahrt zum Gipfel ist nicht möglich. Der kürzeste Fußweg hinauf (ca. 5 km) beginnt beim Parkplatz im Weiler Carpatice, ausgeschildert.

● *Öffnungszeiten* **Aussichtsturm,** Mai, Juni, Sept. u. Okt. nur Sa/So 9–17 Uhr, Juli u. Aug. tägl. 9–17 Uhr.

Klenčí pod Čerchovem (Klentsch)

Rund 8 km westlich von Domažlice liegt dieses alte Chodenstädtchen, das bekannt ist für die Herstellung von Keramik mit den bunten traditionell-chodischen Motiven. Entlang der Hauptdurchgangsstraße, ohne hohen Hügel hinaufzieht, gibt es Teller, Tassen und dergleichen zu kaufen. Ein kleines **Museum** (Klenčí Baarovo muzeum) unterhalb der Dorfkirche erweist dem in Klenčí pod Čerchovem geborenen Volksschriftsteller Jindřich Šimon Baar (1869–1925) die Referenz. Am **Aussichtspunkt Výhledy,** 3 km südlich des Ortes, hat man ihm ein Denkmal gesetzt. Im Juli findet dort stets das Heimatfest Národopisná slavnost statt.

- *Verbindungen* **Züge** und **Busse** bis zu 9-mal tägl. nach Domažlice.
- *Übernachten* ***** Hotel Game,** ca. 1 km außerhalb, im Ort ausgeschildert. Im Ganzen nichts Besonderes. Zimmer mit besserer Standardeinrichtung, etliche davon mit Balkon. Tennisplatz und Schwimmbad gleich ums Eck. Sauna, Solarium. Ruhige Lage. Neckermann-Vertragshotel. EZ 37 €, DZ 42 €. Klenčí pod Čerchovem, ☎ 379794611, ☏ 37979 4613, www.hotelgame.cz.
- *Öffnungszeiten* **Museum,** Mai–Okt. tägl. (außer Mo) 10–12 u. 13–16 Uhr. Eintritt 0,50 €, erm. 0,20 €.

Naturpark Tschechischer Wald – von Bělá nad Radbuzou nach Poběžovice

Zum Radfahren oder Wandern durch den Tschechischen Wald ist Bělá nad Radbuzou, rund 30 km nordwestlich von Domažlice, eine guter Ausgangspunkt. Der Ort selbst hat jedoch außer einer alten, von Statuen gesäumten Brücke nichts Ansehnliches zu bieten. Am Marktplatz beginnt ein 24 km langer, schöner **Wanderweg** (gelb markiert) durch den Naturpark Tschechischer Wald, der zunächst bis nach **Pivoň** führt, einem idyllisch in einem kleinen Tal gelegenen Dorf. Am nördlichen Ortsausgang von Pivoň kann man die gruseligen Ruinen eines verfallenen Augustiner-Eremitenklosters aus dem 13. Jh. besichtigen (Einsturzgefahr!). Immerhin wurde bereits das Dach der Kirche gedeckt. Endstation der Wanderung ist der kleine Ort **Poběžovice,** dessen Leben sich vornehmlich in der Kneipe des Hotels Hubertus in der Stadtmitte abspielt. Poběžovice besitzt eine weite Schlossanlage aus dem 16. Jh., teils restauriert, teils noch ziemlich ruinös. Zum EU-Beitritt 2004 brachte man eine Gedenktafel an der Schlossmauer an: „Im Ronsberger Schloss lebte Richard Coudenhove Kalergi, Vater des Gedankens des geeinten Europas".

Auch mit dem **Fahrrad** gelangt man übrigens auf schwach frequentierten Straßen von Bělá nad Radbuzou über Rybník nach Pivoň und weiter nach Poběžovice. Die Strecke ist ein wenig länger, aber ebenfalls herrlich. Da das gesamte Grenzgebiet dünn besiedelt ist: unbedingt Proviant mitnehmen.

- *Verbindungen* **Züge** von Poběžovice bis zu 9-mal tägl. nach Domažlice, bis zu 4-mal nach Tachov.
- *Öffnungszeiten* **Schloss Poběžovice,** nur im Juli u. Aug. tägl. 9–16 Uhr. Führungen zu jeder vollen Std. Kein Eintritt, Spende erwünscht.

Für weitere Ziele nördlich von Domažlice → Mariánské Lázně/Umgebung ab S. 106.

Horšovský Týn   (Bischofteinitz)

Ein beschaulicher Marktplatz, ein großer Park zum Schlendern und ein prächtiges Renaissanceschloss. In Horšovský Týn lässt sich gemütlich ein Nachmittag verbringen.

Mehr aber leider nicht, denn mit guten Unterkünften sieht es in dem 5000-Einwohner-Städtchen 12 km nördlich von Domažlice bislang noch mager aus. Grund genug, die touristische Infrastruktur ein wenig anzukurbeln, hätte Horšovský Týn aber allemal: Die Lage des Ortes zu beiden Seiten des Flusslaufs der Radbuza ist äußerst reizvoll und der Náměstí Republiky, der denkmalgeschützte Hauptplatz, ein Schmuckstück. Pastellfarbene Giebelhäuser aus verschiedenen Epochen säumen ihn. Die barokisierte **Peter-und-Paul-Kirche** (Kostel sv. Petra a Pavla), im 13. Jh. als gotischer Bau errichtet, beherrscht dessen Mitte.

Angler bevölkern die Flussläufe des Tschechischen Waldes

Dominiert wird der Ort von einem vierflügeligen, sgraffitoverzierten **Renaissance-schloss** (Zámek Horšovský Týn) – als wäre Italien ganz nah. Im 13. Jh., als Horšovský Týn noch Zollstation (= Teyn) an einem bedeutenden Verkehrsknotenpunkt war, stand hier eine gotische Bischofsburg. Sie brannte Mitte des 16. Jh. aus. Auf ihren Ruinen ließen die Lobkowitz ein prächtiges Schloss errichten, der alte Befestigungscharakter blieb dabei erhalten. Spätere Umbauten führten dazu, dass heute von der Frühgotik bis zum Klassizismus nahezu alle Stilrichtungen im und am Schloss vorzufinden sind. Wer es besichtigt, kann zwischen verschiedenen Touren wählen. Es gibt u. a. eine Führung durch den Burggrafenpalast, eine durch den Wappensaal, eine durch die Mauern der ehemaligen Burg, eine durch die Küchen (ostasiatisches Porzellan!) und eine durch das Schloss. Letztere ist für all jene, die keinen ganzen Tag hier verbringen wollen, die spannendste Tour. Sie vermittelt einen Eindruck vom feudalen Leben des hier einst residierenden Adels. Salons, Tanzsaal und Bibliothek sind noch weitestgehend mit dem Originalmobiliar ausgestattet: Porzellanleuchter mit echten Edison-Birnen, englische Reisewecker aus dem Barock, böhmische und venezianische Kristalllüster usw.

Was Horšovský Týn mit dem Mond zu tun hat

In Horšovský Týn erblickte der Astronom Joseph Johann von Littrow 1781 das Licht der Welt. Auf ihren weltberühmten Sohn ist die Stadt sehr stolz. Sie kennen ihn nicht? Der Himmelsforscher entdeckte einen Krater auf dem Mond, der nach ihm benannt wurde. In dessen Nähe landete das Apollo-17-Raumfahrzeug im Dezember 1972.

Domažlice/Umgebung

Das Renaissanceschloss von Horšovský Týn

Nördlich des Schlosses schließt sich der große **Schlosspark** an (von der Westseite der Schlossanlage frei zugänglich). Darin befinden sich Pavillons, Brunnen, Statuen und ein See. An der Nordseite des Parks sind noch Reste der Stadtmauern aus dem 13. Jh. zu sehen. Besonders lohnenswert ist ein Besuch von Horšovský Týn zur **Anna-Kirchweih,** die stets Ende Juli stattfindet. Das dreitägige Fest wartet mit mittelalterlichen Events, altböhmischen Spezialitäten und viel Musik auf.

● *Information* **Regionální informační centrum,** Náměstí Republiky 105, Mo–Fr 8–16 Uhr, im Hochsommer auch Sa/So 8–17 Uhr. ☎ 379415151, www.horsovskytyn.cz.

● *Verbindungen* **Bahnhof** ca. 10 Fußmin. südwestlich des Zentrums. Bis zu 7-mal tägl. **Züge** nach Domažlice (in Staňkov umsteigen). Mehrmals tägl. **Busse** nach Domažlice und Pilsen.

● *Übernachten/Essen & Trinken* ***** Hotel Gurmán,** neben dem Schlosseingang. Bislang die einzige stilvolle Unterkunft des Orts. 10 komfortable, gemütliche und farbenfrohe Zimmer (buchen Sie das „Schlosszimmer" Nr. 104 mit Himmelbett!). Gutes Restaurant mit gehobener böhmischer Küche (Hg. 3,50– 9 €). Auf der netten Terrasse wird im Som-

mer hin und wieder gegrillt. EZ 30 €, DZ ab 61 €. Nám. Republiky 2, ☎ 379410020, 🖥 37941 0033, www.trendstav.cz.

*** Hotel Šumava, am Markplatz. Trotz angeblich dreier Sterne – einfaches Haus mit ebensolchen Zimmern, schlicht möbliert, aber alle mit Bad. Restaurant. DZ 37 €, EZ 22 €, Frühstück extra. Nám. Republiky 11, ☎ 379422800, 🖥 379422853, www.hotel.htyn.cz.

● *Öffnungszeiten* **Schloss,** März, April u. Okt. nur Sa/So 9–12 u. 13–16 Uhr, Mai u. Sept. tägl. (außer Mo) 9–12 u. 13–16 Uhr, Juni–Aug. tägl. (außer Mo) 9–12 u. 13–17 Uhr. Nov.–März geschl. Die verschiedenen Touren dauern 30–60 Min. und kosten 0,70–1,80 €. Legt man Wert auf eine fremdsprachige Führung, kommen noch mal jeweils 2,10 €/Pers. dazu.

Für weitere Ziele nordöstlich von Domažlice → Plzeň/Umgebung ab S. 147.

Burg Nový Herštejn und Burg Rýzmberk

Etwa 9 km südöstlich von Domažlice liegt das 5000-Einwohner-Städtchen **Kdyně.** Von weitem kündigt es sich durch den riesigen Schornstein des Maschinenbaubetriebs Elitex an. In den hügeligen Wäldern nördlich des Städtchens verstecken sich die Ruinen der Burg Nový Herštejn und der Burg Rýzmberk, von denen Letztere die interessantere ist. Sie wurde im 13. Jh. zum Schutz vor den Bayern errichtet und während des Dreißigjährigen Krieges von den Schweden besetzt und verwüstet. Literarisch verewigte sie die französische Schriftstellerin George Sand (1804–1876) in ihrem Roman „Consuelo". Den Burgturm kann man besteigen (toller Rundblick!). Zwischen den Ruinen findet man eine kleine gemütliche Kneipe. Eine Gaudi ist ein Besuch der Burg Ende Juni zum *Rýzmberský hradní guláš* („Rýzmberker Burggulasch") – kein Ritteressen, sondern ein **Country- und Folkfestival.** Von der Burg Nový Herštejn stehen nur noch ein paar Mauerreste, ein rot-weiß markierter **Wanderweg** verbindet die beiden Burgen.

● *Verbindungen* Bahnhof ca. 1 km südlich des Zentrums von Kdyně. **Züge** von Kdyně bis zu 8-mal tägl. nach Domažlice und Klatovy. **Busse** fahren regelmäßig nach Domažlice, weniger häufig nach Klatovy.

● *Übernachten/Camping* **Autocamping Hájovna,** ca. 2 km nördlich von Kdyně, an der Straße nach Němčice ausgeschildert. Großer schattiger Platz am Waldrand. Etwas beengend, aber ganz okay. Restaurant, Laden, Feuerstelle, Schwimmbad in der Nähe. Mai–Sept. 2 Pers. mit Zelt u. Auto 5,50 €, Chata für 2 Pers. ab 7 €. Na Kobyle 209, ✆/℡ 379731595, www.camphajovna.cz.

● *Anfahrt/Öffnungszeiten* Zur Burg Rýzmberk folgt man vom Marktplatz in Kdyně der Straße, die vorbei an der Apotheke und der Bank Česka Spořitelna verläuft. Bei einer Kreuzung mit einem Konzum (linker Hand) geht es auf der Rýzmberská weiter und nach ca. 100 m links ab (Hinweisschild). Ab dem Ortsschild noch ca. 600 m bergauf, bis linker Hand ein kleines gelbes Hinweisschild auftaucht. Am Waldrand parken, von da noch ca. 10 Min. zu Fuß. Tägl. 10–17 Uhr. Eintritt für den Turm 0,40 €, erm. die Hälfte.

Für weitere Ziele östlich von Domažlice → Klatovy/Umgebung ab S. 175.

Domažlice/Umgebung

Über den Dächern von Prag

Praha (Prag)

Um all die Facetten der tausendjährigen Stadt zu entdecken, bräuchte man Wochen. Um sie zu verstehen, Jahre. Genießen aber kann man Prag auf Anhieb.

Prag ist eine Stadt im Wandel, eine Stadt auf dem Weg zu einer neuen Identität im Herzen Europas und innerhalb der EU. Die Tristesse aus der Zeit des Sozialismus ist passee, das Grau der Fassaden übertüncht. Das Attribut „golden" trägt Prag wieder zu Recht. Farbenprächtig und lebensfroh präsentiert sich das Zentrum. Anteil daran haben auch die Millionen Besucher aus aller Welt.

Prag zeigt seine Reize freizügig: eine erhabene Burg, hundert Türme und Kuppeln, verschlungene Gassen und prächtige Straßenzüge mit Bauten aus der Gründerzeit. Die Schätze liegen nicht wie in anderen Metropolen in Museen versteckt. Zwei Weltkriege hat die Stadt dank der ausgebliebenen Bomber nahezu unbeschadet überstanden, das kommt ihr zugute. Aber nicht nur die Vergangenheit ist an allen Ecken lebendig, auch die Gegenwart. Als eine pulsierende, weltoffene Metropole präsentiert sich Prag, als eine Stadt, die voller Optimismus in die Zukunft blickt.

Ein Optimismus aber, den nicht all ihre Bewohner teilen: Während sich in trendigen Cocktailbars die neureiche Oberschicht zur Caipirinha trifft, hinter mondänen Glasfassaden die Weichen für das Prag des neuen Jahrtausends gestellt werden, in eleganten Shoppingcentern die noch unentdeckten Eva Herzigovás flanieren und in prächtigen Jugendstilcafés Touristen über Kafka und den Golem plaudern, sitzen die einfachen Arbeiter in den Eckkneipen dicht gedrängt beim Pausenbier und studieren die Quoten der Fußballwetten. Ihre Frauen durchwühlen die Wäscheberge der Secondhandläden, von der glamourösen Hochglanzwelt können sie nur träumen. Auf den Straßen knattern Auspuffe, Presslufthämmer und Ampeln um die Wette. Am Gehweg daneben erledigt der humpelnde Rauhaardackel sein Geschäft. Sein verarmtes Frauchen – zum Zaungast im neuen Prag geworden – kramt in der Mülltonne. Nur eine überfüllte Straßenbahn schaut zu. Prag hat verschiedene Gesichter.

Geschichte: Die ersten Siedlungen auf dem Gebiet des heutigen Prag entstanden ca. 3000 v. Chr. Alte Handelswege kreuzten hier, da sich die Moldau an einer Furt leicht überqueren ließ. Die eigentliche Stadtgeschichte beginnt aber erst in der zweiten Hälfte des 9. Jh. Damals wählte Herzog Bořivoj I. aus dem Geschlecht der Přemysliden jenen Bergrücken, der sich heute Hradčany nennt, zu seiner Burgstätte. Schon ein Jahrhundert später gab es unterhalb der Prager Burg ein blühendes Marktzentrum, wo Slawen, Muslime und Juden mit Sklaven, Zinn und Pelzen handelten. Bald darauf entstanden die ersten Klöster. Gegen Ende des 10. Jh. wurde flussaufwärts die Burg Vyšehrad im heutigen Prager Süden (→ S. 253) befestigt und mit einer Münzprägestätte ausgestattet.

Im Jahr 1158 ließ der Herrscher Vladislav II. die erste Steinbrücke über die Moldau errichten, die nach seiner Frau Judithbrücke genannt wurde. Dieser wichtige Übergang trug erheblich zur Entwicklung der Stadt bei. Insbesondere am rechten Moldauufer siedelten daraufhin mehr und mehr Kolonisten, vorrangig aus Bayern und Sachsen. Und nachdem Soběslav II. Juden, Italienern und Deutschen das Recht auf Selbstverwaltung zugestanden hatte, war deren Zuzug enorm. Man schätzt, dass in der zweiten Hälfte des 13. Jh. bereits 35.000 Menschen dort lebten. Zu jener Zeit ging auch der Name „Prag" von der Burg auf die Stadt darunter über. Das Handelszentrum, das aus mehreren Märkten bestand, umgab eine Befestigungsmauer, die entlang der heutigen Fußgängerzone Na příkopě (Am Graben), die die Alt- von der Neustadt trennt, verlief.

In der Mitte des 14. Jh., unter Karl IV., stieg Prag zu den bedeutendsten Städten Europas auf und wurde Mittelpunkt des Heiligen Römischen Reiches. Unter seiner Herrschaft erfolgte die Grundsteinlegung des Sankt-Veits-Doms, der ersten Universität Mitteleuropas und der Karlsbrücke, welche die durch Treibeis beschädigte Judithbrücke ersetzte. Zudem ließ Karl auf der rechten Seite der Moldau Nové Město, die Neustadt, mit weiten Straßen und Plätzen anlegen. Auf Karls Tod folgte für Prag ein Jahrhundert schwerer Rückschläge, bedingt durch verheerende Pestepidemien und die sozialen Spannungen zwischen Katholiken und Hussiten, die mit dem ersten Prager Fenstersturz (→ Kasten S. 246) die Hussitenkriege auslösten.

Erst in der zweiten Hälfte des 16. Jh. (mittlerweile zählte die Stadt rund 60.000 Einwohner) wurde Prag wieder zu einer der glanzvollsten Metropolen des Heiligen Römischen Reiches – insbesondere unter der Regierungszeit Rudolfs II., der Maler und Bildhauer, Alchimisten und Astrologen an seinen Hof kommen ließ und eine der imposantesten Kunstsammlungen weltweit aufbaute. Aber dann kam der 30-jährige Krieg, ausgelöst durch den berühmten zweiten Prager Fenstersturz (→ Kasten S. 246), und die Schweden plünderten die Kunstschätze der Prager Burg. Nach dem Krieg wurde Prag von Wien aus regiert. Im Zuge der Gegenreformation erhielt die Stadt ihr barockes Gesicht, das noch heute das „Goldene Prag" ausmacht.

1713 erlebte Prag ein verheerendes Jahr: Zum letzten Mal brach die Pest aus, 13.000 Menschen fielen ihr zum Opfer. Während des österreichischen Erbfolgekriegs

Übersicht S. 191

Praha

wurde Prag von Bayern, Sachsen, Franzosen und Preußen belagert. Dem Preußen Friedrich II. gelang es 1745 sogar, mit einem Heer von 80.000 Mann die Stadt vorübergehend einzunehmen. 12 Jahre später versuchte er sein Glück erneut: Dieses Mal stand er mit über 100.000 Mann vor den Toren der Stadt und fast genauso viele Kanonenkugeln hagelten auf sie nieder. Doch einnehmen konnte er sie nicht mehr.

In der ersten Hälfte des 19. Jh. kippte infolge der Industriellen Revolution und des damit verbundenen Zuzugs an Tschechen das zahlenmäßige Verhältnis zwischen Deutschen und Tschechen zugunsten Letzterer. Daraus entwickelte sich ein vehementer Konkurrenzkampf beider Kulturen, der bis in die Mitte des 20. Jh. anhielt. Durch den Bau feudaler Palais, großer Theater oder prachtvoller Bürgerhäuser, die noch heute der Stadt ihren besonderen Reiz verleihen, versuchten sich beide Kulturen einander zu beweisen. 1843 wurde der erste Prager Bahnhof eröffnet, vier Jahre später brannten die ersten Gaslaternen, und 1896 fuhr die erste elektrische Straßenbahn. Im 1. Weltkrieg blieb Prag von Kriegshandlungen verschont, auch den 2. Weltkrieg überstand die Stadt ohne große Zerstörungen.

Unter den Kommunisten begann der Verfall des historischen Zentrums und der Bau von Plattenbauten rund um die Stadt. 1960 zählte Prag eine Million Einwohner und rühmte sich der größten Stalinstatue der Welt (kurz nach ihrer feierlichen Einweihung jedoch war Stalin „out" und man riss sie wieder ab). 1968, während des Prager Frühlings, stand die Moldaustadt im Mittelpunkt des Weltgeschehens, aber kurz darauf verschwand sie hinter dem Eisernen Vorhang und geriet fast in Vergessenheit. Seit der Samtenen Revolution hat sich dieser Sachverhalt wieder geändert: Prag zählt heute zu den beliebtesten Zielen für Städtereisen. Die Stadt boomt und ist ein bevorzugter Ort internationaler Investoren, ihre Zukunft sieht rosig aus. An allen Ecken wird gebaut und restauriert.

Orientierung: Prag ist überschaubar. Das Gros aller Sehenswürdigkeiten, darunter die Prager Burg, der Staroměstské náměstí (Altstädter Ring), die Karlsbrücke, der Wenzelsplatz und der Alte Jüdische Friedhof, liegen in den historischen Stadtteilen Hradčany und Malá Strana westlich der Moldau und Staré Město, Josefov und Nové Město östlich der Moldau. Sie alle lassen sich problemlos zu Fuß erkunden. Aber auch mit der Straßenbahn oder der Metro gelangt man ohne Umstände in die Nähe jeder Sehenswürdigkeit. Die nächstgelegene Metrostation oder Straßenbahnhaltestelle sowie die dort hinführenden Linien sind unter den einzelnen Sehenswürdigkeiten angegeben. Es ist vorteilhaft, im Zentrum zu wohnen, die Auswahl an Unterkünften ist groß.

Information

Die offiziellen Touristeninformationen der Stadt gehören zum **Prager Informationsdienst** (*Pražská informační služba*, www.pis.cz – Infostellen und Webseite auch deutschsprachig). Zweigstellen mit der einheitlichen Rufnummer ✆ 12444 findet man z. B. in:

Staré Město (Altstadt): Staroměstská rad-

nice (Altstädter Rathaus), Staroměstské nám. Im Sommer Di–So 9–18 Uhr, Mo 11–18 Uhr, im Winter eine Stunde kürzer. Ⓜ A Staroměstská.

Malá Strana (Kleinseite): Im Kleinseitner Brückenturm an der Karlsbrücke. April–Okt tägl. 10–18 Uhr. Ⓢ 12, 20, 22, 23 Malostranské náměstí.

Großraum Prag

650 m.

Verbindungen

• *Bus* Die meisten nationalen und internationalen Busse starten und enden am **Busbahnhof Florenc.** Hier befindet sich auch die gleichnamige Metrostation: Sowohl mit der roten Linie (Haltestelle Muzeum) als auch mit der gelben (Haltestelle Můstek) gelangen Sie direkt zum Wenzelsplatz. In alle größeren Orte Westböhmens fahren von hier mehrmals täglich Busse, nach Pilsen sogar nahezu stündlich.

• *Zug* Prag hat mehrere Bahnhöfe. Die Züge aus Westböhmen, Deutschland oder Österreich enden entweder am **Hauptbahnhof (Hlavní nádraží)** im Zentrum der Stadt oder am **Bahnhof Holešovice** (seit 2007 auch *Nádraží Franze Kafky* bzw. Franz-Kafka-Bahnhof) im Norden Prags. Ins Zentrum gelangt man von dort mit der Ⓜ C, nach Mitternacht mit Ⓢ 54. In beiden Bahnhöfen finden Sie eine rund um die Uhr geöffnete Gepäckaufbewahrung, Geldwechselmöglichkeiten und Zimmervermittlungen.

In alle größeren Städte Westböhmens fahren mehrmals täglich Züge, teilweise muss man jedoch umsteigen. Züge nach Karlovy Vary (schneller aber der Bus!) fahren vom Bahnhof Holešovice ab, nahezu alle anderen vom Hauptbahnhof.

• *Flugzeug* Prags internationaler Flughafen heißt **Letiště Ruzyně.** Er liegt etwa 20 km nordwestlich des Zentrums und besteht aus zwei miteinander verbundenen Terminals: Terminal 2 dient der Abfertigung von Maschinen aus Staaten des Schengener Abkommens (u. a. Deutschland und Österreich). Terminal 1 steht für Maschinen aus der restlichen Welt, deren Passagiere einen Duty-free-Einkauf tätigen können (u. a. Schweiz), zur Verfügung.

Im Ankunftsbereich von Terminal 1 befinden sich eine Flughafeninformation und mehrere Zimmervermittlungen, darunter auch ein Čedok-Schalter mit guten Angeboten (tägl. 7–21 Uhr). Zudem finden Sie eine Gepäck-

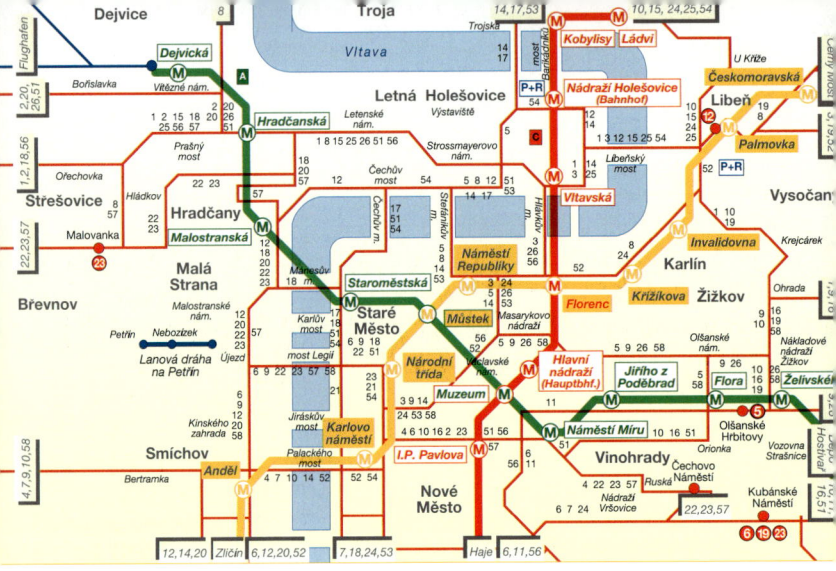

aufbewahrung, Zweigstellen nationaler und internationaler Autoverleiher sowie Geldwechselmöglichkeiten (tägl. 7–23 Uhr). Bankomaten im Terminal 1 zwischen Ankunfts- und Abflugbereich.

Transfer zwischen Flughafen und Zentrum

Der Prager Flughafen besitzt bislang noch keinen Metroanschluss – erst 2009 soll mit den Bauarbeiten begonnen werden (Fertigstellung nicht vor 2013!). Die einfachste Alternative, um ins Zentrum zu gelangen, ist mit dem **Cedaz-Minibus-Shuttleservice,** der von 5.30–21.30 Uhr alle 30 Min. fährt. Ins Zentrum (Endstation in der Straße V Celnici nahe dem Náměstí Republiky/Neustadt) pro Person 3,20 €, direkt ins Hotel wird ein Pauschalpreis von 17 € berechnet, egal ob für eine oder vier Personen. Die Minibusse fahren direkt vorm Ankunftsbereich der Terminals 1 und 2 ab. Wer auf diese Weise vom Zentrum zum Flughafen will, steigt in der Straße V Celnici zu (Abfahrtsstelle vor dem ČSA-Büro).

Taxis ins Zentrum kosten max. 18–25 €. Wer den Preis davor nicht aushandelt, wird glauben, Prag sei größer als New York City und ist Stunden unterwegs. Die Strecke zwischen Flughafen und Zentrum dauert 30 Min., planen Sie zu den morgendlichen und abendlichen Stoßzeiten zur Sicherheit 1 Std. ein.

Wer mit **öffentlichen Verkehrsmitteln** vom Flughafen ins Zentrum fahren will, steigt vor dem Ankunftsterminal in Ⓑ 119 bis Dejvická und dort in die Ⓜ A zum Wenzelsplatz um. Tickets bekommt man am Schalter der Prager Verkehrsbetriebe in den Ankunftsbereichen der Terminals 1 und 2.

Stadtverkehr/Parken

• *Metro* Die schnellste Verbindung zwischen den Stadtteilen. Das Netz ist klein und übersichtlich. Es besteht aus drei Linien, die mit den Buchstaben und Farben A (Grün), B (Gelb) und C (Rot) gekennzeichnet sind. Die Metro fährt täglich von 5 Uhr morgens bis Mitternacht, zu Stoßzeiten alle 2–3 Min., in den verkehrsschwachen Zeiten alle 4–10 Min. Es lohnt sich, einen Stadtplan zu kaufen, auf dem alle Metro-, Straßenbahn- und Buslinien verzeichnet sind (→ Wissenswertes von A bis Z/Literatur, S. 31).

● *Straßenbahn* Das Straßenbahnnetz ist sehr dicht und die meisten Linien sind auf die Minute pünktlich. Vor allem das Zentrum lässt sich besser mit der Straßenbahn als mit der Metro erkunden. Straßenbahnen *(tramvaj)* fahren i. d. R. von 4.30–0.15 Uhr, werktags alle 8–10 Min., am Wochenende und an Feiertagen alle 8–15 Min. Danach sind Nachttrams im Abstand von etwa 30 Min. unterwegs. Sie tragen 50er-Nummern und passieren das Stadtzentrum. Orientieren kann man sich an den Fahrplänen an jeder Haltestelle.

● *Bus* Auch die Busse verkehren meist auf die Minute genau, jedoch fahren sie vorrangig die Prager Außenbezirke an. Es existieren vier Nachtbuslinien – sie tragen 500er-Nummern und verkehren im 40-Minuten-Takt.

● *Taxis* Sind für Touristen leider meist ein Ärgernis. Lassen Sie sich von einem Taxifahrer nie ein Hotel, ein Restaurant oder einen Nachtclub empfehlen. Sie werden Stunden unterwegs sein und irgendwo in der Peripherie landen. Regulär kostet 1 km etwa 0,90 €, für die Anfahrt wird 1,20 € berechnet. Am besten fahren Sie mit **AAA-Taxis** (✆ 14014). Die seriöse Gesellschaft verfügt überall im Zentrum über eigene Taxistände mit Preistafeln. Betrügerische Fahrer werden fristlos entlassen.

● *Parken* Die von uns aufgeführten Unterkünfte bieten, wenn nicht anders angegeben, sichere Parkplätze an oder können einen Parkplatz außer Haus reservieren. Der bewachte Parkplatz gegenüber dem Rudolfinum in Staré Město kostet 1,40 €/Std., die Tiefgarage des Nationaltheaters an der Ostrovní in Nové Město bereits satte 30–35 €/Tag (saisonabhängig).

Nahverkehrstarife

Fahrscheine, die für alle öffentlichen Verkehrsmittel – egal ob Metro, Straßenbahn oder Bus – gültig sind, erhält man an den gelben Fahrkartenautomaten in den Metrostationen, zuweilen auch in Zeitungs- und Tabakläden. Nur wenige Bus- und Straßenbahnhaltestellen haben Automaten!

Preise: Fährt man mit der Metro nicht mehr als 5 Stationen oder steigt man mit der Straßenbahn oder dem Bus nicht um und ist auch nicht länger als 20 Min. unterwegs, reicht ein Kurzstreckenfahrschein zu 0,70 € (18 Kč; Stand Jan. 2008). Kinder zwischen 6 und 15 Jahren bezahlen die Hälfte, über 15 Jahren den vollen Preis, unter 6 Jahren fahren sie kostenlos. Für eine Fahrt bis 75 Min. mit Umsteigemöglichkeit (90 Min. zwischen 22 und 5 Uhr sowie am Wochenende) bezahlt man für sämtliche Transportmittel 1 € (26 Kč, erm. die Hälfte). Für größere Gepäckstücke müssen Extratickets zu 0,50 € (13 Kč) gelöst werden, sofern Sie kein Tages- oder Mehrtagesticket haben. Schwarzfahren lohnt nicht, Kontrollen sind häufig.

Tipp: Kaufen Sie sich Tages- bzw. Mehrtageskarten, auch wenn Sie mit Einzelfahrscheinen vielleicht billiger wegkämen. Die Sucherei nach dem nötigen Kleingeld und dem nächsten Automaten erledigt sich damit. Tages- und Mehrtageskarten gibt es an den Ticketschaltern der Metrostationen zu kaufen. Das 24-Stunden-Ticket kostet 3,80 € (100 Kč, erm. die Hälfte), das Dreitagesticket 12,70 € (330 Kč) und ein Fünftagesticket 19 € (500 Kč). Für das Drei- und Fünftagesticket gibt es keine Ermäßigung für Jugendliche. Erwachsene im Besitz eines der zwei Tickets dürfen jedoch ein Kind im Alter zwischen 6 und 14 Jahren kostenlos mitnehmen.

*A*dressen

● *Ärztliche Versorgung* Von der deutschen Botschaft empfohlene Ärzte und Krankenhäuser: **Krankenhaus Na Homolce,** Roentgenova 2, Motol. ✆ 257271111. Notfalldienst rund um die Uhr besetzt. Auch auf die Behandlung von Ausländern vorbereitet. Bei Zahnproblemen hilft Dr. Liška (deutschsprachig) weiter, ✆ 257272612. Ⓜ B Anděl, weiter mit Ⓑ 167 Na Homolce.

Medizinische Fakultät der Karlsuniversität, ebenfalls auf die Behandlung von Ausländern vorbereitet. U nemocnice 2 (Karlsplatz),

Praha
Übersicht S. 191

III. Interna, Abt. C, ✆ 224961111. Ein deutschsprachiger Arzt dort ist u. a. Dr. Tomáš Zelinka, ✆ 224962945. Ⓜ B Karlovo náměstí.

• *Autoverleih* Die hier aufgeführten Anbieter verfügen über Zweigstellen am Flughafen und im Zentrum. Für weitere Informationen → Wissenswertes von A bis Z/Mietwagen, S. 31.

Europcar, Pařížská 28, Josefov, ✆ 224811290, www.europcar.cz. Ⓜ A Staroměstská.

Sixt, Pobřežní 1 (Hilton), Nové Město, ✆ 222 324995, www.e-sixt.cz. Ⓜ B, C Florenc.

Avis, Klimentská 46, Nové Město, ✆ 2218512 25, www.avis.cz. Ⓢ 3, 26 Těšnov.

• *Diplomatische Vertretungen* → Wissenswertes von A bis Z, S. 25.

• *Fundbüro* **Ztráty a nálezy,** in der Karolíny Světlé 5, Staré Město, ✆ 224235085. Mo–Do 8–12 Uhr und 12.30–16 Uhr, Fr nur bis 14 Uhr. Ⓜ B Národní třída.

• *Polizei* **Hauptdienststelle** an der Bartolomějská 8, Staré Město. Ⓜ A, B Můstek. Notruf unter ✆ 158.

• *Post* **Hauptpost** an der Jindřišská 14, Nové Město. Tägl. 2–24 Uhr. Ⓜ A, C Muzeum.

• *Reinigung/Waschsalon* **Laundryland,** Selbstbedienungswaschsalon mit mehreren Filialen. Z. B. in der Londýnská 71, Vinohrady. Ⓜ C I.P. Pavlova.

Čistírna oděvu, Trockenreinigung und Waschsalon. Karoliny Světlé 10, Staré Město. Ⓜ B Národní třída.

• *Stadtrundfahrten und -führungen* Unzählige Veranstalter mit den unterschiedlichsten Touren in der Innenstadt. Zwei Adressen:

Tägliche Prag-Führungen, Spaziergänge zu speziellen Themen, keine Voranmeldung nötig, auf Flyer achten, Treffpunkt Altstädter Ring unter der Astronomischen Uhr, ✆ 2819 17642. Ⓜ A Staroměstská.

Premiant City Tour, Na příkopě 23, Nové Město, ✆ 606600123 (mobil). Standardtouren zu Fuß und mit dem Bus. Ⓜ A, B Můstek.

• *Stadtpläne* → Wissenswertes von A bis Z/Literatur, S. 31.

Einkaufen

Von einem Shoppingparadies à la London oder Paris ist Prag weit entfernt. Zum Stöbern aber – egal ob in Antiquariaten oder verstaubten Trödelläden – ist die Moldaumetropole eine gute Adresse.

• *Kunsthandwerk/Souvenirs* Böhmisches Kristall, Töpferwaren, Holzspielzeug, Marionetten, Bernsteinschmuck und bemalte Ostereier (man bekommt sie ganzjährig) an jeder zweiten Ecke. Ein paar Extratipps:

Obchod pod Lampou (8/S. 233), einer der schönsten Marionettenläden der Stadt ist der von Pavel Truhlář im Schatten der Karlsbrücke. Handgeschnitzte Puppen, deren Kostüme vor Ort genäht werden. U Lužického semináře 5/78, Malá Strana. Ⓢ 12, 20, 22, 23 Malostranské náměstí.

Erpet (8/S. 218/219), museumsgroßer Glaspalast für böhmisches Kristall in allen Variationen, darunter auch Moser-Gläser (→ Karlsbad, S. 62). Staroměstské náměstí 27, Staré Město. Ⓜ A Staroměstská.

Manufaktura (12/S. 218/219), Kunsthandwerk und Naturprodukte von bemalten Ostereiern über Holzspielzeug bis zu wohlduftenden Seifen. Mehrere Filialen, eine große in der Melantrichova 17, Staré Město. Ⓜ A, B Můstek.

• *Mode* Für *Diesel* & Co → Shoppingcenter. Boutiquen junger tschechischer Designer(innen) findet man v. a. in Josefov: z. B. **Tatiana (11/S. 225),** Dušní 1, **Bohème (8/ S. 225),** Dušní 8, oder **Klára Nademlýnská**

(9/S. 225), Dlouhá 3. Noch zwei Adressen außerhalb Josefovs:

Vintage (15/S. 218/219), wie der Name schon sagt, wird hier Erlesen-abgefahrenes aus zweiter Hand verkauft. Wirklich schräge Teile zu günstigen Preisen! Michalská 18, Staré Město. Ⓜ A, B Můstek.

Baťa (6/S. 208/209), größter Baťa-Laden der Stadt, auf 6 Etagen. Trendy und preislich okay. Es werden auch Schuhe anderer Hersteller verkauft. Václavské náměstí 6, Nové Město. Ⓜ A, B Můstek.

• *Shoppingcenter* **Palladium,** größte Shoppingmall der Innenstadt, dazu die beste und neueste Prags (seit Herbst 2007). 120 Läden und 30 Restaurants. Náměstí Republiky, Staré Město. Ⓜ B.

Palác Flora, übersichtlicher, auf 4 Etagen. Mit Kinos. Im Stadtteil Žižkov direkt an der Metrostation Ⓜ A Flora.

• *Märkte* **Bleší trh,** großer Flohmarkt auf dem Gelände einer ehemaligen Stahlgießerei im nordöstlichen Stadtteil Vysočany. Überwiegend billiger Trödel, dazu geklaute Autoradios und Neuware. Ⓜ B Kolbenova, dann den Massen hinterher.

Spektakuläre Architektur in der Neustadt: Frank O. Gehrys „Ginger und Fred"

Havelské tržiště, tägl. Touristenmarkt in der Altstadt. Havelská, Staré Město. Ⓜ A, B Můstek.

● *Lebensmittel* **Obchod Kořením (11/S. 233),** 1001 Gewürze aus 1001 Nacht in einem kleinen Laden, der etwas von einer alten Apotheke hat. Prokopská 5, Malá Strana. Ⓢ 12, 20, 22, 23 Malostranské náměstí.

Zemark Lahůdky (17/S. 208/209), großer Delikatessenladen. Feinkost, Spirituosen, Absinth in allen Variationen. Václavské náměstí 44, Nové Město. Ⓜ A, B Můstek oder A, C Muzeum.

● *Antiquitäten/Trödel* Hochwertigere Antiquitätengeschäfte findet man geballt im Stadtteil Josefov und in der Altstadt rund um den Betlémské náměstí. In allen anderen Stadtteilen dominieren Trödler *(bazar zastavárna)* mit einem oft recht bunten Warensortiment. Wer Glück hat, findet dort noch Relikte aus vorrevolutionärer Zeit. Noch zwei interessante Adressen:

Dorotheum (10/S. 218/219), das älteste Auktionshaus Europas, gegründet 1707 in Wien. Alles, was angeboten wird, ist antik und teuer: Porzellan, Zigarettenetuis, Orden,

Glas, Gemälde usw. Ovocný trh 2, Staré Město. Ⓜ A, B Můstek.

Art deco Galerie (13/S. 218/219), ausgefallener Nobeltrödler. Das meiste im Stil der 20er Jahre, viel Kleidung. Michalská 21, Staré Město. Ⓜ B Národní třída.

● *Antiquariate/Buchhandlungen* **U Zlaté Číše (4/S. 233),** eines der schönsten Antiquariate der Kleinseite. Nerudova 16, Malá Strana. Ⓢ 12, 20, 22, 23 Malostranské náměstí.

Karel Křenek (4/S. 218/219), größte Auswahl an deutschsprachigen Büchern der Stadt. U obecního domů 2, Staré Město. Ⓜ B Náměstí Republiky.

Vitalis (3/S. 233), deutsche Buchhandlung des gleichnamigen Prager Verlags. Viel Literatur zur Stadt, Übersetzungen tschechischer Autoren, zudem Kafka & Co. U Lužického semináře 19, Malá Strana. Ⓜ A Malostranská.

Buchhaus Kanzelsberger (5/S. 208/209), alteingesessenes Buchgeschäft auf mehreren Etagen. Auch Noten und deutschsprachige Literatur. Dazu ein nettes Café im 1. Stock. Václavské náměstí 4, Nové Město. Ⓜ A, B Můstek.

Praha
Übersicht S. 191

Essen & Trinken

Das touristische Zentrum Prags bietet eine fast unglaubliche gastronomische Vielfalt. Für Prager Standardeinkommen sind jedoch viele der dortigen Restaurants tabu, besucht werden sie vornehmlich von Touristen. Leider verstehen sich auch manche zentralen Restaurants weniger aufs Kochen, sondern mehr aufs Kassieren. Das gilt insbesondere für möchtegernschicke, bewusst traditionsbetonte und den Großteil der Restaurants, die mit einem Menüsonderangebot am Eingang werben. Das Essen ist dort meist keinen Deut besser als in der miefigsten Vorstadtkneipe, nur um ein Vielfaches teurer. Das Gros der Ausländer bekommt das gar nicht mit, da man von zu Hause solche Preise gewohnt ist oder sie für eine Großstadt noch immer als angemessen erachtet.

> Empfehlenswerte Restaurants finden Sie unter den einzelnen Stadtteilen.

Übernachten

Das Angebot an Quartieren in Prag ist vielseitig. Von prunkvollen Hotels, die keinen Komfort vermissen lassen, bis zu muffeligen Absteigen mit verkeimten Teppichböden ist alles vorhanden. Alternativ dazu findet man Apartments und nette Hostels für Low-Budget-Reisende. Trotz enormer Kapazitäten kann es in der Hauptsaison (von Mitte März bis Ende Juni und von Anfang August bis Ende Oktober) und Topsaison (d. h. über Silvester, Ostern, Pfingsten und – je nachdem, wie die Feiertage liegen – über die verlängerten Wochenenden) zu Engpässen kommen. In der Topsaison steigen auch die hier angegebenen Hochsaisonpreise nochmals um 30–100 % an. Frühzeitig zu buchen lohnt daher. Ansonsten muss man nehmen, was noch frei ist, oder man schläft irgendwo in der Peripherie, in oder zwischen Plattenbauten. Bis auf die Campingplätze liegen die hier aufgeführten Unterkünfte im Zentrum oder zumindest in angrenzenden und problemlos zu erreichenden Stadtbezirken. Achtung: Übers Internet (→ S. 22) können Sie viele der von uns aufgeführten Unterkünfte wesentlich günstiger buchen – wer Glück hat, bekommt ein Zimmer für die Hälfte der angegebenen Walk-in-rate!

● *Hotels* ******* Four Seasons (5/S. 218/219),** eines der besten Prager Hotels, untergebracht in einem Gebäudekomplex, zu dem u. a. eine Barockvilla und ein Neorenaissancebau gehören. Großzügige, elegante Zimmer mit Marmorbädern, Telefon auf der Toilette und z. T. mit Blick auf die Burg. Die Preise ändern sich ständig: DZ bei unserem letzten Besuch ab 330 €, EZ ab 310 €, aber immer wieder Specials. Veslavinova 2A, Staré Město, Ⓜ A Staroměstská, ℘ 22142 7000, ✆ 221426000, www.fourseasons.com.

**** Josef (3/S. 218/219), eine Adresse für alle, die auf lichtes, minimalistisches Design stehen. Entworfen von der in London arbeitenden tschechischen Architektin Eva Jiřičá. DZ offiziell 293 €, jedoch oft hohe Rabatte. Parken 18 €/Tag extra. Rybná 20, Staré Město, Ⓜ B Náměstí Republiky, ℘ 2217 00111, ✆ 221700999, www.hoteljosef.com.

**** Yasmin (10/S. 208/209), 2006 eröffnet. Ein Hotel mit außergewöhnlichem Design, z.T. sehr futuristisch. 198 schicke, helle Zimmer mit schwarzen Bädern. DZ 260 €. Politických vězňů 12, Nové Město, Ⓜ A, C Museum, ℘ 234100100, ✆ 234100101, www.hotel-yasmin.cz.

**** U zlaté studně (1/S. 233), in traumhafter Lage neben dem Ledebour-Garten. 17 komfortable Zimmer, 3 Suiten. Die Räume sind mit stilvollen Repliken klassischer Möbelstücke ausgestattet. Panoramablick von der Dachterrasse. Ruhig. Eigene Parkplätze 5 Fußmin. entfernt. DZ ab 245 € (ohne Mehrwertsteuer). U zlaté studně 4, Malá Strana, Ⓜ A Malostranská, ℘ 257011213, ✆ 25 7533320, www.zlatastudna.cz.

**** Domus Henrici (3/S. 238/239), kleine noble Herberge nahe der Burg. Altes, verwinkeltes Haus mit nur 8 Zimmern, die über Treppchen zu erreichen sind. Geschmackvoll restauriert, Parkettböden. 2 gemütliche Gemeinschaftsterrassen mit schöner Aussicht. Keine eigenen Parkmöglichkeiten. DZ ab 170 €. Loretánská 11, Hradčany, Ⓢ 22, 23 Pohořelec, ℘ 220511369, www.domus-henrici.cz.

**** Sieber, komfortables, familiäres Hotel mit Flair. 20 geschmackvolle, klassische Zimmer und Suiten. 1a-Service. DZ 177 €, Apartments 203 €. Slezská 55, Vinohrady, Ⓜ A Jiřího z Poděbrad, ✆ 224250025, 📠 224250027, www.sieber.cz.

*** Sax (6/S. 233), nahe der deutschen Botschaft im einstigen italienischen Viertel. Kleine, aber helle Zimmer. Ruhige Lage. EZ 132 €, DZ 157 €, Suite 182 €. Jánský Vršek 3, Malá Strana, Ⓢ 12, 20, 22, 23, 57 Malostranské náměstí, ✆ 257531268, 📠 257534101, www.sax.cz.

*** Tyl, nur ein paar Schritte zur nächsten Metrostation, keine 10 Gehmin. zum Wenzelsplatz. Kleines, gepflegtes Haus mit klassisch-stilvollen Zimmern, alle mit Klimaanlage, Satelliten-TV, Telefon und Minibar. DZ 139 €, in der NS fast die Hälfte billiger. Tylovo náměstí 5, Vinohrady, Ⓜ A I.P.Pavlova, ✆ 221595711, 📠 221595712, www.hoteltyl.com.

*** Hotel 16 (27/S. 208/209), kleines, gut geführtes und etabliertes Haus. 14 Zimmer, sehr sauber und frisch restauriert. Zuvorkommender Service. Kleiner Garten. EZ 104 €, DZ 130 €. Kateřinská 16, Nové Město, Ⓜ B Karlovo náměstí, ✆ 224920636, 📠 2249206 26, www.hotel16.cz.

> ***** Mušketýr (22/S. 208/209),** schräg gegenüber dem Nationalmuseum. Stilvolle Zimmer (lassen Sie sich keines zur Mezibranská geben – laut!). Wer einmal König von Prag spielen will, sollte eines der beiden Dachzimmer mit Traumterrasse buchen – das Goldene Prag liegt Ihnen hier zu Füßen. Von Lesern gelobt. Gutes Restaurant mit böhmischer Küche. DZ ab 100 €. Mezibranská 13, Nové Město, Ⓜ A, C Muzeum, ✆/📠 296220000, www.musketyr.com.

** Evropa (12/S. 208/209), eines der bekanntesten Häuser der Stadt, darf in keinem Buch fehlen. Zimmer z.T. unter Hostelniveau, z.T. aber schon billigst renoviert. Eine Lesermeinung: „Schmuddeliger Frühstücksraum mit unfreundlicher, manchmal die Gäste beschimpfender Bedienung." Dreist überteuert. DZ mit Bad 111 €, ohne Bad 72 €. Václavské náměstí 26, Nové Město, Ⓜ A, C Muzeum oder A, B Můstek, ✆ 224 228215, 📠 224224544, www.evropahotel.cz.

● *Pensionen* **U červené židle (16/S. 218/219),** sehr komfortable, neue Pension,

besser als so manches Drei-Sterne-Haus. Nett möblierte Zimmer mit Safe und Kühlschrank. Ruhige Lage, freundlicher Service. DZ ab 107 €, EZ ab 95 €. Liliová 4, Staré Město, Ⓜ B Národní třída, ✆/📠 296180018, www.redchairpension.com.

> **Museum (20/S. 208/209),** eine Empfehlung. Die 12 Zimmer und Apartments sind um einen gepflegten Innenhofgarten angelegt. Helle und modern eingerichtete Räumlichkeiten. „Ein Glücksgriff", meinen Leser. DZ 108 €. Mezibranská 15, Nové Město, Ⓜ A, C Muzeum, ✆ 296325186, 📠 2963251 88, www.pension-museum.cz.

Vyšehrad (29/S. 208/209), ruhig gelegene Familienpension (deutschsprachig, sehr freundlich) mit grünem Garten samt Terrasse im Stadtteil Vyšehrad. 4 große DZ und ein kleines EZ, alle mit Bad. Anhängliche Hauskatzen (9 an der Zahl!) und liebe Hunde (2). Kaffee und Tee kann man sich stets nehmen. EZ 37 €, DZ 63 €. Krokova 6, Vyšehrad, Ⓜ C Vyšehrad, ✆ 241408455, www.pension-vysehrad.cz.

Miss Sophie's (26/S. 208/209), bietet Zimmer mit Bad, Hostel-Schlafsäle und geräumige Apartments. Modern eingerichtet, sehr freundlich. Super Preis-Leistungs-Verhältnis. DZ mit Bad 66 €, pro Person im Schlafsaal ab 15 €, Apartment für 3 Pers. 93 €, kein Frühstück. Melounová 3, Nové Město, Ⓜ C I.P.Pavlova, ✆ 296303530, 📠 296303531, www.miss-sophies.com.

Unitas (22/S. 218/219), einst Gefängnis der Geheimpolizei, heute von Nonnen geführtes Haus, nach wie vor mit Knastcharakter. Sehr sauber, netter Frühstücksraum. Etagenbäder und -toiletten, Rauch- und Alkoholverbot. Hunde sind erlaubt. Noch bis zum Frühjahr 2008 wegen Restaurierung geschlossen. Preise vor der Restaurierung: EZ 46 €, DZ 56 €, pro Person im Schlafsaal 12–18 €. Bartolomějská 9, Staré Město, Ⓜ B Národní třída, ✆ 224221802, 📠 224217555, www.unitas.cz.

Pension 15, freundlich und preiswert. Renovierter Altbau, einfache, saubere Zimmer, Etagenbad. Über den Hinterhof gelangt man zu neuen, nett eingerichteten Apartments

Praha

Übersicht S. 191

mit Fliesenböden. Parkplätze im Hof (5,40 €/ Nacht). EZ 23 €, DZ 27 €, Apartments ab 47 €, Frühstück extra. Vlkova 15, Žižkov, Ⓢ 5, 9, 26, 55, 58 Husinecká, 📞 222721800, 📠 222718429, www.pension15.cz.

• *Hostels* **Traveller's Hostel (2/S. 218/219)**, großes Hostel, einer Kette angehörig, beste Lage. Guter Traveller-Service, sicher und sauber. Spartanische Teppichbodenzimmer mit und ohne Dusche (Toilette stets auf dem Gang). Pro Person im DZ mit Dusche 24 € (ohne 20 €), im Schlafsaal 10 €. Dlouhá 33, Staré Město, Ⓜ B Náměstí Republiky, 📞 224826662, 📠 224826665, www.travellers.cz.

> **Czech Inn**, 2006 in einem neogotischen Stadtpalast eröffnet. Sehr schick, von der Lobby über die Bar bis zu den Zimmern. Freundliches Personal. Keine Parkplätze. Pro Person im Dormitory ab 14 €, DZ mit Etagenbad 52 €, mit privatem Bad 63 €, am Wochenende etwas teurer, Frühstück extra. Francouská 76, Vinohrady, Ⓢ 4, 22, 23 Krymská, 📞 267267600, 📠 267267601, www.czech-inn.com.
>
> **Sir Toby's**, 115 Betten in 23 liebevoll und sehr kreativ eingerichteten Zimmern in einem Jugendstilbau. Zimmer in allen Größen, teilweise mit eigenem Bad. Waschservice, Innenhof für Grillpartys im Sommer, gemütliche Gemeinschaftsküche (Tee und Kaffee stets umsonst). Deutscher Besitzer. Raucher müssen auf den Balkon oder den Hof ausweichen. Keine eigenen Parkplätze. EZ mit Bad 37 €, DZ 54 €, pro Person im Mehrbettzimmer ab 13 €, Frühstück extra. Dělnícká 24, Holešovice, Ⓜ C Vltavská, weiter mit Ⓢ 1, 3, 5 Dělnícká, 📞/📠 283870635, www.sirtobys.com.

Rosemary (4/S. 208/209), nette, modern eingerichtete Zimmer. Küche, freie Internetnutzung. Keine eigenen Parkplätze. Auch für Gäste jenseits der 25 geeignet. Von Lesern gelobt. DZ mit Bad 52 €, ohne Bad 44 €, pro Person im Schlafsaal 17 €. Růžova 5, Nové Město, Ⓢ 3, 9, 14, 24 Jindřišská, 📞/📠 222211124, www.praguecityhostel.cz.

U Melounu (28/S. 208/209), ruhig gelegenes, gastfreundliches Haus, sehr sauber. Hübscher Innenhofgarten mit Grillmöglichkeit, gemütlicher Frühstücksraum, Gemein-

schaftsküche, Waschservice, Internetzugang. Auch für ältere Jahrgänge geeignet. DZ mit Bad 51 €, ohne 37 €, pro Person im Mehrbettzimmer 14 €. Ke Karlovu 7, Nové Město, Ⓜ C. I. P. Pavlova, 📞/📠 224918322, www.hostelumelounu.cz.

• *Apartments* **Nebozízek (13/S. 233)**, ein Traum für Flitterwöchner. Dem Restaurant am Petřín-Berg angeschlossen. 2 für das Gebotene sogar recht günstige Apartments mit klassischem Mobiliar, Himmelbett und herrlichem Blick auf die Stadt. 145 € pro Tag. Petřínské sady 411, Malá Strana, Ⓢ 12, 20, 22, 23, 57 Újezd, weiter mit der Drahtseilbahn Nebozízek, 📞 257315329, 📠 257321468, www.nebozizek.cz.

> **Residence Řetězová (14/S. 218/219)**, 9 erstklassig und liebevoll ausgestattete Luxusapartments. Alle tragen Städtenamen, haben Stein- oder Parkettboden. Schöne, ruhige Lage. Zuvorkommender Service. Keine Parkplätze. Je nach Größe und Anzahl der Schlafzimmer 175–395 € pro Tag, Frühstück 5 € extra. Řetězová 9, Staré Město, Ⓢ 17, 18, 51, 54 Karlovy lázně, 📞/📠 222221800, www.residenceretezova.com.

Residence Bělehradská, 16 unterschiedlich eingerichtete Apartments für 1–6 Pers., alle mit Küche, privaten Bädern und Safe. Sehr freundliche, deutschsprachige Inhaber. Gute Verbindung zum Zentrum. Kein Frühstück, dafür Supermarkt in der Nähe. Apartment für 2 Pers. ab 67 €, für 4 Pers. ab 93 €. Bělehradská 35, Vinohrady, Ⓢ 6, 11, 56 Nuselské schody, 📞 603460828 (mobil), www.b35.cz.

• *Camping* Im **Stadtteil Troja** im Norden Prags reihen sich an der Straße Trojská sechs Plätze, meist auf Obstbaumwiesen, aneinander. Wegen der Auswahl – für jeden Geldbeutel ist etwas dabei – und der guten Anbindung ans Zentrum (auch nachts) eine der besten Anlaufstellen. Anfahrt am einfachsten mit Ⓢ 14, 17, 53 Trojská. Oder: Ⓜ C Nádraží Holešovice, weiter mit Ⓑ 112 Trojská oder Kazanka. Mit dem eigenen Fahrzeug folgt man vom Zentrum (Neustadt, auf der Wilsonova am Hauptbahnhof vorbei) der Beschilderung „Teplice/Dresden" und, kurz nachdem man das zweite Mal die Moldau überquert hat, der Beschilderung „Troja/Zoo". Die Campingplätze passiert man auf dem Weg zum Zoo.

Mit folgenden **Preisen** müssen Sie auf den Campingplätzen rechnen: Erwachsene 3,50–6 €, Kinder die Hälfte. Zelt nach Größe 3,30–8 €. Pkw 3,30–5 €, Motorrad 1,90–3,50 €, Wohnwagen 5,60–6,50 € und Wohnmobil 5,40–7,40 €. Strom pro Tag 2–3 €. Haustiere dürfen auf dem einen Platz umsonst das Zelt bewachen, auf anderen sind für sie bis zu 2 € zu berappen. Für eine Übernachtung in einem Bungalow muss man pro Person mit ca. 10 € rechnen, für ein Zimmer mit Bad mit 15–18 €.

Camp Prager, auf dem Anwesen eines ehemaligen Bauernhofs im Vorort Šeberov. Schöner, gepflegter Platz, gut für Wohnmobile und Wohnwagen, familiäre Atmosphäre und sehr ruhig. Anfang Mai–Ende Sept. Leider zu Fuß ca. 20 Min. bis zur nächsten Metrostation. V Ladech 3, ✆ 244911490, www.camp.cz/prager. Anfahrt: Ⓜ C Opatov, weiter mit Ⓑ 165, 226, 325, 326 V Ladech. Anfahrt mit dem Auto: Von der Autobahn Prag–Brünn (E 50) die Ausfahrt Nr. 2 (Chodov) nehmen und dann ca. 1 km Richtung Süden (Šeberov/Jesenice) fahren, dort ausgeschildert.

Caravan Park Praha, auf der Moldauinsel Cisařská louka nahe dem Stadtteil Smíchov. Nicht ganz so idyllisch, wie es klingen mag. Ganzjährig geöffnet, netter Service, gute sanitäre Einrichtungen, genug Platz auch für größere Gespanne. Jedoch etwas veraltete Sanitäranlagen. In der HS stündl. von 9–22 Uhr Pendelfähre zum Stadtteil Smíchov

nahe Ⓜ B Smíchovské nádraží (die Fähre legt vom Hotelboot Vodník ab). Davor und danach muss man von der Metrostation weiter mit Ⓢ 12 Lihovar und sich von dort auf einen mind. 15-minütigen, einsamen Spaziergang gefasst machen. Mit dem eigenen Fahrzeug findet man die Beschilderung zum Campingplatz, wenn man von Süden kommend auf der Straße Nr. 4 stets links der Moldau ins Zentrum fährt.

Sommerkonzert auf der Burg

Kultur & Nachtleben

Klassische Konzerte, Ballett, Theater – jeden Abend stehen unzählige Veranstaltungen in prunkvollen Opernhäusern, Kirchen und Konzertsälen auf dem Programm. Eine lange Tradition haben Prags **Schwarze Theater** (Černé divadlo). Dunkel gekleidete Schauspieler bewegen dabei unbemerkt vom Publikum Gegenstände vor einem schwarzen Hintergrund. Viele Vorstellungen bedienen sich rein pantomimischer Darstellung, Musik untermalt die einfach erzählten Geschichten. Zu viel des Zaubers, wie oft angepriesen, sollte man nicht erwarten. Die Schwarzen Theater sind ein Stück Touristenkult. Berühmt ist Prag aber auch für seine Jazzclubs, rockenden Revivalbands, Avantgarde-Sessions und Festivals – auf irgendeiner Bühne laufen die Verstärker immer heiß. Ohnehin steht in Prag dem Clubbing bis zum Morgengrauen nichts im Wege, denn eine Sperrstunde gibt es nicht. Einen Überblick über Veranstaltungen und Veranstaltungsorte geben die „Prager Zeitung" und die „Prague Post". Im Folgenden eine Auswahl der wichtigsten Adressen:

Übersicht S. 191

Praha

• *Konzertsäle* **Rudolfinum,** Dvořák und Brahms dirigierten schon hier (→ S. 225). Vorverkauf u. a. im Haus, ℡ 227059234, www.czechphilharmonic.cz. Alšovo nábřeží 12, Staré Město. Ⓜ A Staroměstská.

Smetana-Saal, im Jugendstilbau Obecní dům (→ S. 215). 1200 Sitzplätze, Heimat des Prager Symphonieorchesters. Karten bekommt man im Haus. Náměstí Republiky 5, Staré Město, ℡ 222002101, www.obecnidum.cz. Ⓜ B Náměstí Republiky.

• *Oper/Ballett* **Stavovské divadlo (Ständetheater),** zählt mit Recht zu den schönsten Theatern Europas (→ S. 216). Das Innere ein blau-goldener Traum, 5 Ränge, 3 davon mit Logen. Vorverkauf schräg gegenüber dem Theater am Ovocný trh 6, Staré Město. ℡ 224902322, www.narodni-divadlo.cz. Ⓜ A, C Můstek.

Národní divadlo (Nationaltheater), ebenfalls eines der prächtigsten Häuser der Stadt (→ S. 206). Theater-, Opern- und Ballettaufführungen in prunkvollem Ambiente. Ticketverkauf u. a. im Haus. Národní třída 2, Nové Město. ℡ 224901448, www.narodni-divadlo.cz. Ⓢ 6, 9, 18, 21, 22, 23 Národní divadlo.

Státni opera (Staatsoper), das ehemalige Neue Deutsche Theater (→ S. 205). Wesentlich kleiner als das Nationaltheater, aber ebenfalls eine Augenweide. Ticketverkauf u. a. im Haus. ℡ 224227266, www.opera.cz. Wilsonova 4, Nové Město. Ⓜ B Hlavní nádraží.

• *Musical* **Divadlo Hybernia,** neuestes Musicaltheater der Stadt, Ende 2006 eröffnet. Im Empirebau Domu U Hybernů am Náměstí Republiky 3 (Ⓜ B), Staré Město. Vorverkauf u. a. im Haus, ℡ 221419419.

• *Schwarze Theater* **Černé divadlo Jiřího Srnce,** gilt als weltweit erstes Schwarzes Theater, zudem als das beste Prags. Zwei Ensembles, eins davon ist meist auf Tournee. Verschiedene Auftrittsorte. Kontakt unter ℡ 257923397, www.blacktheatresrnec.cz.

Laterna Magica, touristenüberlaufenes Multimediatheater mit Projektionen, Pantomime und Tanz. Wenig Atmosphäre im Glasbau aus den frühen 80ern. Ticketverkauf im Haus. ℡ 224931482, www.laterna.cz. Národní třída 4, Nové Město. Ⓢ 6, 9, 18, 21, 22, 23 Národní divadlo.

Ta Fantastika, gespielt wird am laufenden Band, bis zu 60 Vorstellungen im Monat. Teils müde Schauspieler. Ticketverkauf im Haus, ℡ 222221366, www.tafantastika.cz. Karlova 8, Staré Město. Ⓜ A Staroměstská.

• *Kinos* **Lucerna,** grandioser Kinopalast aus den 20er Jahren des letzten Jahrhunderts. Prächtige ornamentale Ausschmückung. 500 Sitzplätze, Standardfilmprogramm. Vodičkova 36, Nové Město. Ⓜ A, B Můstek oder A, C Muzeum.

Village Cinemas Anděl, moderner Kinokomplex mit 14 Sälen, darunter auch ein „Gold-Class-Saal" mit Bar und großen Lümmelsesseln samt Fußlehne. Radlická 1E, Smíchov. Ⓜ Anděl.

Světozor, traditionelles Kino, das nach einer umfassenden Renovierung 2004 wieder eröffnet wurde. Alternatives Programm, viele tschechische Filme mit englischen Untertiteln. Verkauf von Filmplakaten. Vodičkova 41 (Eingang von der Passage), Nové Město. Ⓜ A, B Můstek.

Tickets für kulturelle Veranstaltungen: Karten können überall in der Innenstadt an diversen Vorverkaufsstellen erstanden werden. Die Preise sind deutlich niedriger als zu Hause, variieren jedoch stark je nach Veranstaltung und Platz. Für eine Theaterkarte sollte man 5–35 € einplanen, für Oper und Ballett 5–70 €, für Musicals 7–30 €. Klassische Konzerte kosten 5–40 €, Schwarze Theater 20–25 €. Bei Rock- und Jazzkonzerten muss man je nach Bekanntheitsgrad der Combo mit 5–40 € rechnen. Da viele Vorverkaufsstellen versuchen, zuerst oder ausschließlich die teuersten Tickets zu verkaufen (mehr Provision), lohnt es sich, die Häuser direkt aufzusuchen!

Wer sich eine Karte für ein klassisches Konzert kaufen will, sollte die als Mozart verkleideten Ticketverkäufer meiden und besser eine offizielle Vorverkaufsstelle aufsuchen. Die Straßenhändler stehen im Ruf, Tickets zu überhöhten Preisen oder gar gefälschte Karten anzubieten. Seriöse Vorverkaufsstellen sind z. B. **Ticketpro,** Rytířská 31, Staré Město, ℡ 216101624, www.ticketpro.cz (Ⓜ A, B Můstek), oder **Bohemia Ticket,** Na příkopě 16, Nové Město, ℡ 224215031, www.bohemiaticket.cz (Ⓜ B Náměstí Republiky).

Neujahrsfeuerwerk

• *Jazzclubs* **Reduta (11/S. 208/209),** legendärer Jazzschuppen seit 1958. Bill Clinton packte hier vor Václav Havel sein Saxophon aus. Dixie, Swing und Jazz-Rock. Národní třída 20, Nové Město. Ⓜ B Národní třída.

U malého Glena (10/S. 233), der Tipp für die Kleinseite. Gemütliche Bar im Erdgeschoss, winziger Club im Keller. Tägliche Live-Gigs zwischen Funk, Blues und Modern Jazz. Sehr beliebt unter US-Amerikanern. Karmelitská 23, Malá Strana. Ⓢ 12, 20, 22, 23, 57 Malostranské náměstí.

AghaRTA Jazz Centrum (9/S. 218/219), für viele bester Jazzclub der Stadt, zudem auch noch in einem wunderschönen Gewölbekeller untergebracht. Fusion und Modern Jazz. Kleiner Shop angeschlossen. Železná 16, Staré Město. Ⓜ A, B Můstek.

• *Rock, Dance usw.* **Lucerna Music Bar (16/S. 208/209),** Touristen und junge Prager geben sich im Ballsaal der Jahrhundertwende ein Stelldichein. Gute Konzerte, 80's-Partys am Wochenende. Von Lesern gelobt. Faire Preise für die Lage. Nebenan die Kneipe **Hospoda V Lucerně** – billiges Bier und durchschnittliches Essen. Vodičkova 36, Nové Město. Ⓜ A, B Můstek oder A, C Muzeum.

Vagon (9/S. 208/209), verqualmter Laden für Altfreaks, die sich nicht von Jimi Hend-

rix oder Frank Zappa lösen können. Fast tägl. Live-Gigs. Viel Blues, faire Preise. Trotz zentralster Lage vornehmlich tschechisches Publikum. Národní třída 25, Nové Město. Ⓜ B Národní třída.

> **Palác Akropolis,** Kulturzentrum mit riesigem Angebot. Originelle Kneipe im Erdgeschoss. Im Keller regelmäßig Konzerte (u. a. spielten hier schon die *Pixies*, die *Strokes*, *Nouvelle Vague*, *Ween*, aber auch schräge Trompeter aus Rumänien und, und, und …). Dazu tägl. wechselnde DJs. Sehr empfehlenswert. Kubelíkova 27, Žižkov. Ⓜ A Jiřího z Poděbrad.

Klub Strahov 007 (14/S. 233), im UG eines Plattenbau-Studentenwohnheims im Viertel Strahov westlich der Kleinseite. Undergroundclub, der bereits seit 1987 (!) einheizt. Fast tägl. Konzerte oder DJs: Ska, Hiphop (i. d. R. Sa), Punk, Hardcore, Jungle, Electroclash etc. Jello Biafra war auch schon hier. Mit 150 Besuchern ist es allerdings bereits knallvoll. Günstig. Chaloupeckého, Strahov. Ⓢ 12, 20, 22, 23, 57 Újezd, weiter mit der Standseilbahn bis zur Endstation.

Radost FX (24/S. 208/209), seit Jahren einer der angesagtesten Clubs der Stadt. Schicke Sofas, Parketttanzfläche. Überwiegend amerikanisches Publikum. Angegliedert sind ein gutes vegetarisches Restaurant und eine coole, gemütliche Lounge. Vorrangig House und Latin. Lounge tägl., Club nur Do–Sa. Bělehradská 120, Vinohrady. Ⓜ C I. P. Pavlova.

Mecca, durchgestylter Danceclub in einem ehemaligen Fabrikgebäude. Mischung aus illustrem, reichem und schönem Publikum. House und softer Techno. Nur Mi/Fr/Sa, Mi freier Eintritt. U Průhonu 14, Holešovice. Ⓢ 5, 12, 15, 54 U Průhonu.

Roxy (2/S. 218/219), im großen Kellerclub tanzen internationale Partypeople. Techno-, House- und Reggae-Partys, gelegentlich gute Konzerte renommierter Bands. Mo freier Eintritt. Im 1. Stock das **NOD,** eine abgefahrene Avantgardekneipe mit viel Design, verrückten jungen Leuten und ausgefallener Musik. Galerie im Vorraum. Sessions und Performances. Dlouhá 33, Staré Město. Ⓢ 5, 8, 14, 53 Dlouhá třída.

Veranstaltungskalender – die Highlights

● *Januar* An **Neujahr** feiert und feuert Prag, was das Zeug hält. Menschenmassen und Rauchbomben gibt's am Wenzelsplatz und auf der Karlsbrücke. Wer das Feuerwerk in Ruhe genießen will, geht auf den Vítkov-Hügel in Žižkov oder auf die Moldauinsel Střelecký ostrov.

Days of European Film, eine Veranstaltung der internationalen Kulturinstitute Prags. Oft liegt der Schwerpunkt auf osteuropäischen Filmen (viele mit englischen Untertiteln), doch auch deutsche Produktionen werden gezeigt.

Beginn der **Ballsaison.** Jeder Stadtteil, jeder Verein feiert seinen repräsentativen Ball. Die Spannbreite reicht von feuchtfröhlichen Polka-Partys bis zu elitären Veranstaltungen in Anlehnung an den Wiener Opernball.

● *Februar* **Karneval,** wird vornehmlich im Stadtteil Žižkov gefeiert. *Masopust* nennt sich das dortige Spektakel mit einem Umzug am Faschingsdienstag, bei dem es von Kneipe zu Kneipe geht.

● *März* **Febiofest,** ein weiteres populäres Filmfestival. Es läuft Neues und Kultiges auf verschiedene Kinos der Stadt verteilt.

● *April* Traditionelles **Hexenfeuer** am Ausstellungsgelände Výstaviště, stets am 30. April.

● *Mai* Das klassische Musikfestival **Prager Frühling** beginnt am 12. Mai mit einer Prozession vom Grab Smetanas (Ehrenfriedhof Vyšehrad) zum Obecní dům.

Marathon, die Strecke führt durch die ganze Stadt. Jeder kann nach Voranmeldung mitmachen.

● *Juni* **Internationales Puppen- und Marionettenfestival** – für Kinder.

Respect Festival – Worldmusic-Open-Air auf der Moldauinsel Štvanice.

● *Juli/August* **Rock- und Folkfestivals** – achten Sie auf Plakate! In den Sommermonaten finden in und rund um die Stadt größere und kleinere Festivals im Grünen statt.

Verdi-Festival – Veranstaltungen in Konzertsälen und Kirchen.

● *September* **Prager Herbst,** Festival der klassischen Musik.

Žižkover Herbst, unkonventionelles klassisches Musikfestival. Dauert bis in den November hinein.

Mozartiana Iuventus, Festival der Kammermusik.

AghaRTA Prague Jazz Festival, oft mit internationaler Prominenz. Veranstaltungsort ist neben dem gleichnamigen Jazzclub auch die Lucerna Music Bar. Dauert bis in den November hinein.

● *Oktober* **International Jazz Festival,** ältestes Jazzfestival Mitteleuropas, u. a. im „Reduta" (→ S. 201).

● *November* **Deutsch-tschechisches Theaterfestival,** auf mehrere Theater der Stadt verteilt.

● *Dezember* Beim traditionellen **Moldauschwimmen** am 26. Dezember (seit 1923!) organisiert der „1. Prager Schwimmverein der Abgehärteten" den Sprung ins kalte Nass. Start am Nationaltheater.

Sport & Freizeit

• *Boots- und Schiffsausflüge* Sie sind in Prag ganzjährig möglich, insbesondere aber in den Sommermonaten. Die Angebote variieren dabei von Trips auf kleinen Tuckerbooten mit Platz für 8 Leute über Touren auf Moldaudampfern mit Schaufelrad bis hin zu Nachtfahrten mit Diskobetrieb. Ein 1- bis 2-stündiger Ausflug kostet 6–12 €, wer Live-Musik und Essen inklusive will, muss mit etwa 25 € rechnen. Die meisten Boote dümpeln zwischen Nationaltheater und Burg Vyšehrad vor sich hin. Tickets sind überall erhältlich: in Hotels, an den Kiosken der Tourveranstalter und am billigsten an den diversen Anlegestellen selbst.

Tret- und Ruderboote werden südlich der Karlsbrücke am Altstadtufer und auf der Slovanský Ostrov (Slaweninsel) vermietet.

• *Casinos* Die meisten Prager Casinos liegen in der Neustadt rund um den Wenzelsplatz. Eines der schönsten ist das **Savarin** in der Na příkopě 10, Nové Město. Barockfresken und Kronleuchter! Tägl. 13–4 Uhr. Ⓜ A, B Můstek.

• *Eishockey* Die Eishockeysaison dauert von September bis April. Hauptspieltage sind Freitag und Sonntag, hin und wieder auch der Dienstag. Die Eintrittspreise liegen bei 4–20 €.

HC Sparta Praha, spielt in der T-Mobile-Arena beim Ausstellungsgelände Výstaviště, Holešovice. Ⓢ 5, 12, 14, 15, 17 Výstaviště.

HC Slavia Praha, spielt in der zur Eishockey-WM 2004 nach amerikanischen Vorbildern erbauten Sazka Arena, Ocelářská 460/2, Libeň. Ⓜ B Českomoravská.

• *Fußball* Prag hat – je nach Saison – vier Erstligisten: Sparta Praha, Slavia Praha, Bohemians Praha und Viktoria Žižkov. Am spannendsten sind die Lokalderbys. Stadionwürste und Bier im Plastikbecher gibt es auch. Fußballspiele finden i. d. R. am Samstag- und Sonntagabend statt, gelegentlich auch am Montag. Tickets für Ligaspiele kosten 3–10 €. Wo spielt wer:

TJ Viktoria Žižkov, Seifertova/Ecke Krásova, Žižkov. Ⓢ 5, 9, 26 Husinecká.

AC Sparta Praha, Toyota Arena, Milady Horákové 98, Bubeneč. Ⓢ 1, 8, 15, 25, 26 Sparta.

SK Slavia Praha, spielt seit März 2008 im Stadion Eden, Vladivostocká, Vršovice. Ⓢ 6, 7, 22, 23, 24 Slavia.

Stadion CU Bohemians Praha, Vršovická 31, Vršovice. Ⓢ 6, 7, 24 Obloukové.

• *Golf* Am zentrumsnächsten ist der 18-Loch-Platz des **Golf Clubs Praha,** Plzeňská 401/2, Motol. Greenfee 25–40 €. ☎ 257216584, www.golfpraha.cz. Ⓢ 7, 9, 10 Hotel Golf. Deutlich schöner ist jedoch das **Golf Resort Karlštejn** (ebenfalls 18 Loch) in Běleč bei der Burg Karlštejn. Greenfee 71–107 €. ☎ 311604999, www.karlstejn-golf.cz.

• *Pferderennen* Galopp- und Trabrennen finden von April–Okt. (Ausnahme im Juni) nahezu jedes Wochenende auf der Rennbahn in **Velká Chuchle,** ca. 8 km südlich des Zentrums, statt. Es kann auch gewettet werden. Ⓜ B Smíchovské nádraží, weiter mit Ⓑ 129, 172, 241, 243, 244, 255 Dostihová. Von dort aus noch ca. 10 Min. zu Fuß, ausgeschildert. Eintritt je nach Renntag 2–4 €.

Auf der Pferderennbahn im Süden Prags

Praha Übersicht S. 191

Wenzelsstatue vor dem Nationalmuseum

Sehenswertes in Nové Město (Neustadt)

Nové Město ist das Handels- und Geschäftszentrum Prags, wenn nicht der ganzen Republik. Breite Boulevards und belebte Flaniermeilen, repräsentative Theater- und Opernhäuser, Einkaufszentren und Casinos prägen den Stadtteil. Ganz so neu aber, wie der Name vermuten lässt, ist er nicht. Bereits im 14. Jh. ließ Kaiser Karl IV. den großzügigen Grundriss von Nové Město anlegen. Das Bild bestimmen heute überwiegend monumentale Gebäude aus der Gründerzeit und der Epoche des Jugendstils, aber auch Bauten des Funktionalismus und des sozialistischen Realismus sind zu finden. Bis in die Gegenwart wird an Nové Město gefeilt. Es wird neu, um- und angebaut oder auch nur die Fassade gestrichen.

Nové Město zieht sich wie ein breiter Gürtel um Staré Město. Altstadt und Neustadt treffen sich an den Straßen Revoluční, Na příkopě und Národní. Letztere zwei gehen vom Wenzelsplatz ab, und bilden mit ihm das so genannte Goldene Kreuz *(zlatý kříž)*, eines der teuersten Pflaster der Hauptstadt. Prag zeigt sich hier weltstädtisch und geschäftig. Fußgängerzonen laden zum Flanieren und Straßencafés zum Genießen ein.

▸ **Václavské náměstí (Wenzelsplatz):** Früher hatte er das Aussehen eines Platzes und hieß Rossmarkt. Im Revolutionsjahr 1848 gestaltete man ihn in einen Boulevard um und gab ihm einen neuen Namen, nicht jedoch „Wenzelsboulevard", sondern Wenzelsplatz. Zukünftig (nicht vor 2010) soll aus dem Boulevard mit den enormen Ausmaßen von 750 m auf 60 m wieder ein Platz werden, Pläne dazu liegen bereits in der Schublade. Der Verkehr soll hier ganz verschwinden und die Magistrale, die ihn zwischen Nationalmuseum (s. u.) und Wenzelsstatue durchschneidet, unterirdisch verlaufen.

In der Geschichte Prags und Tschechiens war der Wenzelsplatz immer wieder Schauplatz von Massenaufmärschen, -demonstrationen und -feiern, zumal es kaum einen anderen Platz in der Stadt gibt, auf dem sich das Volk in so großer Zahl hätte versammeln können.

Rund um den Platz findet man repräsentative Bankgebäude, aber auch Allerweltsketten wie C&A und H&M, einfache Blumen- und Buchläden sowie Kaufhäuser und Souvenirshops, deren Warensortiment guten Geschmack auf die Probe stellt. Tagsüber marschieren die Touristen zügig auf und ab, und abends torkeln manche daher als leichte Beute für Taschendiebe. Ohnehin ist hier bis spät in die Nacht viel los, nicht zuletzt wegen der Kneipen, Casinos und rot beleuchteten „Cabarets" drum herum. Auch Prostituierte stehen dann Spalier. Und über all dem zieht immer wieder der Geruch fettiger Bratwürste hinweg, denn der Wenzelsplatz ist Prags Bratwürstelmekka.
Verbindungen Ⓜ A, C Muzeum oder Ⓜ B, C Můstek.

▶ **Národní muzeum (Nationalmuseum):** Es gilt als eines der größten Museen der ganzen Republik, und zählt man die Exponate, dann ist es das garantiert. Allein die mineralogische Sammlung – Steinchen neben Steinchen in alten Vitrinen – ist eine der umfangreichsten der Welt. Auch die zoologische Abteilung ist an Vielfalt kaum zu überbieten. Kein Tier, das nicht ausgestopft wurde: Giraffe, Hammerhai, Leopard, Elefant usw. Zudem gibt es einen Saal mit Büsten und Statuen berühmter tschechischer Persönlichkeiten, eine entomologische (insektenkundliche) und eine anthropologische Sammlung etc. Ferner finden oft sehr interessante Wechselausstellungen statt.
Verbindungen/Öffnungszeiten Václavské náměstí 68. Ⓜ A, C Muzeum. Im Winter 9–17 Uhr, im Sommer 10–18 Uhr. Am ersten Di im Monat geschl. Eintritt 4 €, erm. die Hälfte. Am ersten Mo im Monat frei.

▶ **Státní opera (Staatsoper):** Sie wurde Ende des 19. Jh. im Neorenaissancestil als das „Neue Deutsche Theater" gebaut. Viele berühmte Künstler gaben sich hier ein Stelldichein, unter anderem Mahler, Seidl, Klemperer und Szell. Im Innern dominieren roter Samt und Gold – allein schon deswegen einen Besuch wert.

Der bronzefarbene, gläserne, auf Stelzen stehende Kasten zwischen der Staatsoper und dem Nationalmuseum war übrigens das Parlamentsgebäude der ČSR und ČSSR. Den steinernen Sockel des Gebäudes bildet die ehemalige Börse. Doch mit der Machtübernahme der Kommunisten wurde die Börse überflüssig und der Klotz daraufgesetzt. Noch bis 2008 sendet von hier Radio Free Europe.
Verbindungen Wilsonova 4. Ⓜ A, C Muzeum.

▶ **Muzeum Antonína Dvořáka (Dvořák-Museum):** In einem der schönsten Sommerschlösschen Prags, einem Bau Kilian Ignaz Dientzenhofers aus dem frühen 18. Jh., befindet sich das Museum zum Gedenken an Antonín Dvořák (1841–1904). Das populärste Werk des wohl berühmtesten tschechischen Komponisten entstand in Amerika, die *Sinfonie in e-Moll*, auch bekannt unter dem Namen *Aus der Neuen Welt*. Dvořák selbst war übrigens gelernter Fleischer, bevor er mit Müh und Not die Aufnahme in die Prager Organistenschule schaffte. Im Sommer finden im oberen Saal regelmäßig Konzerte statt.
Verbindungen/Öffnungszeiten Ke Karlovu 20. Ⓜ C I. P. Pavlova. April–Sept. tägl. (außer Mo) 10–13.30 u. 14–17.30 Uhr, Okt.–März tägl. (außer Mo) 9.30–13.30 u. 14–17 Uhr. Eintritt 1,80 €, erm. die Hälfte.

▶ **Karlovo náměstí (Karlsplatz):** Er war einst der größte Platz der Stadt. Heute zu einem recht reizlosen öffentlichen Park umgewandelt, lassen sich seine Proportionen kaum mehr ausmachen. Am nördlichen Ende steht das *Neustädter Rathaus (Novoměstská radnice)*. Das Gebäude mit den markanten Renaissancegiebeln wurde in der Mitte des 14. Jh. im gotischen Stil errichtet und erlebte unzählige An- und Umbauten. Seine heutige weiße Fassade verdankt es der letzten großen Restaurierung Ende des 20. Jh. Berühmtheit erlangte das Neustädter Rathaus durch den Ersten Prager Fenstersturz (→ Kasten S. 246). Heute wird es nur noch für repräsentative Zwecke verwendet, gelegentlich finden auch Ausstellungen darin statt. Der 50 m hohe Turm (221 Stufen sind's hinauf) mit einer Kapelle im ersten Stock kann besichtigt werden. Weitere bedeutende Gebäude am Platz sind die barocke Kirche *St. Ignatius (Kostel sv. Ignáce)* von Giovanni Orsi und das sog. *Fausthaus (Faustův dům)* am südlichen Ende, in dem einst Alchemisten wohnten und das daher gerne mit der Sage des Doktor Faustus in Verbindung gebracht wird.

Verbindungen/Öffnungszeiten Ⓜ B Karlovo náměstí. **Turm,** Mai–Sept. tägl. (außer Mo) 10–18 Uhr. Eintritt 0,70 €, erm. die Hälfte. Nachts sollte man einen Bogen um den Park machen!

▶ **Brauhaus U Fleků:** Seit 1499 existiert die traditionsreiche Brauerei, die eines der süffigsten Biere Prags, ein bitter-süßes Dunkles ausschenkt, das nirgendwo anders in der Stadt gezapft wird. Eine Volksweise besagt sogar, dass jeder Tscheche einmal im Leben ins U Fleků pilgern sollte. Tschechen trifft man hier allerdings außer als Bedienung keine mehr an. Das Bier kostet das Doppelte wie anderswo in Prag, und den „Willkommensschnaps" haben Sie hinterher selbstverständlich auf Ihrer Rechnung vermerkt. Busladung auf Busladung stolpert herein, und im Garten wird zu böhmischer Blasmusik geschunkelt.

Dem Brauhaus ist ein kleines *Museum* angegliedert. Heute wird noch ein- bis zweimal wöchentlich gebraut, insgesamt 2200–2500 Hektoliter im Jahr, ganz ohne Chemie. Dafür ist das Bier auch nur zwei Wochen haltbar.

Verbindungen/Öffnungszeiten Křemencova 11. Ⓜ B Národní třída oder Karlovo náměstí. **Wirtschaft,** tägl. 9–23 Uhr, **Brauereimuseum,** Mo–Fr 10–16 Uhr (nach 16 Uhr und am Wochenende nur nach Anmeldung). Eintritt für das Museum 1,70 €, mit Führung durch die Brauerei, Degustation und Souvenirkrug 6 €.

▶ **Národní divadlo (Nationaltheater):** Das im Neorenaissancestil erbaute Theater, der Stolz der Nation, wurde überwiegend aus Spendengeldern in der zweiten Hälfte des 19. Jh. errichtet. Doch kurz vor seiner Einweihung im Jahr 1881 brannte es aus. So fand die feierliche Eröffnung erst zwei Jahre später statt. Für alle bedeutenden tschechischen Künstler der damaligen Zeit war es eine Ehre, an der Ausschmückung des Theaters mitzuwirken. Und so präsentiert es sich heute – äußerst prunkvoll. Auf dem Programm stehen Theater (in tschechischer Sprache), Oper und Ballett – sollten Sie daran eine Freude haben, versuchen Sie, Tickets zu bekommen. Der gläserne Kasten daneben, die *Neue Bühne (Nové scéna)*, beherbergt übrigens das Multimediatheater *Laterna Magika*. Es erinnert an ein deutsches Kaufhaus aus den 1970ern. Die Prager lästern, es sehe aus wie „gefrorene Pisse".

Verbindungen Národní 2. Ⓢ 6, 9, 18, 21, 22, 23 Národní divadlo.

▶ **Tančící dům (Tanzendes Haus):** Das von 1992 bis 1996 errichtete dekonstruktivistische Gebäude des Versicherungskonzerns Nationale Nederlanden ist von allen modernen Bauten der Stadt eines der interessantesten. Dynamisch tritt es mit seinen massiven Stahlbetonsäulen in den Straßenraum ein. Mit Phantasie – viel Phantasie – kann man in der sich herausdrehenden, schwungvollen Fassade Ginger Rogers

Karlsplatz und Neustädter Rathaus

und Fred Astaire erkennen. Verantwortlich zeichnen der kanadische Architekt Frank O. Gehry und der Slowene Vladimír Milunič.

Verbindungen Jiráskovo náměstí. Ⓢ 17, 21 Jiráskovo náměstí.

▶ **Slovanský ostrov (Slaweninsel):** Die Slaweninsel, eine der schönsten Moldauinseln, wird von den Pragern schlicht *Žofín* genannt. Sonntags gehen hier Familien spazieren, unter der Woche die Verliebten. Touristen kommen zum Tret- oder Ruderboot fahren. Vor dem einstigen Casino, heute ein vornehmes Café, steht ein Bronzedenkmal für Božena Němcová (→ Kasten S. 114).

Verbindungen Ⓢ 6, 9, 18, 21, 23, 51, 54, 57, 58 Národní divadlo.

▶ **Muchovo muzeum (Mucha-Museum):** Angeblich konnte Alfons Mucha (1860–1939) zeichnen, bevor er gehen konnte. Und als er gehen konnte und auf eigenen Füßen stand, zog es ihn nach Paris und Amerika. Dort illustrierte er Bücher und entwarf jene Plakate, die ihn als Vertreter des Jugendstils weltberühmt machten. Später, wieder zurück in seiner Heimat, stellte er sich ganz in den Dienst seines Landes, entwarf Banknoten, Orden und dergleichen. Dem kleinen Museum ist auch ein Shop angegliedert, der Mucha-Bücher und -Plakate verkauft.

Verbindungen/Öffnungszeiten Panská 7. Ⓜ A, C Muzeum. Tägl. 10–18 Uhr. Eintritt 4,30 €, erm. die Hälfte.

▶ **Kostel sv. Cyrila a Metoděje (Kirche Sankt Kyrill und Method):** Die barocke Kirche, in der ersten Hälfte des 18. Jh. von Kilian Ignaz Dientzenhofer erbaut, ist heute das Zentrum der tschechisch-orthodoxen Gemeinde. In der Krypta befindet sich eine kleine Gedenkstätte für die Opfer des Nationalen Widerstandes während der deutschen Okkupation. Nach dem Anschlag auf Reinhard Heydrich (→ S. 42) im Mai

Praha/Nové Město

Karte S. 208/209

Übernachten

4 Rosemary
10 Yasmin
12 Evropa
20 Museum
22 Mušketýr
26 Miss Sophie's
27 Hotel 16
28 U Melounu
29 Vyšehrad

Essen & Trinken

1 Červená Tabulka
2 Café Imperial
3 Pizzeria Nuova
7 Šenk Vrbovec
8 Bredovský Dvůr
11 Café Louvre
12 Café Evropa
13 Kavárna Slavia
15 Jelínkova
18 Universal
19 Novoměstský pivovar
21 U Fleku
23 Vesmírna
25 Pivovarský dum

1942 suchten hier die Attentäter Zuflucht. Durch Verrat erfuhr die SS von dem Versteck und stürmte mit 360 Mann Kirche und Krypta.

Verbindungen/Öffnungszeiten Resslova. Ⓜ B Karlovo náměstí. **Krypta,** tägl. (außer Mo) 10–17 Uhr. Eintritt 1,80 €, erm. 0,70 €.

▶ **Střelecký ostrov (Schützeninsel):** Vom Nationaltheater ist sie über die Legionärsbrücke (Most legií) zu erreichen. Ab Mitte des 18. Jh. war darauf das Korps der Prager Scharfschützen positioniert, daher der Name. Heute gibt es hier eine Freilichtbühne im Grünen, auf der im Sommer allabendlich Filme gezeigt oder Konzerte geboten werden, dazu einen kleinen Bierverkaufsstand – Treffpunkt der jugendlichen Hundebesitzer. Des Weiteren befinden sich auf der Insel die Tennisplätze des *Start Praha Sportovní Klub* und im Sommer das *Hostel Island.*

Verbindungen Ⓢ 6, 9, 18, 21, 23, 51, 54, 57, 58 Národní divadlo.

▶ **Kostel P. Marie Sněžné (Kirche Maria Schnee):** Karl IV. stiftete den Karmelitern die heute versteckt gelegene Kirche am Tage seiner Krönung zum König von Böhmen. Doch als der Chor fertig war, ging das Geld aus und der ursprünglich geplante dreischiffige Bau mit über 100 m Länge wurde nie vollendet. Anfang des 17. Jh. übernahmen die Franziskaner die Kirche bzw. den Chor und ließen ihn im Barockstil umbauen – sehenswert. Betrachtet man sie von dem kleinen angrenzenden Franziskanergarten, kann man erahnen, wie die Kirche ursprünglich hätte werden sollen.

Verbindungen Jungmannovo náměstí. Ⓜ A, B Můstek. Zugang über das Österreichische Kulturforum. Tägl. 9.30–11 Uhr und 14–17 Uhr.

▶ **Museum of Communism (Kommunismusmuseum):** Hier kann man einen Rundgang durch die 41 Jahre währende sozialistische Ära der Tschechoslowakei unternehmen – vom Wahlsieg der Kommunisten 1948 bis zu den Bürgerprotesten 1989. Die Dokumentation (auch auf Deutsch) setzt sich zwar kritisch mit der Vergangenheit auseinander, die Präsentation (Büsten und Statuen von Stalin, eine nachgebaute Ladentheke usw.) ist jedoch alles andere als spannend. Für das Gebotene werden satte Preise verlangt – ein Versuch, mit dem Ostalgiekult den schnellen Euro zu machen.

Verbindungen/Öffnungszeiten Na příkopě 10, 1. Stock. Ⓜ A, B Můstek. Tägl. 9–21 Uhr. Eintritt 6,50 €, erm. 5 €.

Essen & Trinken (→ *Karte S. 208/209*)

● *Restaurants* **Červená Tabulka (1),** gediegenes ländlich-rustikal eingerichtetes Restaurant mit nettem Innenhof für den Sommer, etwas versteckt gelegen. Internationale Küche (Ente, Perlhuhn, gute Steaks, Fisch), variantenreich und nett fürs Auge zubereitet, teils jedoch sehr üppig. Kostenlose Vorspeise, gute Weinauswahl, flinker Service. Hg. 9–17 €. Lodecká 4, ☏ 224810401. Ⓢ 5, 8, 14 Dlouhá třída.

Universal (18), etabliertes jugendliches Lokal im Stil eines französischen Bistros. Auch die Küche tendiert zum Französischen: Entenbrust mit Preiselbeersauce, Tournedos mit Pilzsauce oder Sirloinsteak zu 7–12,50 €. Günstige Mittagsmenüs. Empfehlenswerter Sonntagsbrunch (Büfett, 7,20 €), ein beliebter Treffpunkt junger Familien. V Jirářích

6, ☏ 224934416. Ⓜ B Národní třída.

Novoměstský pivovar (19), Mikrobrauerei mit großem, rustikalem Restaurant (350 Plätze), sehr beliebt bei Reisegruppen. Alles sehr deftig, gutes Bier. Hg. 4–14 €. Vodičkova 20, ☏ 222232448. Ⓜ A, B Můstek.

Pivovarský dům (25), ebenfalls eine Mikrobrauerei, in der auch Bananenbier, Beerenbier und Biersekt ausgeschenkt werden … Lichtes Ambiente im EG, Raucher werden in den Keller verbannt. Ordentliche böhmische Küche (Hase, Wild, Steaks) in „Standard-" oder „Luxusportionen", Hg. 3,50–10,50 €. Lípová 15, ☏ 296216666. Ⓢ 4, 6, 10, 16, 22, 23 Štěpánská.

U Fleků (21), → Sehenswertes, S. 206.

Bredovský Dvůr (8), moderne, laute Bierschwemme im gepflegten Backsteinambiente. Bei bedeutenden Fußballübertragungen werden hier zuweilen auch verletzte tschechische Stars gesichtet. Einsehbare Küche, in der variantenreiche böhmische Küche (kosten Sie die Schweinshaxe am Spieß!) gezaubert wird. Flinker Service. Hg. 3,50–14 €. Politických Vězňů 14, ✆ 224215428. Ⓜ C Hlavní nádraží.

> **Pizzeria Nuova (3),** weitläufiges, durchgestyltes Lokal mit breiter Fensterfront. Originelles Konzept: Für einen All-you-can-eat-Preis von günstigen 7,70 € kann man sich entweder am umfangreichen Vorspeisenbüfett bedienen oder sich stets neue Pasta- und Pizzavariationen an den Tisch bringen lassen. Wer beides will (nur: wer schafft das?), zahlt 13 €. Fantastische Küche dank neapolitanischer Tomaten und Pizzabäcker. Freundliches Personal, Spielecke und Luftballons für Kinder. Revoluční 1, ✆ 221803308. Ⓜ B Náměstí Republiky.

• *Pivnice/Weinstube* **Jelínkova (15),** beliebte kleine Pilsner-Bierstube mit üblicher Holzvertäfelung. Abends knallvoll und verraucht. Snacks. Sa/So geschl. Charvátova 1. Ⓜ B Národní třída.

Šenk Vrbovec (7), von Touristen beharrlich übersehene Stehweinstube am Wenzelsplatz. Kork an den Wänden, Prager Hausfrauen und Geschäftsleute an den Stehtischen. Gute und günstige heimische Weine vom Fass. Václavské náměstí 10. Ⓜ A, B Müstek.

• *Cafés* **Café Imperial (2),** eines der schönsten Kaffeehäuser der Stadt, wenn auch seit seiner kürzlichen Restaurierung deutlich steriler geworden. Wände und Decken sind – einmalig weltweit – vollständig mit kunstvoll gearbeiteter Keramik ausgeschmückt. Zum Kaffee werden kostenlos Krapfen gereicht. Manko: Zuweilen Stinkstiefel-Service. Na Poříčí 15. Ⓜ B Náměstí Republiky.

Kavárna Slavia (13), Rilkes und Kunderas Wohnzimmer. Heute werden hier v. a. Reiseführer in allen Sprachen gelesen. Mit der letzten Renovierung ist aus dem alten Kaffeehaus ein modernes, helles Café geworden. Der Moldaublick ist nach wie vor grandios. Smetanovo nábřeží 2. Ⓢ 6, 9, 18, 21, 22, 23, 51, 54, 57, 58 Národní divadlo.

Kunst auf dem Wenzelsplatz

Café Louvre (11), von den Kommunisten wegen bourgeoiser Tendenzen geschlossen, seit 1992 wieder Kaffeehaus. Hohe, kitschig altrosa gestrichene Wände, viel Stuck. Große Auswahl an internationalen Tageszeitungen, fesche Bedienungen. Restaurant und Billardsalon angegliedert. Národní třída 20. Ⓜ B Národní třída.

Café Evropa (12), Jugendstilperle in zentralster Lage, deswegen wohl auch die größte Touristenschwemme nach der Karlsbrücke. Man hat sich darauf eingestellt, serviert zweitklassigen Kaffee zu erstklassigen Preisen. Zuweilen Aufpreis für die Live-Musik am Nachmittag! Unfreundliches Personal. Trotzdem kann man dem Café den (abgewetzten) Charme nicht absprechen. Václavské náměstí 25. Ⓜ A, C Muzeum oder A, B Müstek.

Vesmírna (23), kleines, freundliches Nichtrauchercafé, ein Sozialprojekt – hier werden Sie von Behinderten bedient. Gute Öko-Sandwichs, frisch gepresste Fruchtsäfte und hervorragende Milchshakes. Von Lesern immer wieder gelobt. Ve Smečkách 5. Ⓜ A, C Muzeum.

Gemalt und in natura: die Karlsbrücke

Sehenswertes in
Staré Město   (Altstadt)

Staré Město ist einer der lebhaftesten Stadtteile Prags, der mit den traditionsreichsten Pivnices, den meisten Restaurants, Galerien und Wechselstuben. Er gehört den Touristen, weniger den Pragern. Sein Herz ist der Staroměstské náměstí (Altstädter Ring), der gerne als der schönste Platz Europas bezeichnet wird. Aber auch die angeblich schönste Brücke der Welt ist hier zu finden, die Karlsbrücke.

Ein Wirrwarr aus engen, verwinkelten Gassen prägt die Altstadt. Ohne Plan ist man schnell darin verloren, aber das macht nichts. Lassen Sie sich einfach treiben. Die belebtesten Gassen sind die Celetná und die Karlova. Beide werden gesäumt von alten Barock- und Renaissancefassaden, die mit viel Liebe restauriert wurden; kaum noch ein Winkel, der nicht der Postkartenharmonie entspricht.

Abseits dieser Gassen geht es erheblich ruhiger zu. Und je mehr man sich von ihnen entfernt, desto mehr taucht man ein in jenen Teil der Altstadt, der erst kürzlich aus seinem Dornröschenschlaf erwacht ist. Hier sehen nicht mehr alle Häuser aus, als hätte man sie gestern erst gebaut. Hier bröckelt noch der Putz, und hier besitzen die Hinterhöfe gelegentlich einen Charme wie in Italien. Hier findet man noch Cafés und Kneipen, die auch Prager besuchen. Hier stellen in den Galerien junge Künstler aus, die auch etwas anderes malen als Aquarelle von der Karlsbrücke.

▶ **Staroměstské náměstí (Altstädter Ring):** „Es gibt wenige Plätze auf Erden, die sich an Schönheit mit dem Altstädter Ring in Prag messen können". Was der Arzt und Dichter Hugo Salus (1866–1929) am Anfang des 20. Jh. schrieb, gilt noch immer, vielleicht sogar mehr denn je. Den stets belebten weiten Platz beherrscht ein *Denkmal für Jan Hus.* 1915 wurde es eingeweiht, zum 500. Todestag des Reformators (→ S. 39). Seine eingravierten Worte „Milujte se, pravdy každému přejte" sind ein Aufruf zu Brüderlichkeit und Ehrlichkeit.

Hinter der Häuserfront der Ostseite erhebt sich imposant die *Teinkirche (Kostel P. Maria před Týnem).* In der zweiten Hälfte des 14. Jh. wurde mit ihrem Bau begonnen. Die markanten Türme kamen erst im 15. und 16. Jh. hinzu. Der Zugang zum lichtdurchfluteten Inneren erfolgt durch den dritten Arkadenbogen in dem davor stehenden Bau. In der Teinkirche liegt der dänische Astronom Tycho Brahe begraben. 1599 war er an den kaiserlichen Hof Rudolfs II. gerufen worden. Er besaß eine künstliche Nase aus Gold; der Grund dafür war ein Duell in Rostock. Auch sein Tod 1601 spricht nicht gerade für einen soliden Lebenswandel, er starb nach einem Saufgelage an einem Blasenriss.

An der nordwestlichen Seite des Platzes fällt die schneeweiße barocke *Nikolauskirche (Kostel sv. Mikuláše)* ins Auge. Ihr Äußeres wirkt vielversprechend, ihr Inneres ist es nicht. Um die Ecke erblickte Franz Kafka das Licht der Welt. Von seinem *Geburtshaus* blieb zwar nicht mehr als das Portal erhalten, doch befindet sich in dem Gebäude eine Art Mischung aus Kafkaausstellung und Fanshop – im Vergleich zum Museum der Kleinseite (→ S. 231) jedoch die zweite Wahl.

Weitere Attraktionen am Altstädter Ring sind das Altstädter Rathaus und das Palais Kinský, die im Folgenden beschrieben werden.

Verbindungen/Öffnungszeiten Ⓜ A Staroměstská. **Teinkirche,** Mo–Fr 10–12 u. 15–18 Uhr. **Kafka-Geburtshaus,** Mo–Fr 10–18 Uhr, Sa 10–17 Uhr. Eintritt 1,40 €.

Staroměstská radnice (Altstädter Rathaus): Das Rathaus ist der markanteste Bau am Altstädter Ring. Unter Johann von Luxemburg erhielten die Bürger der Altstadt im 14. Jh. das Recht, sich ein Rathaus zu bauen. Aus Geldmangel verzichteten sie jedoch und kauften lieber ein altes Gebäude. Was man heute sieht, ist letztendlich das Ergebnis unzähliger Um- und Anbauten. Die letzte große Restaurierung des Rathauses erfolgte nach dem 2. Weltkrieg, in dem es als eines der wenigen Gebäude der Stadt stark beschädigt wurde. Am beeindruckendsten ist die *Astronomische Uhr (Orloj):* Von 9 bis 21 Uhr zieht zu jeder vollen Stunde der Tod (rechts über dem oberen zweiten Blatt als Skelett dargestellt) an einem Seil und dreht das Stundenglas herum. Dann öffnen sich zwei Fenster über der Uhr, und – von Petrus angeführt – defilieren die zwölf Apostel. Zum Schluss kräht noch der Hahn. Betrachtet man die Zifferblätter, so zeigt das obere mit römischen Zahlen die Zeit auf Ihrer Uhr an, das mit den alten arabischen Ziffern drum herum die mittelalterliche böhmische, bei welcher der Tag mit dem Sonnenuntergang endete. Der kleinere, innere Kreis steht für die Tierkreiszeichen, der farbige Hintergrund für Tag und Nacht. Darunter sieht man das Kalendarium. Und weil die Uhr so schön ist, und weil jede Stadtführung vor ihr Halt macht, hat man sich auch eine Legende einfallen lassen, um das Warten bis zur vollen Stunde unterhaltsam zu überbrücken. Demnach soll Meister Hanuš, der die Uhr im 15. Jh. geschaffen hatte, geblendet worden sein, um keiner anderen Stadt eine solche Uhr ans Rathaus basteln zu können. Bald darauf aber blieb die Uhr stehen, und kein Mensch wusste, wie man sie reparieren sollte.

Im Innern des Rathauses finden heute Wechselausstellungen statt, u. a. auch in den Kellergewölben. Besichtigen kann man ferner ein paar Repräsentationsräume und eine Kapelle – beide gehören nicht unbedingt zum Pflichtprogramm. Lohnenswert jedoch ist ein Blick vom Rathausturm über die Stadt.

Verbindungen/Öffnungszeiten Staroměstská radnice 1. Ⓜ A Staroměstská. Im Sommer Di–So 9–18 Uhr, Mo 11–18 Uhr, im Winter bis 17 Uhr. Für die historischen Säle, die gotische Kapelle und den Rathausturm müssen separate Tickets zu jeweils 1,80 €, erm. 1,40 €, gelöst werden.

Die Bürger von Velvary – die Ostfriesen der Tschechen

Im Mittelalter vermengte man bei Bauten, die extreme Belastungen ausgesetzt waren, den Mörtel mit Eiern, um ihn härter und widerstandsfähiger zu machen. Das geschah angeblich auch beim Bau der Karlsbrücke. Dafür waren mehrere Tausend Eier vonnöten, die man aus sämtlichen Regionen des Landes anforderte. Zu den Ostfriesen der Tschechen wurden dabei die Bürger von Velvary nordwestlich von Prag, ihre Lieferung war hart gekocht.

Palác Kinských (Palais Kinský): Das altrosafarbene Palais auf der Ostseite des Altstädter Rings wurde nach Plänen von Kilian Ignaz Dientzenhofer zwischen 1755 und 1765 erbaut. Im 19. Jh. verbrachte die Komtesse Bertha Kinský (1813–1914), spätere Freifrau von Suttner, darin ihre Kindheit. Als überzeugte Pazifistin und Schriftstellerin (u. a. des Romans *Die Waffen nieder!*) machte sie sich einen Namen. Zu ihren größten Verehrern zählte Alfred Nobel. Er war von ihr so angetan, dass er den Friedensnobelpreis stiftete, dessen erste weibliche Trägerin (1905) sie wurde. Heute präsentiert darin die Nationalgalerie ihre Sammlung „Landschaften in der Tschechischen Kunst vom 17. bis zum 20. Jh.", die durch Werke von deutschböhmischen und Schweizer Malern, darunter Johann Rudolf Byß (1660–1738), bereichert wird. Zudem finden temporäre Ausstellungen statt. Unmittelbar an das Palais grenzt ein mittelalterlicher Bau, das *Haus zur Steinernen Glocke (Dům U Kamenného Zvonu)*. Es wird ebenfalls für wechselnde Ausstellungen, aber auch für Konzerte genutzt.

Verbindungen/Öffnungszeiten Staroměstské náměstí 12. Ⓜ A Staroměstská. Tägl. (außer Mo) 10–18 Uhr, Eintritt für die permanente Ausstellung der Nationalgalerie 1,90 €, erm. 1,10 €.

▸ **Karlův most (Karlsbrücke):** Sie ist das eigentliche Zentrum Prags, verbindet sie doch Malá Strana (Kleinseite) mit Staré Město. Und sie ist zweifelsohne das Prager Weltwunder, überstand sie doch trotz der seit langem überfälligen Restaurierung das Augusthochwasser 2002. Berühmt ist die Brücke wegen ihrer vielen barocken Statuen, die die Brüstung säumen. Wie am Fundament und an den Pfeilern nagt auch an ihnen der Zahn der Zeit, mehrere wurden daher bereits durch Kopien ersetzt.

Mit dem Bau der über 500 m langen und 10 m breiten Brücke wurde 1357 begonnen. Karl IV., nach dem sie seit 1870 benannt ist, hatte Peter Parler damit beauftragt. Bis 1741 stellte sie die einzige feste Verbindung zwischen den Stadtteilen rechts und links der Moldau dar. 1683 wurde die erste Statue aufgestellt, es ist die des Hl. Nepomuk (von Staré Město die achte rechts). Das Bronzerelief darunter zeigt den Augenblick seines Brückensturzes (→ S. 146). Ein paar Studenten sollen es einst blank poliert und daraufhin die Geschichte erfunden haben, dass es dem, der es berührt, Glück bringt. Als letzte der insgesamt 21 Plastiken kam 1938 die der Heiligen Kyrill und Method hinzu (fünfte rechts). Ein wenig aus der Reihe fällt das lebensgroße Kruzifix mit dem vergoldeten hebräischen Schriftzug „Heiliger, heiliger, heiliger Herr" (dritte Plastik rechts). Angeblich hatte man einen Juden dazu verurteilt, diesen anbringen zu lassen, da er vor dem Kreuz gelästert haben soll.

Mit dem Start der Sanierungsarbeiten an der Brücke im Sommer 2007 – zehn Jahre sollen sich diese hinziehen, zu einer kompletten Sperrung wird es aber nicht kommen – wurde auch das kleine *Museum Karlova Mostu* (Karlsbrückenmuseum) eröffnet. Es informiert über die Entstehungsgeschichte der Brücke und die diversen Restaurierungsarbeiten über die Jahrhunderte hinweg – kein Muss! Das Museum befindet sich auf der Altstadtseite schräg gegenüber dem Altstädter Brückenturm (s. u.) am Křížovnické náměstí, dem Platz vor der Brücke.

Verbindungen Ⓢ 17, 18 Karlovy lázně.
Karlsbrückenmuseum, tägl. 10–20 Uhr. Eintritt 5,70 €, erm. die Hälfte.

Tycho Brahes letzte Ruhestätte: die Týnkirche

▶ **Staroměstská mostecká věž (Altstädter Brückenturm):** Er ist wie die Karlsbrücke ein Werk des Baumeisters Peter Parler und wird vielfach als der schönste gotische Wehrturm Europas bezeichnet. 1357 begann man mit seinem Bau, und als hätte man damals schon geahnt, dass über die Karlsbrücke einmal Straßenbahnen holpern würden (bis 1950), errichtete man ihn mit einem ausreichend großen Durchgang. Man kann ihn besteigen. In der Abenddämmerung, wenn die Prager Türme in ihrem schönsten Licht erscheinen, lohnen sich die vielen Stufen nach oben am meisten.

Verbindungen/Öffnungszeiten Křižovnické náměstí. Ⓢ 17, 18 Karlovy lázně. Juni–Sept. 10–22 Uhr, Okt. u. Mai 10–18.30 Uhr, ansonsten 10–16.30 Uhr. Eintritt 1,80 €, erm. 1,40 €.

▶ **Obecní dům:** Anfang des 20. Jh. entstand der extravagante, monumentale Jugendstilbau, ein multifunktionales Repräsentationsgebäude mit sechs Sälen, französischem Restaurant, Kneipe, Kaffeehaus usw. (→ Essen & Trinken, S. 219). Es gibt kaum einen tschechischen Künstler der Sezession, der nicht an der aufwändigen Innen- oder Außengestaltung beteiligt war. Die Gemälde im Primatorensaal stammen z. B. von Alfons Mucha. Der größte Raum ist der Smetanasaal mit 1500 Plätzen. Am 28. Oktober 1918 wurde darin die Selbstständigkeit der Tschechoslowakischen Republik verkündet; seitdem ist dieser Tag ein staatlicher Feiertag.

Verbindungen/Öffnungszeiten Náměstí Republiky 5. Ⓜ B Náměstí Republiky. Die Säle können in Verbindung mit einem Konzertbesuch besichtigt werden. Bis zu 4-mal tägl. finden zudem Führungen statt (5,40 €); die Zeiten erfahren Sie bei der Auskunft im Gebäude.

Královská cesta oder Prag in 90 Minuten

Quer durch die Stadt verläuft der Královská cesta, jener Weg, den einst die Könige in einer feierlichen Prozession zu ihrer Krönung im Sankt-Veits-Dom abschritten. Bereits im Mittelalter hatte sich diese Tradition entwickelt, da viele Könige Böhmens aus dem Ausland kamen. Beim Eintreffen in Prag wurden sie vom Bürgermeister am Pulverturm begrüßt, wo man ihnen symbolisch den Schlüssel zu ihrer Residenzstadt aushändigte. Die letzte Krönungsprozession fand 1836 für Ferdinand V. statt, an dem Spektakel nahmen mehrere Tausend Reiter teil, nicht nur auf Pferden, auch auf Kamelen.

Der Weg führt an den schönsten Ecken und Winkeln Prags vorbei und wird von Millionen Touristen jedes Jahr bewusst oder unbewusst begangen. Auch wenn viele Sehenswürdigkeiten der Stadt abseits davon im Gassenwirrwarr versteckt liegen, das viel gerühmte „Goldene Prag" präsentiert sich nirgendwo schöner als auf dieser Meile. Etwa 1 ½ Std. benötigt man für den Weg. Er verläuft vom Pulverturm über die Celetná zum Staroměstské náměstí und weiter über die Karlova zur Karlsbrücke. Auf der Kleinseite führt er vom Malostranké náměstí schließlich über die Nerudova hinauf zur Prager Burg.

▶ **Prašná brána (Pulvertor):** Der Turm mit Durchgang ist der einzige noch existierende Wachturm aus der Zeit, als die Prager Altstadt befestigt war. Die Stadtmauer verlief entlang der heutigen Fußgängerzone Na příkopě (Am Graben). Erbaut wurde er in der zweiten Hälfte des 15. Jh., seinen heutigen Namen bekam er jedoch erst im 17. Jh., als man ihn als Pulvermagazin nutzte. Seit dem Mittelalter war er zudem der Ausgangspunkt des so genannten „Königsweges", dem Královská cesta (→ Kasten). Man kann den Turm besteigen, der Ausblick ist aber bei weitem nicht so imposant wie vom Altstädter Rathaus.

Verbindungen/Öffnungszeiten Na příkopě. Ⓜ B Náměstí Republiky. April–Okt. 10–18 Uhr. Eintritt 1,80 €, erm. 1,40 €.

▶ **Stavovské divadlo (Ständetheater):** Der neoklassizistische Bau entstand in der zweiten Hälfte des 18. Jh. und war kurz darauf im Besitz der böhmischen Stände, daher der Name. In ihm fand am 29. Oktober 1787 die Uraufführung von Mozarts *Don Giovanni* statt. Das Innere ist ein blau-goldener Traum, nicht umsonst wählte es Miloš Forman als Kulisse für Szenen seines *Amadeus*. Leider ist es nur in Verbindung mit einer Aufführung zu besichtigen. Unmittelbar daneben liegt das geschichtsträchtige, aber alles andere als unbedingt sehenswerte *Karolinum*. 1348 legte hier Karl IV. den Grundstock für die älteste Universität Mitteleuropas. Von dem ursprünglichen Gebäude ist heute aber von außen nicht mehr als ein gotischer Erker zu erkennen.

Verbindungen Ovocný trh 1. Ⓜ A, B Můstek.

▶ **Dům U Zlatého prstenů (Haus zum Goldenen Ring):** Die Fundamente des gotischen Stadthauses stammen aus dem 13. Jh. Nach aufwändigen Restaurierungsarbeiten zeigt hier die *Städtische Galerie (Galerie hlavního města Prahy)* auf vier Etagen tschechische Kunst des 20. Jh.; die Exponate wechseln regelmäßig. Angeschlossen ist ein Innenhofcafé – ein Treffpunkt Intellektueller und aller, die sich dafür halten.

Verbindungen/Öffnungszeiten Týnská 6. Ⓜ B Náměstí Republiky. **Städtische Galerie,** tägl. (außer Mo) 10–18 Uhr. Eintritt 3,20 €, erm. 1,80 €.

Obecní dům mit Pulvertor

▶ **Dům U Černé Matky Boží (Haus zur Schwarzen Madonna):** Es wurde 1911 von Josef Gočár erbaut, einem Begründer der modernen tschechischen Architektur und einer der Initiatoren des Kubismus in Prag. Das Gebäude mit seinen facettenartig gebrochenen breiten Fenstern wurde ursprünglich als Waren- und Wohnhaus entworfen; heute ist es im Besitz der Nationalgalerie, die darin das *Museum des tschechischen Kubismus* unterhält. Auf drei Stockwerken werden u. a. Bilder der wichtigsten tschechischen kubistischen Maler wie Antonín Procházka oder Emil Filla, Plastiken und Skulpturen von Otto Gutfreund sowie Plakate von Josef Čapek gezeigt. Zu sehen ist darüber hinaus kubistische Gebrauchskunst: Möbel, Vasen usw. Angeschlossen sind ein Museumsshop und ein empfehlenswertes Café im kubistischen Stil.
Verbindungen/Öffnungszeiten Celetná 34. Ⓜ B Náměstí Republiky. **Museum,** tägl. 10–18 Uhr. Eintritt 3,60 €, erm. die Hälfte.

▶ **Muzeum Bedřicha Smetany (Smetana-Museum):** Wo könnte man zum Gedenken an den Komponisten Bedřich Smetana (1824–1884) passender ein kleines Museum einrichten als direkt an der Moldau? Korrespondenz, Zeichnungen, Pressekritiken, Porträts usw. führen in sein Werk und Leben ein. Smetana, der fast den Status eines Nationalheiligen genießt, ertaubte übrigens am Ende seines Lebens – bittere Ironie des Schicksals. Zu seinen größten Werken zählen der Zyklus *Mein Vaterland*, aus dem auch die *Moldau* entspringt, die tragische Oper *Dalibor, Libuše* und *Die verkaufte Braut*.
Verbindungen/Öffnungszeiten Novotného lávka. Ⓢ 17, 18 Karlovy lázně. Tägl. (außer Di) 10–17 Uhr. Eintritt 1,80 €, erm. die Hälfte.

▶ **Sex Machine Museum:** Eine modern präsentierte Sammlung von rund 200 libidinösen Objekten auf drei Etagen. Zu sehen gibt es vorrangig Sadomaso-Accessoires, aber auch antike Vibratoren, Korsetts und amüsante Erotikfilme aus dem Jahr 1930.
Verbindungen/Öffnungszeiten Melantrichova 18. Ⓜ A Můstek. Tägl. 10–23 Uhr. Nur für Erwachsene! Eintritt 8,90 €.

Essen & Trinken

- *Restaurants* **Bellevue (18),** eines der besten Prager Restaurants. Luxuriöse Diners unterm Kronleuchter und mit Moldaublick. Iranischer Kaviar, Steinbutt, Carpaccio vom neuseeländischen Lamm – nichts für den schmalen Geldbeutel! Oft Klavierbegleitung. Lassen Sie sich im Sommer einen Platz auf der Terrasse reservieren. Jazzbrunch am Wochenende. Smetanovo nábřeží 18, ✆ 222 221443. Ⓢ 17, 18, 51, 54 Karlovy lázně.

U Vejvodů (19), gepflegtes großes Bierrestaurant auf zwei Etagen, Brauereiambiente, viele (manchmal laute) Touristengruppen. Böhmische Standards, Hg. 5,20–21 € (Riesensteaks). Fr/Sa bis 4 Uhr, sonst kürzer. Jilská 4, ✆ 222329221. Ⓜ A, B, Můstek.

Dahab (1), orientalische Küche im dazu passenden stilvollen Ambiente. Hin und wieder Bauchtanz und Livemusik. Gutes *Couscous*, tolle Vorspeisenplatten. Angeschlossen ein Schnellimbiss (nur tagsüber). Mittlere Preisklasse. Rybná 28, ✆ 224827375. Ⓜ B Náměstí Republiky.

Country Life (12), für Veganer. Öko-Schnellrestaurant mit Biogerichten vom Burger bis zum Risotto, alles ohne Eier oder Milchpro-

Staré Město (Altstadt)

100 m

● *Pivnices* **U medvídků (20),** einst waren die Literaten Jan Neruda und Jaroslav Hašek hier Stammgäste. Heute treffen sich hier Touristengruppen aus aller Welt, aber auch noch viele Prager. In der Bierhalle im EG gibt es gut gezapftes Budweiser und böhmische Standards (leckere Krautsuppe!), Hg. 3,50–10,50 €. Zudem ein Biershop, ein kleines Museum und im OG eine etwas sterile Brauereikneipe, in der das selbst gebraute halbdunkle, 13-gradige *Oldgott* gezapft wird. Über den Service lässt sich streiten, trotzdem meist voll bis überfüllt (Reservierung empfohlen). Na Perštýně 7, ✆ 224211916. Ⓜ B Národní třída.

U zlatého tygra (11), „Zum Goldenen Tiger". Die feuchtwarme Bierhöhle wurde berühmt durch ihren zechfreudigen Stammgast Bohumil Hrabal. Heute hängt der 1997 verstorbene Literat als Riesenporträt an der Wand, umringt von zahlreichen Kneipenmaskottchen in Tigerform. Ruppige Bedienungen, das Lokal ist schon am Morgen überfüllt. Bestellen Sie Bierkäse *(pivní sýr)* zum Pilsner Urquell – er soll hier erfunden worden sein. Husova 17. Ⓜ A Staroměstská.

● *Cafés/Kneipen* **Kavárna Obecní dům (6),** prunkvoller Jugendstilsaal. Gelegentlich Livepianomusik. Stets voller Touristen. Teuer, aber Kaffee und Kuchen in diesem Ambiente sind ihr Geld wert. Náměstí Republiky 5. Ⓜ B Náměstí Republiky.

Káva Káva Káva (21), abseits vom Trubel. Kleines Innenhofcafé, das im Wettbewerb um den „besten Prager Kaffee" schon mehrmals als Gewinner hervorging. Diverse Kuchen. Internetecke. Junges Publikum. Národní třída 37/Platýz. Ⓜ B Národní třída.

Duende (17), eine gemütliche Oase in der Altstadt, mit viel Trödel eingerichtet (Achtung: So manchem Gast brach hier schon der Stuhl unterm Hintern zusammen). Kunterbuntes Publikum nach ihrem Prager Gig schauten auch die Pixies vorbei. So lange offen, bis die Bedienungen keine Lust mehr haben. Karoliny Světlé 30. Ⓢ 17, 18, 51, 54 Karlovy lázně.

dukte. Alternativ eingerichtet, Bioladen angegliedert. Sehr günstig. Nur tagsüber. Melantrichova 15 (Zweigstelle in der Neustadt, Jungmannova 1). Ⓜ A, B Můstek.

Brasileiro (7), Erlebnisgastronomie im Gewölbekeller. Im Stil einer brasilianischen *Churrasqueira* kommen hier in einem fort leckere Riesenspieße (20 Sorten Fleisch!) an Ihren Tisch, dazu Fisch oder Meeresfrüchte – bis man zahlt oder platzt. *All you can eat* (mit exzellentem Vorspeisenbüfett) bis 18 Uhr 16 €, danach teurer. Ohne Reservierung hat man am Abend keine Chance. Zweigstellen in der Slovanský-Dům-Passage, Na příkopě 22 (Nové Město). U Radnice 8, ✆ 224234 474. Ⓜ A Staroměstská.

Die Spanische Synagoge

Sehenswertes in Josefov (Josefstadt)

Es ist das einstige jüdische Viertel. Außer ein paar Synagogen blieb davon aber nicht viel erhalten – Ende des 19. Jh. riss man es ab. Heute findet man hier herrliche Jugendstilhäuser und eine der vornehmsten Straßen Prags: die Pařížská, die Pariser Straße.

Kein Viertel Prags wurde durch die Literatur mehr verewigt als Josefov. Doch das Josefov, von dem dort größtenteils die Rede ist, ist das Josefov der Tagelöhner, der Spieler, der Prostituierten und Zigeuner aus der zweiten Hälfte des 19. Jh. Das Josefov der Juden gab es zu diesem Zeitpunkt bereits nicht mehr. Das Gros der Juden hatte es längst verlassen. Lediglich das alte Ghetto existierte noch. Es entstand im 13. Jh., als man die Siedlung mit einer Mauer umschloss, deren Tore nachts verriegelt wurden. Sechs Jahrhunderte lebten die Prager Juden dort – mal verfolgt, mal toleriert. In schlechten Zeiten wurden sie zu Sündenböcken und Opfern von Pogromen. In guten Zeiten standen sie unter dem Schutz der Krone und verhalfen Prag zu kultureller und wirtschaftlicher Blüte. Eines der größten Probleme im Ghetto war die stetig steigende Zahl seiner Einwohner. Anfang des 18. Jh. erließ die jüdische Gemeinde daher ein Gesetz, das vorschrieb, dass nur noch der älteste Sohn einer Familie heiraten durfte, und das erst nach dem Tod des Vaters. Aus der Isolation befreite Joseph II. die Prager Juden in der zweiten Hälfte des 18. Jh. Die Mauern ums Ghetto wurden abgerissen, Kleidervorschriften aufgehoben und die Glaubensfreiheit wurde gewährt. Zum Dank benannte man das Viertel nach ihm.

Als ab 1796 die Juden auch außerhalb des Ghettos leben durften, verkam es zum Armenviertel der Stadt mit miserabelsten hygienischen Verhältnissen. Ein Jahrhundert später befahl der städtische Sanitätsrat deswegen die Sanierung des Stadtteils, die einem Abriss gleichkam. Bürgerliche Wohnhäuser mit stolzen Jugendstilfassaden prägen Josefov heute, an das einstige jüdische Viertel erinnern nur noch wenige Gebäude.

Das Jüdische Museum

Das Museum mit seiner über 100-jährigen Geschichte besitzt eine einzigartige und umfangreiche Sammlung an jüdischem Kulturgut aus Böhmen und Mähren. Anlass zur Gründung gab die Sanierung der Josefstadt. Das Inventar zum Abriss freigegebener Synagogen, aber auch Gegenstände des häuslichen und religiösen Lebens wurden hier gesammelt. Das Gros des Fundus stammt jedoch aus der Zeit der deutschen Okkupation, als die Nazis die jüdische Bevölkerung nach Theresienstadt und von dort weiter in die Vernichtungslager deportierten. Das Museum war ab 1942 der Leitung des Zentralamtes für die Judenfrage direkt unterstellt und hatte die Aufgabe, das beschlagnahmte Gut zu katalogisieren. Nach dem Krieg fiel das Museum in staatlichen Besitz, seit 1994 ist es Eigentum der jüdischen Gemeinde von Prag. Diese zählt rund 1500 Mitglieder, Tendenz sinkend.

Auf mehrere Synagogen verteilt, zeigt das Jüdische Museum heute nur einen Bruchteil seiner Exponate, in erster Linie Drucke, Bücher, Gegenstände aus Silber, Tapisserien, Teppiche und Thoramäntel. Unter der Verwaltung des Jüdischen Museums stehen die Maiselsynagoge, die Spanische Synagoge, die Pinkassynagoge, die Klausensynagoge *(Klausová synagóga)*, der Alte Judenfriedhof und der ehemalige Zeremoniensaal.

Öffnungszeiten Für alle genannten Einrichtungen gelten dieselben Zeiten: Nov.–März 9–16 Uhr, April–Okt. 9–18 Uhr, jeweils tägl. außer Sa und an jüdischen Feiertagen. Bei extrem großem Andrang werden auf der Eintrittskarte Besuchszeiten für die einzelnen Synagogen vermerkt, die vorschreiben, wann man was zu besichtigen hat. Die Eintrittspreise des Jüdischen Museums liegen erheblich über denen anderer Museen (10,20 €, erm. 6,70 €), da es als nichtstaatliche Institution weitaus weniger Fördermittel erhält. Das Ticket ist für alle oben genannten Einrichtungen gültig. Extra zahlt man für die Altneusynagoge (→ dort).

▶ **Staronová synagóga (Altneusynagoge):** Der frühgotische Bau aus der zweiten Hälfte des 13. Jh. zählt zu den ältesten Synagogen Europas. Für seinen paradox klingenden Namen gibt es zwei Theorien: Die erste geht davon aus, dass die Synagoge eine an jenem Ort bereits existierende ersetzte, die andere, dass sie ursprünglich nur „Neue Synagoge" hieß, bis im 16. Jh. weitere Synagogen hinzukamen – sprich: aus „neu" wurde „alt". Tatsache ist auf jeden Fall, dass sie das Zentrum der Juden westlicher Observanz war, die isoliert von den Juden mit östlichem Ritus lebten. Letztere hatten ihr Viertel bei der heutigen Spanischen Synagoge. Das erklärt zudem, warum man in Josefov auch Kirchen findet: Die verschiedenen jüdischen Gemeinden waren bis ins 13. Jh. durch „christliche Streifen" getrennt. Im Inneren der Synagoge, genau in deren Mitte, befindet sich das *Almemor*, ein von einem schmiedeeisernen Gitter umgebenes Podium, vom dem aus der Thora, den fünf Büchern Moses, vorgelesen wird. Die Thorarollen sind im Schrein hinter einem

Praha/Josefov
Karte S. 225

Grabsteine auf engstem Raum: der alte jüdische Friedhof

Vorhang verborgen. Auffallend sind die schießschartenähnlichen Fenster. Sie wurden im 18. Jh. für die Frauen eingefügt, da ihnen der Besuch der Synagoge nicht gestattet war und sie wenigstens so dem Geschehen folgen konnten.

Verbindungen/Öffnungszeiten Červená 2. Ⓜ A Staroměstská. So–Do 9.30–18 Uhr, Fr 9.30–17 Uhr. Eintritt 7 €, erm. 4,90 €.

▸ **Starý Židovský Hřbitov (Alter Jüdischer Friedhof) und Pinkasova Synagóga (Pinkassynagoge):** Das ummauerte Areal des Alten Jüdischen Friedhofs umschließt auch die Pinkassynagoge aus dem 15. Jh., die gleich hinter dem Kassenhäuschen steht. Sie ist benannt nach ihrem Stifter, dem Rabbiner Pinkas. Im Inneren erinnert sie heute an die Juden aus Böhmen und Mähren, die dem Holocaust zum Opfer fielen. Das geschieht auf eine schlichte und ergreifende Weise: An den Wänden stehen die Namen der Ermordeten, 77.297 an der Zahl. Im Obergeschoss sind Zeichnungen von Kindern aus dem Ghetto Theresienstadt zu sehen. Der Friedhof selbst, auf dem Grabstein an Grabstein steht oder lehnt, wurde ebenfalls im 15. Jh. angelegt. Der älteste Stein stammt aus dem Jahr 1439, der jüngste aus dem Jahr 1787. Wie viele Menschen hier beigesetzt wurden, weiß man nicht. Die Zahlen in der Sekundärliteratur schwanken zwischen 10.000 und 110.000. Tatsache ist, dass der Friedhof, obwohl mehrmals erweitert, stets zu klein war. So begrub man die einen über die andern.

Viele der Grabsteine tragen Barock- oder Rokokoverzierungen, aber auch Motive, die den Namen oder Beruf des Verstorbenen symbolisieren. Auf ein paar Grabsteinen liegen statt Blumen kleine Steinchen – ein alter jüdischer Brauch als Zeichen der Pietät. Der Grabstein, auf dem die meisten Steinchen liegen, ist der des Rabbi Löw (1570–1609), an dem der vorgeschriebene Weg durch den Friedhof automatisch vorbeiführt. Oft sieht man auch Zettel darauf, es sind Bitten und Wünsche.

• *Verbindungen/Öffnungszeiten* Široká. Ⓜ A Staroměstská. Öffnungszeiten und Eintritt → Jüdisches Museum, S. 221. Aufgrund des Besucherandrangs ist es – falls möglich – ratsam, den Friedhof früh am Morgen zu besuchen, ansonsten wird man von den Massen wie auf einer Einbahnstraße vom Eingang zum Ausgang geschoben.

Jehuda Liwa ben Bezal'el, genannt Rabbi Löw, und die Legende vom Golem

Polnische Chassiden waren es, die im 18. Jh. die Person des Prager Rabbi Löw mit dem legendären Golem in Verbindung brachten. Der historisch belegte Rabbi war oberster Lehrer einer Talmudschule und als Pädagoge und Theologe bereits zu Lebzeiten überaus angesehen. Die Inschrift des wohl berühmtesten Grabes auf dem Alten Jüdischen Friedhof – Löw starb 1609 – bekundet, dass er vor allem wegen seiner Weisheit geschätzt wurde. Auf die chassidischen Legenden, welche dem Rabbi übernatürliche Fähigkeiten nachsagen, ist der Glaube zurückzuführen, dass ein jeder Wunsch in Erfüllung geht, wenn man ihn in Zettelform auf das Grab des Rabbi legt.

Zu den sagenhaftesten Geschichten aber, die sich um den Rabbi ranken, zählt zweifelsohne die des Golem, einer mächtigen, menschenähnlichen Gestalt. Angeblich hatte der Rabbi diese aus Ton geformt und dann zum Leben erweckt, in dem er ihr ein *Schma* (Zettel mit magischen Formeln) in den Mund legte. Der Golem war fortan ein treuer Diener des Rabbi, stand allen Juden bei und bewahrte sie vor Pogromen. Am Sabbat jedoch musste der Golem ruhen, und so nahm der Rabbi stets am Vorabend des Sabbats das Schma aus dem Mund des Geschöpfs. Doch eines freitags vergaß dies der Rabbi. Der Golem wurde böse, so böse, dass er das Ghetto zu vernichten drohte. In letzter Sekunde gelang es dem Rabbi, den magischen Zettel aus dem Mund des Golems zu ziehen und ihn so wieder in ewigen Schlaf zu versetzen. Im Glauben der Menschen jedoch lebte der Golem im Ghetto noch lange fort, in der Literatur bis heute.

Den bekanntesten Golem-Roman schrieb Gustav Meyrinck (1868–1932), ein gebürtiger Wiener. Er war Gründer mehrerer okkulter Orden und in seiner Golem-Fassung, einer Reise in das innerste Ich, verarbeitete er zugleich seine Drogenerlebnisse. Auch Egon Erwin Kisch (1885–1948), der rasende Reporter, der unter anderem für das „Prager Tagblatt" schrieb, widmete dem Golem eine Reportage.

▸ **Španělská synagóga (Spanische Synagoge):** Der Name hat nichts mit den sephardischen Juden zu tun, die 1492 mit dem Ende der Reconquista Spanien verlassen mussten, wenn sie sich nicht taufen lassen wollten, und u. a. auch nach Prag kamen. Die Spanische Synagoge entstand erst in der zweiten Hälfte des 19. Jh. und trägt den Namen aufgrund ihrer pseudomaurischen Stilelemente. Im sehenswerten Innern wird in Vitrinen die Geschichte der Juden Böhmens und Mährens von der Aufklärung bis zur Gegenwart dokumentiert. Von dem Kapitel Holocaust zeugt unter anderem eine Kiste voller Tefilline (Gebetsriemen) der Ermordeten. Abends dient die Synagoge gelegentlich als Konzertsaal. Die kopflose Skulptur neben der Synagoge wurde 2003 aufgestellt und ist das erste *Kafka-Denkmal* der Stadt. Es zeigt eine Szene aus Kafkas Novelle *Beschreibung eines Kampfes.*

Verbindungen/Öffnungszeiten Vězeňská 1. Ⓜ A Staroměstská. Öffnungszeiten und Eintritt → Jüdisches Museum, S. 221.

Praha/Josefov Karte S. 225

▶ **Maiselova synagóga (Maiselsynagoge):** Ursprünglich im Stil der Renaissance errichtet, wurde sie nach einem Brand barock wieder aufgebaut. Das gefiel aber nicht, und so erfolgte Ende des 19. Jh. ein schlichterer neugotischer Umbau. Während der deutschen Okkupation machten die Nazis aus der Synagoge ein Lager für beschlagnahmtes jüdisches Vermögen. Auch diese Synagoge wird heute als Museum genutzt und liefert die historische Ergänzung zur Spanischen Synagoge: In ihr wird die Geschichte der böhmischen und mährischen Juden von den Anfängen der jüdischen Besiedlung im 10. Jh. bis zur Aufklärung dokumentiert. Zu sehen sind u. a. hervorragende Silberarbeiten.

Verbindungen/Öffnungszeiten Maiselova 10. Ⓜ A Staroměstská. Öffnungszeiten und Eintritt → Jüdisches Museum, S. 221.

Silberarbeiten in der Maiselsynagoge

Klausová synagóga (Klausensynagoge) und Bývalá obřadní síň (Zeremoniensaal): Die beiden benachbarten Gebäude beherbergen die Ausstellung „Jüdische Traditionen und Bräuche". Von der Geburt über die Beschneidung und die Heirat bis zum Tod werden alle Stationen im Leben gläubiger Juden erläutert. Die Ausstellung beginnt in der Klausensynagoge.

Verbindungen/Öffnungszeiten U Starého Hřbitova 1 und 3. Ⓜ A Staroměstská. Öffnungszeiten und Eintritt → Jüdisches Museum, S. 221.

Jüdisches Rathaus (Židovská radnice): Das Eckhaus finanzierte Mordechaj Maisl, der reichste Mann im rudolfinischen Prag. Es lohnt, nach oben zu blicken und die Uhr anzuschauen – nicht die am Turm, sondern die darunter mit hebräischen Ziffern. Die Zeiger bewegen sich entgegen dem Uhrzeigersinn, so wie auch die hebräische Schrift nicht von links nach rechts, sondern von rechts nach links läuft.

Verbindungen Maiselova 18. Ⓜ A Staroměstská.

▶ **Klášter sv. Anežky (Agneskloster):** Gründerin des einstigen Klarissenklosters im 13. Jh. war die Hl. Agnes, die ihr Leben in den Dienst der Kranken gestellt hatte. Agnes ist die Frau auf dem 50-Kronen-Schein. Im Kloster befindet sich heute die beachtenswerte Sammlung böhmischer Kunst des Mittelalters, die Teil der Nationalgalerie ist.

Verbindungen/Öffnungszeiten Anežská 1. Ⓜ A Staroměstská o. Ⓜ B Náměstí Republiky. Tägl. (außer Mo) 10–18 Uhr. Eintritt 3,50 €, erm. die Hälfte.

▶ **Rudolfinum:** Das Konzertgebäude, einer der nobelsten Neorenaissancebauten Prags, entstand in der zweiten Hälfte des 19. Jh. im Zuge der tschechischen Natio-

Anschlusskarte Staré Město auf S. 218/219
Anschlusskarte Nové Město auf S. 208/209

Josefov
(Josefstadt)

65 m

nalbewegung. Dvořák und Brahms dirigierten hier vor ausverkauftem Haus. Heute residiert hier die Tschechische Philharmonie – ein Konzert ist immer ein Erlebnis. Das Gebäude beherbergt zudem eine Galerie und ein Café (→ Essen und Trinken, S. 226; Eingang auf der Moldauseite).

Verbindungen/Öffnungszeiten Náměstí Jana Palacha 1. Ⓜ A Staroměstská. **Galerie und Café,** tägl. (außer Mo) 10–18 Uhr.

▶ **Uměleckoprůmyslové muzeum (Kunstgewerbemuseum):** Es existiert bereits seit 1885 und besitzt einen riesigen Fundus, für den man eigentlich mehr Platz bräuchte. In schönen Sälen sind künstlerisch wertvolle Alltagsgegenstände aus den verschiedensten Epochen ausgestellt. Glas, Porzellan, Uhren, Festtagskleidung, Möbelstücke, Schmuck, Werbeplakate usw. Zudem finden immer wieder interessante Wechselausstellungen statt.

Verbindungen/Öffnungszeiten Ulice 17. listopadu 2. Ⓜ A Staroměstská. Di 10–19 Uhr, Mi– So 10–18 Uhr. Eintritt für die Dauerausstellung 2,80 €, erm. die Hälfte.

*E*ssen & *T*rinken/*E*inkaufen

• *Restaurants* **Zlatá Praha (1),** vornehmes Restaurant im Obergeschoss des Hotels Intercontinental. Traumhafter Blick über die Dächer Prags. Keine große, dafür erlesene Speisekarte. Hg. 25–33 €. So toller Brunch mit Livejazz. Náměstí Curieových 43/5,

✆ 296639914. Ⓢ 17 Právnická fakulta.

Kolkovna (7), ordentliche böhmische Küche. Lendenbraten, „Mährischer Spatz", *Halušky* (eine Art Spätzle). Zum Nachtisch werden Buchteln, Strudel oder Palatschinken serviert. Ambiente zwischen rustikal und modern. Hg. 5,80–13,50 €. V Kolkovně 8, ✆ 224819701. Ⓜ A Staroměstská.

Barock (6), von den Trendlokalen des Stadtteils eines der etabliertesten. Minimalistische Einrichtung, hohe Wände mit Modefotografien. Seebarsch mit Erdbeerrisotto, Pasta oder Sashimi zu 14–20 €. Außenbestuhlung. Pařížská 24, ✆ 222329221. Ⓢ 17 Právnická fakulta.

• *Pivnices* **U milosrdných (2),** dunkel getäfelte Pivnice mit derben Holztischen, ein echter Klassiker. Günstige böhmische Küche (besonders mittags und sofern die Rechnung stimmt), Hg. 2,50–7 €. So geschl. Kozí 21. Ⓜ A Staroměstská.

U Rudolfina (10), verraucht, laut, tschechisch. Von außen unscheinbar, von innen riesig und auf 2 Etagen. Die Bierstrichlisten mancher Gäste haben Gartenzauncharakter! Bierpreise im Voraus erfragen. Křižovnická 10. Ⓜ A Staroměstská.

• *Cafes/Kneipe* **Kavárna Rudolfinum (5),** Kaffeesaal im gleichnamigen Konzerthaus. Prachtvolle Säulen unterteilen den Raum, hohe Fenster, Parkettboden. Kellner und Küche jedoch auf dem Niveau einer einfachen Kantine. Tägl. (außer Mo) bis 18 Uhr. Náměstí Jana Palacha. Ⓜ A Staroměstská.

Chez Marcel (4), sympathisches Café im französischen Stil. Internationale Küche, auch Frühstück. Ein paar Tische draußen. Hg. 4–12,30 €. Haštalské náměstí 12. Ⓢ 5, 8, 14, 53 Dlouhá třída.

La Casa Blů (3), relaxte, junge Kneipe, unter chilenischer Leitung und deswegen auch Treff der in Prag lebenden Latinos. Günstige Texmex-Küche, Bier und Cocktails, südamerikanische Musik und freundliche Leute. Bílkova 20. Ⓢ 17 Právnická fakulta.

Fast wie in Wien – Kutsche vor dem Rudolfinum

Zentrum der Kleinseite: Malostranské náměstí, der einstige Marktplatz

Sehenswertes in Malá Strana (Kleinseite)

Malá Strana, der Stadtteil unterhalb der Prager Burg am Ufer der Moldau, ist das malerischste Eck der Stadt – ein großes Schaufenster des Barock, kaum ein Gebäude, das nach dem 18. Jh. errichtet wurde. Doch so malerisch sich Malá Strana auch zeigt – die Kleinseite ist ein Stadtteil, den die Prager räumen und der das Leben aushaucht. Aus den Krämern und Trödelläden von einst oder den kleinen Handwerksbetrieben wurden Restaurants, Cafés oder Galerien, aus den großen Palais Ministerien, Botschaften oder Hotels. Kinder sieht man nur noch selten spielen, und mit jedem neu restaurierten Gebäude werden sie weniger. In Malá Strana löst nicht mehr eine Generation die nächste ab, sondern eine Gesellschaftsschicht die andere. Zwar strahlt der Stadtteil nun in immer neuerem Glanz, verliert dadurch aber auch etwas von seinem ursprünglichen Charme. Ganz verschwinden wird dieser jedoch nie. Die Kleinseite ist zu groß, als dass man sie so wie die Prager Burg in ein einziges Schmuckkästchen verwandeln könnte – für die Denkmalpflege wird der Stadtteil eine nie enden wollende Herausforderung bleiben. Egal, wie viel Farbe man darüber legt, die Spuren der Vergangenheit lassen sich nicht wegschminken, sie werden immer zu sehen sein. Nicht ohne Grund wählte der Regisseur Miloš Forman Malá Strana als Kulisse seines *Amadeus*, da es dem Wien des 18. Jh. näher kommt als die heutige österreichische Hauptstadt.

▸ **Kostel svatého Mikuláše (Nikolauskirche):** Sie zählt zu den prachtvollsten Barockbauten Europas, und ihre mächtige Kuppel samt Glockenturm – nach Plänen Kilian Ignaz Dientzenhofers – zu den Wahrzeichen Prags. Errichtet wurde die Kirche von den Jesuiten im Zuge der Gegenreformation. Der protestantische Vorgängerbau musste dafür weichen. Lediglich der Name wurde beibehalten – schließlich wird der Hl. Nikolaus als Schutzpatron der Kaufleute verehrt, und wo steht eine Nikolauskirche besser als inmitten eines (einstigen) Marktplatzes? Viel Freude hatte der Orden an seinem Gotteshaus jedoch nicht, genau 100 Jahre nach der Grundsteinlegung 1673 wurden die Jesuiten des Landes verwiesen.

Im Innern der Kirche ist das Deckengemälde im Langhaus von Johann Lukas Kracker am beeindruckendsten. Mit 1500 m² ist es eines der größten seiner Art. Es zeigt Szenen

Winterliches Idyll

aus dem Leben des Bischofs Nikolaus von Myra. Ansonsten, so weit das Auge reicht, Barock total – keine Ecke ohne Putte. Lohnenswert ist auch ein Blick über die Dächer Prags vom Kirchturm.
Verbindungen/Öffnungszeiten Malostranské náměstí. Ⓢ 12, 22, 23 Malostranské náměstí. **Kirche**, tägl. 9–16.45 Uhr. Eintritt (!) 2,10 €, erm. die Hälfte. **Turm**, im Sommer tägl. 10–18 Uhr (letzter Einlass 17.30 Uhr). Eintritt 1,80 €, erm. 1,40 €. Zugang von der Südseite (außen).

▸**Nerudova ulice (Nerudagasse):** Sie ist zweifelsohne eine der schönsten Gassen der Kleinseite, und es gibt wohl keinen Pragreisenden, der sie nicht mindestens einmal auf- oder abschlendert. Benannt ist sie nach dem Schriftsteller Jan Neruda (1834–1891), der im *Haus zu den Zwei Sonnen* (Nr. 47) lebte und jenen Stadtteil in seinen *Kleinseitner Geschichten* literarisch verewigte. Herrliche Palais und Bürgerhäuser säumen die Gasse. Auffallend sind die reizvollen Hauszeichen. Zu den imposantesten Gebäuden gehören das Thun-Hohenstein-Palais und der Palais Czernín-Morzin. Beide sind leider nicht zugänglich, im ersteren residiert die italienische Botschaft, im zweiten die rumänische. Im *Haus zum Goldenen Löwen* (Nr. 32) ist ein kleines, aber schönes *Apothekenmuseum (Expozice historických lékáren)* eingerichtet. Es informiert über die Geschichte der Pharmazie von der Renaissance bis ins 19. Jh. Schräg gegenüber im *Haus zum Frühling und Sommer* (Nr. 33) waren einmal Wolfgang Amadeus Mozart und Giacomo Casanova zu Gast.
Verbindungen/Öffnungszeiten Ⓢ 12, 20, 22, 23 Malostranské náměstí. **Apothekenmuseum**, April–Sept. tägl. (außer Mo) 11–18 Uhr, Okt.–März tägl. (außer Mo) 10–17 Uhr. Eintritt 0,70 €, erm. die Hälfte.

▸**Chrám Panny Marie Vítězné (Wallfahrtskirche Maria zum Siege):** Von allen Kirchen Prags zählt sie neben dem Dom die meisten Besucher, und darunter sind nicht nur Touristen auf Kulturtour, sondern echte Pilger. Der Grund ist das „Prager Jesulein" (→ Kasten) in einem Glaskasten. Die Kirche selbst wurde 1611 von deutschen Lutheranern erbaut und 1624 im Zuge der Gegenreformation dem Orden der Unbeschuhten Karmeliter übertragen. Der Orden verwaltet das Gotteshaus übrigens noch heute.

Verbindungen/Öffnungszeiten Karmelitská. Ⓢ 12, 20, 22, 23 Hellichova. Tägl. 8.30–19 Uhr.

Kult und Kitsch und weltberühmt – das Prager Jesulein

In der ganzen katholischen Welt wird das Prager Jesulein verehrt, eine kniehohe Wachsfigur mit einer gigantischen Krone, die aussieht wie ein kleiner König. Im 16. Jh. hatte sie ein spanischer Mönch modelliert, getreu dem Abbild des Jesuskindes, wie es ihm im Traum erschienen war. Die Prinzessin Maria Maximiliana Manriquez de Lara, eine spätere Lobkowitz, brachte sie nach Prag, ihre Tochter stiftete sie schließlich den Karmelitern. Und während der Gegenreformation, als Wunder bei der Rekatholisierung des Landes ja so nützlich waren, begann das Jesulein, eines nach dem anderen zu vollbringen. Es bewahrte Prag vor Pestepidemien und dem Siebenjährigen Krieg. Und bald sprach sich auch herum, dass es Kranke heilte, Armen half und sehnsüchtig Liebenden Glück brachte. Zum Dank wurde es reich beschenkt, unter seinen Gaben befanden sich auch Gewänder, die ihm fortan regelmäßig angezogen wurden. Eines schneiderte sogar Kaiserin Maria Theresia persönlich aus Samt und Gold. Nachahmungen des Prager Jesulein gibt es überall zu kaufen, groß und klein, aus Glas und Porzellan, einfarbig und handbemalt.

▶ **Kostel sv. Tomáše (Thomaskirche):** Sie entstand zusammen mit dem Klostergebäude der Augustiner-Eremiten zwischen 1285 und 1379. Ihr heutiges barockes Aussehen verdankt sie Kilian Ignaz Dientzenhofer, der die Umbauarbeiten in der ersten

Hälfte des 18. Jh. leitete. Aus jener Zeit stammen auch die leichten und farbenfrohen Deckenmalereien, eine Bilderfolge über den Hl. Augustinus, für welche die Kirche heute überaus berühmt ist. Geschaffen wurden sie von Böhmens bedeutendstem Freskenmaler Wenzel Lorenz Reiner (1689–1743). Lange war das Kloster zudem für sein Brauhaus und sein schweres dunkles Bier bekannt. Weder die Brauerei noch die angeschlossene Bierschwemme haben jedoch die Zeiten überlebt.

Verbindungen/Öffnungszeiten Letenská. Ⓢ 12, 20, 22, 23 Malostranské náměstí. **Kirche,** tagsüber i. d. R. zugänglich.

Der Bekannteste aller Tschechen – der brave Soldat Švejk

Etwa 1200 Kurzgeschichten verfasste Jaroslav Hašek (1883–1923) in seinem Leben. Aber nicht nur als Schriftsteller machte sich Hašek einen Namen – in seinem Leben ging er unzähligen Beschäftigungen nach: Er war Bankangestellter, Landstreicher, Journalist, Laborassistent, Hundehändler, Gründer der *Partei des maßvollen Fortschritts in den Grenzen der Gesetze,* Soldat an der galizischen Front und im russischen Bürgerkrieg, Volkskommissar in der Roten Armee usw.

Zwei Jahre vor seinem Tod erschien die erste Ausgabe des Heftchens *Die Abenteuer des braven Soldaten Švejk.* Daraus wurde später der mit Abstand erfolgreichste tschechische Roman, und der brave Soldat selbst, ein einfacher Mann aus dem Volk, aber ein Schlitzohr, stieg zu einer unsterblichen Figur der Weltliteratur auf. Hašek zeichnete ihn als einen Charakter, der es mit Optimismus und Humor versteht, in einer politisch-ideologisch verrückten Welt zurechtzukommen, indem er sich die Maske eines Trottels überstreift.

In mehr als 40 Sprachen wurden die Abenteuer des Švejk bislang übersetzt. Sie waren mit Hašeks Tod nicht zu Ende, sondern wurden von einem anderen Autor fortgesetzt. Die bekanntesten Illustrationen zum braven Soldaten schuf Josef Lada, der auch den *Kater Mikesch* kreierte. Die ersten zeigten den heute als mollig dargestellten Švejk noch als schlanken Hering.

▸ **Valdštejnský palác (Palais Waldstein):** Hier tagt heute der Senat. Das riesige Palais, das sich um fünf Höfe und eine große Gartenanlage gruppiert, wurde in der ersten Hälfte des 17. Jh. erbaut; knapp 30 Häuser mussten dafür weichen. Sein Bauherr war Albrecht von Waldstein, eine der zentralen Figuren des Dreißigjährigen Krieges (→ Kasten S. 128). Ein paar Säle sind, wenn der Senat sich ins Wochenende verabschiedet, der Öffentlichkeit zugänglich. Dazu gehört der große, sich über zwei Etagen erstreckende Festsaal, der wie die meisten Räume im Stil des Manierismus ausgeschmückt ist. Daneben kann man noch wechselnde Ausstellungen in der einstigen *Reithalle* (Valdštejnská jízdárna) und den frühbarocken *Valdštejnská zahrada* (Palaisgarten) besichtigen. Passenderweise fand in Letzterem zu Friedrich Schillers 100. Geburtstag eine Festaufführung statt. Auf dem Programm stand jenes Historiendrama, das Waldstein in der Schreibweise „Wallenstein" unsterblich machte. Noch heute wird die Sala Terrena der Anlage im Sommer für Konzerte und Theateraufführungen genutzt. An der Nordseite des Palastgartens lohnt noch ein Blick in die künstliche Grotte mit Tropfsteinen.

Verbindungen/Öffnungszeiten **Palais,** Valdštejnské náměstí. Ⓢ 12, 20, 22, 23 Malostranské náměstí. Sa/So 10–16 Uhr, Eintritt frei. **Garten,** Zugang über die Letenská. Ⓜ A Malostranská. April–Okt. tägl. 10–18 Uhr, ebenfalls Eintritt frei.

▶ **Zahrady pod Pražským hradem (Gärten unter der Prager Burg):** Im Mittelalter dienten die Südhänge der Burg als Weingärten. Erst als der Adel im 17. Jh. die Kleinseite entdeckte, ließ er hier zu seinen Palästen terrassenförmige Gärten anlegen. Im 18. Jh. verzierte man sie mit barocken Statuen, Galerien, Balustraden, Glorietten und Brunnen. Fünf solcher Gärten wurden zur Jahrtausendwende zu einem einzigen zusammengefasst. Darunter ist auch der Ledeburská zahrada (Ledebour-Garten) ganz im Westen der Anlage, mit einer herrlichen Sala terrena, einem offenen Gartensaal – hier finden im Sommer gelegentlich Konzerte statt.
Verbindungen/Öffnungszeiten Valdštejnská (2 Zugänge). Ⓜ A Malostranská. Zum Teil mit „Ledeburská zahrada" ausgeschildert. April–Okt. tägl. 10–20 Uhr. Eintritt 2,80 €, erm. 1,70 €. Die Gärten sind auch von den südlichen Wallgärten der Prager Burg zugänglich.

▶ **Franz-Kafka-Museum:** Kafka und Prag, das ist wie Goethe und Weimar. Kein Buch über die Stadt, das dem deutsch-jüdischen Versicherungsangestellten und Literaten (1883–1924) nicht die Referenz erweist, kein Souvenirshop, der ihn nicht vermarktet. Und endlich gibt es auch ein Museum über den berühmtesten Sohn der Stadt. Kafkas Welt wird in wahrlich kafkaesker Atmosphäre dokumentiert: beengende, manchmal labyrinthartige Gänge, schwarz gestrichene Wände, niedrige Decken. Spannend sind die vielen Faksimiles: Bewerbungsschreiben, ein Zeugnis der Prager-Handels-Akademie, Briefe, der Nachruf seines Freundes und späteren Herausgebers Max Brod, die Todesanzeige der Familie Kafka. Zudem erfährt man Details über die Frauen in Kafkas Leben, über den deutschsprachigen Prager Literaturzirkel und die Symbolik der wichtigsten Kafka-Romane.
Verbindungen/Öffnungszeiten Cihelná 2b. Ⓜ A Malostranská. ⏰ tägl. 10–18 Uhr. Eintritt 4,20 €, erm. die Hälfte. Museumsshop ums Eck an der U Lužické semináře 2a.

▶ **Vrtbovská zahrada (Vrtba-Garten):** Der barocke Terrassengarten zählt mit den Gärten unter der Prager Burg zu den reizvollsten zugänglichen Gartenanlagen der Stadt. Ende des 20. Jh. war er jedoch so heruntergekommen, dass er sich von den Obstwiesen dahinter kaum unterschied. Fünf Jahre benötigte man für die Sanierungsarbeiten – genauso lange, wie man zu Anfang des 18. Jh. brauchte, um ihn anzulegen. Von seiner obersten Terrasse genießt man eine herrliche Aussicht über die Kleinseite und auf die Prager Burg. Die antiken Götterstatuen, wie der Atlas mit der Erdkugel, sind übrigens das Werk des Tiroler Bildhauers Matthias Bernhard Braun, der auch mehrere Skulpturen der Karlsbrücke geschaffen hat.
Verbindungen/Öffnungszeiten Karmelitská 18. Ⓢ 12, 20, 22, 23 Hellichova. April–Okt. tägl. 10–18 Uhr. Eintritt 1,40 €, erm. 1,10 €.

▶ **Insel Kampa:** Der Čertovka (Teufelsbach) mit seinen Mühlrädern trennt die Insel vom westlichen Moldauufer. Um diesen Bach ranken sich mehrere Legenden. Eine erzählt von einem alten Weib, das im Bach die Kleider des Adels wusch. Dabei blickte sie auf ihr Spiegelbild im Wasser und sah plötzlich den Teufel. Gelacht soll er haben und in sie gefahren sein. Das gleiche Schicksal ereilte angeblich noch andere (→ Foto S. 19). Die Kommunisten wollten den Bach eigentlich zuschütten und in eine Straße verwandeln. Zum Glück kam es nie dazu, denn dann wäre es vorbei gewesen mit Prags so genanntem *Klein-Venedig*. Das Zentrum bildet der ovale, baumbestandene Hauptplatz Na Kampě, auf dem einst der Töpfermarkt der Stadt abgehalten wurde. Heute gibt es hier eine Reihe von Straßencafés, und es geht recht beschaulich zu. Das war nicht immer so: Die Bewohner der Insel Kampa hatten häufig unter Moldauhochwasser zu leiden. Seinen bislang höchsten Stand erreichte der Fluss im August 2002, als die Häuser des Platzes Na Kampě bis zur ersten Etage unter Wasser standen. Die südliche Hälfte der Insel, hinter dem Museum Kampa (s. u.), nimmt der *Kampa-Park* ein, einer der idyllischsten zentralen Parks der Stadt mit alten Kastanienbäumen und Moldaublick. Hier gibt es keine steif angelegten Beete mit strammstehenden Tulpen, sondern gemütliche Liegewiesen (Vorsicht: Hunde schätzen sie auch).

Verbindungen Ⓢ 12, 20, 22, 23 Hellichova.

▸ **Museum Kampa:** Das 2004 eröffnete Museum in einer schick umgebauten alten Wassermühle am Ufer der Moldau beherbergt die Kunstsammlung des einst nach Amerika ausgewanderten Ehepaars Jan und Meda Mládek, darunter viele abstrakte Werke des Malers František Kupka (1871–1957) und kubistische Skulpturen von Otto Gutfreund (1889–1927). Auch wird zeitgenössische Kunst, insbesondere der 60er und 70er Jahre, aus den ehemaligen sozialistischen Bruderstaaten von Polen bis Ungarn gezeigt. Durch den Kauf dieser Werke unterstützten die Mládeks Künstler, die staatskonträres Denken in Ländern zum Ausdruck brachten, in denen die schöpferische Freiheit durch die kommunistischen Machthaber stark eingeschränkt war. In einem Nebengebäude werden zudem wechselnde Ausstellungen gezeigt. Angeschlossen ist ein Restaurant mit herrlicher Terrasse am Wasser.

Verbindungen/Öffnungszeiten U Sovových mlýnů 2. Ⓢ 12, 20, 22, 23 Hellichova. Tägl. 10–18 Uhr. Eintritt 4,30 €, erm. die Hälfte.

▸ **Lobkovický palác (Palais Lobkowitz):** Der hochbarocke Palastbau entstand zu Beginn des 18. Jh. Das Adelswappen der Familie Lobkowitz krönt das mächtige Eingangsportal. Ein vergleichsweise unauffälliges Schild darüber informiert über die heutigen Mieter: die Deutsche Botschaft. Der große Garten des Palais wird als einer der schönsten der Stadt gepriesen. Er ist leider nicht zugänglich. Und als er es einmal war, im Spätsommer '89, schrieb er Geschichte: Tausende DDR-Bürger campierten hier vor ihrer Übersiedlung in die BRD. Ein Trabi auf vier plumpen Menschenbeinen, ein Werk des Pop-Künstlers David Černý im hinteren Teil des Gartens erinnert heute daran.

Verbindungen Vlašská 19. Ⓢ 12, 20, 22, 23 Malostranské náměstí. Ein Blick in den Garten ist werktags durch das Hauptportal möglich. Ansonsten muss man das Botschaftsgebäude in einem weiteren Bogen umgehen (zuerst bergauf und dann bei einem Spielplatz links ab), um den Trabi sehen zu können.

▸ **Petřín (Laurenziberg):** Früher baute man am Petřín Wein an, doch das ist Vergangenheit. Heute zieht sich eine steile Wiese voller Obstbäume den Prager Hausberg hinauf, der die Kleinseite von dem südlichen Stadtteil Smíchov trennt. Auf dem Berg befindet sich auch ein Teil der ehemaligen Stadtbefestigung, die vom Kloster Strahov hinunter nach Újezd verlief. Einer Legende zufolge ließ sie Karl IV. errichten, um der Hunger leidenden Bevölkerung Arbeit zu geben. Daher wird sie auch Hungermauer genannt.

Auf den Petřín selbst gelangt man am einfachsten mit der *Standseilbahn* (lanová dráha). Als sie 1891 in Betrieb genommen wurde, funktionierte sie auf eine so einfache wie geniale Weise, die etwas an einen Flaschenzug erinnert: Stets zog die jeweils obere Bahn durch ihr höheres Gewicht die untere hinauf. Beide Bahnen hatten große Wassertanks, die oben gefüllt und unten geleert wurden. Heute verkehrt eine elektrifizierte Bahn. In der Mitte der Strecke befindet sich die Haltestelle Nebozízek; daneben zwei allein schon wegen ihrer Aussicht empfehlenswerte Restaurants (→ Essen & Trinken).

Ü bernachten
1 U zlaté studně
6 Sax
13 Nebozízek

E ssen & Trinken
2 Pálffy palác
5 Baráčnická rychta
7 Hergetova Cihelna
9 Kampapark
12 Petřínské Terasy
13 Nebozízek
15 Olympia
16 Café Savoy

N achtleben
10 U malého Glena
14 Klub Strahov 007

E inkaufen
3 Vitalis-Buchhandlung
4 U Zlaté Číše
8 Obchod pod Lampou
11 Obchod Kořením

Malá Strana (Kleinseite)

125 m

An der Endstation liegt ein im Sommer wohlduftender Rosengarten, eine *Sternwarte* (Štefánikova Hvězdárna), ein *Aussichtsturm* (Rozhledna) – oder besser eine missratene Kopie des Pariser Eiffelturms – und ein lustiges *Spiegelkabinett* (Zracadlové Bludiště).

• *Verbindungen/Betriebszeiten* Die **Drahtseilbahn** ist nur wenige Meter von der Straßenbahnhaltestelle Újezd (Ⓢ 6, 9, 12, 22, 23) entfernt. Verkehrt im Winter tägl. 9–20.45 Uhr,

im Sommer 9–23.30 Uhr, jeweils alle 10–15 Min. Ticket 0,70 € oder mit einer Tages- bzw. Wochenkarte des öffentlichen Nahverkehrs.

Essen & Trinken/Einkaufen (→ *Karte S. 233*)

Das Goldene Prag

• *Restaurants* **Kampapark (9),** schon Lou Reed, Phil Collins und Johnny Depp genossen die zeitgemäße Küche dieses gepflegten Restaurants. Hg. 16–33 €. Tipp: Tisch auf der Terrasse mit herrlichem Blick auf die Karlsbrücke reservieren lassen. Na Kampě 8b, ✆ 257532685. Ⓢ 12, 20, 22, 23, 57 Malostranské náměstí.

Pálffy palác (2), der ideale Ort für ein romantisches Abendessen bei Kerzenschein und klassischer Musik. Die Küche ist international und unkonventionell, die Atmosphäre im barocken Saal einmalig. Herrliche Terrasse mit Blick auf Prager Burg und Kleinseite. 1a-Service. Hg. 13–23 €. ✆ Valdštejnská 14, ✆ 257530522. Ⓜ A Malostranská.

Hergetova Cihelna (7), trendiges Lokal in toller Lage direkt an der Moldau und mit Karlsbrückenblick. Große Terrasse, für die man abends reservieren sollte. Sehr gute Pizzen (z. B. *Pizza Foie Gras* oder *Pizza Sashimi*), aber auch Risotto, Filet Mignon oder Klassiker der böhmischen Küche. Hg. 8– 25 €. Cihelná 2b, ✆ 257535534. Ⓜ A Malostranská.

Nebozízek (13), Spezialitäten der Altprager und internationalen Küche in einem pseudomodernen Wintergarten. Die Panoramaterrasse davor lädt auf einen Kaffee ein. Zwar berühmt, aber insgesamt mehr Schein als Sein. Hg. 9–16 €. Links der Standseilbahn gelegen, Petřínské sady 411, ✆ 257315329. Ⓢ 12, 20, 22, 23, 57 Újezd, weiter mit der Standseilbahn (Mittelstation aussteigen).

Petřínské Terasy (12), die gemütlich-rustikale und preiswertere Alternative auf der anderen Seite der Standseilbahn. Wahnsinnsterrasse mit traumhaften Ausblicken auf die Stadt. Herkömmliche tschechische Küche, dazu Grillgerichte für 7–14 €. Seminářská zahrada 13, ✆ 257320688. Anfahrt → Nebozízek.

Olympia (15), gepflegte Bierschwemme mit gehobener böhmischer Küche. Hg. 3,50– 12,30 €. Am Abend Reservierung empfehlenswert. Vítězná 7, ✆ 251511080. Ⓢ 6, 9, 12, 20, 22, 23 Újezd.

Baráčnická rychta (5), versteckt gelegene rustikale Gaststätte. Auf der Speisekarte steht Deftiges wie Mährischer Spatz, Gänsebraten oder Schweinelendchen mit Speck. Hg. 3,20–9 €. Im Keller Konzertsaal mit dem Flair eines katholischen Vereinshauses. Tržiště 23. Ⓢ 12, 20, 22, 23, 57 Malostranské náměstí.

• *Café* **Café Savoy (16),** hier war Franz Kafka Stammgast und hier drehte Karel Gott schnulzige Musikvideos. Nach seiner letzten Komplettrenovierung wurde das Savoy als elegantes Kaffeehaus im Stil der Jahrhundertwende wieder eröffnet. Herrliche klassizistische Stuckdecke, hauseigene Patisserie, Frühstück, kleine Auswahl an Hauptgerichten. Besonders stolz ist man auf die heiße Schokolade. Vítězná 1. Ⓢ 6, 9, 12, 20, 22, 23 Újezd.

Straßenmusikanten am Hradschiner Platz

Sehenswertes in Hradčany (Hradschin)

Hradčany, das ist nicht nur die Prager Burg, sondern auch die **Burgvorstadt,** der Stadtteil rund um die böhmische Akropolis. Trotz beeindruckender Palais wirkt dieser Teil der Moldaumetropole verschlafen und an manchen Ecken sogar dörflich. Bis ins 16. Jh. allerdings war die Vorstadt ein ärmliches Viertel, in dem die Burguntertanen (auf Tschechisch „Hradčani") lebten. 1541 brannten deren Hütten ab; das kleine Volk zog hinab nach Malá Strana. Der Adel übernahm den Wiederaufbau, und unzählige Paläste entstanden. Stets aber blieb Hradčany ein Anhängsel der Prager Burg, das nie einen eigenen städtischen Charakter entwickelte. Noch heute ist das so. In vielen der alten Paläste sind Museen und Ministerien untergebracht. Einen Metzger oder Bäcker sucht man hier nahezu vergebens, nicht jedoch Cafés, Restaurants und Souvenirshops, die auf den schnellen Euro aus sind. Schön zum Durchspazieren ist die Burgvorstadt aber allemal.

Pražský hrad, die Prager Burg, wird aufgrund ihrer vielen Sehenswürdigkeiten in einem eigenen, nachstehenden Kapitel behandelt.

▶ **Strahovský klášter (Kloster Strahov):** Seit 1989 ist das Kloster wieder im Besitz des Prämonstratenserordens. Man muss kein Ungläubiger sein, wenn man den Namen zweimal liest. Die Blütezeit des Ordens ist heute zwar vorüber, im Mittelalter war er jedoch sehr populär und nahm eine zentrale Rolle bei der Christianisierung des Landes ein. Der Name des Ordens stammt von dessen erstem Kloster im Tal Prémontré in Frankreich. Gegründet hatte es Norbert von Xanten, nachdem er, vom Blitz getroffen, vom Pferd fiel und dazu eine Stimme flüsterte, er solle von der Hurerei ablassen und nur noch Anständiges tun. Das war 1115, schon fünf Jahre spä-

Bibliothek im Kloster Strahov

ter gab es das Kloster in Frankreich und bereits 1140 entstand der Prager Ableger. Seit 1627 befinden sich sogar Norberts sterbliche Überreste hier in der *Abteikirche Mariä Himmelfahrt;* sie ist zugleich die größte Kirche des Klosters. In ihr liegt übrigens auch der kaiserliche Feldmarschall Gottfried Heinrich Graf zu Pappenheim begraben. Seine Popularität verdankt er Friedrich Schiller, der ihm im *Wallenstein* die geflügelten Worte „Ich kenne meine Pappenheimer" in den Mund legte.

Gleich nebenan befindet sich der Eingang zur *Bibliothek,* deren Bestand auf knapp eine Millionen Bände geschätzt wird. Der Blick in die zwei imposanten Lesesäle beeindruckt und lässt das Kloster ins Prager Pflichtprogramm aufrücken. Im ersten, dem sog. Philosophischen Saal, reichen die Bücherschränke, übrigens aus Nussbaum, bis an die Decke. Diese ist mit Fresken verziert, die der österreichische Maler Anton Maulpertsch 1870 schuf und die den Drang der Menschheit nach dem wahren Wissen darstellen. Der zweite Saal, der sog. Theologische Saal, ist mit Globen bestückt. Die dortigen Fresken malte ein Ordensbruder; sie zeigen die Liebe zur Bildung und zur Wissenschaft. Auf dem Gang zwischen beiden Sälen befindet sich in Glasvitrinen eine kleine Kuriositätensammlung: Muscheln, Skorpione, Seesterne usw., dazwischen auch das Geschlechtsteil eines Wals.

Kurios ist auch das *Museum Miniatur* (beim Durchgang zum Pohořelec), das millimetergroße Arbeiten des sibirischen Künstlers Anatolij Konjenko zeigt. Durch Vergrößerungsgläser sieht man ein Kamel im Nadelöhr, ein Beethovenporträt im Mohnkorn usw.

Im eigentlichen Klostergebäude ist die *Strahover Bildergalerie* (Strahov obrazárna) untergebracht. Sie ist sozusagen eine Verwandte der Sammlung böhmischer Kunst, die im Palais Schwarzenberg (→ s. u.) zu sehen ist: nahezu die gleichen Maler, nahezu die gleichen Gemälde.

● *Verbindungen/Öffnungszeiten* Strahovské nádvoří 1/132. Ⓢ 22, 23 Pohořelec. **Abteikirche,** nur zu Messen geöffnet, tägl. um 18 Uhr, So auch um 10 Uhr. **Bibliothek,** tägl. 9– 12 u. 13–17 Uhr. Eintritt 2,80 €, erm. 1,80 €.

Miniaturmuseum, tägl. (außer Mo) 9–17 Uhr. Eintritt 1,70 €, erm. 1,10 €. **Bildergalerie,** tägl. (außer Mo) 9–12 Uhr und 12.30–17 Uhr. Eintritt mit Besichtigung der Klosterräume 1,80 €, erm. 0,70 €.

▸ **Loreta (Loretoheiligtum):** Der Name des Heiligtums geht auf eine Legende zurück, die vom Wunder der Santa Casa, des Hauses der Jungfrau Maria, erzählt. Der Überlieferung nach wurde es Ende des 13. Jh. von Engeln aus Nazareth ausgeflogen, um es vor einem Sarazeneneinfall in Sicherheit zu bringen. Über Umwege gelangte das heilige Häuschen schließlich in einen Lorbeerhain bei Ancona. Dort entwickelte es sich zu einem berühmten Wallfahrtsort, der kurzerhand Loreto genannt wurde. Später, während der Gegenreformation, verkaufte die katholische Kirche das Wunder als – heute würde man sagen – PR-Gag. So entstanden überall in Böhmen Loreto-Heiligtümer (das in Prag zwischen 1626 und 1631). Sie sind eine Kopie des Originals, und wer sie besichtigt, kann sich die Fahrt nach Ancona sparen. Im Kreuzgang rund um die Santa Casa ist die wundersame Geschichte des Häuschens auf 47 Deckengemälden festgehalten.

Die Schatzkammer des Heiligtums beherbergt ein paar liturgische Gegenstände. Das wertvollste ist eine Monstranz mit über 6000 Diamanten. Zuvor zierten die Steine übrigens das Hochzeitskleid einer Gräfin. Nicht sehens-, aber hörenswert sind die 1694 in Amsterdam gegossenen 24 Glocken im Turm über dem Eingang. Sie können ähnlich wie ein Klavier gespielt bzw. in Gang gesetzt werden. Unter anderem improvisierte Franz Liszt auf ihnen. Zu jeder vollen Stunde erklingt heute das Lied *Sei tausend mal gegrüßt, Maria.*

Verbindungen/Öffnungszeiten Loretánské náměstí 5. Ⓢ 22, 23 Pohořelec. Tägl. (außer Mo) 9–12.15 Uhr und 13–16.30 Uhr. Eintritt 3,30 €, erm. 2,50 €.

▸ **Schwarzenberský palác (Palais Schwarzenberg):** Das mit venezianischen dreidimensional wirkenden Sgraffitos in Briefchenform verzierte Palais gehört zu den prächtigsten Palastbauten Prags aus der Zeit der Renaissance. Zwischen 1545 und 1563 ließ ihn die Adelsfamilie Lobkowitz erbauen. Nach jahrelangen Restaurierungsarbeiten will die Nationalgalerie Prag darin – falls sich der Eröffnungstermin nicht wieder verschiebt – ab April 2008 ihre Sammlung böhmischer Kunst des Manierismus und des Barock zeigen; für den einen ein Genuss, für den anderen alte Schinken. Zu den bedeutendsten Werken werden Gemälde von Peter Brandl (1668– 1735), Bartholomäus Spranger (1546–1611) und Hans von Aachen (1552–1615) gehören, dazu Plastiken von Ferdinand Maximilian Brokoff (1688–1731) und Matthias Bernhard Braun (1684–1738).

Verbindungen/Öffnungszeiten Hradčanské náměstí 2. Ⓢ 22, 23 Pražský hrad. Öffnungszeiten und Eintrittspreise standen zum Zeitpunkt der Drucklegung noch nicht fest, sollen aber ähnlich denen des Šternberský palác (s. u.) sein.

▸ **Šternberský palác (Palais Sternberg):** Auch dieses hochbarocke Palais gehört zu den bedeutendsten Palastbauten Prags. Graf Wenzel Adalbert von Sternberg ließ ihn Anfang des 18. Jh. errichten. Heute wird das Gebäude von der Nationalgalerie verwaltet. Im Erdgeschoss zeigt sie ihre Sammlung alter Meister aus den deutschen Landen und Österreich. Wertvollstes Exponat darunter ist Albrecht Dürers *Rosenkranzfest,* das er 1506 für die San-Bartolomeo-Kirche in Venedig geschaffen hatte und das durch die Sammelleidenschaft Rudolfs II. im 17. Jh. nach Prag gelangte.

Praha/Hradčany
Karte S. 238/239

Im ersten Stock sieht man eine kleine Ausstellung antiker Kunst aus römischer und hellenistischer Zeit, zudem eine umfangreiche italienische Ikonensammlung aus dem 14. und 15. Jh. Den Rest des Stockwerks sowie die darüber liegende Etage beherrschen niederländische, italienische, spanische, französische und flämische Maler des 15.–18. Jh. Darunter sind Werke von El Greco, van Dyck, Rubens, Goya, Tintoretto und Rembrandt. Im Innenhof des Palais lädt ein gemütliches Café auf eine Pause ein.

Verbindungen/Öffnungszeiten Versteckt am Hradčanské náměstí. Schräg gegenüber dem Palais Schwarzenberg, über das Erzbischöfliche Palais (Durchgang) zu erreichen. Ⓢ 22, 23 Pražský hrad. Tägl. (außer Mo) 10–18 Uhr. Eintritt 4,80 €, erm. 2,20 €.

▸ **Nový Svět (Neue Welt):** Dörflicher als hier kann eine Großstadt kaum sein. Nový Svět ist der Name einer Gasse und zugleich der des Viertels, das sich nordwestlich des Hradčanské náměstí erstreckt. Die engen, verwinkelten Gassen haben Ähnlichkeit mit denen des Goldenen Gässchens (→ S. 248). Auch beider Geschichte gleicht sich: einst Armenviertel, im 19. Jh. dann restauriert. Im Gegensatz zum Goldenen Gässchen bleibt Nový Svět jedoch vom Massenandrang verschont und ist so um einiges romantischer.

Verbindungen Ⓢ 22, 23 Brusnice.

Essen & Trinken

● *Restaurants/Pivnice* **U zlaté hrušky (1),** gediegenes Restaurant, in dem schon Margaret Thatcher speiste. Hirschroulade mit Spinatkartoffeln, Hummer mit Kräuterbutter oder Chateaubriand zu 21–28 €. Angegliedert ein gemütliches Gartenlokal mit „Livefish" und preiswerteren Gerichten. Nový Svět 3, ☎ 220514778. Ⓢ 22, 23 Brusnice.

Bellavista (6), Terrassenrestaurant mit traumhafter Aussicht auf Burg und Kleinseite. Italienische Küche (Tomatenrisotto mit Salsiccia, Lachscarpaccio mit Kapern oder Kalbssteak in Korianderpesto) zu 8,50–21 €,

Übernachten
3 Domus Henrici

zudem gegrillter Fisch. Innen modern-gediegen eingerichtet. Strahovské nádvoří 1, ☎ 220517274. Ⓢ 22, 23 Pohořelec.

U černého vola (4), „Zum Schwarzen Ochsen", eine der urigsten Bierstuben der Stadt. Die hübschesten Mädchen soll es nach hier geben – auf jeden Fall aber gutes Bier: *Velkopopovický kozel,* frisch gezapft, dazu deftige kleine Snacks. Und zudem heißt es: trinken für einen guten Zweck – alle Erlöse

Essen & Trinken

1. U zlaté hrušky
2. U zavěšenýho kafe
4. U černého vola (Zum Schwarzen Ochsen)
5. Klášterní Pivovar Strahov & Restaurace
6. Bellavista

Hradčany (Hradschin)

100 m

fließen einer Blindenschule zu. Eine preiswerte Oase. Loretánské náměstí 1. Ⓢ 22, 23 Pohořelec.

Klášterní Pivovar Strahov & Restaurace (5), Brauereigaststätte auf dem Klosterareal, nicht zu verwechseln mit dem Velká Klášterní Restaurace nebenan. Leckeres 13- und 14-gradiges Svatý-Norbert-Bier. Böhmische Braten- und Steakküche zu 3,20–13,70 €. Viel Touristenrummel, Blasmusik, Außenbe-

stuhlung. Strahovské nádvoří, ✆ 233353155. Ⓢ 22, 23 Pohořelec.

• *Cafe* **U zavěšenýho kafe (2),** gemütliche, von Pragern gern besuchte Mischung aus Café und Bierstube mit dem originellen Namen „Zum aufgehängten Kaffee". Tatsächlich wird der Kaffee hier „aufgehängt", d. h. im Voraus bezahlt. Ebenfalls ein Tipp für den preiswerten Imbiss zwischendurch. Úvoz 6. Ⓢ 22, 23 Pohořelec.

Die Prager Burg

Sehenswertes auf der Pražský hrad (Prager Burg)

Die Prager Burg ist das Wahrzeichen der Stadt, der Nabel des Landes und das seit eh und je. Tausend Jahre Geschichte treffen hier auf Millionen Besucher. Paläste, Kirchen, Museen, Klöster – es gibt viel zu sehen, mehr als genug. Zu später Stunde von der Karlsbrücke, wenn sich die Fassade der Burg gebieterisch im Scheinwerferlicht erhebt, wirkt sie am schönsten. Die Tschechen blickten über die Jahrhunderte hinweg mit Angst und Verachtung, aber auch mit Stolz und Anerkennung nach oben. Dunkle und goldene Zeiten wurden hier eingeläutet. Die Burg war Sitz von Fürsten, Königen, Kaisern, von Bischöfen und Erzbischöfen und damit stets ein Symbol weltlicher und geistlicher Macht. Heute empfängt hier der Präsident des Landes, Václav Klaus, Staatsgäste aus aller Herren Länder. Für gewöhnlich betreten diese wie Sie die Burg vom Hradčanské náměstí.

Wege zur Burg: Die zwei schönsten Fußwege von Malá Strana hinauf zur Prager Burg verlaufen über die Nerudova (→ S. 248) und über die Zámecke schody (viele Treppen). Beide Wege enden am Hradčanské náměstí, von wo sich ein herrlicher Blick über Prag auftut. Wer es bequemer haben will, nimmt die Ⓢ 22, 23 von der Metrostation Malostranská bis zur Haltestelle Pražský hrad.

▸ **Erster und zweiter Burghof:** Die Prager Burg war bis ins 18. Jh. durch einen Graben vom Hradčanské náměstí getrennt. Doch mit dem Bau des aristokratischen, repräsentativen ersten Burghofs, auch *Ehrenhof* genannt, verlor sie ihren Festungscharakter nach Westen hin. Die regungslos dastehende Burgwache hat ebenfalls nur noch repräsentative Funktion. Einst trug sie paramilitärisches Khaki, heute blaue Uniformen, die Theodor Pištěk, Kostümausstatter des Forman-Films *Amadeus,* entwarf. Stets eine Stunde müssen die Soldaten ausharren, dann werden sie abgelöst. Mittags um zwölf wird daraus ein Spektakel gemacht: Fanfarenmusik erklingt dann zum Stechschritt und zur Übergabe der Standarte des Präsidenten im Blitzlichtgewitter. Das Tor, vor dem sie stehen, ziert ein Rokokogitter mit den Monogrammen der Kaiserin Maria Theresia und ihres Sohnes Josephs II. Die furchteinflößenden, todbringenden Giganten rechts und links davon schuf Ignaz Platzer. So verrußt wie sie sind, könnte man glauben, es seien noch die Originale, dabei handelt es sich um Kopien.

Zwei hohe Flaggenmasten aus Tannenholz flankieren das barocke *Matthiastor.* Es war einst ein freistehender Triumphbogen. An den Gebäudekomplex darüber schließen mehrere prunkvolle Räumlichkeiten an. Die beeindruckendsten wären der *Spanische Saal* und die *Rudolfsgalerie,* doch sind sie – außer zu kulturellen Veranstaltungen – der Öffentlichkeit nicht zugänglich. Den etwas nüchtern wirkenden zweiten Burghof lockert ein barocker Sandsteinbrunnen auf. Links davon, also nördlich, blickt man auf das sog. *Pacassitor,* das nichts anderes als eine Durchfahrt ist. Zu beiden Seiten befanden sich früher Pferdestallungen. Heute wird dort Kunst gezeigt: Links liegt der Eingang zur *Gemäldegalerie der Prager Burg* (s. u.), rechter Hand der zu den *Císařská konírna,* den „Königlichen Stallungen“, wo wechselnde Ausstellungen gezeigt werden.

Die Passage westlich des Brunnens führt zum dritten Burghof, in dem der Sankt-Veits-Dom steht.

▸ **Obrazárna Pražského hradu (Gemäldegalerie der Prager Burg):** Sie beherbergt eine kleine, aber feine Sammlung deutscher, italienischer, flämischer, niederländischer und tschechischer Meister der Renaissance- und Barockmalerei. Die Bilder gehörten einst zu einer der imposantesten Kunstsammlungen weltweit, die unter Rudolf II. und Ferdinand II. begonnen wurde. Doch das Gros der Gemälde ging durch Plünderungen, insbesondere während des Dreißigjährigen Krieges, verloren. Glücklicherweise wussten nicht alle Diebe Gutes von Schlechtem zu unterscheiden und so blieben so wertvolle Originale wie Rubens *Versammlung olympischer Götter,* Tizians *Junge Frau bei der Toilette* oder Tintorettos *Geißelung Christi* erhalten.

Öffnungszeiten Im zweiten Burghof. April–Okt. tägl. 9–18 Uhr, im Winter 9–16 Uhr. Eintritt 5,20 €, erm. die Hälfte, oder mit Kombiticket „Große Tour“ (→ Kasten)

Burg-Tickets: Um nur das Burggelände zu betreten, brauchen Sie kein Ticket. Es ist von April–Okt. von 5–24 Uhr zugänglich, von Nov.–März von 6–23 Uhr. Für die Sehenswürdigkeiten innerhalb des Burggeländes gibt es zwei verschiedene Kombitickets, keines jedoch, das alle Attraktionen einschließt. Mit dem Ticket „**Große Tour**“ („Velký okruh“, 13 €, erm. die Hälfte) darf man die *Gemäldegalerie der Prager Burg,* den *Königspalast,* die Ausstellung „*Geschichte der Prager Burg*“, die *Sankt-Georgs-Basilika,* das *Georgs-Kloster* samt Ausstellung, den *Pulverturm* und das *Goldene Gässchen* besichtigen. Das Ticket „**Kleine Tour**“ („Malý okruh“, 9,30 €, erm. die Hälfte) erlaubt nur den Zutritt zum *Königspalast,* zur *Sankt-Georgs-Basilika* und zum *Goldenen Gässchen.* Einzeltickets gibt es nur für ein paar Sehenswürdigkeiten (Preise siehe dort), im aber mit dem Ticket der „Kleinen Tour“ inbegriffen sind. Die Besichtigung des *Doms* war zuletzt kostenlos.

Die Kombitickets bekommt man u. a. beim Ticketschalter im zweiten Burghof (neben der Gemäldegalerie der Prager Burg) und bei der Tourist Information im dritten Burghof gegenüber dem Sankt-Veits-Dom (im Winter 9–16 Uhr, im Sommer 9–17 Uhr). Die Tickets sind zwei Tage gültig.

Praha/Pražský hrad   Karte S. 244/245

▶ **Chrám sv. Vita (Sankt-Veits-Dom):** Von außen wirkt der Dom wie ein steinernes Tohuwabohu aus Strebe- und Tragpfeilern, Krabben und Kreuzblumen und riesigen Maßwerken. Statuen von Heiligen wechseln mit figürlichen, dämonenhaften Wasserspeiern ab, die, so der Glaube von einst, den Dom vor bösen Geistern bewahren, da diese beim Anblick ihres Ebenbildes die Flucht ergreifen. Da sich der Smog und der Ruß der Stadt über all dem niedergesetzt und das Bauwerk in ein einheitliches Graubraun getaucht hat, lassen sich auf den ersten Blick die einzelnen Bauabschnitte der Kathedrale nicht mehr unterscheiden.

Heiliger oder Lebemann – Wenzel und kein Ende

Die Geschichte des tschechischen Nationalheiligen begann im Jahr 924: Fürst Václav (auf Deutsch „Wenzel") war jetzt verantwortlich für die Geschicke Böhmens. Elf Jahre lang regierte er, dann war er tot, umgebracht von seinem eifersüchtigen Bruder. Manchen Quellen zufolge soll seine Ermordung überflüssig gewesen sein, da er ohnehin die Macht an seinen Bruder abgeben wollte. Nach Rom plante Wenzel zu reisen, dort die Weihen zu empfangen, um als erster Bischof nach Böhmen zurückzukehren. Andere Quellen jedoch behaupten, dass der Fürst gar nicht so ein Heiliger war. Mit Heiden soll er gezecht und sich nachts mit hübschen Frauen vergnügt haben.

Sei es, wie es will, Wenzels großer Verdienst war die Christianisierung des Landes. Darauf fußen auch die Wenzellegenden, die den Herrscher zum Märtyrer und zur Heiligengestalt aufsteigen ließen. Noch im 10. Jh. wurde er heilig gesprochen. Unter Kaiser Karl IV. – er ließ die Wenzelskapelle im Dom bauen – wurde er schließlich zur Ikone, zum Landesheiligen. Es folgten Wenzelsfresken, Wenzelsdenkmäler, Wenzelsstatuen und der Wenzelsplatz. Und schließlich wurde Wenzel zum Symbol der Einheit und Unabhängigkeit des Landes, zum Schutzpatron aller Tschechen. In Prag kafkat, brodelt und kischt es also nicht nur, es wenzelt noch viel mehr. Und dass die Wenzelmanie kein Ende nimmt, dafür sorgt allein schon die Präsidentenfolge der jetzigen Republik: Václav „Wenzel" Havel wurde abgelöst von Václav Klaus.

1344 erfolgte unter König Johann von Luxemburg und Kronprinz Karl die Grundsteinsetzung. Erster Baumeister war Matthias von Arras, der zuvor in Avignon tätig war. Er sollte jetzt auch in Böhmen den Idealtypus einer französischen Kathedrale realisieren. Ansätze davon zeigt jedoch lediglich das Chorhaupt, denn schon 1352 starb der Baumeister. Zu seinem Nachfolger berief Karl, der inzwischen zum Kaiser des Römischen Reiches gekrönt worden war, den damals gerade erst 23-jährigen Peter Parler aus Schwäbisch Gmünd. Dieser überarbeitete die Entwürfe seines Vorgängers und ließ den bis dato in Ansätzen fertig gestellten Chor vollenden. Damit die Kathedrale auch schon als Gotteshaus genutzt werden konnte, schloss er den Chor dort, wo heute das Querschiff verläuft, mit einer „provisorischen" Fassade ab. Nach Parlers Tod 1399 schmückten seine Söhne die Kathedrale weiter aus. Am Grundriss sollte sich aber für die nächsten 450 Jahre nicht mehr viel ändern. Die Kathedrale war also lange Zeit nur halb so groß wie heute, und der Zutritt erfolgte über das beeindruckende *Goldene Tor* an der südlichen Längsseite, das mit einem Mosaikbild des Jüngsten Gerichts verziert ist. Erst als 1859 ein Förderverein zur Vollendung des Doms gegründet wurde, begann man mit dem Bau der westlichen Domhälfte, deren feierliche Einweihung 1929 erfolgte.

Das Goldene Tor am Sankt-Veits-Dom

Die große kreisförmige *Rosette* über dem heutigen Eingang an der westlichen Stirn-seite schaut man sich am besten von innen an. Die lebendig-bunte Bilderfolge zeigt die Genesis – 27.000 Glasstücke wurden dafür verarbeitet. Eines der farbenfrohsten Fenster in der westlichen Hälfte des Doms ist jedoch das der Neuen Erzbischöfli-chen Kapelle (dritte links), die als letzte Ruhestätte der Prager Bischöfe dient. Im Auftrag der Banka Slavie gestaltete es Alfons Mucha im späten Jugendstil mit Sze-nen aus dem Leben der heiligen Slawenapostel Kyrill und Method.

Kurz bevor man das Querschiff betritt, führt rechter Hand eine Wendeltreppe auf die *Aussichtsplattform* des südlichen Domturms (96,5 m hoch). Kein anderer Turm der Stadt bietet einen faszinierenderen Ausblick über Prag, kein anderer Aufstieg ist aber auch so mühselig: 287 Stufen!

Ein paar Schritte weiter befindet sich die prunkvollste der insgesamt 22 Seitenka-pellen des Sankt-Veits-Doms, die *Kapelle des Hl. Wenzel*. Durch ihre reiche Aus-schmückung mit weit über 1000 Halbedelsteinen, violetten Amethysten, roten Jas-pissen und grünen Chrysoprasten, z. T. in Gold eingefasst, wirkt sie wie ein riesiges Schmuckkästchen. Bereits 1372 wurde der Passionszyklus, der über dem Altar mit der Kreuzigungsszene seinen Höhepunkt erreicht, geschaffen; der Künstler ist un-bekannt. Ein weiterer Zyklus mit Szenen aus dem Leben des Hl. Wenzels verläuft auf Fensterhöhe. Der frei stehende Altar darin ist zugleich das Grab des Heiligen. Hinter dem kleinen Portal auf der Südseite führt eine Treppe zu der über der Kapelle liegenden Krönungskammer. Dort sind – der Öffentlichkeit verborgen – die Krö-nungskleinodien aufbewahrt, darunter die berühmte goldene Wenzelskrone. Sie soll übrigens jedem den Tod bringen, der sie ungebührlich aufsetzt. Ein Aberglaube? Der Letzte, der dies als Humbug abtat und sich zum Spaß mit der Krone im Spiegel

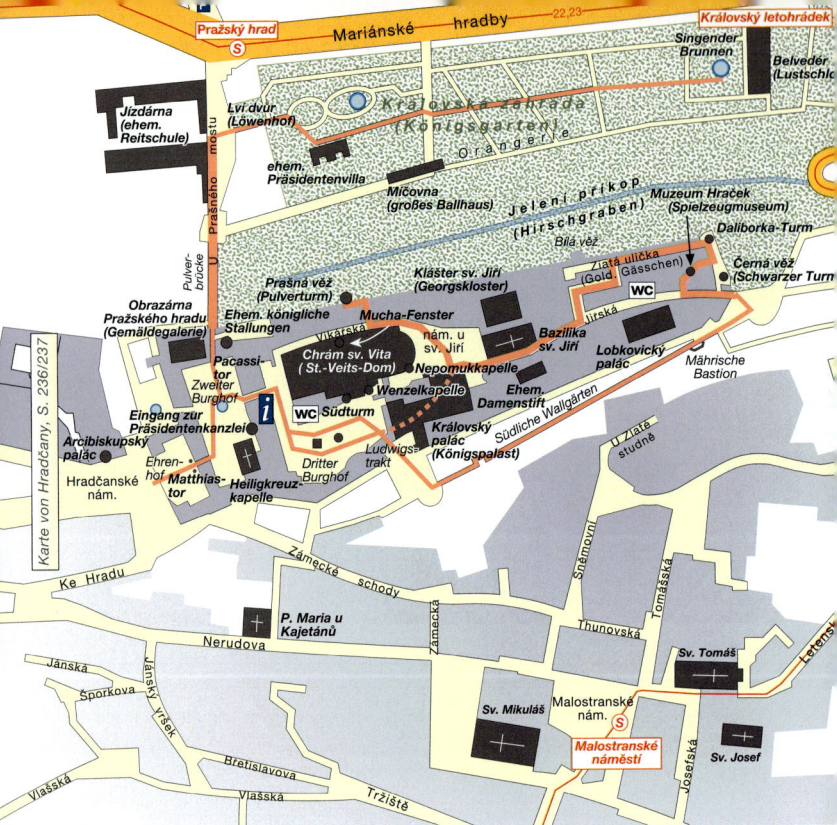

Karte von Hradčany, S. 236/237

anschaute, war der Reichsprotektor Reinhard Heydrich. Kurz darauf fiel er einem Attentat zum Opfer (→ S. 42). Die kleine Tür zur Krönungskammer ist übrigens mit sieben Schlössern versehen, deren sieben Schlüssel auf sieben Persönlichkeiten der Stadt und des Staates verteilt sind.

Das barocke Gegenstück zur mittelalterlichen Wenzelskapelle ist die des Hl. Johann von Nepomuk (fünf Kapellen weiter). Vor ihr steht das silberne Grabmal des Heiligen, ein hoch gepriesenes Werk von Johann Bernhard Fischer von Erlach (u. a. Baumeister von Schloss Schönbrunn), das 1733–36 entstand. Irgendwie kann man sich des Eindrucks nicht erwehren, dass man es einfach im Chorgang stehen ließ, als man merkte, dass es für die Kapelle zu groß geraten war.

Im Chor des Doms ist vor dem Hauptaltar noch das *königliche Mausoleum* sehenswert, ein großer Sarkophag aus hellem Marmor, der von einem Renaissancegitter umgeben ist. Rudolf II. stiftete ihn für seinen Großvater Ferdinand I., dessen Gemahlin und deren Sohn. Die Putten drum herum scheinen sich über die drei fast lustig zu machen. Rudolf selbst ruht übrigens etwas tiefer in der Krypta. Sein Sarg ist aus Zinn und hat das Aussehen eines Brauereikessels. Mehrere Könige und Königinnen leisten ihm Gesellschaft.

Pražský hrad
(Prager Burg)

40 m

Öffnungszeiten Im dritten Burghof. März–Okt. Mo–Sa 9–17 Uhr, So 12–17 Uhr, im Winter nur bis 16 Uhr. Eintritt frei. Der Domturm ist nur im Sommer geöffnet.

Královský palác (Königspalast): In ihm residierten vom 11. bis zum 16. Jh. die Regenten Böhmens. Man betritt ihn im dritten und zugleich obersten Stockwerk. Dort befindet sich der berühmte *Vladislav-Saal,* der 62 m lang, 16 m breit und 13 m hoch ist. Er wurde in den Jahren 1492–1502 nach Plänen des Architekten Benedikt Ried gebaut. Krönungsfeierlichkeiten und Hofbälle fanden darin statt, aber auch Turniere, bei denen die Ritter zu Pferd über die Reitertreppe im Nordflügel (heute der Ausgang) hereinkamen. Seit 1918 wird hier der Präsident des Landes vereidigt. Von der südwestlichen Ecke des Vladislav-Saals gelangt man in den *Ludwigstrakt,* an sich nicht besonders sehenswert, dafür geschichtsträchtig. Hier war der Ort des zweiten Prager Fenstersturzes, der zum Dreißigjährigen Krieg führte (→ Kasten).

Der *Sitzungssaal des Landtags* grenzt im Nordosten an den Vladislav-Saal an. Das Mobiliar ist zwar nicht original – es stammt aus dem 19. Jh. –, wurde aber in der historischen Anordnung nachgestellt. Auf der Renaissancetribüne linker Hand saßen die Landesschreiber, rechts vom Thron der Bischof, auf den Bänken gegenüber die Adels- und Ritterstände. Etwas weiter führt eine Wendeltreppe zu Räumen, in denen die sog. Landtafeln aufbewahrt wurden. Darin verzeichnete man Beschlüsse des Landtags, zugleich waren sie auch eine Art Grundbuch. Die Wappen an den Wänden und Decken sind die der Beamten, die die Kanzlei leiteten.

Öffnungszeiten Im dritten Burghof. April–Okt. tägl. 9–18 Uhr, im Winter 9–16 Uhr. Zutritt zum **Königspalast** nur in Verbindung mit einem Kombiticket, → Kasten, S. 241.

Příběh Pražského Hradu (Geschichte der Prager Burg): Die Ausstellung in den unteren Etagen des Königspalastes ist eine Art Parforceritt durch die Historie der Prager Burg. Sie ist chronologisch aufgebaut und liefert Burgmodelle zu jeder Epoche. Doch die Fülle der behandelten Aspekte (Baugeschichte, Katastrophen, Begräbniskult etc.) geht in den verwinkelten Räumlichkeiten auf Kosten der Übersichtlichkeit. Erläuterungen gibt es zudem nur in Englisch und Tschechisch. Zu den sehenswertesten Exponaten gehören ein Drahtmantel und ein silberner Helm – beide soll der heilige Wenzel getragen haben –, das gotische Tympanon *Thronende Madonna* aus der Georgsbasilika, diverse Kronjuwelen und die Grabbeigaben

Rudolfs I. Die vielen Urkunden sind hingegen längst nicht so wertvoll, wie ihre dicken Siegel glauben machen: Es handelt sich durchwegs um Imitate.

Öffnungszeiten Zugang zwischen drittem Burghof und Náměstí sv. Jiří. ① wie Königspalast. Eintritt 5,20 €, erm. die Hälfte, oder mit Kombiticket „Große Tour" (→ Kasten, S. 241).

Prager Fensterstürze – eine lange Tradition

Die Premiere der Prager Fensterstürze fand am 30. Juli 1419 statt. Aufgebrachte Hussiten katapultierten damals zwei katholische Ratsherren aus den Fenstern des Neustädter Rathauses. Diese Tat markiert heute den Beginn der Hussitenkriege.

1483 rückte das Altstädter Rathaus in den Mittelpunkt. Der katholische Bürgermeister musste dieses Mal dran glauben. Der Wurf, den die Protestanten nun landeten, blieb aber für die europäische Geschichte ohne Folgen, und so wird dieser in der offiziellen Fenstersturzchronik nicht mitgezählt.

Der berühmte zweite Prager Fenstersturz fand am 23. Mai 1618 statt. Die Spannungen zwischen Protestanten und Katholiken waren erneut eskaliert. Radikale Protestanten warfen zwei Statthalter samt deren Sekretär aus der Böhmischen Kanzlei auf der Prager Burg. Alle drei überlebten den 16 m tiefen Sturz, sie landeten weich auf einem Müllhaufen. Für die erlittene Schmach wurden sie übrigens von den Habsburgern reich entschädigt. Auch der Sekretär: Er wurde in den Adelsstand erhoben und durfte sich von nun an „von Hohenfall" nennen.

Humorvoll stellte der englische Schriftsteller Jerome Klapka Jerome fest, dass die Geschichte Europas vielleicht anders verlaufen wäre, „wenn die Prager Fenster kleiner gewesen wären und zu solchen Taten nicht verlockt hätten". Er gab den Ratschlag, öfters mal im Keller zu verhandeln.

Die Kette der Fensterstürze reißt bis heute nicht ab. Zum Glück lösen sie keine Kriege mehr aus. Der letzte Politiker, der aus dem Fenster fiel, war 1948 der einstige Außenminister Jan Masaryk kurz nach der kommunistischen Machtübernahme. Sein Tod ist bis heute nicht geklärt. Ebenso wenig der des Literaten Bohumil Hrabal, der 1997 angeblich beim Vogelfüttern aus dem Fenster gefallen war.

▶ **Bazilika sv. Jiří (Georgsbasilika):** Sie ist der bedeutendste und schönste romanische Sakralbau Prags und zugleich die zweitälteste Kirche der Stadt, wenn man dies von außen auch gar nicht vermuten mag. Bereits im Jahr 925 wurde die Kirche, damals noch einschiffig, der Fürstin Ludmila geweiht. Sie wurde als erste Märtyrerin Böhmens heiliggesprochen. Ihre Schwiegertochter hatte sie aufgrund von Machtstreitigkeiten erdrosselt. Die sterblichen Überreste Ludmilas befinden sich heute in der Kapelle, die sich an die Südseite des Chors anschließt. Die im Chor erhalten gebliebenen Fresken stammen aus dem 13. Jh. und lassen das himmlische Jerusalem nur noch erahnen. Neben Ludmila haben noch weitere Fürsten aus dem Geschlecht der Přemysliden hier ihre Grabstätte. So befinden sich zu Füßen des Chors in der hölzernen Tumba die Gebeine Vratislavs I. Gegenüber ruht Boleslav II. unter dem von einem schmiedeeisernen Gitter umgebenen Grabstein. Dahinter, in der Krypta unter dem Chor, steht rechter Hand die grauenerregende, dunkle Plastik der *Vanitas* aus der Mitte des 16. Jh. Sie stellt den Verfall bzw. die Vergänglichkeit des mensch-

Fotoshooting vor der Burg

lichen Körpers dar. Einer Sage nach schuf sie ein Bildhauer, der aus Eifersucht seine Geliebte ermordet hatte und vor seiner Hinrichtung als letzte Bitte geäußert hatte, zum Beweis seiner Reue ihren verwesenden Körper darstellen zu dürfen.

Adresse/Öffnungszeiten Náměstí u sv. Jiří. April–Okt. tägl. 9–17 Uhr, im Winter 9–16 Uhr. Zutritt nur in Verbindung mit einem Kombiticket (→ Kasten, S. 241).

▶ **Klášter sv. Jiří (Georgskloster):** Das Benediktinerinnenkloster wurde 927 als erstes Kloster Prags gegründet. Im Mittelalter war es durch seine illuminierten Handschriften aus dem klostereigenen Skriptorium weit über die Grenzen Böhmens hinaus bekannt. Von den vielen Um- und Anbauten erlebte es den letzten großen in der zweiten Hälfte des 17. Jh. Ende des 18. Jh. wurde es aufgelöst und in eine Artilleriekaserne verwandelt. Zum Zeitpunkt der letzten Recherche fanden umfangreiche Restaurierungsarbeiten statt. Zukünftig (falls der Termin nicht verschoben wird: ab Mai 2008) will darin die Nationalgalerie die Ausstellung „Tschechische Kunst des 19. Jh." zeigen (u. a. Procházka, Mánes, Myslbek, Švabinský, Bílek und Aleš).

Adresse/Öffnungszeiten Náměstí u sv. Jiří. Tägl. (außer Mo) 10–18 Uhr. Das Kombiticket „Große Tour" (→ Kasten, S. 241) soll für das Georgskloster gültig sein, der separate Eintrittspreis war zum Zeitpunkt der Recherche noch unbekannt.

▶ **Prašná věž (Pulverturm):** Im Jahr 1485 wurde der Turm zur Verteidigung des Burgareals errichtet, 1649 flog er in die Luft. Nicht durch feindlichen Beschuss, sondern durch das darin eingerichtete Munitionslager – daher auch der Name. Böse Zungen behaupten jedoch, die Turmbezeichnung rühre aus jener Zeit, als Alchemisten darin für Rudolf II. Blei zu Gold verwandeln sollten und nichts anderes als irgendwelche Pülverchen hervorbrachten. Seit 2007 befindet sich im Pulverturm eine Waffensammlung (Säbel, Krummschwerter, Pistolen, Gewehre) der Infanterie und

Praha/Pražský hrad
Karte S. 244/245

Kavallerie des Habsburger Reiches. Da der Platz beschränkt ist, sind die Geschütze der Artillerie nur als Modelle vertreten.

Adresse/Öffnungszeiten Vikářská. April–Okt. tägl. 9–18 Uhr, im Winter 9–16 Uhr. Zutritt nur mit dem Kombiticket „Große Tour" (→ Kasten, S. 241).

Lobkovický palác (Palais Lobkowitz): Das frühbarocke Palais, ursprünglich ein Renaissanceanwesen, wurde im Jahr 2003 der Adelsfamilie Lobkowitz restituiert, die Kommunisten hatten es 1952 konfisziert. Neben dem Palais bekam die Familie auch ihre Schlösser und Güter zurück, dazu ihre Kunstsammlung, eine der größten Mitteleuropas. Die kostbarsten Exponate zeigt die Adelsfamilie heute auf Schloss Nelahozeves (25 km nördlich von Prag) und im frisch restaurierten Palais Lobkowitz auf der Prager Burg, darunter Gemälde von Cranach d. Ä., Brueghel d. Ä. und Canaletto. Darüber hinaus werden Waffen und Rüstungen, Familienporträts, Beethovens Originalpartitur der 4. und 5. Symphonie und vieles mehr präsentiert. Des

*Die Georgsbasilika, eine der
ältesten Kirchen Prags*

Weiteren beherbergt das Palais ein nettes Café, zudem werden im kleinen Festsaal stets mittags um 13 Uhr Klavierkonzerte geboten.

Adresse/Öffnungszeiten Jiřská 1. Tägl. 10.30–18 Uhr. Eintritt 10 €, erm. 6,50 €. Tickets für Konzerte 14 €. Was wann geboten wird, erfahren Sie unter www.praguecastleconcert.cz.

Zlatá ulička (Goldenes Gässchen): Einst wohnten hier die Ärmsten der Armen in einfachen Verschlägen rechts und links der Gasse, die gerade 1 m breit war. Für alle gab es nur eine Toilette, und die düngte den Hirschgraben. Nach einem Umbau der Burgmauern im 16. Jh. wurden aus den Hütten kleine Häuschen und vorübergehend zog die Burgwache ein. Danach lebten hier ein paar Goldschmiede – daher der Name des Gässchens. Im 19. Jh. begannen sich Wahrsager, Handwerker und Künstler einzumieten. Berühmtester Anwohner sollte Franz Kafka werden. In Haus Nr. 22 verfasste er im Winter 1917 mehrere Prosatexte. Madame de Thebes, eine damals bekannte Hellseherin, bewohnte das Haus Nr. 14. Nachdem sie den Untergang des Dritten Reiches prophezeit hatte, wurde sie von der Gestapo totgeschlagen. Heute wohnt niemand mehr hier – aus all den kleinen Häuschen sind Souvenirshops geworden, an denen sich die Touristenmassen vorbeidrängen. Und da es in manchen auch Goldschmuck zu kaufen gibt, trägt die Gasse ihren Namen wieder zu Recht.

Eintritt → Kasten, S. 241. Vor 9 Uhr und nach 19 Uhr benötigen Sie übrigens kein Ticket für das Gässchen!

▸ **Královská zahrada (Königsgarten):** Er wurde einst vielfach als der schönste Renaissancegarten nördlich der Alpen gepriesen. 1534 ließ ihn Ferdinand I. anlegen. Erstmals in Europa wurden darin Tulpen gezüchtet; die Zwiebeln stammten aus Kons-

Ewiger Rummel im berühmten Goldenen Gässchen

tantinopel. Während des Dreißigjährigen Krieges verwüsteten Schweden und Sachsen den Garten und vorbei war es vorerst mit dem herrschaftlichen Lustwandeln. Als man ihn im 18. Jh. als Barockgarten gerade neu angelegt hatte, kamen die Franzosen. Zum Glück konnte man sie durch eine Zahlung von 30 Ananas davon abhalten, dem oben erwähnten Beispiel zu folgen. Seine ursprüngliche Renaissanceform stellte man nach dem 1. Weltkrieg wieder her.

Am östlichen Ende des Gartens befindet sich das *Lustschloss Belvedér*. Den Grundstein für den Renaissancebau mit seinem auffälligen Dach in Form eines kieloben schwimmenden Schiffsrumpfs ließ Ferdinand I. 1538 legen; seiner geliebten Gemahlin wollte er das Schlösschen schenken. Es sollte dem Vergnügen und der Erholung dienen, auch ein Tanzsaal war geplant. Letztendlich zogen sich die Bauarbeiten jedoch bis 1564 hin. Während der Regierungszeit Rudolfs II. wurde das Lustschloss als astronomisches Observatorium zweckentfremdet. Heute wird es überwiegend für Ausstellungszwecke genutzt.

Der berühmte *Singende Brunnen* davor stammt aus der Mitte des 16. Jh. Das Modell, einem römischen Brunnen gleich, schuf Francesco Terzio. Für den Guss war ein Glockengießer namens Thomas Jaroš verantwortlich. Vielleicht klingen deshalb die herabfallenden Wassertropfen auf der untersten Metallschüssel wie ein nie enden wollendes Glockenspiel, das am besten zu hören ist, wenn man den Kopf unter (nicht in) das untere Brunnenbecken hält.

Adresse/Öffnungszeiten U prašného mostu. **Garten,** April u. Okt. tägl. 10–18 Uhr, Mai u. Sept. 10–19 Uhr, Juni u. Juli 10–21 Uhr, Aug. 10–20 Uhr.

*E*ssen & *T*rinken

Die Restaurants und Cafés im Burgbereich werden ausschließlich von Touristen aufgesucht. Dementsprechend stimmen Qualität und Service größtenteils nicht mit den Preisen überein.

Burg Vyšehrad

Ziele rund um die Innenstadt

Auch außerhalb der herausgeputzten touristischen Stadtteile liegen bedeutende Sehenswürdigkeiten und lassen sich schöne Ecken entdecken. Empfehlenswerte Viertel, durch die sich ein Spaziergang am lohnt, sind Vinohrady und Žižkov östlich des Zentrums, Smíchov südlich von Malá Strana und Holešovice im Norden der Stadt. Wer mit der Metro oder Straßenbahn noch weiter hinausfährt, gelangt in den breiten, Prag umschließenden Gürtel von Plattenbausiedlungen, brachliegendem Land, Parks und Industriegebieten.

▸ **Veletržní palác – Muzeum moderního a současného umění (Messepalast – Museum moderner und zeitgenössischer Kunst):** Das Museum begeistert in zweierlei Hinsicht: aufgrund seiner Architektur und aufgrund seiner Exponate. Als der ehemalige Messepalast 1928 eröffnet wurde, war er das erste Bauwerk Europas im funktionalistischen Stil und zugleich das größte Messegebäude der Welt. Heute hat sich das Auge an solche Bauten gewöhnt, von außen nimmt man den Palast deshalb gar nicht mehr als etwas Besonderes wahr. Von innen jedoch ist er noch immer überwältigend. Den Kern des Gebäudes bildet eine imposante Halle mit verglastem Dach, die von den offenen Galerien der sechs Stockwerke umgeben wird. Die Architekten Oldřich Tyl und Josef Fuchs schufen dadurch ein Bauwerk von solcher Leichtigkeit, dass sich Le Corbusier bei dessen Anblick wie ein Dilettant vorgekommen sein soll.

Das Gros des Gebäudes belegt heute die Nationalgalerie. Im 1. Stock werden Werke internationaler Künstler des 20. Jh. gezeigt (u. a. Miró, Kokoschka, Beuys und Klimt), im 2. Stock tschechische Kunst von 1930–2000 (Surrealismus, Aktionskunst, sozialistischer Realismus etc.) und im 3. Stock tschechische Kunst von

1900–1930 (große Sammlung kubistischer Werke) sowie französische Kunst des 19. und 20. Jh. (u. a. Delacroix, Rodin, Gauguin und Monet). Zudem finden immer wieder spannende Wechselausstellungen statt.
Verbindungen/Öffnungszeiten Dukelských hrdinů 47. Ⓜ C Nádraží Holešovice, weiter mit Ⓢ 12, 15 Veletržní. Tägl. (außer Mo) 10–18 Uhr. Eintritt 6 €, erm. die Hälfte, ab 16 Uhr 4,20 €.

▶ **Národní technické muzeum (Technisches Nationalmuseum):** Wegen Restaurierungsarbeiten war das Museum zum Zeitpunkt der letzten Recherche geschlossen, die Wiedereröffnung war jedoch noch für 2008 geplant. Dann erwarten Sie eine gigantische Sammlung an fotografischen und kinematografischen Apparaten (mit annähernd 18.000 Exponaten aus über 50 Ländern eine der größten der Welt), eine astronomische Abteilung mit Instrumenten, mit denen schon Tycho Brahe und Johannes Kepler Sonne, Mond und Sterne studiert haben, eine Verkehrshalle mit alten Škodas, Tatras und Bugattis, ein über 1 km langer Nachbau einer Erz- und Kohlengrube im Untergeschoss und, und, und … Ein Erlebnis für Groß und Klein.
Verbindungen/Öffnungszeiten Kostelní 42, Holešovice. Ⓢ 1, 8, 15, 25, 26 Letenské náměstí.

▶ **Letenské sady (Letná-Park):** Hoch über der Moldau gelegen, bietet er herrliche Ausblicke über die Stadt. Auf Bierbänken sitzt man beim Letenský zámeček, einem kleinen Beinaheschlösschen, etwas gediegener im Westen der Parkanlage auf der Aussichtsterrasse des Hanavský pavilón. Dieser Jugendstilpavillon erinnert an eine russisch-orthodoxe Kirche, besitzt eine Stahlkonstruktion und wurde 1891 zur Landesjubiläumsausstellung gebaut. Ganz im Osten liegt der *Expo-Praha-58-Pavillon*. Der nahezu vollständig verglaste Pavillon gewann die Goldmedaille bei der Weltausstellung in Brüssel und fand danach auf der Letná einen neuen Standort. Einst befand sich ein nobles Restaurant mit Aussichtsterrasse darin, heute wird der Pavillon als Bürogebäude genutzt – schade. Noch zu sozialistischer Zeit wurden auf der Rückseite des Parks, beim Sparta-Stadion, die Maiparaden abgenommen. Aber das ist Vergangenheit. An die wechselvolle Geschichte des Landes erinnert heute das große *Metronom* des Pop-Künstlers David Černý. Es ist jedoch von überall in der Stadt interessanter anzusehen als vor Ort. Könnte man die Frequenz steigern, wäre der Platz davor die geniale Kulisse für eine Techno-Party.
Verbindungen Holešovice. Ⓢ 1, 8, 15, 25, 26 Sparta.

▶ **Ausstellungsgelände Výstaviště:** Rund um die alten Jugendstilmessehallen, die noch heute genutzt werden, erstreckt sich ein etwas schäbiges Freizeitgelände – dementsprechend ist der Andrang. Es gibt u. a. einen *Lunapark* mit Riesenrad, eine kitschige multimediale *Springbrunnenshow* (Křižíkova fontána, nur im Sommer, www.krizikovafontana.cz), einige Theater, Terrassenlokale und Imbissstände. Im *Seaworld* (Morský svět) kann man Korallen und Meeresfische – darunter auch Haie in einem viel zu kleinen Aquarium – besichtigen. Im Osten begrenzt die *T-Mobile-Arena*, in der Sparta Prag Eishockey spielt und musikalische Großevents stattfinden, das Gelände.
Verbindungen Výstaviště, Holešovice. Ⓜ C Nádraží Holešovice, weiter mit Ⓢ 12 Výstaviště.

▶ **Vítkov (Veitsberg):** Hoch über Prag hat man hier Jan Žižka ein Denkmal gesetzt, so gigantisch, als hätte der einäugige Hussitenführer nicht nur ein Kreuzfahrerheer besiegt (→ S. 39), sondern die Welt auch noch vor einem Überfall der Klingonen bewahrt. Das Denkmal ist zugleich das größte bronzene Reiterstandbild der Welt. Aus der Nähe betrachtet, wirkt es aber gar nicht so imposant. Hinter ihm liegt die Nationale Gedenkstätte (Národní památník), ein riesiger konstruktivistischer Würfel aus den 20er Jahren, der zum Ruhm der neuen Republik errichtet wurde. Die

Kommunisten zweckentfremdeten das Bauwerk und machten daraus ein Mausoleum. Unter anderen fand darin auch der einstige Präsident Klement Gottwald seine Ruhestätte – aber nicht die letzte: 1990 bettete man ihn schließlich um auf den Friedhof Olšany (s. u.). Der Arme erlag übrigens einer Grippe, die er sich beim Begräbnis Stalins geholt hatte.

Verbindungen/Öffnungszeiten Žižkov. Ⓜ B, C Florenc, weiter mit Ⓑ 133 U Památníku, von dort führen Spazierwege nach oben. Jeden ersten Sa im Monat ab 14 Uhr Führungen durch die **Nationale Gedenkstätte**, Anmeldung nötig unter ✆ 602664078 (mobil). Ansonsten ist sie nur zu gelegentlichen Veranstaltungen geöffnet.

Nové Židovské Hřbitovy (Neuer Jüdischer Friedhof): Er ist ein bizarr-idyllischer Ort und nicht weniger besuchenswert als der Alte Jüdische Friedhof in Josefov, zumal hier kein Gedränge herrscht. Das Gros der Grabsteine stammt aus dem 19. Jh. und der ersten Hälfte des 20. Jh. Das bekannteste Grab ist das Franz Kafkas, der 1924 im Alter von knapp 41 Jahren an Tuberkulose starb. Er liegt zusammen mit seinen Eltern an der Südmauer bestattet. Seine Fangemeinde legt hier Briefe, Blumen und Steinchen nieder. Der riesige und ebenfalls überaus interessante Friedhof Olšany (Olšanské hřbitovy) nebenan wurde ursprünglich für die Toten der Pestepidemie des Jahres 1680 angelegt.

Verbindungen/Öffnungszeiten Izraelská 1, Žižkov. Ⓜ A Želivského. Das Kafkagrab ist ab dem Eingang ausgeschildert. So–Fr 9–17 Uhr, im Winter bis 16 Uhr.

Televizní Vysílač Praha (Fernsehturm): Nach 7-jähriger Arbeitszeit wurde 1992 das letzte sozialistische Bauwerk Prags vollendet. Mehr als 100 m ragt es in den Himmel. Davor liegen noch die kümmerlichen Überreste eines jüdischen Friedhofs aus dem 19. Jh., der dem Giganten weichen musste. Ursprünglich sollte der Turm v. a. die Frequenzen westlicher Sender stören. Heute dient er der Übertragung von Radio- und Fernsehprogrammen. Der Panoramablick von der Aussichtsplattform wäre schöner, würde man öfters mal die Fenster putzen. Auf 70 m befinden sich ein Café und ein Restaurant mit satten Preisen.

Verbindungen/Öffnungszeiten Mahlerovy sady, Žižkov. Ⓜ A Jiřího z Poděbrad. Tägl. 10–23 Uhr. Eintritt 5,30 €, erm. 4,30 €.

Die größte bronzene Reiterstatue der Welt: das Jan-Žižka-Denkmal auf dem Vítkov

▶**Burg Vyšehrad:** Zahlreiche Legenden ranken sich um die südlich von Nové Město gelegene Burg Vyšehrad auf einem Felsen hoch über der Moldau. Angeblich war sie die erste Residenz böhmischer Könige, und Prinzessin Libuše soll – wie vielfach in der Literatur beschrieben – von hier die glorreiche Zukunft Prags prophezeit haben (→ Kasten). Leider alles Humbug: Vyšehrad entstand erst um das Jahr 930 und damit später als die Prager Burg.

Von der ursprünglichen Burganlage ist heute außer den ziegelroten Festungsmauern und ein paar Toren kaum mehr etwas erhalten. Wirklich sehenswert ist lediglich der im 19. Jh. errichtete *Ehrenfriedhof*. Auf ihm ruht die Crème de la Crème der tschechischen Kunstszene unter reich verzierten Arkaden in prachtvollen Gräbern, darunter Antonín Dvořák und Bedřich Smetana. Ein Plan am Eingang weist auf die wichtigsten Gräber hin. Der Friedhof liegt direkt neben der *Peter-und-Pauls-Kirche* (Kapitulní Chram sv. Petra a Pavla), deren Zwillingstürme die Burg dominieren. Ihre Fundamente reichen bis ins 11. Jh. zurück. Zu sehen gibt es ansonsten noch eine romanische *Rotunde*, auf der 1776 Prags erster Blitzableiter installiert wurde, eine Kunstgalerie (meist geschlossen), die spärlichen Überreste einer Basilika aus dem 11. Jh. und die *Kasematten*, unterirdische Gewölbegänge des Befestigungswalls am nördlichen Ziegeltor. Sie münden in einen großen Saal, in dem einige Originalstatuen der Karlsbrücke aufbewahrt werden.

● *Verbindungen/Öffnungszeiten* Vyšehrad. Ⓜ C Vyšehrad, von dort ausgeschildert. Informationsbüro wenige Meter hinterm Eingang, hier gibt es auch einen Plan zur Burganlage. Infobüro und **Kasematten** (Eintritt 1,10 €) im Sommer tägl. 9.30–18 Uhr, im Winter bis 17 Uhr. **Kirche** tägl. (außer Di ganztags und Mi nachmittags) 9–12 und 13–17 Uhr. **Friedhof** im Sommer tägl. 8–19 Uhr, im Winter bis 17 Uhr.

Libušes Liebe und Visionen

Erstmals berichtete Domdechant Cosmas Anfang des 12. Jh. über Libuše, die Thronfolgerin des slawischen Königs Crocco. Er beschrieb sie als „liebenswürdig zu jedermann" und als „Zierde und Pracht der Weiblichkeit, die mit klugen Urteil sich der Geschäfte der Männer annahm". Doch sei sie laut Cosmas eben eine Frau gewesen, und habe folglich nicht ordentlich von einem Thron aus regiert, sondern von „einem hochgetürmten Haufen weicher und bestickter Kissen, wie es der wollüstigen Weichlichkeit der Frauen entspricht". Das konnte selbstverständlich nicht gut gehen. Das Volk verlangte nach einem Herzog. Libuše entschied sich für einen jungen kräftigen Ackersmann, genannt „Přemysl der Pflüger", der von seinem Glück nichts wusste, bis ihn Libuše zu sich bringen ließ. Er wurde ihr Gemahl und damit auch Fürst, der erste des Geschlechts der Přemysliden. Und an seiner Seite prophezeite Libuše, dass dort, wo ein Mann eine Schwelle (auf Tschechisch „prah") zimmert, man eine Burg bauen wird, die den Namen Praha trägt. Und mit Worten, die an Vergil erinnern, lässt Cosmas Libuše fortfahren: „Siehe, ich sehe eine große Stadt, deren Ruhm bis an die Sterne reichen wird". Cosmas Zeilen inspirierten unzählige Autoren und Komponisten, u. a. Herder, Grillparzer, Brentano, Smetana, Mahler usw. Bis in die Gegenwart lebt Libuše in Kunst und Literatur fort.

Kleines Sprachlexikon

Aussprache

Grundsätzlich gilt, dass alle Vokale ohne Längenzeichen kurz gesprochen werden, alle mit gedehnt werden. Die Betonung liegt stets auf der ersten Silbe. **Hier nur die Abweichungen von der deutschen Aussprache:**

á	langes A wie in Vater
é	langes Ä wie in Hände
C, c	wie Ts (nie wie K!)
ď	erweichtes D wie Dj
Ě, ě	wie Je, erweicht zudem vorangehendes D, T und N
H, h	wenn es zwischen zwei Vokalen steht, wie das deutsche H, ansonsten wird es zum Teil leicht angehaucht ausgesprochen, also fast wie unser Ch
í, ý	langes I wie in Liebe
ch	wie das Ch in Ach
K, k	K, unbehaucht
Ň, ň	erweichtes N wie Nj in Sonja
ó	langes O wie in Mode
R, r	gerolltes R
Ř, ř	in etwa Rsch
S, s	wie Ss
Š, š	wie Sch
ť	erweichtes T wie Tj
ů, ú	langes U
V, v	wie W
Z, z	stimmhaftes S (nie Tz)
Ž, ž	wie J in Journal

Grundlegende Wörter und Sätze

Ano/Ne	Ja/Nein	Jak se máte?	Wie geht es Ihnen?
Děkuju/Prosím	Danke/Bitte	Prosím vás, můžete mi pomoci?	Können Sie mir bitte helfen?
Pardon, promiňte	Entschuldigung		
Ahoj	Hallo/Tschüs	Máte ...?	Haben Sie ...?
Na shledanou	Auf Wiedersehen	Kolik je hodin?	Wie viel Uhr ist es?
Dobré jitro	Guten Morgen	Pomoc!	Hilfe!
Dobrý den	Guten Tag	Velké/Malé	groß/klein
Dobrý večer	Guten Abend	Dobře/Špatně	gut/schlecht
Dobrou noc	Gute Nacht	S/Bez	mit/ohne

Unterwegs

Ortsbezeichnungen

Nádraží	Bahnhof
Zámek	Schloss
Ulice	Straße/Gasse
Třída	Boulevard
Náměstí	Platz
Klášter	Kloster
Hrad	Burg
Zahrada	Garten
Kostel	Kirche
Banka	Bank
Směnárna	Wechselstube
Nemocnice	Krankenhaus
Most	Brücke
Starožitnictví	Antiquitätengeschäft
Knihkupectví	Buchhandlung
Lékárna	Apotheke
Lahůdky	Feinkostladen
Obchodní dům	Kaufhaus
Potraviny	Lebensmittelgeschäft
Trh	Markt
Pošta	Postamt
Cestovní kancelář	Reisebüro

Zur Orientierung

Kde je...?	Wo ist ...?
Jak je to daleko?	Wie weit ist das?
Jak se dostanu k ...?	Wie komme ich zu...?
Kdy?	Wann?
Nalevo	Links
Napravo	Rechts
Rovně	Geradeaus

Autobusem	Mit dem Bus
Vlakem	Mit dem Zug
Příjezd/Odjezd	Ankunft/Abfahrt
Musím přestupovat?	Muss ich umsteigen?
Musím mít místenku?	Muss ich reservieren?
Autem	Mit dem Auto
Pěšky	Zu Fuß
Taxíkem	Mit dem Taxi
Jízdenka	Fahrkarte
Autobusová stanice	Busbahnhof

Mit dem Auto unterwegs

Měl/-a jsem poruchu	Ich habe eine Panne
Můžete se na to podívat?	Können Sie mal nachsehen?
Je tady někde blízko autoopravna?	Wo ist hier in der Nähe eine Werkstatt?
Stala se nehoda	Es ist ein Unfall passiert
Zavolejte prosím rychle policii	Rufen Sie bitte schnell die Polizei
Plnou prosím	Voll tanken, bitte

Verständigung

Rozumím	Ich verstehe
Nerozumím	Ich verstehe nicht
Co?	Was?
Mluvíte anglicky/německy?	Sprechen Sie Englisch/Deutsch?
Mluvím jen málo ...	Ich spreche nur wenig ...
Jak se to řekne česky?	Wie sagt man das auf Tschechisch?
Jmenuji se ...	Ich heiße ...

Hinweise

Vchod	Eingang	Pozor!	Gefahr!
Východ	Ausgang	Policie	Polizei
Záchod	Toilette	Kouření zakázáno	Rauchen verboten
Muži	Männer	Koupání zakázáno	Baden verboten
Ženy	Frauen	Vstup zakázán	Eintritt verboten
Otevřeno/Zavřeno	Offen/Geschlossen		

Zahlen

Jeden	1	Dvacetjedna	21
Dva	2	Třicet	30
Tři	3	Čtyřicet	40
Čtyři	4	Padesát	50
Pět	5	Šedesát	60
Šest	6	Sedmdesát	70
Sedm	7	Osmdesát	80
Osm	8	Devadesát	90
Devět	9	Sto	100
Deset	10	Sto jedna	101
Jedenáct	11	Dvě stě	200
Dvanáct	12	Tři sta	300
Třináct	13	Čtyři sta	400
Čtrnáct	14	Pět set	500
Patnáct	15	Šest set	600
Šestnáct	16	Sedm set	700
Sedmnáct	17	Osm set	800
Osmnáct	18	Devět set	900
Devatenáct	19	Tisíc	1000
Dvacet	20		

Wochentage

Pondělí	Montag	Pátek	Freitag
Úterý	Dienstag	Sobota	Samstag
Středa	Mittwoch	Neděle	Sonntag
Čtvrtek	Donnerstag		

Monatsnamen

Leden	Januar	Červenec	Juli
Únor	Februar	Srpen	August
Březen	März	Září	September
Duben	April	Říjen	Oktober
Květen	Mai	Listopad	November
Červen	Juni	Prosinec	Dezember

Übernachten

Můžete mi prosím doporučit nějaký dobrý hotel?	Können Sie mir bitte ein gutes Hotel empfehlen?
Máte ještě volné pokoje?	Haben Sie noch Zimmer frei?
Jednolůžkový	Einzelzimmer
Dvoulůžkový	Doppelzimmer
Se sprchou/s koupelnou	Mit Dusche/Bad
Na jednu noc	Für eine Nacht
Kolik stojí pokoj se snídaní?	Was kostet ein Zimmer mit Frühstück?
Máme bohužel všechno obsazené	Wir sind leider voll belegt.
Mám reservaci	Ich habe reserviert
Nosič	Portier
Klíč	Schlüssel

Essen und Trinken

Allgemein

Kde je tady nějaká dobrá restaurace?	Wo gibt es hier ein gutes Restaurant?
Dobrou chuť	Guten Appetit
Na zdraví!	Prost!
Jsou tyto místa volná?	Sind diese Plätze frei?
To jsem si neobjednal/-a	Das habe ich nicht bestellt
Nejím maso	Ich esse kein Fleisch
Zaplatím prosím	Die Rechnung bitte
Snídaně	Frühstück
Oběd/večeře	Mittag-/Abendessen
Bylo to výborné	Das Essen war ausgezeichnet

Frühstück

Chléb	Brot
Houska	Rundes Brötchen
Rohlík	Längliches Brötchen
Máslo	Butter
Vejce	Eier
Vajíčko na měkko	Weiches Ei
Míchaná vejce	Rühreier
Vejce na slanině	Eier mit Speck
Med	Honig
Džem	Marmelade
Šunka	Schinken
Salám	Wurst
Sýr	Käse
Uzený sýr	Räucherkäse
Cukr	Zucker
Sůl	Salz
Pepř	Pfeffer

Getränke

Pivo	Bier
Budvar	Budweiser
Plzeňský prazdroj	Pilsner Urquell
Černé pivo	Dunkles Bier
Nealkoholické pivo	Alkoholfreies Bier
Bílé víno	Weißwein
Ryzlink	Riesling
Červené víno	Rotwein
Frankovka	Blaufränkischer (trockener, beliebter Rotwein)
Svařené víno	Glühwein
Džus	Saft
Minerální voda	Mineralwasser
Čaj	Tee
Káva	Kaffee
Káva překapávaná	Filterkaffee
Černá káva	Schwarzer Kaffee
Bílá káva	Kaffee mit Milch
Káva bez kofeinu	Koffeinfreier Kaffee
Vídeňská káva	Wiener Kaffee (mit Sahnehaube)
Mléko	Milch
Čokoláda	Schokolade

Zum Auftakt

Předkrmy	Vorspeisen
Pražská šunka	Prager Schinken
Polévka	Suppe
Bramborová polévka	Kartoffelsuppe
Čočková	Linsensuppe
Hovězí vývar	Rinderbrühe

Žampionový krém	Champignon-cremesuppe
Hrachová	Erbsensuppe
Rajská	Tomatensuppe
Zeleninová	Gemüsesuppe

Das Beste zum Bier

Nabídka dne	Tagesgericht
Hlavní jídlo	Hauptgericht
Maso	Fleisch
Vepřové	Schweinefleisch
Vepřový řízek	Schweineschnitzel
Vepřový steak	Schweinesteak
Kotleta	Kotelett
Žebírko	Rippchen
Uzená krkovice	Rauchfleisch
Hovězí	Rindfleisch
Telecí	Kalbfleisch
Guláš	Gulasch
Svíčková na smetaně	Lendenbraten mit Sahnesoße
Španělský ptáček	Gefüllte Rinderroulade
Sekaná	Hackbraten
Biftek	Beefsteak
Skopové	Lammfleisch
Játra	Leber
Ledvinky	Nieren
Jazyk	Zunge
Kuře	Hähnchen
Kachna	Ente
Pečená husa	Gänsebraten
Ryby	Fisch
Pstruh	Forelle
Kapr	Karpfen
Zavináč	Hering
Tuňák	Tunfisch
Krevety	Krabben
Na roštu	gegrillt

Und dazu

Přílohy	Beilagen
Houskové knedlíky	Semmelknödel
Špekové knedlíky	Speckknödel
Bramborové knedlíky	Kartoffelknödel
Brambory	Kartoffeln
Bramborový salát	Kartoffelsalat
Hranolky	Pommes frites
Rýže	Reis

Zelí	Sauerkraut
Červené zelí	Rotkraut
Špenát	Spinat
Zelenina	Gemüse
Cibule	Zwiebeln
Česnek	Knoblauch
Fazole	Bohnen
Hrášek	Erbsen
Květák	Blumenkohl
Mrkev	Karotten
Chřest	Spargel
Houby	Pilze
Salát	Salat
Okurka	Gurke
Rajčata	Tomaten
Ocet	Essig
Tatarská omáčka	Remouladensoße

Zum Abschluss

Zákusky	Nachspeisen
Kompot	Kompott
Zmrzlina	Speiseeis
Ovocné knedlíky	Obstknödel
Palačinky	Palatschinke
Vdolečky se šlehačkou	böhmisches Hefe-gebäck mit Sahne
Sýrový talíř	Käseplatte
Dort	Kuchen

Zwischendurch

Chlebíček	Belegtes Brötchen
Pečivo	Gebäck
Klobásy	Würste
Párek	Würstchen
Slanina	Speck
Hořčice	Senf
Oříšky	Erdnüsse

Obst

Ovoce	Obst
Banán	Banane
Hrozny	Weintrauben
Hruška	Birne
Jablko	Apfel
Jahody	Erdbeeren
Maliny	Himbeeren
Pomeranč	Orange

Verlagsprogramm

- Abruzzen
- Ägypten
- Algarve
- Allgäu
- Altmühltal & Fränk. Seenland
- Amsterdam *MM-City*
- Andalusien
- Apulien
- Athen & Attika
- Azoren
- Baltische Länder
- Barcelona *MM-City*
- Berlin *MM-City*
- Berlin & Umgebung
- Bodensee
- Bretagne
- Brüssel *MM-City*
- Budapest *MM-City*
- Bulgarien – Schwarzmeerküste
- Chalkidiki
- Chianti – Florenz, Siena
- Cornwall & Devon
- Costa Brava
- Costa de la Luz
- Côte d'Azur
- Cuba
- Dolomiten – Südtirol Ost
- Dominikanische Republik
- Dresden *MM-City*
- Ecuador
- Elba
- Elsass
- England
- Franken
- Fränkische Schweiz
- Friaul-Julisch Venetien
- Gardasee
- Genferseeregion
- Golf von Neapel
- Gomera
- Gran Canaria
- Gran Canaria *MM-Touring*
- Graubünden
- Griechenland
- Griechische Inseln
- Hamburg *MM-City*
- Haute-Provence
- Ibiza
- Irland
- Island
- Istanbul *MM-City*
- Istrien
- Italien
- Italienische Adriaküste
- Kalabrien & Basilikata
- Kanada – der Westen
- Karpathos

- Katalonien
- Kefalonia & Ithaka
- Kopenhagen *MM-City*
- Korfu
- Korsika
- Kos
- Krakau *MM-City*
- Kreta
- Kroatische Inseln & Küste
- Kykladen
- Lago Maggiore
- La Palma
- La Palma *MM-Touring*
- Languedoc-Roussillon
- Lanzarote
- Lesbos
- Ligurien – Italienische Riviera, Genua, Cinque Terre
- Liparische Inseln
- Lissabon & Umgebung
- Lissabon *MM-City*
- London *MM-City*
- Madeira
- Madrid & Umgebung
- Mainfranken
- Mallorca
- Malta, Gozo, Comino
- Marken
- Mecklenburgische Seenplatte
- Mittel- und Süddalmatien
- Mittelitalien
- Montenegro
- München *MM-City*
- Naxos
- Neuseeland
- New York *MM-City*
- Niederlande
- Nord- u. Mittelgriechenland
- Nordkroatien – Kvarner Bucht
- Nordportugal
- Nordspanien
- Norwegen
- Nürnberg, Fürth, Erlangen
- Oberbayerische Seen
- Oberitalien
- Oberitalienische Seen
- Ostfriesland & Ostfriesische Inseln
- Ostseeküste – Mecklenburg-Vorpommern
- Ostseeküste – von Lübeck bis Kiel
- Paris *MM-City*
- Peloponnes
- Pfalz
- Piemont & Aostatal
- Polen

- Polnische Ostseeküste
- Portugal
- Prag *MM-City*
- Provence & Côte d'Azur
- Rhodos
- Rom & Latium
- Rom *MM-City*
- Rügen, Stralsund, Hiddensee
- Salzburg & Salzkammergut
- Samos
- Santorini
- Sardinien
- Schottland
- Schwäbische Alb
- Sinai & Rotes Meer
- Sizilien
- Skiathos, Skopelos, Alonnisos, Skyros – Nördl. Sporaden
- Slowakei
- Slowenien
- Spanien
- Südböhmen
- Südengland
- Südfrankreich
- Südmarokko
- Südnorwegen
- Südschwarzwald
- Südschweden
- Südtirol
- Südtoscana
- Südwestfrankreich
- Teneriffa
- Teneriffa *MM-Touring*
- Tessin
- Thassos, Samothraki
- Toscana
- Tschechien
- Tunesien
- Türkei
- Türkei – Lykische Küste
- Türkei – Mittelmeerküste
- Türkei – Südägäis
- Türkische Riviera – Kappadokien
- Umbrien
- Usedom
- Venedig *MM-City*
- Venetien
- Wachau, Wald- u. Weinviertel
- Westböhmen & Bäderdreieck
- Westungarn, Budapest, Pécs, Plattensee
- Wien *MM-City*
- Zakynthos
- Zypern

Aktuelle Informationen zu allen Reiseführern finden Sie im Internet unter
www.michael-mueller-verlag.de
Michael Müller Verlag GmbH, Gerberei 19, 91054 Erlangen
Tel. 0 91 31 / 81 28 08-0; Fax 0 91 31 / 20 75 41; E-Mail: mmv@michael-mueller-verlag.de

Register

Prag – Register   (ab S. 188)